25/2020

TSANTSA

Le champ pénal et ses hybridations « en actes »
Das Feld des Strafrechts und seine Hybridisierung in der Praxis
Penal Institutions and Their Hybridizations "in Action"

Journal Editors/Responsables d'édition/ Herausgeber·innen

Laura Affolter, Hamburger Institut für Sozialforschung
David Loher, Unviersität Bern
Isabelle Zinn, Universität Konstanz

Special Issue/Dossier/Dossier

Géraldine Bugnon, Haute École spécialisée de Suisse occidentale (HES-SO) Genève
Arnaud Frauenfelder, Haute École spécialisée de Suisse occidentale (HES-SO) Genève
Armelle Weil, Haute École spécialisée de Suisse occidentale (HES-SO) Genève

Editorial Team/ Comité éditorial/ Redaktion

Research Articles/Articles de recherche/ Artikel

Matthieu Bolay, The Graduate Institute Geneva
David Bozzini, Université de Fribourg
Anahy Gajardo, Université de Neuchâtel
Sibylle Lustenberger, Universität Fribourg
Laurence Ossipow Wuest, Haute École spécialisée de Suisse occidentale (HES-SO) Genève
Barbara Waldis, Haute École spécialisée de Suisse occidentale (HES-SO) Valais

Current Research/Recherches en cours/ Laufende Forschung

Gaëlle Aeby, Université de Genève
Filipe Calvão, The Graduate Institute Geneva
Caroline Fischer, Universität Bern
Arnaud Frauenfelder, Haute École spécialisée de Suisse occidentale (HES-SO) Genève
Julie Perrin, Université de Neuchâtel
Tobias Schwörer, Universität Luzern

Contributions in audio-visual anthropology/Contributions en anthropologie audio-visuelle/Beiträge in audio-visueller Anthropologie

Darcy Alexandra, Universität Bern
Martha-Cecilia Dietrich, Universität Bern
Anne Lavanchy, Haute École spécialisée de Suisse occidentale (HES-SO) Genève
Valerio Simoni, The Graduate Institute Geneva

Book Reviews/Comptes rendus/Rezensionen

Sylvain Besençon, Université de Fribourg
Marion Fert, Université de Neuchâtel
Veronika Siegl, Universität Bern

Editorial Assistant/ Secrétaire de rédaction/ Redaktionsassistenz

Nathalie Garbely

TSANTSA is the peer-reviewed, open-access journal of the Swiss Anthropological Association SAA, dedicated to current issues and debates in anthropology. It was established in 1996. The online edition is published by Bern Open Publishing, the print issue is published by Seismo Press.

TSANTSA est la revue évaluée par des pairs ("peer-review") et en libre accès de la Société suisse d'ethnologie SSE, dédiée aux questions d'actualités et aux débats en anthropologie. Elle a été fondée en 1996. L'édition en ligne est publiée par Bern Open Publishing, l'édition imprimée est publiée par les Éditions Seismo.

TSANTSA ist die Zeitschrift der Schweizerischen Ethnologischen Gesellschaft SEG. Sie erscheint Open Access und ihre Beiträge unterliegen dem Peer-review Verfahren. Die Online-Ausgabe wird herausgegeben von Bern Open Publishing, die Druckversion erscheint im Seismo-Verlag.

ISBN 978-3-03777-255-6 (Print)
ISSN 1420-7834 (Print)/2673-5377 (Online)

Layout / Mise en page / Satz
Seismo Verlag
Cover / Couverture / Umschlag
Reto Cotting, macmac
Circulation / Tirage / Auflage
700 Ex.

Adresse
Tsantsa Redaktion c/o David Loher
Universität Bern, Institut für Sozialanthropologie
Lerchenweg 36, 3012 Bern
info@tsantsa.ch
www.tsantsa.ch
Facebook/ Twitter: @tsantsajournal

CONTENT/SOMMAIRE/INHALT

SPECIAL ISSUE/DOSSIER/DOSSIER

LE CHAMP PÉNAL ET SES HYBRIDATIONS « EN ACTES »
Continuités et ruptures dans les modes de régulation pénale
Géraldine Bugnon, Arnaud Frauenfelder, Armelle Weil 8

PENAL INSTITUTIONS AND THEIR HYBRIDIZATIONS "IN ACTION"
Continuity and Discontinuity in Modes of Penal Regulation
Géraldine Bugnon, Arnaud Frauenfelder, Armelle Weil 19

LA THÉRAPEUTIQUE PAR LE TRAVAIL CONTRAINT À LA COLONIE AGRICOLE PÉNITENTIAIRE
DES PRÉS-NEUFS (20E SIÈCLE)
Mikhaël Moreau, Cristina Ferreira 30

ÉVALUATION DU RISQUE ET RISQUES DE L'ÉVALUATION DANS L'ACTIVITÉ DES AGENT·E·S
DE PROBATION
Jenny Ros, Laure Kloetzer, Daniel Lambelet 44

DEVENIR ADULTE SOUS CONTRAINTE
Retour sur les parcours de jeunes suivi·e·s par le système de justice des mineur·e·s québécois
Marie Dumollard 58

SUIVRE À LA TRACE
Responsabilisation et traçabilité dans le suivi hors les murs de jeunes délinquants à Montréal
Nicolas Sallée, Mohammed Aziz Mestiri, Jade Bourdages 74

LES « VRAIS DÉLINQUANTS » ET LES AUTRES
La hiérarchisation professionnelle des publics du Centre éducatif fermé
Rita Carlos 90

QUAND CIVIL ET PÉNAL S'ENTREMÊLENT
Des parcours judiciaires hybrides et discontinus de jeunes en France
Guillaume Teillet 105

NACHWORT: DAS FELD DES STRAFRECHTS UND SEINE METAMORPHOSEN
Der heuristische Mehrwert ethnographischer Erforschung einer hybriden Praxis
Franz Schultheis 120

AFTERWORD: THE FIELD OF CRIMINAL LAW AND ITS METAMORPHOSES
The Heuristic Added-value of Ethnographic Research into a Hybrid Praxis
Franz Schultheis 125

CONTRIBUTIONS EN ANTHROPOLOGIE AUDIO-VISUELLE/CONTRIBUTIONS IN AUDIO-VISUAL ANTHROPOLOGY/Beiträge in audio-visueller Anthropologie

DONNER À VOIR L'INVISIBLE
L'expérience carcérale de détenus âgés saisie par la photographie
Cornelia Hummel 129

RESEARCH ARTICLES/ARTICLES DE RECHERCHE/ARTIKEL

BUILDING AN INDIGENOUS MUSEUM IN THE VATICAN
Some Papuan Directions for Indigenising Museums
Roberto Costa 141

CURRENT RESEARCH/RECHERCHES EN COURS/LAUFENDE FORSCHUNGEN

THE ETHNOGRAPHY OF A DIGITAL OBJECT
An Example from Computer Security
Sylvain Besençon, David Bozzini 153

PLASTIK UND ROSEN
Ethnische Minderheiten und Moderne in Yunnan, China
Seraina Hürlemann 161

REPOUSSER POUR SOIGNER ?
Logiques de tri de personnes non assurées en Suisse et pratiques d'externalisation des soins vers la France
Sabrina Roduit 168

DEBATES/DEBATTEN/DÉBATS

VALUATION STRUGGLES: RETHINKING THE ECONOMY IN TIMES OF CRISIS
A Conversation with Susana Narotzky, Patrícia Matos, and Antonio Maria Pusceddu
Corinne Schwaller, Gerhild Perl, Janina Kehr 175

PERCEPTION OF THE SEEN AND UNSEEN WORLD
A Conversation with Paul Stoller
Michaela Schäuble 187

BOOK REVIEWS/COMPTES RENDUS/REZENSIONEN

NEAPELS UNTERWELT
Über die Möglichkeit einer Stadt
Jonas Hock 196

DU GOÛT DE L'AUTRE
Fragments d'un discours cannibale
Alexandre Lecoultre 199

L'ILLÉGALITÉ RÉGULIÈRE
Frédérique Leresche 202

BEING-HERE
Placemaking in a World of Movement
Ellina Mourtazina 205

HOMO ITINERANS
La planète des Afghans
Akbar Nour 208

FAIRE CORPS
Temps, lieux et gens
Ana Rodriguez 211

NO GO WORLD
How fear is redrawing our maps and infecting our politics
Kiri Santer 214

UTOPIA AND NEOLIBERALISM
Ethnographies of Rural Spaces
Ieva Snikersproge 217

ETHNIZITÄT ALS KAPITAL
Identitätsmanagement tatarischer Jugendlicher in Kazan, Tatarstan
Barbara Waldis 220

NACHRUF/HOMMAGE

HOMMAGE AN BORIS BOLLER 1962–2020
Barbara Waldis 223

DEBATES/DEBATTEN/DÉBATS

EN QUÊTE D'ÉTHIQUE
Dispositions légales et enjeux empiriques pour l'anthropologie
Julie Perrin, Nolwenn Bühler, Marc-Antoine Berthod, Jérémie Forney, Sabine Kradolfer, Laurence Ossipow .. 225

AUF DER SUCHE NACH ETHIK
Gesetzliche Bestimmungen und empirische Fragestellungen für die Anthropologie
Julie Perrin, Nolwenn Bühler, Marc-Antoine Berthod, Jérémie Forney, Sabine Kradolfer, Laurence Ossipow .. 243

25/2020

EDITORIAL

Sie halten die erste TSANTSA-Ausgabe im neuen Erscheinungsbild in den Händen. Seit diesem Jahr zeichnet der Verlag Seismo in Zürich für den gesamten Produktionsprozess verantwortlich. Das vereinfacht für die Redaktion die Abläufe und uns stehen mehr Mittel zur Verfügung, um den digitalen Vertrieb zu verbessern und die Sichtbarkeit des Hefts zu stärken.

Mit diesem Wechsel geht die enge Zusammenarbeit zu Ende mit dem Grafiker Reto Cotting und seinem Kreativbüro macmac. Mit einem äusserst sorgfältigen Layout und einem Auge für typografische Details haben sie das Heft Jahr für Jahr zu einem ästhetisch herausragenden Produkt gemacht und so die Identität von TSANTSA massgeblich mitgeprägt. Dafür möchten wir Reto Cotting und macmac ganz herzlich danken. Auch in Zukunft kommt das Cover von macmac, womit ein Teil von TSANTSAs gestalterischer Identität bestehen bleibt.

Der Relaunch unserer Zeitschrift, der mit Kosten verbunden ist, konnten wir auch dank der Unterstützung durch die Burgergemeinde Bern und der Spende von Micheline und Pierre Centlivres-Demont realisieren.

Schon seit ein paar Jahren ist TSANTSA ein Open-Access-Journal. Um den digitalen Vertrieb, die Indexierung in den einschlägigen Verzeichnissen und die Sichtbarkeit des Hefts ganz allgemein zu verbessern, haben wir auf eine neue Plattform gewechselt. Sie wird von der Universitätsbibliothek Bern betrieben. Sie erreichen das neue TSANTSA nach wie vor über die gewohnte Adresse (www.tsantsa.ch).

TSANTSA lebt vom wissenschaftlichen Austausch, an dem sich nicht nur unsere Autor·innen, sondern das ganze Redaktionsteam beteiligen. Vielen Dank euch allen dafür! Ganz besonders möchten wir uns auch bei Anne Lavanchy und David Bozzini bedanken, die uns in der Übernahme von TSANTSA als neue Herausgeber·innen eng begleitet haben und bei Nathalie Garbely, unserer Redaktionsassistentin und Korrektorin, für ihre Zuverlässigkeit, ihr sprachliches Flair, ihr Auge fürs Detail und ihre Geduld.

Wir hoffen, dass Ihnen diese erste Ausgabe von TSANTSA im neuen Gewand gefällt und wünschen Ihnen viel Spass bei der Lektüre.

Laura Affolter, David Loher und Isabelle Zinn
Herausgeber·innen von TSANTSA

Die Redaktion von TSANTSA musste sich im Frühjahr von Boris Boller verabschieden, der im März überraschend verstorben ist. Barbara Waldis würdigt Boris in diesem Heft mit einem Nachruf, um ihm für sein langjähriges und konstantes Engagement für TSANTSA zu danken.

ÉDITORIAL

Vous tenez entre les mains le premier numéro de TSANTSA qui a fait peau neuve. La maison d'édition Seismo est désormais responsable de l'ensemble du processus de production. Cela simplifie, d'une part, le travail de l'équipe éditoriale et, d'autre part, cela nous apporte plus de ressources afin d'améliorer la distribution numérique et d'augmenter la visibilité de notre revue. Avec ce changement, une collaboration étroite avec le graphiste Reto Cotting et son bureau créatif macmac prend fin. Grâce à une mise en page très soignée et avec une attention portée aux détails typographiques, Reto et son équipe ont fait de la revue TSANTSA un objet exceptionnel d'un point de vue esthétique, façonnant ainsi de manière significative son identité. Nous tenons à remercier Reto Cotting et macmac pour cela. La couverture de notre revue sera d'ailleurs toujours créée par macmac, ce qui permet de conserver une partie de l'identité de TSANTSA.

Le renouveau de notre revue est associé à des coûts. Nous remercions chaleureusement la bourgeoisie de la ville de Berne pour son soutien, ainsi que Micheline et Pierre Centlivres-Demont pour leur don.

TSANTSA est une revue en libre accès depuis quelques années. Afin d'améliorer la distribution numérique, l'indexation dans des bases de données pertinentes ainsi que la visibilité de la revue en général, nous l'avons fait migrer vers une nouvelle plateforme. Celle-ci est gérée par la Bibliothèque universitaire de Berne. L'adresse de TSANTSA n'a pas été modifiée (www.tsantsa.ch).

TSANTSA vit grâce aux échanges scientifiques auxquels participent non seulement nos auteur·e·s mais également toute l'équipe éditoriale. Merci à toutes et à tous pour votre engagement! Nous remercions particulièrement Anne Lavanchy et David Bozzini qui nous ont accompagné·e·s de près dans la succession en tant que responsables de l'édition, ainsi que Nathalie Garbely, notre assistante éditoriale et relectrice, pour sa fiabilité, ses compétences linguistiques, son sens du détail et sa patience.

Nous espérons que vous prendrez plaisir à lire cette première édition de TSANTSA, revêtue de nouveaux habits.

Laura Affolter, David Loher et Isabelle Zinn
Responsables de l'édition

La rédaction de TSANTSA a appris avec tristesse le décès inattendu de Boris Boller en mars de cette année. Vous pourrez lire ci-après l'hommage que rend Barbara Waldis à Boris, dont l'engagement constant et de longue date au sein du comité éditorial a beaucoup compté.

DOSSIER

LE CHAMP PÉNAL ET SES HYBRIDATIONS « EN ACTES »

Continuités et ruptures

Géraldine Bugnon, Arnaud Frauenfelder, Armelle Weil

Résumé

L'introduction de ce dossier retrace les principaux clivages, ambivalences et formes d'hybridations qui traversent et modèlent le champ pénal en Suisse et à l'échelle internationale. Le texte invite ainsi à interroger les rapports entre État pénal et État social, entre punition, réhabilitation et gestion des risques, ou encore entre prison et alternatives à l'incarcération : comment ces dimensions a priori distinctes se combinent-elles empiriquement, constituant de fait un « continuum sociopénal » ? La pertinence théorique du concept d'hybridation pour la compréhension du champ pénal, ainsi que les outils méthodologiques utiles à son exploration sont ensuite discutés. Enfin, sont détaillées trois formes d'hybridation, qui dialoguent avec les contributions composant ce dossier : la première forme se donne à voir lorsque deux institutions poursuivant des missions distinctes sont amenées à collaborer pour prendre en charge un même public ; la deuxième émerge lorsqu'au sein d'un même dispositif institutionnel deux paradigmes d'intervention se font concurrence et entremêlent leurs logiques d'action ; la troisième forme d'hybridation peut s'observer lorsqu'on prend pour objet d'analyse les trajectoires des publics soumis au champ pénal, elles-mêmes marquées par la diversité des dispositifs de prise en charge (sociale, judiciaire ou encore thérapeutique).

Mots-clés : *champ pénal, continuum sociopénal, ethnographie, formes d'hybridation*

Peine, punition et prison constituent le cœur symbolique du système pénal : la transgression des normes pénales justifie en effet, depuis l'avènement d'un État de droit centralisé, que l'État fasse recours à la force pour punir la/le coupable et faire justice, tant vis-à-vis de la personne lésée par l'infraction que de la société dans son ensemble[1]. Durkheim soulignait déjà à la fin du 19e siècle, dans *Les règles de la méthode sociologique*, la « normalité » du crime, au sens où ce phénomène se rencontre dans toute société, et où sa sanction permet de révéler l'existence de la règle et de la morale collectives (2010[1895] : 178–190). Une telle lecture relationnelle et

---

[1] La coordination de ce dossier a été réalisée dans le cadre d'un projet financé par le Fonds national suisse de recherche scientifique intitulé « Les jeunes face à la justice. Analyse de la chaîne pénale à travers les expériences et trajectoires des justiciables » (Division 1, Arnaud Frauenfelder, Franz Schultheis, Géraldine Bugnon et Armelle Weil).

constructiviste du système pénal[2], toujours valable aujourd'hui, comporte néanmoins certaines limites : elle masque l'hétérogénéité des sens et des fonctions de la peine, la pluralité des paradigmes qui soutiennent les politiques pénales, ainsi que la diversité des corps professionnels et des institutions qui incarnent au quotidien ce qu'on appellera ici le « champ pénal »[3].

Le champ pénal est en effet *a priori* un territoire hybride, traversé par des logiques concurrentes et des évolutions ambivalentes. Les controverses autour de la prison révèlent l'intensité de ces ambivalences : alors que depuis près de cinquante ans on observe un consensus à la fois politique et scientifique (Combessie 2009) autour de l'incapacité de la prison à répondre aux objectifs qu'elle est censée poursuivre – à savoir lutter contre le « problème » de la délinquance –, le recours à l'enfermement pour répondre à des infractions pénales a connu, à l'échelle mondiale, une augmentation fulgurante durant la même période (Garland 2001, Walmsley 2018). En parallèle, et en réponse aux critiques du système carcéral, on voit se développer les sanctions pénales dites « alternatives », sans toutefois que celles-ci ne viennent se substituer à la peine de prison. Lesdites alternatives à la détention s'inscrivent au contraire dans un système d'interdépendance avec les peines carcérales et dans un continuum de prise en charge dit « sociopénal » (Darley et al. 2013, Bugnon 2020, Fassin 2015). Cette inflation de l'État pénal vient combler, en miroir, un net recul de l'État social (Wacquant 2012) tel qu'on l'avait connu, en tout cas en Europe, durant les Trente Glorieuses. En effet, l'État social cède la place, sinon se combine progressivement à un État libéral qui gouverne les individus par la « responsabilisation » et « l'activation des compétences ». Ces logiques d'intervention, d'abord expérimentées et diffusées dans les politiques sociales et de l'emploi (Castel 1995, Schultheis 2004, Tabin et al. 2010), prennent aujourd'hui aussi de l'ampleur dans le champ pénal (Fassin et al. 2013).

Les analyses de la justice pénale et de son champ renseignent ainsi, plus globalement, les transformations des politiques sociopénales et le rôle de l'État dans la gestion de ses citoyen·ne·s. Ce dossier s'inscrit dans ce cadre, mais aussi dans un renouvellement des approches ethnographiques de l'État « par le bas ». Ces approches invitent à combiner, sous des formes heuristiques, les perspectives interactionnistes et structurelles soucieuses de restituer les institutions et les acteurs « agissant » au sein des rapports sociaux et de pouvoir dans lesquelles ils s'encastrent. Situé au carrefour d'analyse des problèmes sociaux, des institutions pénales et de la déviance, ce dossier entend explorer comment ces hybridations de l'État pénal et de l'État social transforment les institutions pénales – dans le système pénal pour majeur·e·s comme pour mineur·e·s – ainsi que l'impact de ces hybridations sur les formes de contrôle pénal déployé par les dispositifs d'encadrement.

Entre réhabilitation et gestion des risques,

---

[2] « Autrefois, les violences contre les personnes étaient plus fréquentes qu'aujourd'hui parce que le respect pour la dignité individuelle était plus faible. Comme il s'est accru, ces crimes sont devenus plus rares ; mais aussi, bien des actes qui lésaient ce sentiment sont entrés dans le droit pénal dont ils ne relevaient primitivement pas (calomnies, injures, diffamation, dol, etc.) » (Durkheim, 2010[1895] : 182).

[3] Le champ est compris ici comme « un espace structuré selon des oppositions » qui « ont à voir avec la division des fonctions organisationnelle » (Bourdieu 2012 : 40).

DOSSIER

les évolutions internationales du champ pénal

Les différents dispositifs de prise en charge de personnes condamnées par le système pénal sont traversés par des paradigmes concurrents en ce qui concerne le sens et la fonction de la peine. Historiquement, la sanction pénale repose sur un objectif à la fois de rétribution (ou de punition) et de réhabilitation. Cette réhabilitation a pris, au cours de l'histoire, différents visages, de la réinsertion par le travail à la normalisation par le suivi thérapeutique. Ce paradigme basé sur la punition et la réhabilitation commence à être mis à mal au tournant des années 2000 par un nouveau modèle de gestion de la délinquance, basé sur l'évaluation et la gestion des risques (Feeley et Simon 1992, Slingeneyer 2007). Ce modèle se diffuse de manière inégale selon les régions du globe et les types de dispositifs concernés, donnant lieu à des bouleversements plus ou moins profonds des anciennes structures en place (O'Malley 2006, De Larminat 2014a).

En Suisse, la justice actuarielle et le modèle de gestion des risques n'a pour le moment pas transformé en profondeur le système pénal, encore largement basé sur un double objectif rétributif et réhabilitatif. La création de «commissions de dangerosité» et l'arrivée de «grilles d'évaluation des risques de récidives», surtout dans les cantons alémaniques, indiquent cependant que ce modèle gagne en légitimité. En ce qui concerne les taux d'incarcération, la Suisse se situe en dessous de la moyenne européenne (moins de 80 détenu·e·s pour 100 000 habitant·e·s) (Fink 2017). Du côté de la justice des mineur·e·s, la visée avant tout protectionnelle et éducative du traitement des mineur·e·s délinquant·e·s a été maintenue suite à la récente réforme du Droit pénal des mineurs en 2007 (tant sur le fond qu'en ce qui concerne la procédure pénale) (Queloz et al. 2002, Bohnet 2007). Il faut néanmoins signaler que certains éléments nouveaux (allongements de la durée maximale de détention à quatre ans, cumul possible des peines et des mesures) pointent vers un durcissement de la prise en charge pénale des jeunes, mais de bien moindre envergure que ce qui est observé dans d'autres pays européens (Bailleau et al. 2009).

Ces différents paradigmes d'intervention s'incarnent dans des pratiques professionnelles et institutionnelles très concrètes: ainsi, alors que le travail social incarne officiellement et historiquement la fonction «réhabilitative» du système pénal (Castel 1998), la criminologie contemporaine occupe le terrain de l'évaluation des risques et de la dangerosité des criminel·le·s. Les savoirs issus de la psychologie et de la psychiatrie ont parallèlement tantôt œuvré en faveur d'un idéal de réhabilitation thérapeutique, tantôt mis ses expert·e·s au service de l'évaluation de la dangerosité (Quirion 2006). La coexistence, au sein d'un même champ d'intervention, d'une pluralité de corps professionnels conduit à de fréquents «conflits de juridiction» (Abbott 1988, Chantraine et al. 2011) au sein des institutions concernées. Chaque groupe professionnel cherche en effet à situer sa mission au plus proche de l'idéal d'intervention légitime à une période donnée, ce qui produit des luttes autour des contours et des frontières des missions de ces professionnel·le·s du corps médical, éducatif, ou encore pénitentiaire (Frauenfelder et al. 2018).

En parallèle à la pénalisation croissante des comportements déviants et au durcissement du système pénal dans son ensemble (augmentation des taux d'incarcération, allongement de la durée des peines, etc. – [Wacquant 1998 et 2012]) situé dans une nouveau régime de sensibilité publique à l'insécurité (Mucchielli 2008; Frauenfelder et Mottet 2012), on observe aussi le souci croissant «d'humaniser» le traitement des personnes condamnées (Bouagga 2015) et de garantir le respect des droits individuels, depuis l'arrestation jusqu'à la détention. Dans un contexte d'État libéral en effet, les droits individuels sont au cœur des préoccupations, ce qui conduit à préciser de manière de plus en plus détaillée les droits relatifs à la procédure pénale (droit à un avocat, droit de recours, etc.) (Fassin et al. 2013). En détention, on se soucie de garantir aux individus condamnés le même accès aux droits (à la formation, à la santé, aux liens avec l'entourage) que si ils avaient conservés leur liberté, comme si l'on tentait de réduire la peine de prison à la seule présence de murs empêchant les condamné·e·s de circuler librement. Mais ce souci d'humaniser la peine de prison et de garantir des droits durant la procédure apparait lui aussi comme paradoxal, puisqu'une partie considérable du «public» de la justice pénale ne bénéficie pas de ces nouveaux traitements plus «humains»: en effet, environ un tiers de la population carcérale est détenue dans le cadre d'une détention provisoire, exécutée dans des établissements qui ne garantissent pas toujours l'accès aux droits énoncés ci-dessus[4]. En termes de procédure également, l'immense majorité des condamnations se font aujourd'hui en Suisse sous la forme d'ordonnances pénales, prononcées par un·e procureur·e sans nécessité de respecter la procédure pénale ordinaire[5]. De toute évidence, le champ pénal est donc traversé à l'échelle internationale par des logiques hybrides et souvent contradictoires, dont la légitimité est sans cesse renégociée en fonction des rapports de force en présence.

La recherche sur le champ pénal: quelle place pour l'ethnographie?

Les recherches sur le champ pénal s'inscrivent dans des cultures académiques très diverses selon les contextes nationaux, et prennent dès lors des orientations disciplinaires et méthodologiques variées. Ainsi, au Canada ou en Belgique, les sciences sociales trouvent bien leur place dans la criminologie au sens large, à côté des approches plus cliniques ou appliquées (Queloz 2004). Dans une visée proche, en Allemagne, le rôle «socialement constructif» de la recherche en sciences sociales dans le champ pénal est revendiqué, que traduit le concept de *Begleitforschung* (la recherche vue comme «accompagnement»); en France, prévaut davantage l'idée de distanciation par rapport aux autorités publiques, comme garantie nécessaire d'un

---

[4] Voir Office fédéral de la statistique. *Communiqué de presse 19. Criminalité et droit pénal. Privation de liberté de 1988 à 2017.* https://www.bfs.admin.ch/bfs/fr/home/statistiques/criminalite-droit-penal/execution-penale.assetdetail.7127061.html, consulté le 25.11.2019.

[5] Environ 90% des délits et des crimes font l'objet, en Suisse, d'une condamnation par ordonnance pénale (Office fédéral de la statistique. *Condamnations d'adultes pour un délit ou un crime, selon le genre de procédure.* https://www.bfs.admin.ch/bfs/fr/home/statistiques/criminalite-droit-penal/justice-penale/jugements-mineurs-adultes.assetdetail.8946640.html, consulté le 25.11.2019). Une telle procédure – qui permet de condamner un prévenu sans débat contradictoire – est applicable du moment que la peine requise ne dépasse pas six mois de prison. Cette justice «simplifiée» et «accélérée» prend d'autres formes dans d'autres contextes nationaux, telle que la procédure de «comparution immédiate, une voie de plus en plus souvent utilisée par la justice française (Observatoire international des prisons. *La comparution immédiate.* https://oip.org/analyse/la-comparution-immediate/, consulté le 22 novembre 2019).

travail pleinement indépendant et critique (Salle 2003)[6]. La rencontre des sciences sociales avec le champ pénal relève en Suisse d'une histoire récente et semble se situer à mi-chemin entre la situation allemande et française. En Suisse, la sociologie de la déviance et du système pénal connait un certain essor dans les années 1970. Mais cet élan s'essouffle vite, preuve en est des contributions de plus en plus rares des auteur·e·s suisses à la revue *Déviance et Société* (Mucchielli 1997). Martin Killias avance, au début des années 1980, que l'étude de la criminalité ne semble pas être une priorité pour les sciences sociales suisses (ni pour le monde politique) étant donné les taux de délinquance relativement bas par rapport à d'autres pays européens (Killias 1983). Parallèlement, les sciences criminelles suisses tiennent leur renommée internationale de leurs développements importants dans le domaine des sciences forensiques et de la criminalistique, projet scientifique dont les sciences sociales ne font pas partie. Ces constats, faits il y a maintenant trente ans, sont toujours d'actualité : malgré son institutionnalisation en Suisse romande d'abord, puis en Suisse alémanique (Killias 1989), la criminologie suisse peine à asseoir sa légitimité face aux sciences forensiques. Le droit et la psychologie y tiennent par ailleurs une place plus légitime que les sciences sociales. Enfin, parmi les recherches criminologiques adoptant une perspective issue des sciences sociales, prédominent les recherches quantitatives au détriment d'une compréhension qualitative des processus et ressorts sociaux de la criminalité et de la délinquance[7].

Du côté des sciences humaines et sociales, des travaux importants sur l'histoire sociale du crime et du contrôle pénal ont été menés depuis une vingtaine d'années par des chercheur·e·s en histoire (notamment Droux et Kaba 2006, Porret 2008), mais dans une relative indépendance et une absence de dialogue avec la criminologie d'une part et avec la sociologie d'autre part. En sociologie – et en anthropologie – ce n'est que depuis très récemment qu'on observe un nouvel essor des projets de recherche sur la déviance, le crime et le champ pénal : des recherches empiriques sont réalisées sur le métier de policier (Pichonnaz 2017), sur le milieu carcéral pour majeur·e·s (Hostettler 2012) et pour mineur·e·s (Frauenfelder et al. 2018), sur les services de probation (Ros, Kloetzer et Lambelet, dans ce numéro) ou encore sur les populations étiquetées comme déviantes et soumises au contrôle pénal (Duvanel Aouida 2014).

Au-delà de cette spécificité suisse – à savoir une légitimité encore restreinte des sciences sociales dans l'étude du champ pénal –, il faut également souligner la tendance historique plus générale des recherches sur le champ pénal à cibler un type particulier d'institution pénale – le plus souvent la prison (Werth et Ballestero 2017) – et un type particulier de public, que sont les jeunes hommes soumis au système pénal. Ce constat, déjà largement établi parmi la communauté scientifique concernée, a, depuis une dizaine d'années, suscité un essor des études sur des dispositifs dits « en milieu ouvert » (Turnbull et Hannah-Moffat 2009, Werth 2011, De Larminat 2014a, Bugnon 2017) ainsi que sur des publics ayant jusqu'alors moins suscité l'attention des chercheur·e·s (femmes détenues, vieillissement en prison, etc.) (Cardi 2009, Marti et al. 2017, Hummel dans ce numéro). D'autres recherches, souvent ethnographiques, appréhendent le système pénal à partir de ses marges, par exemple en s'intéressant à la manière dont

---

[6] En France, la sociologie pénale a opéré, dans les années 1970, une scission avec la criminologie et a connu un important développement depuis la création de la revue *Déviance et Société*.
[7] Pour une description plus extensive du champ, voir l'introduction du bulletin n° 153 de la Société suisse de sociologie (Bugnon et Frauenfelder 2018).

les habitant·e·s des quartiers afro-américains d'une métropole étatsunienne – principalement les jeunes hommes sous mandat d'arrêt – font l'expérience du contrôle pénal (Goffman 2014). Ce dossier, qui s'inscrit dans le sillage de ces études, invite à une analyse toujours plus relationnelle et transversale du champ pénal, qui pense les interdépendances et les hybridations structurant ce champ.

Par le soin conféré à la « description dense » des réalités sociales (Geertz 1998), tant à l'échelle des processus directement observables, des « attentes d'arrière-plan » des professionnel·le·s de la justice (Cicourel 2018) que des structures objectives et subjectives qui les conditionnent (Bourdieu et Wacquant 2014), ce dossier entend argumenter en faveur des approches ethnographiques de l'État et de ses politiques pénales. Nous avons souhaité réunir des travaux qui présentent le souci d'articuler, dans leur dispositif d'enquête, différentes échelles d'observation et de matériaux d'analyse ; les articles combinent ainsi des formes d'ethnographie « multi-intégrative » (Beaud et Weber 2003) et souvent « multisituée » (Marcus 1998).

De quelles hybridations parle-t-on ?

Si le diagnostic d'un continuum carcéral et plus généralement sociopénal est souvent avancé dans les recherches en sciences sociales (Foucault 1975, Bodin 2012, Fassin 2015, de Larminat 2014b), les manifestations concrètes des processus d'hybridation des politiques pénales et sociales – des rapports entre « main droite » et « main gauche » de l'État (Bourdieu 2012) – demeurent moins documentées, tant du côté des agents institutionnels qui les mettent en œuvre que des individus pouvant être soumis à la contrainte des institutions pénales. Or, documenter ces processus nous semble important dans la mesure où les recherches ont eu tendance à privilégier une approche internaliste et segmentée : d'une part, les institutions pénales ont le plus souvent été analysées indépendamment les unes des autres ; d'autre part, les enquêtes ont souvent été menées à l'intérieur des institutions, en se focalisant sur leurs agents ou leurs publics sans réinscrire les agents dans la chaîne pénale composée d'actrices et d'acteurs du social, de l'éducation et de la santé.

Le choix du concept d'« hybridation » mérite ici quelques précisions : nous ne défendons pas une vision fluide du monde social et des institutions, où les pratiques en situation s'entremêlent au gré des interactions et produisent à chaque instant et de manière imprévisible de nouvelles formes d'hybridation. Si nous partons du constat que les institutions connaissent, dans les sociétés contemporaines, des formes de fragmentation et d'hybridation (Laforgue 2009), ces formes suivent néanmoins des logiques structurées et des schémas préétablis, que l'analyse peut reconstruire et expliquer. Ces formes d'hybridation doivent selon nous être comprises comme le résultat d'un rapport de force qui se (re)joue entre différents projets institutionnels, qui eux-mêmes évoluent au cours de l'histoire et dont la légitimité sociale n'est pas fixée une fois pour toute.

Trois formes d'hybridation seront au cœur de ce dossier. La première forme se donne à voir lorsque deux institutions poursuivant des missions distinctes sont amenées à collaborer pour prendre en charge un même public. L'article de Cristina Ferreira et Mikhael Moreau adresse cette question en faisant l'histoire de l'hybridation des régimes d'internement, au croisement du modèle de l'hôpital et de la prison. Ce type d'hybridation est aussi aisément identifiable dans le champ de la justice pénale des mineur·e·s, où l'idéal éducatif donne des prérogatives importantes aux professionnel·le·s de l'État social (éducateurs et éducatrices spécialisé·e·s en Suisse par exemple), tout en plaçant leur intervention sous le mandat d'un·e juge des mineurs, dépendant de l'autorité judiciaire.

La deuxième forme d'hybridation émerge lorsqu'au sein d'un même dispositif institutionnel deux paradigmes d'intervention se font concurrence et entremêlent leurs logiques d'action. La coexistence de ces paradigmes peut parfois s'expliquer par l'inertie du changement historique – une nouvelle logique ne remplace jamais entièrement l'ancienne mais tend à s'y superposer : c'est ce que démontre l'article de Jenny Ros, Laure Kloetzer et Daniel Lambelet sur les pratiques des agent·e·s de probation, encore largement tributaires des missions traditionnelles du travail social (accompagnement sur le long terme, qualité de la relation) mais progressivement reconfigurées par les nouvelles pratiques d'évaluation des risques. Dans d'autres contextes, cette deuxième forme d'hybridation s'explique par la coexistence de corps professionnels distincts ou de missions contradictoires dans un même dispositif de prise en charge. La prise en charge des mineur·e·s délinquant·e·s en milieu ouvert donne à voir de manière particulièrement évidente ce type de tensions, entre un objectif d'accompagnement et de soutien social et un objectif de contrôle et de surveillance. Deux articles du dossier appréhendent cette problématique, mais sous un angle sensiblement différent : la contribution de Marie Dumollard décortique l'expérience que les jeunes font de ce suivi en milieu ouvert et met en lumière la continuité du contrôle ressentie entre les prises en charge en milieu ouvert et fermé. L'ambivalence entre soutien et contrôle produit auprès de ces jeunes des injonctions perçues comme contradictoires, puisque la promotion de leur autonomie est tuée dans l'œuf par les mesures de surveillance qui pèsent sur elles/eux. Nicolas Sallée, Mohamed Mestiri et Jades Bourdages interrogent pour leur part la même tension entre accompagnement et surveillance dans les mesures de milieu ouvert, mais du point de vue des professionnel·le·s cette fois. Les auteur·e·s soulignent l'exacerbation de cette tension depuis l'arrivée d'une logique standardisée de gestion des risques, tout en donnant à voir la manière dont les professionnel·le·s semblent également s'approprier cette logique sous des formes bien spécifiques, renvoyant à une certaine « densité relationnelle » du travail de suivi sociojudiciaire.

Enfin, une troisième forme d'hybridation peut s'observer lorsqu'on prend pour objet d'analyse les trajectoires des publics soumis au champ pénal. Ces trajectoires sont en effet marquées par des prises en charges multiples, par des dispositifs reliés tantôt à la sphère sociale, judiciaire ou encore médicale. Le « problème » de la personne prise en charge est ainsi successivement catégorisé et recatégorisé par ces différents dispositifs, qui proposent chacun à leur tour – ou conjointement – des modalités d'intervention différenciées. Les individus pris· en charge sont alors amenés à *faire avec* ces attentes et ces injonctions institutionnelles parfois contradictoires, et à *faire sens* de leur propre trajectoire à la lumière de cette régulation institutionnelle hybride. Rita Carlos aborde ces questions en creusant l'hypothèse selon laquelle les trajectoires institutionnelles hybrides des jeunes placé·e·s en centre éducatif fermé en France reconfigurent le sens et les missions de cette institution de placement pénal. Guillaume Teillet adopte une échelle d'analyse un peu différente en documentant les modalités d'articulation des interventions civiles et pénales au fil de parcours pénaux de mineur·e·s poursuivi·e·s par la justice française. Comme on le voit, la question des « publics » sera abordée dans ce dossier de manière plurielle et souvent transversale : d'une part comme une catégorie-cible d'intervention sociopénale thématisée à l'échelle des institutions et professionnel·le·s qui ne peuvent penser leur action sans interroger la question du (des) public(s) visé(s) par leur intervention ; d'autre part, à l'échelle de publics concernés, dont l'expérience du champ pénal et de la chaîne pénale révèle les effets – recherchés ou non – des dispositifs institutionnels sur le vécu et les trajectoires des individus soumis à la régulation pénale.

Finalement, deux textes viennent apporter des éclairages complémentaires à ce dossier. D'une part, en guise de postface, Franz Schultheis propose un article qui revient – à partir de la régulation de la jeunesse – sur la valeur ajoutée de la recherche ethnographique dans l'analyse du champ du droit pénal et de ses métamorphoses. D'autre part, dans la section « essais en anthropologie visuelle » de ce numéro, Cornelia Hummel présente des photographies prises par des « détenus vieillissants », questionnant ainsi le croisement des politiques pénales et de la vieillesse, d'une logique d'intervention sécuritaire et d'une prise en charge médicosociale.

Pourquoi et comment s'intéresser aux formes d'hybridation ?

Derrière le souci de mettre en lumière les formes d'hybridation se dévoile le projet scientifique de déconstruire les catégories institutionnelles et de prendre du recul face à des délimitations bureaucratiques parfois artificielles associées à la pensée d'État (Bourdieu 2012). Ces catégories – à la fois juridiques, sociales et politiques – structurent, en apparence, et dans les discours des professionnel·le·s, tout le champ pénal : la justice pénale des mineur·e·s est présentée comme entièrement différente de la justice pénale destinée aux majeur·e·s ; au sein de la justice pénale des mineur·e·s, il ne faut pas confondre les peines avec les mesures de protection ; en matière de protection de l'enfant, l'intervention civile doit être pensée séparément de la prise en charge pénale.

Prenant le contrepied de ces quelques exemples, nous faisons le pari, dans le sillage d'autres auteur·e·s (Werth et Ballestero 2017), qu'une ethnographie des pratiques institutionnelles permet, d'une part, de penser les continuités entre des catégories *a priori* distinctes et, d'autre part, de mettre à jour les ambivalences, voire les contradictions d'une apparente homogénéité du discours institutionnel. Le pouvoir discrétionnaire important dont disposent les agent·e·s de l'État (Lipsky 1980) permet en effet une (ré)appropriation du projet institutionnel et de ses cadres normatifs, ce qui peut mener à produire des formes de régulation pénale concrètes assez éloignées du projet initial de politique pénale.

Enfin, en inscrivant ce dossier dans une perspective d'analyse des institutions « par le bas », nous cherchons également à saisir des mécanismes structurels au cœur des processus sociaux en actes. Les dispositifs institutionnels s'inscrivent en effet dans un monde social plus large, et la démarche ethnographique permet de mettre en lumière la manière dont un dispositif pénal peut être amené, dans des configurations à chaque fois spécifiques, à s'emparer de ce monde social et la façon dont il contribue lui aussi à reproduire, sous des formes plus ou moins euphémisées, certains rapports sociaux (de genre, de classe, de race, de nationalité, d'âge).

Références

Abbott Andrew. 1988. *The System of Professions. An Essay on the Division of Expert Labor.* Chicago: University of Chicago Press.

Bailleau Francis, Cartuyvels Yves, De Fraene Dominique. 2009. «La criminalisation des mineurs et le jeu des sanctions», *Déviance et Société* 33 (3), 255–269.

Beaud Stéphane, Weber Florence. 2003. *Guide d'enquête de terrain.* Paris: La Découverte.

Bohnet François (dir.). 2007. *Le nouveau droit pénal des mineurs.* Neuchâtel: CEMAJ, Université de Neuchâtel.

Bodin Romuald. 2012. *Les métamorphoses du contrôle social.* Paris. La Dispute.

Bourdieu Pierre. 2012. *Sur l'État. Cours au Collège de France 1989–1992.* Champagne Patrick, Lenoir Remi, Poupeau Franck, Rivière Marie-Christine (dir.) Paris: Raisons d'agir/Seuil.

Bourdieu Pierre, Wacquant Loïc. 2014. *Invitation à la sociologie réflexive.* Paris: Seuil.

Bouagga Yasmine. 2015. *Humaniser la peine? Enquête en maison d'arrêt.* Rennes: Presses universitaires de Rennes.

Bugnon Géraldine. 2020. *Governing delinquency through freedom. Control, rehabilitation and desistance.* London: Routledge.

Bugnon Géraldine. 2017. «Un contrôle pénal négociable. Conformité, résistance et négociation dans les mesures en milieu ouvert pour mineurs délinquants au Brésil». *Agora débats/jeunesses* 77(3): 80–92.

Bugnon Géraldine, Frauenfelder Arnaud. 2018. «Introduction» au dossier «Les sciences sociales à la rencontre du champ pénal: enjeux et promesses». *Bulletin de la Société suisse de sociologie* 153: 1–4.

Cardi Coline. 2009. «Le féminin maternel ou la question du traitement pénal des femmes». *Pouvoirs* 128(1): 75–86.

Castel Robert. 1998. «Du travail social à la gestion sociale du non-travail». *Esprit. Revue internationale* 241: 28–47.
1995. *Les métamorphoses de la question sociale.* Paris: Fayard.

Chantraine Gilles, Cliquennois Gaëtan, Franssen Abraham, Salle Grégory, Sallée Nicolas, Scheer David. 2011. *Les prisons pour mineurs: controverses sociales, pratiques professionnelles, expériences de réclusion.* Paris: Rapport de recherche pour la DAP-Ministère de la Justice et le GIP Mission de recherche Droit et Justice.

Cicourel Aaron. 2018 (1967). *La justice des mineurs au quotidien de ses services.* Genève: Ies (traduction de Samuel Bordreuil).

Combessie Philippe. 2009. *Sociologie de la prison.* Paris: La Découverte.

Darley Mathilde, Camille Lancelevée, Bénédicte Michalon. 2013. «Où sont les murs? Penser l'enfermement en sciences sociales». *Cultures et Conflits* 90: 7–20.

De Larminat Xavier. 2014a. *Hors des murs. L'exécution des peines en milieu ouvert.* Paris: Presses universitaires de France.

De Larminat Xavier. 2014b. «Un continuum pénal hybride. Discipline, contrôle, responsabilisation». *Champ pénal/Penal field* 11 [https://journals.openedition.org/champpenal/8965, consulté le 03 mars 2020].

Droux Joëlle, Kaba Mariama. 2006. «Le corps comme élément d'élaboration de nouveaux savoirs sur l'enfance délinquante». *Revue d'histoire de l'enfance «irrégulière»* 8: 63–80.

Durkheim Émile. 2010 (1895). *Les règles de la méthode sociologique.* Paris: Flammarion (nouvelle édition établie par Jean-Michel Berthelot et présentée par Laurent Mucchielli).

Duvanel Aouida Géraldine. 2014. *Rester pour s'en sortir. Logiques de récidive chez les jeunes en situation de délinquance.* Thèse de doctorat, Faculté de lettres, Université de Fribourg.

Fassin Didier. 2015. *L'ombre du monde. Une anthropologie de la condition carcérale.* Paris: Seuil.

Fassin Didier, Bouagga Yasmine, Coutant Isabelle, Eideliman Jean-Sébastien, Fernandez Fabrice, Fischer Nicolas, Kobelinsky Carolina, Makaremi Chowra, Mazouz Sarah, Roux Sébastien. 2013. *Juger, réprimer, accompagner: essai sur la morale de l'État.* Paris: Seuil.

Feeley Malcolm M., Simon Jonathan. 1992.

"The New Penology: Notes on the Emerging Strategy of Corrections and its Implications". *Criminology* 30(4): 449–74.

Fink Daniel. 2017. *La prison en Suisse: Un état des lieux*. Lausanne: Presses polytechniques et universitaires romandes.

Foucault Michel. 1975. *Surveiller et punir. Naissance de la prison*. Paris: Gallimard.

Frauenfelder Arnaud, Mottet Geneviève. 2012. «La fabrique d'un problème public. Reconnaître, expertiser et gérer la ‹violence en milieu scolaire›». *Revue suisse de sociologie* 38(2): 459–477.

Frauenfelder Arnaud, Nada Eva, Bugnon Géraldine. 2018. *Ce qu'enfermer des jeunes veut dire. Enquête dans un centre éducatif fermé*. Zurich et Genève: Seismo.

Garland David. 2001. *The Culture of Control: Crime and Social Order in Contemporary society*. Oxford: Oxford University Press.

Geertz Clifford. 1998 (1973). «La description dense. Vers une théorie interprétative de la culture». *Enquête* 6: 73–105 (traduction de André Mary).

Goffman Alice. 2014. *On the Run. Fugitive Life in an American City*, Chicago, University of Chicago Press.

Hostettler Ueli. 2012. «Exploring Hidden Ordinariness: Ethnographic Approaches to Life Behind Prison Walls», in: Budowski, Monica, Nollert Michael, Young Christopher (Hg.) *Delinquenz und Bestrafung*, S. 158–166. Zürich: Seismo

Killias Martin. 1989. «Tendances récentes en criminologie suisse». *Revue internationale de criminologie et de police technique* 2: 136–153

Killias Martin. 1983. «Switzerland», in: Johnson Elmer H. *International Handbook of Contemporary Developments in Criminology*, Volume 2, p. 571–589, Westport (Conn.): Greenwood Press.

Laforgue Denis. 2009. «Pour une sociologie des institutions publiques contemporaines». *Socio-logos. Revue de l'association française de sociologie* 4.

Lipsky Michael. 1980. *Street-Level Bureaucracy: Dilemnas of the Individual in Public Services*. New York: Russell Sage Foundation.

Marcus George E. 1998. *Ethnography through Thick and Thin*. Princeton: Princeton University Press.

Marti Irène, Hosttetler Ueli, Richter Martina. 2017. "End of Life in High-Security Prisons in Switzerland: Overlapping and Blurring of 'Care' and 'Custody' as Institutional Logics". *Journal of correctional health care* 23(1).

Mucchielli Laurent. 2008. «Une société plus violente? Une analyse sociohistorique des violences interpersonnelles en France, des années 1970 à nos jours». *Déviance et Société* 32(2): 115–147.

Mucchielli Laurent. 1997. «Une sociologie militante du contrôle social. Naissance du projet et formation de l'équipe francophone ‹Déviance et société›, des origines au milieu des années quatre-vingts». *Déviance et Société* 21(1): 5–49.

O'Malley Pat. 2006. «Mondialisation» et justice criminelle: du défaitisme à l'optimisme». *Déviance et Société* 30(3): 323–38.

Pichonnaz David. 2017. *Devenirs policiers. Une socialisation professionnelle en contrastes*. Lausanne: Antipodes.

Porret, Michel. 2008. *Sur la scène du crime. Pratique pénale, enquête et expertise judiciaires à Genève (XVIIIe–XIXe siècles)*. Montréal: Presses universitaires de Montréal.

Queloz Nicolas. 2004. *Quelle(s) criminologie(s) demain? Quelques scénarios imaginables, notamment sur le plan suisse*. Conférence présentée au Congrès du Groupe suisse de criminologie, Interlaken, 3–5 mars 2004: «La criminologie – Évolutions scientifiques et pratiques: hier, aujourd'hui et demain».

Queloz Nicolas, Bütikofer Repond Frédérique. 2002. «Évolution de la justice des mineurs en Suisse». *Déviance et Société* 26(3): 315–28.

Quirion Bastien. 2006. «Traiter les délinquants ou contrôler les conduites: le dispositif thérapeutique à l'ère de la nouvelle pénologie». *Criminologie* 39(2): 137–64.

Salle Grégory. 2003. «Situation(s) carcérale(s) en Allemagne». *Déviance et Société* 27(4): 289–311.

Schultheis Franz. 2004. «La stratégie européenne

de l'emploi, entre lutte contre la précarité et production d'un habitus flexible». *Revue suisse de sociologie* 30(3), 303–3018.

Slingeneyer Thibaut. 2007. «La nouvelle pénologie, une grille d'analyse des transformations des discours, des techniques et des objectifs dans la pénalité». *Champ pénal/Penal field* 4 [https://journals.openedition.org/champpenal/2853, consulté le 03 mars 2020].

Tabin Jean-Pierre, Frauenfelder Arnaud, Togni Carola, Keller Véréna. 2010. *Temps d'assistance. Le gouvernement des pauvres en Suisse romande depuis la fin du XIXe siècle.* Lausanne: Antipodes.

Turnbull, Sarah, Hannah-Moffat Kelly. 2009. "Under these Conditions: Gender, Parole and the Governance of Reintegration". *British journal of criminology* 49(4), 532–551.

Wacquant Loïc. 2012. «La fabrique de l'État néolibéral: insécurité sociale et politique punitive», in: Bodin Romuald (dir.), *Les métamorphoses du contrôle social*, p. 243–254. Paris, La Dispute.

Wacquant Loïc. 1998 «La tentation pénale en Europe». *Actes de la recherche en sciences sociales* 124: 3–6.

Walmsley Roy. 2018. "World prison population list, 12th ed." Birkbeck: University of London: Institute for Criminal Policy Research (ICPR).

Werth Robert. 2011. "I do what I'm told, sort of: Reformed Subjects, Unruly Citizens, and Parole". *Theoretical criminology* 16(3): 329–346.

Werth Robert, Ballestero Andrea. 2017. "Ethnography and the Governance of Il/legality: Some Methodological and Analytical Reflections". *Social Justice: A journal of Crime, Conflict and World Order* 44(1): 10–26.

Auteur·e·s

Géraldine Bugnon est docteure en sociologie de l'Université de Genève et l'Université de Lille 1. Ses travaux portent sur la régulation pénale des déviances juvéniles, en particulier dans les dispositifs de suivi en milieu ouvert. Elle travaille actuellement comme chercheuse postdoc à la Haute École de travail social – HETS Genève (HES-SO).
geraldine.bugnon@hesge.ch

Arnaud Frauenfelder est professeur de sociologie à la Haute École spécialisée de Suisse occidentale (HES-SO) Genève et responsable du Centre de recherches sociales (CERES) de la Haute École de travail social (HETS Genève). Il mène des recherches au croisement de la sociologie de la socialisation, de la jeunesse, du travail et de la régulation des classes populaires à partir d'enquêtes menées sur différents terrains (jardins ouvriers, aide sociale, naturalisation, protection de l'enfance et de la jeunesse, prison).
arnaud.frauenfelder@hesge.ch

Armelle Weil est doctorante FNS en sociologie, à la Haute École de travail social – HETS Genève (HES-SO) et à l'Université de Lausanne. Son travail de thèse porte sur les mécanismes genrés des trajectoires de délinquance juvénile. Elle s'intéresse aux ressorts de différenciation sexuée des carrières militantes, déviantes ou professionnelles.
armelle.weil@hesge.ch

Haute École de travail social
Rue Prévost-Martin 28
Case postale 80
CH-1211 Genève 4

SPECIAL ISSUE

PENAL INSTITUTIONS AND THEIR HYBRIDIZATIONS "IN ACTION"

Continuities and Discontinuities[1]

Géraldine Bugnon, Arnaud Frauenfelder, Armelle Weil

Abstract

The introduction to this dossier traces the main divisions, ambivalences, and forms of hybridization that cut across and shape the criminal justice system, both in Switzerland and internationally. The text therefore invites us to question the relationship between the penal state and the welfare state, between punishment, rehabilitation, and risk management, and between prison and non-custodial sentences asking: how do these seemingly distinct areas empirically come together to constitute a "sociopenal continuum"? We discuss the theoretical relevance of the concept of hybridization for an understanding of the penal field, as well as the methodological tools useful for its analysis. Finally, we propose three forms of hybridization, in dialogue with the contributions to this dossier: the first form is apparent when two institutions pursuing distinct missions are called upon to collaborate in order to deal with the same population; the second emerges when two paradigms for intervention compete with each other within the same institutional framework, resulting in intertwining logics of action; the third can be observed in the trajectories of the population of criminal justice institutions, marked by a diverse range of measures for intervention (whether social, judicial, or therapeutic).

Keywords: *criminal justice institutions, sociopenal continuum, ethnography, hybridization*

Sentencing, punishment, and prison form the symbolic heart of the criminal justice system. Ever since the advent of the centralized rule of law, transgressing penal norms has justified the state's recourse to force in order to punish the guilty and deliver justice, both for the person wronged by the offence and for society more generally.[2] As early as the end of the nineteenth century, Durkheim emphasized, in *The Rules of Sociological Method*, that crime was "normal", in the sense that it exists in all societies and that its punishment reveals the existence of collective rules and morality (2010 [1895] 178–190). This relational and construc-

---

[1] Translated by Lucy Garnier.
[2] The coordination of this dossier was carried out as part of a project funded by the Swiss National Science Foundation entitled "Youth facing the Justice System. Analysis of the criminal chain through the experiences and trajectories of juvenile offenders" (1st Division, Arnaud Frauenfelder, Franz Schultheis, Géraldine Bugnon and Armelle Weil).

tivist reading of the penal system,[3] which remains valid to this day, nevertheless has some limitations: it obscures the heterogeneous meanings and functions of sentences, the multiple paradigms underpinning criminal justice policies, and the diverse professions and institutions that embody, in the day-to-day, what we shall refer to here as the "penal field"[4].

The penal field is indeed an apparently hybrid space, in which competing logics and ambivalent developments intersect. The controversies that surround prison as an institution reveal the intensity of this ambivalence: for almost fifty years now, there has been both a political and a scientific consensus (Combessie 2009) that prison is incapable of meeting its alleged objectives – i.e. combatting the "problem" of delinquency – and yet, over the same time period, the use of imprisonment in response to criminal offences has increased exponentially worldwide (Garland 2001, Walmsley 2018). At the same time, and in reaction to criticisms of the carceral system, we are seeing a rise in "alternative" penal sanctions, although these have not replaced prison sentences. On the contrary, these alternatives to imprisonment are part of a system that goes hand-in-hand with prison sentences and forms a continuum of "sociopenal" management (Darley et al. 2013, Bugnon 2020, Fassin 2015). This expansion of the penal state is proportionate to, and fills the gap created by, the rapid retreat of the welfare state (Wacquant 2012) as we had come to know it, in Europe at least, during the post WW2-boom. Indeed, the welfare state is progressively giving ground to, or combining with, an economically liberal state that governs individuals through "responsibilization" and "skills activation". Its logics of intervention, first tested and disseminated in welfare policies and employment policies (Castel 1995, Schultheis 2004, Tabin et al. 2010), are also gaining ground today in the penal field (Fassin et al. 2013).

Analyses of penal justice and its "field" also speak, more broadly, to changes in sociopenal policies and the role of the state in managing its citizens. This dossier follows this same approach but also provides a renewal of "bottom-up" ethnographic approaches to analysises of the state. These approaches encourage a heuristic combination of interactionist and structuralist perspectives concerned with resituating institutions and actors within the social and power relations in which they are embedded. At the intersection of social problems, penal institutions, and deviancy, this dossier intends to explore how the hybridization of the penal state and the welfare state transforms criminal justice institutions, in the adult and juvenile systems alike. It also examines the impact of this hybridization on the forms of penal control deployed by the various measures used to deal with people who commit offences.

---

[3] "In former times acts of violence against the person were more frequent than they are today because respect for individual dignity was weaker. As it has increased, such crimes have become less frequent, but many acts which offended against that sentiment have been incorporated into the penal code, which did not previously include them (calumny, insults, slander, deception, etc.)".

[4] The notion of "field" is understood here as "a space structured according to oppositions" that "have to do with the division of organizational functions".

SPECIAL ISSUE

Between rehabilitation and risk management: international trends in the penal field

The measures implemented by the penal system are informed by competing paradigms regarding the meanings and functions of sentences. Historically, penal punishment was based on the ideas of retribution (or punishment) and rehabilitation. Over time, the latter has taken different shapes ranging from rehabilitation through work to normalization through psychological treatment. This paradigm based on punishment and rehabilitation began to be challenged at the turn of the 2000s by a new model for managing delinquency, based on risk assessment and risk management (Feeley and Simon 1992, Slingeneyer 2007). This model spread unevenly throughout the world depending on the region and on the types of apparatus in question, leading to a more or less substantial upheaval of the structures previously in place (O'Malley 2006, De Larminat 2014a).

In Switzerland, actuarial justice and the risk management model have not yet brought about any substantial changes to the penal system, which is still broadly speaking based on the dual aims of retribution and rehabilitation. Nevertheless, the creation of "commissions on dangerousness" and the arrival of "recidivism risk scales", especially in the German-speaking cantons, suggest that this model is beginning to gain legitimacy. When it comes to incarceration rates, Switzerland is below the European average (fewer than 80 prisoners for every 100,000 inhabitants) (Fink 2017). In terms of juvenile justice, the prevailing aim of protecting and educating young offenders was maintained in the recent reform of the Juvenile Criminal Code in 2007 (in terms of both substance and penal procedure) (Queloz et al. 2002, Bohnet 2007). It is important to mention, however, that some changes (extending the maximum period of detention to four years, and allowing sentences and measures to run consecutively) point to the tougher penal management of youths, albeit much less so than can be observed in other European countries (Bailleau et al. 2009).

These different paradigms of intervention are embodied in concrete professional and institutional practices: while, officially and historically, the penal system's rehabilitation role is taken up by social work (Castel 1998), contemporary criminology has taken on the role of assessing risk and evaluating the dangerousness of criminals. At the same time, expertise in the fields of psychology and psychiatry has either been used to further the ideal of therapeutic rehabilitation or to assess dangerousness (Quirion 2006). The coexistence of many different professions within the same field often leads to "jurisdictional conflicts" (Abbott 1998, Chantraine et al. 2011) within the institutions in question. Each professional group seeks to align its objectives as closely as possible with the ideal form of intervention considered legitimate at a given moment in time, thus producing power struggles with regard to the parameters and boundaries of the missions of these actors from the medical, educational, or penitentiary professions (Frauenfelder et al. 2018).

Alongside the new regime of public sensitivity to security issues (Mucchielli 2008, Frauenfelder and Mottet 2012) which has seen rising penalization of deviant behaviour and the toughening of the criminal justice system as a whole (higher incarceration rates, longer sentences, etc. – Wacquant 1998 and 2012), there is also an increasing concern with treating people who have committed offences in more "humane" ways (Bouagga 2015) and with ensuring that individual rights are respected, from arrest to detention. Within an economically liberal state, individual rights are a central concern, which leads to the increasingly detailed definition of rights relating to penal procedure (the right to a lawyer, the right to appeal etc.) (Fassin et al. 2013). When it comes to detention, the concern is with ensuring that those convicted enjoy access to the same rights (training, healthcare, ties with family and friends) as if they had retained their freedom, as though there were an attempt to reduce incarceration simply to a set of walls preventing incarcerated people from circulating freely. However, this concern with making prison sentences more "humane" and protecting rights during the process can also be seen as paradoxical, given that a considerable portion of the "public" of the criminal justice system does not benefit from this new more "humane" treatment. Approximately one third of the prison population are in provisional detention, in establishments that do not always ensure access to the rights outlined above.[5] A further point with regard to procedure is that the vast majority of convictions in Switzerland today occur via a "summary penalty order", handed down by a prosecutor without necessarily respecting ordinary penal procedure[6] On an international scale, the penal field is therefore clearly intersected by hybrid and often contradictory logics, the legitimacy of which is under constant renegotiation depending on the power relations in play.

Research in the penal field: what role can ethnography play?

Research into the penal field is embedded in very diverse academic cultures depending on national context and therefore employs a range of disciplinary approaches and methodologies. In Canada and Belgium, for example, criminology in its broadest sense makes room for the social sciences, alongside clinical and applied approaches (Queloz 2004). Similarly, in Germany, claims are made for the "socially constructive" role of social science research in the penal field, as reflected by the concept of *Begleitforschung* (research viewed as playing an accompanying role). In France, on the other hand, the prevalent stance involves maintaining distance from public authorities, viewed as necessary to ensuring fully independent and critical work (Salle 2003).[7] In Switzerland, the encounter between the social sciences and the

---

[5] See Federal Statistical Office. Press Release 19. Crime and Criminal Justice. Imprisonment from 1988 to 2017 (https://www.bfs.admin.ch/bfs/en/home/statistics/crime-criminal-justice/execution-penal-sentences-justice.assetdetail.7127070.html, accessed 25.11.2019).

[6] In Switzerland, approximately 90% of misdemanours or felonies result in a conviction handed down by summary penalty order (https://www.bfs.admin.ch/bfs/fr/home/statistiques/criminalite-droit-penal/justice-penale/jugements-mineurs-adultes.assetdetail.8946637.html, Federal Statistical Office. Adults: Convictions for a misdemeanour or felony, depending on the type of procedure, accessed 25.11.2019). This procedure, which allows convictions to be handed down without any adversarial debate, can be applied if the sentence requested is no greater than six months imprisonment. This "simplified" and "accelerated" justice process takes different forms in different national contexts, for example the *comparution immédiate* [immediate trial] procedure that is increasingly used in the French justice system (Observatoire international des prisons. La comparution immédiate. https://oip.org/analyse/la-comparution-immediate/, accessed 22.11.2019).

[7] In France, penal sociology broke away from the field of criminology in the 1970s and has grown substantially since the launch of the journal *Déviance et Société*.

penal field has been more recent, and lies somewhere between the French and German approaches. Swiss sociology of deviance and of the penal system saw a rise in interest in the 1970s. However, this impetus soon petered out, as evidenced by the increasingly rare contributions by Swiss authors to the journal *Déviance et Société* (Mucchielli 1997). Martin Killias argued, in the early 1980s, that the study of criminality did not seem to be a priority for the Swiss social sciences (or political world) given the relatively low crime rates compared to those of other European countries (Killias 1983). At the same time, Swiss criminal science gained international recognition thanks to important developments in forensic science and criminalistics through research that did not involve the social sciences. These observations, made about thirty years ago now, are still relevant today: despite Swiss criminology having become established first in the French-speaking and then in the German-speaking cantons (Killias 1989), it still struggles to establish its legitimacy in comparison to forensic science. Law and psychology are also regarded as more legitimate than the social sciences in this regard. Finally, within the criminology research that does take a social-science approach, quantitative methods prevail to the detriment of achieving a qualitative understanding of the social processes and wellsprings of criminality and delinquency.[8]

In the social sciences and humanities, historians have done important work on the social history of crime and penal control over the past twenty years (in particular Droux and Kaba 2006, Porret 2008) but quite separately from – and without entering into dialogue with – the fields of both criminology and sociology. Only very recently have sociology and anthropology seen a rise in research projects on deviance, crime, and the penal field: empirical research has been conducted on the police as a profession (Pichonnaz 2017), on the prison environment for adults (Hostettler 2012) and juveniles (Frauenfelder et al. 2018), on probation services (Ros, Kloetzer and Lambelet, this issue), and on the populations labelled deviant and subjected to penal control (Duvanel Aouida 2014).

Over and above this specifically Swiss situation, in which the social sciences still only have limited legitimacy when it comes to studying the penal field, it is also important to mention a more general and long-standing trend in research in this area which tends to focus on one particular type of penal institution – prison (Werth and Ballestero 2017) – and one particular population – young men subjected to the penal system. This observation, well established in the scientific community in question, has led to a rise, over the past decade, in studies looking at non-custodial settings (Turnbull and Hannah-Moffat 2009, Werth 2011, De Larminat 2014a, Bugnon 2017) as well as populations that had previously received less critical attention (female prisoners, the ageing prison population, etc.) (Cardi 2009, Marti et al. 2017, Hummel in this issue). Other research, often ethnographic, approaches the penal system from the margins, looking, for example, at how inhabitants of African-American neighbourhoods in a city in the United States – mainly young men with a warrant issued for their arrest – experience penal control (Goffman 2014). This dossier, which follows in the wake of these studies, invites us to engage in ever more relational and cross-cutting analysis of the penal field, conceptualizing the mutual dependencies and hybridizations that structure it.

---

[8] For a more extensive description of the field, see the introduction to the bulletin n°153 of the Swiss Sociological Association (Bugnon and Frauenfelder 2018).

This special issue places the focus on "thick description" (Geertz 1998) of social realities, at the level of directly observable processes, "background expectations" of professionals in the justice system (Cicourel 2018), and the objective as well as subjective structures that condition them (Bourdieu and Wacquant 2014). In doing so, it intends to argue in favour of ethnographic approaches to the state and its penal policies. Our aim has been to bring together studies concerned with connecting different levels of observation and different materials in their analytical framework; the articles therefore combine "multi-integrative" (Beaud and Weber 2003) and "multi-sited" forms of ethnography (Marcus 1998).

What kinds of hybridizations?

While social science research often posits the existence of a carceral, and more generally sociopenal, continuum (Foucault 1975, Bodin 2012, Fassin 2015, De Larminat 2014b), the concrete ways in which the hybridization of penal and social policies – of the "right-hand state" and "left-hand state" (Bourdieu 2012) – manifests itself are less well-documented, whether in terms of the institutional agents who implement these policies or the individuals who are subjected to the constraints of penal institutions. And yet documenting these processes seems extremely important to us insofar as research has thus far tended to give priority to internalizing and segmented approaches: first, penal institutions have mainly been analysed independently one from each other; second, investigations have often been conducted solely inside these institutions, focusing on the agents or their populations, without considering how these agents are embedded in a penal chain that also comprises actors in social work, education, and healthcare.

The choice of the concept of "hybridization" warrants further explanation: our intention is not to defend a fluid vision of institutions and the social world, in which situated practices intersect according to interactions over time, thereby constantly and unpredictably producing new forms of hybridization. While we do build out from the observation that, in contemporary societies, institutions are experiencing forms of fragmentation and hybridization (Laforgue 2009), these forms nevertheless follow structured logics and pre-determined patterns, which analysis can reconstruct and explain. In our view, these forms of hybridization should be understood as the result of power relations that (re)play themselves out between different institutional agendas, which, themselves, evolve over time, and whose social legitimacy is never definitively fixed.

Three forms of hybridization lie at the heart of this dossier. The first can be seen when two institutions pursuing different aims find themselves working in collaboration in order to deal with the same population. Cristina Ferreira and Mikhael Moreau's article engages with this question by retracing the history of the hybridization of internment regimes, at the intersection of the hospital and prison models. This form of hybridization is also easily identifiable in the field of juvenile penal justice, where the educational ideal gives substantial prerogatives to welfare state professionals (social workers in Switzerland, for example), while at the same time placing their work under the direction of a juvenile judge, under the jurisdiction of the judiciary.

The second form of hybridization emerges when two paradigms for intervention compete within a single institutional framework, resulting in intertwining logics of action. The coexistence of these paradigms can sometimes be explained by the inertia of historical change – a new logic never entirely replaces the old one but tends instead to overlay it: this is what Jenny Ros, Laure Kloetzer, and Daniel Lambelet's article shows, looking at probation officers' practices, which still owe much to the traditional objectives of social work (monitoring people in the long term, building quality relationships) but have been progressively reconfigured by new practices in risk assessment. In other contexts, this second form of hybridization can be explained by separate professions or contradictory objectives co-existing within the same measure. The management of young offenders in non-custodial settings offers a particular clear illustration of these kinds of tension between assistance and support, on the one hand, and control and surveillance, on the other. Two articles in this issue address these questions, but from different angles. First, Marie Dumollard unpacks how youths experience this monitoring in non-custodial settings and highlights the continuity between the control experienced in custodial and non-custodial settings. The ambivalence between support and control produces demands that these youths perceive as contradictory, because their autonomy is negated from the outset as a consequence of the surveillance weighing upon them. Second, Nicolas Sallée, Mohamed Mestiri, and Jade Bourdages examine the same tension between support and surveillance in non-custodial settings, but this time from the point of view of the professionals. The authors underscore how this tension has been exacerbated by the rise of standardized risk management rationales, while at the same time showing how the professionals in question also seem to take up these rationales in very specific ways, reflecting a certain "relational density" in socio-judicial work.

Finally, a third form of hybridization emerges when we analyse the trajectories of populations that are subjected to the penal field. These trajectories are marked by multiple forms of management through measures connected either to the social, the judicial, or the medical spheres. The "problem" of the person being taken in hand is thus successively categorized and recategorized by these different institutions, with each proposing different forms of intervention, either in turn or conjointly. The individuals being taken in hand then have to cope with these sometimes contradictory institutional expectations and requirements and to make sense of their own trajectories in light of this hybrid institutional regulation. Rita Carlos tackles these questions by exploring the hypothesis that the hybrid institutional trajectories of youths placed in custodial education centres in France reconfigure the meaning and objectives of this particular custodial institution. For his part, Guillaume Teillet adopts a slightly different scale in his analysis, documenting the ways in which civil and penal interventions interact with each other in the penal trajectories of youths targeted by the French justice system. As will now be clear, the question of "populations" is approached in this dossier from different and often intersecting perspectives: on the one hand, they are analysed as a category that is the object of sociopenal interventions considered at the level of institutions and professionals who cannot conceptualize their own work without asking themselves questions about the population or populations they target; on the other hand, they are analysed as subjects whose experience of the penal field and the penal process reveals the effects – both intended and unintended – that institutional frameworks have on the daily lives and trajectories of individuals subjected to penal control.

Finally, two further texts shed complementary light on the issues addressed by this dossier. First, in what serves as a postface, an article by Franz Schultheis on the regulation of youth looks at the added value of ethnographic research in analysing the field of penal law and its transformations. Second, in the "essays in visual anthropology" section of this issue, Cornelia Hummel presents photographs taken by "ageing prisoners", examining the intersection of penal and ageing policies, as well as of the logics of ensuring public safety and providing medico-social care.

Why and how should we look at forms of hybridization?

Behind this concern with highlighting forms of hybridization lies a scientific objective to deconstruct institutional categories and create some distance from the sometimes artificial bureaucratic boundaries linked to "state thought" (Bourdieu 2012). These categories – at once legal, social, and political – structure the penal field as whole, in terms both of appearances and of the discourse of its professionals. Juvenile criminal justice is presented as entirely different to adult criminal justice; within juvenile justice, sentences must not be confused with protective measures; within child protection, civil interventions should be considered separately from penal management.

Running counter to these few examples, we work on the assumption, following the lead of other authors (Werth and Ballestero 2017), that an ethnography of institutional practices makes it possible, first, to conceptualize the continuities between seemingly distinct categories and, second, to highlight the ambivalence of, or even contradictions within, apparently homogeneous institutional discourse. The substantial discretionary power enjoyed by state agents (Lipsky 1980) allows for institutional intentions and normative frames to be (re)appropriated leading to the production of concrete forms of penal regulation that in fact differ substantially from the initial intentions of penal policy.

Finally, by focusing this dossier on "bottom-up" perspectives on institutional analysis, our intention is also to understand the structural mechanisms at the heart of social processes in action. Institutional frameworks are embedded in the broader social world and, through ethnographic approaches, it is possible to shed light on how penal measures can, in specific configurations, be used to act upon this social world and how they also contribute to reproducing, in more or less euphemized ways, certain social relations (of gender, class, race, nationality, and age).

References

Abbott Andrew. 1988. *The System of Professions. An Essay on the Division of Expert Labor.* Chicago: University of Chicago Press.

Bailleau Francis, Cartuyvels Yves, De Fraene Dominique. 2009. «La criminalisation des mineurs et le jeu des sanctions», *Déviance et Société* 33 (3), 255–269.

Beaud Stéphane, Weber Florence. 2003. *Guide d'enquête de terrain.* Paris: La Découverte.

Bohnet François (dir.). 2007. *Le nouveau droit pénal des mineurs.* Neuchâtel: CEMAJ, Université de Neuchâtel.

Bodin Romuald. 2012. *Les métamorphoses du contrôle social.* Paris. La Dispute.

Bourdieu Pierre. 2012. *Sur l'État. Cours au Collège de France 1989–1992.* Champagne Patrick, Lenoir Remi, Poupeau Franck, Rivière Marie-Christine (dir.) Paris: Raisons d'agir/Seuil.

Bourdieu Pierre, Wacquant Loïc. 2014. *Invitation à la sociologie réflexive.* Paris: Seuil.

Bouagga Yasmine. 2015. *Humaniser la peine? Enquête en maison d'arrêt.* Rennes: Presses universitaires de Rennes.

Bugnon Géraldine. 2020. *Governing delinquency through freedom. Control, rehabilitation and desistance.* London: Routledge.

Bugnon Géraldine. 2017. «Un contrôle pénal négociable. Conformité, résistance et négociation dans les mesures en milieu ouvert pour mineurs délinquants au Brésil». *Agora débats/jeunesses* 77(3): 80–92.

Bugnon Géraldine, Frauenfelder Arnaud. 2018. «Introduction» au dossier «Les sciences sociales à la rencontre du champ pénal: enjeux et promesses». *Bulletin de la Société suisse de sociologie* 153: 1–4.

Cardi Coline. 2009. «Le féminin maternel ou la question du traitement pénal des femmes». *Pouvoirs* 128(1): 75–86.

Castel Robert. 1998. «Du travail social à la gestion sociale du non-travail». *Esprit. Revue internationale* 241: 28–47.

Castel Robert. 1995. *Les métamorphoses de la question sociale.* Paris: Fayard.

Chantraine Gilles, Cliquennois Gaëtan, Franssen Abraham, Salle Grégory, Sallée Nicolas, Scheer David. 2011. *Les prisons pour mineurs: controverses sociales, pratiques professionnelles, expériences de réclusion.* Paris: Rapport de recherche pour la DAP-Ministère de la Justice et le GIP Mission de recherche Droit et Justice.

Cicourel Aaron. 2018 (1967). *La justice des mineurs au quotidien de ses services.* Genève: Ies (traduction de Samuel Bordreuil).

Combessie Philippe. 2009. *Sociologie de la prison.* Paris: La Découverte.

Darley Mathilde, Camille Lancelevée, Bénédicte Michalon. 2013. «Où sont les murs? Penser l'enfermement en sciences sociales». *Cultures et Conflits* 90: 7–20.

De Larminat Xavier. 2014a. *Hors des murs. L'exécution des peines en milieu ouvert.* Paris: Presses universitaires de France.

De Larminat Xavier. 2014b. «Un continuum pénal hybride. Discipline, contrôle, responsabilisation». *Champ pénal/Penal field* 11 [https://journals.openedition.org/champpenal/8965, consulté le 03 mars 2020].

Droux Joëlle, Kaba Mariama. 2006. «Le corps comme élément d'élaboration de nouveaux savoirs sur l'enfance délinquante». *Revue d'histoire de l'enfance «irrégulière»* 8: 63–80.

Durkheim Émile. 2010 (1895). *Les règles de la méthode sociologique.* Paris: Flammarion (nouvelle édition établie par Jean-Michel Berthelot et présentée par Laurent Mucchielli).

Duvanel Aouida Géraldine. 2014. *Rester pour s'en sortir. Logiques de récidive chez les jeunes en situation de délinquance.* Thèse de doctorat, Faculté de lettres, Université de Fribourg.

Fassin Didier. 2015. *L'ombre du monde. Une anthropologie de la condition carcérale.* Paris: Seuil.

Fassin Didier, Bouagga Yasmine, Coutant Isabelle, Eideliman Jean-Sébastien, Fernandez Fabrice, Fischer Nicolas, Kobelinsky Carolina, Makaremi Chowra, Mazouz Sarah, Roux Sébastien. 2013. *Juger, réprimer, accompagner: essai sur la morale de l'État.* Paris: Seuil.

Feeley Malcolm M., Simon Jonathan. 1992. "The New Penology: Notes on the Emerging Strategy of Corrections and its Implications". *Criminology* 30(4): 449–74.

Fink Daniel. 2017. *La prison en Suisse: Un état des lieux*. Lausanne: Presses polytechniques et universitaires romandes.

Foucault Michel. 1975. *Surveiller et punir. Naissance de la prison*. Paris: Gallimard.

Frauenfelder Arnaud, Mottet Geneviève. 2012. «La fabrique d'un problème public. Reconnaître, expertiser et gérer la ‹violence en milieu scolaire›». *Revue suisse de sociologie* 38(2): 459–477.

Frauenfelder Arnaud, Nada Eva, Bugnon Géraldine. 2018. *Ce qu'enfermer des jeunes veut dire. Enquête dans un centre éducatif fermé*. Genève/Zurich: Seismo

Garland David. 2001. *The Culture of Control: Crime and Social Order in Contemporary society*. Oxford: Oxford University Press.

Geertz Clifford. 1998 (1973). «La description dense. Vers une théorie interprétative de la culture». *Enquête* 6: 73–105 (traduction de André Mary).

Goffman Alice. 2014. *On the Run. Fugitive Life in an American City*, Chicago, University of Chicago Press.

Hostettler Ueli. 2012. "Exploring Hidden Ordinariness: Ethnographic Approaches to Life Behind Prison Walls", in: Budowski, Monica, Nollert Michael, Young Christopher (Hg.) *Delinquenz und Bestrafung*, S. 158–166. Zürich: Seismo

Killias Martin. 1989. «Tendances récentes en criminologie suisse». *Revue internationale de criminologie et de police technique* 2: 136–153

Killias Martin. 1983. "Switzerland", in: Johnson Elmer H. *International Handbook of Contemporary Developments in Criminology*, Volume 2, p. 571–589, Westport (Conn.): Greenwood Press.

Laforgue Denis. 2009. «Pour une sociologie des institutions publiques contemporaines». *Socio-logos. Revue de l'association française de sociologie* 4.

Lipsky Michael. 1980. *Street-Level Bureaucracy: Dilemnas of the Individual in Public Services.* New York: Russell Sage Foundation.

Marcus George E. 1998. *Ethnography through Thick and Thin*. Princeton: Princeton University Press.

Marti Irène, Hosttetler Ueli, Richter Martina. 2017. "End of Life in High-Security Prisons in Switzerland: Overlapping and Blurring of 'Care' and 'Custody' as Institutional Logics". *Journal of correctional health care* 23(1).

Mucchielli Laurent. 2008. «Une société plus violente? Une analyse sociohistorique des violences interpersonnelles en France, des années 1970 à nos jours». *Déviance et Société* 32(2): 115–147.

Mucchielli Laurent. 1997. «Une sociologie militante du contrôle social. Naissance du projet et formation de l'équipe francophone ‹Déviance et société›, des origines au milieu des années quatre-vingts». *Déviance et Société* 21(1): 5–49.

O'Malley Pat. 2006. «Mondialisation» et justice criminelle: du défaitisme à l'optimisme. *Déviance et Société* 30(3): 323–38.

Pichonnaz David. 2017. *Devenirs policiers. Une socialisation professionnelle en contrastes*. Lausanne: Antipodes.

Porret, Michel. 2008. *Sur la scène du crime. Pratique pénale, enquête et expertise judiciaires à Genève (XVIIIᵉ–XIXᵉ siècles)*. Montréal: Presses universitaires de Montréal.

Queloz Nicolas. 2004. *Quelle(s) criminologie(s) demain? Quelques scénarios imaginables, notamment sur le plan suisse*. Conférence présentée au Congrès du Groupe suisse de criminologie, Interlaken, 3–5 mars 2004: «La criminologie – Évolutions scientifiques et pratiques: hier, aujourd'hui et demain».

Queloz Nicolas, Bütikofer Repond Frédérique. 2002. «Évolution de la justice des mineurs en Suisse». *Déviance et Société* 26(3): 315–28.

Quirion Bastien. 2006. «Traiter les délinquants ou contrôler les conduites: le dispositif thérapeutique à l'ère de la nouvelle pénologie». *Criminologie* 39(2): 137–64.

Salle Grégory. 2003. «Situation(s) carcérale(s) en Allemagne». *Déviance et Société* 27(4): 289–311.

Schultheis Franz. 2004. «La stratégie européenne de l'emploi, entre lutte contre la précarité et production d'un habitus flexible». *Revue suisse de sociologie* 30(3), 303–3018.

Slingeneyer Thibaut. 2007. «La nouvelle pénologie, une grille d'analyse des transformations des discours, des techniques et des objectifs dans la pénalité». *Champ pénal/Penal field* 4 [https://journals.openedition.org/champpenal/2853, consulté le 03 mars 2020].

Tabin Jean-Pierre, Frauenfelder Arnaud, Togni Carola, Keller Véréna. 2010. *Temps d'assistance. Le gouvernement des pauvres en Suisse romande depuis la fin du XIXe siècle*. Lausanne: Antipodes.

Turnbull, Sarah, Hannah-Moffat Kelly. 2009. "Under these Conditions: Gender, Parole and the Governance of Reintegration". *British journal of criminology* 49(4), 532–551.

Wacquant Loïc. 2012. «La fabrique de l'État néolibéral: insécurité sociale et politique punitive», in: Bodin Romuald (dir.), *Les métamorphoses du contrôle social*, p. 243–254. Paris, La Dispute.

Wacquant Loïc. 1998. «La tentation pénale en Europe». *Actes de la recherche en sciences sociales* 124: 3–6.

Walmsley Roy. 2018. "World prison population list, 12th ed." Birkbeck: University of London: Institute for Criminal Policy Research (ICPR).

Werth Robert. 2011. "I do what I'm told, sort of: Reformed Subjects, Unruly Citizens, and Parole". *Theoretical criminology* 16(3): 329–346.

Werth Robert, Ballestero Andrea. 2017. "Ethnography and the Governance of Il/legality: Some Methodological and Analytical Reflections". *Social Justice: A journal of Crime, Conflict and World Order* 44(1): 10–26.

Authors

Géraldine Bugnon holds a PhD in sociology from the University of Geneva and the University of Lille 1. Her work focuses on the penal regulation of juvenile delinquency, in particular in non-custodial settings. She is currently working as a post-doc researcher at the Haute École de travail social – HETS Geneva (HES-SO).
geraldine.bugnon@hesge.ch

Arnaud Frauenfelder is professor of sociology at the University of Applied Sciences of Western Switzerland (HES-SO) Geneva and head of the Centre for Social Research (CERES) at the Haute École de travail social (HETS Geneva). He conducts research at the intersection of the sociology of socialization, youth, work and the regulation of the working classes based on surveys conducted in different fields (allotments, social assistance, naturalization, child and youth protection, prison).
arnaud.frauenfelder@hesge.ch

Armelle Weil is a PhD candidate in Sociology at the Haute École de travail social – HETS Geneva (HES-SO) and at the University of Lausanne. Within a SNFS project, her thesis focuses on the gendered mechanisms of juvenile delinquency trajectories. She is particularly interested in the gender-based differentiation underlying activist, deviant or professional careers.
armelle.weil@hesge.ch
Haute École de travail social
Rue Prévost-Martin 28
Case postale 80
CH-1211 Geneva 4

DOSSIER

LA THÉRAPEUTIQUE PAR LE TRAVAIL CONTRAINT À LA COLONIE AGRICOLE PÉNITENTIAIRE DES PRÉS-NEUFS (20ᴱ SIÈCLE)

Mikhaël Moreau, Cristina Ferreira

Abstract

THERAPEUTICS THROUGH COMPULSORY LABOR AT THE PRÉS-NEUFS PENAL FARM COLONY (20TH CENTURY)

Adopting a socio-historical approach, this article aims to draw attention to the continuities and discontinuities that can be observed in the penal treatment of people categorized as "psychopathic delinquents". The problem posed by their internment in appropriate areas remained a subject of debate throughout the 20th century in Switzerland and was never really resolved. In the Canton of Vaud, one penal farm colony was used for about 50 years to punish and re-educate these individuals through labor. An in-depth examination of the archives allows us to immerse ourselves in the socio-economic life of this institution, to which the inmates contributed fully. After many years of use as a place of correction and assistance, Prés-Neufs became a remand prison in 1983. Thirty years later, plans to create a medico-social establishment on the site were abandoned in favor of Curabilis, a Geneva prison-hospital more in line with the renewed emphasis on security prevailing at the time.

Mots-clés : *délinquants psychopathes, internement, colonie pénitentiaire, Suisse*
Keywords: *psychopathic delinquents, internment, penal colony, Switzerland*

Introduction

Dans le sillage de travaux consacrés aux territoires hybrides d'enfermement, cet article porte sur une institution vaudoise fondée sur le modèle pénitentiaire de la colonie agricole servant, pendant un demi-siècle, à interner des hommes par des voies pénales, administratives et civiles. Située depuis 1932 dans le complexe pénitentiaire des Établissements de la Plaine de l'Orbe (ÉPO), la maison des Prés-Neufs remplit des fonctions coercitives et socialisatrices. Initialement prévus pour le relèvement des buveurs internés par voie administrative, les Prés-Neufs sont aussi désignés dès 1942 pour l'exécution de mesures pénales de sûreté. Jusqu'au moment où se profile une réaffectation du bâtiment à l'aube des années 1980, se retrouvent ainsi sous le même toit des alcooliques «incurables» ou aux prises avec la justice et des «anormaux et psychopathes» à responsabilité atténuée.

Comme cette contribution entend le montrer, la maison des Prés-Neufs représente, à bien des égards, une solution providentielle pour tout un ensemble de problèmes dont certains sont d'une actualité saisissante[1]. Pourvoyant hébergement, repas et travail à des hommes déviants en situation de grande marginalité, l'institution permet d'évacuer de l'hôpital psychiatrique des délinquants indésirables au motif de leur statut de «psychopathes antisociaux». Deux mécanismes politiques sont à l'origine de cet état de fait devenu durable. D'abord, l'institution comble tant bien que mal les carences en lieux spécialisés prévus par le Code pénal suisse (CPS) de 1942 afin de concrétiser l'individualisation des sanctions. Or, s'il est accordé aux cantons un délai de vingt ans pour répondre à la volonté du législateur, ceux-ci s'opposent assez vite à ces projets au coût jugé exorbitant (Clerc 1956: 277). Ensuite, les psychiatres répugnent à aménager des pavillons de sûreté assimilables à des prisons. Dans le canton de Vaud, l'enjeu est clairement explicité par le Dr Hans Steck, qui dirige, de 1936 à 1960, l'asile de Cery situé dans les environs de Lausanne. Si, comme bon nombre de ses confrères, il se dit prêt à prendre en charge les «délinquants déclarés irresponsables par des psychiatres compétents», c'est-à-dire, «de vrais malades qui [...] ne gênent pas l'atmosphère thérapeutique de la maison»[2], il s'oppose vigoureusement à l'hospitalisation des hommes «psychopathes demi-responsables, lucides et antisociaux»[3]. Il en résulte un véritable bras de fer avec les acteurs du champ judiciaire et pénitentiaire autour de décisions d'internement de délinquants dont les profils pathologiques sont pourtant soulignés par l'expertise. Se fondant sur celle-ci juges et directeurs de prisons viennent alors à considérer que c'est vers l'hôpital que ces individus doivent en toute logique être dirigés.

L'histoire de l'hybridation des populations aux Prés-Neufs est donc tributaire d'une problématique soulevant des difficultés immenses depuis la fin du 19e siècle et qui demeure encore imparfaitement résolue: où placer les individus à cheval entre la sanction pénale et le traitement médicalisé des risques de récidive? En Belgique[4] et en France[5], pour s'en tenir à ces seuls cas, fleurissent de façon précoce les structures médicolégales. Connues en Suisse, ces options sont néanmoins systématiquement écartées.

En dépit des innombrables discussions menées au sein de commissions, la création de divisions spéciales (en prison ou à l'hôpital) n'a jamais figuré au sommet des priorités politiques. Au

---

[1] Notre analyse s'inscrit dans une étude en cours, dirigée par Cristina Ferreira et Jacques Gasser: «Expertiser la transgression et la souffrance. Savoir et pouvoir de la psychiatrie légale». Programme national de recherche 76 (*Assistance et coercition*) du Fonds national suisse de la recherche scientifique (FNS). Font également partie de l'équipe: Mirjana Farkas, Ludovic Maugué et Sandrine Maulini.

[2] ACV S 57/66 De H. Steck au chef du Service de protection pénale, 22.02.1944. La totalité des sources d'archives étant issues des Archives cantonales vaudoises (ACV), nous ne signalerons à présent que le fonds et l'intitulé des documents cités.

[3] Selon Vimont (2014), «l'antisocial» est une catégorie servant à disqualifier les relégués français qui mettent à mal les programmes de réinsertion sociale, qui sont réputés impulsifs ou qui se rebellent dans les établissements d'enfermement.

[4] En Belgique, la *Loi de défense sociale* de 1930, qui institue des établissements éponymes visant à protéger la société contre les aliénés délinquants, les récidivistes et les délinquants d'habitude, est dès l'origine marquée par une profonde ambivalence entre le soin et la sécurité (Cartuyvels et Cliquennois 2015).

[5] Des quartiers de sûreté sont agencés dans les hôpitaux psychiatriques de Hoerdt (1909), Villejuive (1910), Montdevergues (1947), Sarreguemines (1957), Cadillac (1963), (Fau-Vincenti 2019).

final, c'est l'annexe au pénitencier qui s'avère être la solution privilégiée. À la maison des Prés-Neufs, dépourvue d'un personnel soignant dûment formé, échoit alors le contrôle d'individus dont l'expertise certifie des anomalies inquiétantes du comportement et des tendances à l'indiscipline, voire au complot subversif. Or, à lire les propos d'un haut dignitaire de la fonction publique, chef du Service de protection pénale, une autre mission d'importance est tacitement formulée :

> *Tous ceux qui se sont occupés d'individus anormaux, de pervers, de psychopathes, s'entendent sur la nécessité de leur imposer un régime de discipline dure et de sanctions rigoureuses ; ils sont en général inadaptables à la vie sociale. [...] Encore faut-il être extrêmement prudent pour ne pas faire des classifications trop hâtives et rester toujours attentif à la possibilité d'une révision de leur cas.* (Gilliéron 1951 : 320–321)

Dès lors, les lieux d'internement offrent l'avantage considérable d'observer et d'évaluer ces hommes dont le pronostic sombre n'apparaît pas complètement définitif. C'est dire la résonnance troublante avec l'époque contemporaine où rigueur punitive, mises à l'épreuve et horizon de resocialisation s'entremêlent. Il serait pourtant hâtif de conclure à de simples permanences, tant des ruptures sont incontestables sur la longue durée. Il convient de ce fait d'orienter l'investigation de façon à historiciser les phénomènes observés à une échelle locale. Adopter une approche sociohistorique poursuit en somme, pour paraphraser Buton et Mariot (2009), un double objectif : reconstituer la genèse de faits sociaux contemporains (le passé du présent) et identifier les processus de réforme qui n'ont pas abouti (le passé du passé), en éclairant du même coup des inerties maintes fois constatées.

Suivant un fil chronologique, les deux premières parties de cet article (1940–1960) décrivent les dynamiques sociales et productives auxquelles les hommes des Prés-Neufs participent. Le travail, clé de voûte de l'organisation de la vie quotidienne, est aussi un objet de revendications, de doléances et parfois de récompenses. À la fois dispositif coercitif et garant d'une hospitalité réservée aux plus déshérités, la maison traverse au cours des années 1970 une période critique de grande indétermination sur laquelle porte la troisième partie. Plutôt qu'une orientation sociomédicale patiemment planifiée par une commission, c'est une spécialisation carcérale qui s'affirme comme nouvelle affectation. Les internés oscillant entre le statut pénal et psychiatrique demeurent les oubliés des réformes pénitentiaires. À l'aube du 21e siècle, au moment où le tropisme sécuritaire se redéploie avec une vigueur renouvelée, l'ouverture d'une prison-hôpital tablant sur une logique de contrôle et de soin rattrape ainsi un long retard. Dans le même mouvement, le traitement moral par le travail perd sa centralité.

Un micro-État social soumis à des contraintes de rentabilité économique

Installée à distance du pénitencier de Bochuz (réclusion pour crimes) et de la Colonie (emprisonnement pour délits)[6], la maison des Prés-Neuf est un édifice ouvert voué aux mesures d'éducation au travail. Aussi qualifié d'« asile », cet établissement dépourvu d'enceinte ou de barreaux aux fenêtres et dont « les serrures sont tellement simples qu'un homme un peu habile arrive à les ouvrir avec un simple passe facile à fabriquer »[7] dispose de 24 chambres à quatre lits et de huit chambres isolées pour une capacité de 104 places.

Conséquence d'une politique d'éloignement et de récupération des indisciplinés, une myriade d'internés y afflue durant des décennies. D'après les observations d'un chroniqueur en 1950 s'y trouvent hébergés des alcooliques internés par voie administrative, des délinquants primaires de moins de trente ans destinés à la maison d'éducation au travail (art. 43 CPS), des jeunes difficiles ou délinquants « venus souvent de la Maison d'éducation de Vennes où leur présence était indésirable », ainsi que « des délinquants psychopathes, ou médico-légaux, qui ne sont à leur place ni dans un établissement pénitentiaire, ni dans un hôpital ou asile psychiatrique »[8]. À la consultation de dossiers de patients de Cery transférés aux Prés-Neufs au motif de leur psychopathie, deux profils se démarquent : les voleurs à la petite semaine ou autres coupables d'escroquerie d'un côté, et les personnes inculpées pour des délits sexuels de l'autre, tous caractérisés par de très multiples récidives. Leur « incorrigibilité », plus encore que leur dangerosité, détermine effectivement leur internement, à plus forte raison lorsqu'elle a trait à un alcoolisme chronique. Ballottés entre des institutions qu'ils fréquentent assidûment au fil des ans, ces hommes sont internés à Cery ou aux Près-Neufs, incarcérés préventivement en prison, exécutent leurs peines dans des colonies et pénitenciers, sont mis en liberté conditionnelle sous la surveillance du patronage ou bien s'évadent, finissent par être repris et reconduits par la gendarmerie aux institutions. Au-delà des tactiques individuelles pour contourner les lieux dont ils ne supportent pas la contrainte, hôpital psychiatrique ou maison de travail, ce nomadisme est l'une des conséquences de leur double statut pénal et psychiatrique.

Une analyse des durées d'internement ainsi que de leur récurrence donne finalement à voir le caractère hybride de la maison des Prés-Neufs, entre action sociale et rétribution pénale. Soulignant au passage le décalage flagrant entre leur faible nombre et les grandes préoccupations qu'ils suscitent, le dépouillement des fichiers d'écrou révèle en effet qu'entre 1944 et 1981, 66 hommes âgés de 18 à 69 ans (âge moyen : 36 ans) y sont internés de quelques jours à plusieurs années, parfois plus d'une dizaine de fois dans leur vie. Placé une première fois volontairement aux Prés-Neufs à l'âge de 36 ans, un journalier au passé pénal et psychiatrique chargé y est par exemple interné à dix reprises entre 1949 et 1968. Il y demeure au total plus de 13 années, entrecoupées de brèves périodes de liberté et de séjours à Cery, en prison ou dans d'autres asiles pour buveurs. Son ultime internement s'achève au bout de 5 ans et demi avec son décès à l'âge

---

[6] Le CPS 1942 distingue la réclusion (privation de liberté de 3 à 20 ans sanctionnant des crimes) et l'emprisonnement (peine de 3 jours à 3 ans pour délits), exigeant des établissements distincts.

[7] SB 261 G1/33 n°0661 Rapport sur l'évasion de J. C., 07.12.1956.

[8] « Visite à la ‹morne plaine› ». *Feuille d'avis de Lausanne*, 14.11.1950, p. 6.

de 60 ans[9]. La durée parfois très longue et les nombreuses réitérations des internements jettent une lumière crue sur le rôle proprement asilaire des Prés-Neufs, convertis en foyer durable pour ceux qui vivent une déchéance socio-économique devenue irréversible.

Indice supplémentaire de la fonction sociale remplie par les Prés-Neufs, font partie de ses occupants les « internés dits volontaires », souvent d'anciens détenus, précise en 1950 le journaliste cité précédemment, « qui prennent librement un engagement de quatre mois et évitent ainsi de rechuter dans la délinquance ou de tomber à la charge de l'assistance; certains de ces volontaires sont là depuis plusieurs années, ils sont habillés par la maison et reçoivent une rétribution fixée en tenant compte de leur conduite et de leur rendement, ainsi que de la saison »[10]. Il est vrai que nombre d'internés retournent « volontairement » aux Prés-Neufs après leur libération. Sans feu ni lieu, lorsque l'hiver arrive, ils cherchent couvert, logis et travail. Ce retour peut être proposé, voire imposé par les autorités tutélaires ou les instances de patronage dans le cadre d'une libération conditionnelle. Le statut de « volontaire » peut encore être accordé par les autorités à titre de récompense d'une conduite exemplaire, en permettant ainsi d'adoucir le régime d'internement et d'améliorer la situation matérielle. En 1946, un homme interné pour son alcoolisme se voit ainsi gratifié d'un passage au régime volontaire lui conférant une rétribution jugée « plus équitable » de son investissement au travail[11].

Espace dans lequel entrent, sortent, circulent et reviennent des individus dont la délinquance et la précarité ont partie liée avec un faible capital scolaire ou un état de fragilité psychique et dont la marginalisation entretient un rapport insidieux avec leur(s) séjour(s) en prison, les Prés-Neufs semblent ainsi pouvoir constituer une sorte d'État providence. Nourriture, vêtements, blanchisserie, chaussures, linge et mobilier, chauffage et éclairage sont effectivement des services fournis par l'institution. À cela s'ajoutent le pécule que touchent les pensionnaires pour leur travail, ainsi que les frais liés aux soins médicaux et psychiatriques dont ils peuvent bénéficier, le psychiatre Lucien Bovet assurant dès 1947 des consultations aux ÉPO. Cet encadrement sanitaire, dont Hans Steck réclame l'intensification dès les années 1940, s'accroît d'ailleurs encore dans les années 1960 sous l'office du Dr Marcel Mivelaz. Durant cette décennie, celui-ci effectue jusqu'à 450 consultations par année aux ÉPO, pour 40 heures annuelles aux Prés-Neufs. Comme l'a mis en exergue Urs Germann (2014), si la corporation des psychiatres cherche à éloigner au maximum les criminels psychopathes des cliniques, ils œuvrent simultanément à psychiatriser les prisons au moyen d'une intervention médicale. Outre la prescription de médicaments, le contrôle régulier de l'aptitude physique et mentale au travail fait partie intégrante du dispositif sanitaire.

Soumis aux méthodes rééducatives par l'obligation de travailler, les hommes deviennent, le temps de leur internement, des travailleurs *fixés* à leurs postes et dont le labeur quotidien est minutieusement orchestré. Cette stabilisation vise à corriger ce que les autorités perçoivent comme des « penchants » à l'errance dont l'incapacité à garder longtemps un emploi sert de preuve irréfutable. Entre les années 1920 et 1950, l'instabilité des revenus couplée à la mobilité géographique de ceux qui parcourent le pays à la recherche d'emploi sont du reste deux facteurs de risque majeurs d'internement punitif par voies administrative (CIE 2019). Sédentariser par

---

[9] SB 261 G1/137 n° 2857.
[10] « Visite à la ‹morne plaine› », *op. cit.*
[11] K VIII F 177/221 Lettre de l'OCSA à la direction des ÉPO, 09.04.46.

la contrainte apparaît donc comme l'un des principaux usages sociopolitiques des établissements où la sanction pénale implique la production économique.

Organisé en secteurs d'activité diversifiés, le travail aux ÉPO est laissé à l'arbitraire du directeur qui «décide de l'équipe ou de l'atelier auxquels l'homme sera affecté en tenant compte autant que possible de ses aptitudes et des exigences de l'exploitation»[12]. Sont affectés aux ateliers de manufacture les réclusionnaires, ainsi que les emprisonnés et internés indisciplinés transférés au pénitencier. Ces trois catégories forment la fraction d'ouvriers industriels employés à l'imprimerie, à la reliure, à la cordonnerie, au tissage, à la filature, à la vannerie, à la forge, à la menuiserie, à la boulangerie, y compris dès 1940 à la confection de pinces à linge «qui laisse un bénéfice appréciable», ainsi que dans un atelier pour «ouvrages divers» où «le résultat financier importe moins que le fait d'avoir pu occuper à des travaux simples des hommes dont on ne peut en général rien tirer ailleurs»[13]. Elles fournissent, en outre, le «personnel de service» occupé à l'entretien des bâtiments, à la blanchisserie, à la cuisine et à l'infirmerie. Quant aux ouvriers agricoles travaillant aux cultures et à l'élevage, ils rassemblent l'essentiel des «colons» et pensionnaires des Prés-Neufs[14]. Voué à une importante extension, le domaine produit céréales panifiables et fourragères, pommes de terre, betteraves, choux-raves, raves, carottes, pommes et poires, osiers, tabac, vin, auxquels s'ajoutent colza et bois-carburant en 1942[15].

D'après le compte des pertes et profits, en 1950 le travail des détenus et internés rapportent aux ÉPO 287 849.60 francs[16], le maigre revenu journalier perçu par les travailleurs permettant quelques perspectives de profit. Moyen de les motiver et d'empêcher une rechute dans la délinquance à la libération, ce pécule est déterminé en fonction de leur «classe» et se chiffre à quelques centimes par jour[17]. En 1950, il s'élève à 11 191.80 francs pour les 80 à 100 pensionnaires des Prés-Neufs, alors que ceux-ci effectuent près d'un quart du travail aux ÉPO. Cette année-là, ils auraient donc rapporté environ 70 000 francs, leurs frais d'entretien (nourriture, blanchissage et soins) se montant à 2178.40 francs[18].

Pivot essentiel dans la prévention de la récidive, le travail est aussi un moyen d'impliquer l'interné dans le financement de son internement. Il en va par exemple ainsi à Bellechasse (Fribourg) entre les années 1930 et 1950 où, malgré les critiques récurrentes des directeurs quant à la qualité médiocre de la main d'œuvre, cette force de production est effectivement pourvoyeuse d'une grande partie des recettes (Heiniger 2018). Cet enjeu est crucial en raison d'un impératif public auquel se confrontent les établissements: devoir attester *a minima* d'une renta-

---

[12] Art. 108 du règlement des ÉPO de 1952 (reconduit en 1967).
[13] Compte-rendu de l'administration (ci-après abrégé CRA), 1940, p. 79.
[14] En 1935, environ 210 détenus et internés (soit les deux tiers de la population des ÉPO) travaillent aux champs et à la ferme, pour la majorité des emprisonnés, internés, alcooliques et volontaires, ainsi qu'une cinquantaine de réclusionnaires en fin de peine (Anselmier 1993: 318).
[15] CRA, 1942, p. 78–79. Le domaine passe de 174 hectares en 1920 à 412 hectares en 1935, dont 386 hectares de terres exploitables (Anselmier 1993: 317).
[16] CRA, 1950, p. 61.
[17] En 1875 est introduit dans le canton de Vaud le régime progressif dit de «Crofton», selon lequel les détenus et les internés sont répartis en trois classes dépendant de leur conduite et déterminant en partie leurs droits (tabac, pécule, libération anticipée).
[18] K VII D 587 Brouillon de la récapitulation de l'emploi du temps […] 1950.

bilité économique de façon à dissiper le soupçon de dépenses d'assistance démesurées pour des hommes non méritants car délinquants. Sans pouvoir atteindre l'autofinancement idéalement espéré par les autorités, les directions semblent déployer des stratégies comptables. C'est du moins ce que nous pouvons déduire de la lecture des rapports officiels des ÉPO présentant une balance équilibrée au centime près. Pérenniser une institution assumant des fonctions sécuritaires mais aussi sociales, par ailleurs pourvoyeuse d'emploi tant pour le personnel que pour les pensionnaires, institue une sorte d'interdépendance organique entre l'administration pénitentiaire et les hommes mis sous sa garde.

Plaintes, résistances et sentiments de révolte : les vécus des hommes aux Prés-Neufs

Les vertus socialisatrices prêtées au travail se traduisent concrètement par une activité pour le moins intense. Du lundi au samedi, les internés des Prés-Neufs travaillent dès l'aube et jusqu'au soir à la ferme ou aux champs, n'ayant qu'une brève pause-déjeuner prise en commun aux réfectoires de la maison. Certains se plaignent ainsi d'être injustement exploités et mal rémunérés. L'un d'entre eux écrit par exemple que, si la « mère fatalité » s'abat sur sa vie dès l'enfance, et quand bien même il est prêt à reconnaître ses torts, rien ne justifie à ses yeux de percevoir de si maigres revenus contre un travail acharné. Ce quinquagénaire interné aux Prés-Neufs pratiquement toute son existence, régulièrement placé en observation à Cery en raison de son alcoolisme chronique, mis en prison à diverses reprises pour vagabondage et colportage illégal, se plaint en 1943 de la pauvreté du pécule reçu :

Je travaille comme charretier ; ceci sur ma demande, car j'aime beaucoup les animaux ; je donne donc, tout ce que mes forces le permettent à mon travail. Commençant à 4 h du matin je ne finis que le soir à souper. [...] Je serais heureux que l'on reconnaisse d'une manière tangible mes efforts en me gratifiant d'une aide pécuniaire. De plus j'ai une affreuse dentition et ne puis bientôt plus mastiquer mes aliments, ce qui me provoque de douloureux maux d'estomac[19].

Expliquant qu'avec son pécule d'interné il lui est « impossible » de se payer des soins dentaires, il requiert (en vain) une aide.

La perspective d'un labeur éreintant et mal rémunéré amène plus d'un « interné judiciaire » à redouter ouvertement le placement aux Prés-Neufs. Un manœuvre, pourtant habitué de cette maison et que le « chef de l'asile » avait pris en affection, craignant de « commettre une bêtise », déclare par exemple au psychiatre « que si on ne le garde pas [à Cery] et qu'il doit retourner aux Prés-Neufs, il y mettra le feu »[20]. En recevant la décision du Département de justice et police, un concierge se dit quant à lui « condamné définitivement » et menace aussi de se suicider. Il supplie que le psychiatre intervienne « pour qu'il soit affecté, au moins, à des travaux de bureau-

---

[19] ACV K VIII F 177/221 Lettre au Conseil de surveillance antialcoolique [sic], 1943.
[20] SB 261 G1/33 n° 0671.

cratie, ne se sent[ant] pas apte à faire de gros ouvrages »[21]. De fait, à l'instar d'un colporteur interné aux Prés-Neufs au début des années 1940, certains n'ont guère la carrure d'un agriculteur, présentent « un état physique déficient » ou une « constitution faible » qui les rend « inaptes à tout travail » selon les termes mêmes des médecins[22].

Mais pour comprendre l'inquiétude d'être interné aux Prés-Neufs, il n'est pas superflu de préciser que malgré leur extraction sociale populaire, nombre de ces hommes ne sont pas familiarisés avec les tâches agricoles. D'autres ont voulu s'en extraire dès le plus jeune âge. Avant leur internement, ou lors de périodes de libération, ils exercent des métiers de façon intermittente dans la manufacture (cartonnage, imprimerie, fabrique de stores), la vente (colporteur, aide-vendeur) ou le service (garçon d'office). D'aucuns se sont fait embaucher sur des chantiers (manœuvre, machiniste) ou dans des entreprises (aide-magasinier, poseur de stores, mécanicien). Pour ceux qui apprennent à manier une charrue ou à atteler des chevaux pour labourer les champs, il n'est pas assuré que ce « savoir-faire » acquis aux Prés-Neufs facilite, une fois libérés, leur accès à un emploi stable. Dans des lettres ou lors d'entretiens avec des psychiatres, certains disent avoir été « exploités » et sous-payés au motif de leur passé judiciaire, leur statut de repris de justice jouant par ailleurs en leur défaveur sur le marché du travail.

Cette réalité n'est très probablement pas ignorée des agents des Prés-Neufs. Généralement dépeints sous un jour peu flatteur (Maulini et Ferreira 2019), les délinquants dits psychopathes, pris dans les cercles vicieux où la récidive semble confirmer aux yeux des magistrats les observations pessimistes des experts, peuvent y bénéficier d'un regard plus bienveillant sur leurs déboires sociaux. Fréquenter au quotidien des hommes condamnés et entendre leurs doléances ou confidences infléchit inévitablement les perceptions des agents chargés de leur relèvement, ceux-ci témoignant, comme dans le cas qui suit, d'une volonté de ne pas abdiquer devant des situations « désespérées ».

Interné pour la première fois en 1946 aux Prés-Neufs, à l'âge de 18 ans, en raison de plusieurs fugues de la Maison de Vennes et de vols commis à ces occasions, Jean Cartier [nom fictif] multiplie par la suite les condamnations pour des vols systématiquement motivés par la nécessité. Relatant en 1956 les circonstances de son évasion, le directeur des Prés-Neufs, qui se déclare personnellement navré de cet incident, explique que Jean Cartier s'est révolté contre la décision judiciaire de l'interner à nouveau à Cery. Il nourrissait alors l'espoir de se rendre dans un autre canton où une promesse de travail l'attendait. De plus, « pour la première fois », il était parvenu à réunir un peu d'argent gagné en faisant du travail aux pièces (cartonnage) pendant des heures de loisir.

> *S'il ne fait pas de doute que le cas de [J. Cartier] est difficile, je m'étais croché avec d'autant plus de persévérance que tout le monde le considère comme un cas désespéré. [...] Sans avoir jamais fait d'apprentissage régulier [J. Cartier] est habile en bien des choses. Il s'y connaît en mécanique, en électricité et même en TSF [télégraphie sans fil]. C'est lui qui a installé les prises sur tous les lits, posé l'antenne centrale, etc. J'ai eu maintes fois l'occasion de recourir à ses services pour des réparations de tous genres. S'il a des défauts, il a au moins cette qualité*

---

[21] SB 261 G1/137 n° 2859.
[22] SB 261 D1/4 dossier non numéroté.

d'accepter les observations lorsqu'un travail doit être refait ou s'il faut modifier quelque chose, son seul désir étant de bien faire ce qu'il entreprend[23].

Témoin direct des efforts de cet homme qu'il ne cesse d'encourager, le chef des Prés-Neufs questionne incidemment les effets délétères produits par les procédures judiciaires. Alors que l'individualisation des sanctions est l'un des piliers du Code pénal, les instances semblent rechigner à prendre en compte l'évolution de l'inculpé observée au sein de la maison d'éducation au travail. Le parcours ultérieur de Jean Cartier – dont on perd la trace en 1976 après une condamnation pour vol de métier – est à cet égard instructif. Son expertise réalisée en 1952 est réutilisée pendant vingt ans sans que les magistrats successifs n'estiment nécessaire de réévaluer la situation.

Au demeurant, ces pratiques mécaniques et routinières de la justice sont au cœur de controverses intenses. Dès le lendemain de la Seconde Guerre mondiale, le droit pénal classique fondé sur la prérogative de l'expiation est taxé d'inefficacité dans la lutte contre la récidive. Revisiter l'économie morale de la peine est le cheval de bataille de la «défense sociale nouvelle» dont le juriste français Marc Ancel (1965) est la figure de proue; il compte des adeptes fervents en Suisse. D'après cette mouvance se réclamant de l'humanisme, la sanction pénale doit intégrer à toutes les étapes «une pédagogie de la responsabilité», condition *sine qua non* pour conscientiser le délinquant et espérer ainsi son retour à la communauté des hommes libres. Davantage que la sentence judiciaire souvent prononcée selon une application orthodoxe des règles, c'est tout le processus social d'exécution de la sanction qui devrait être désormais prioritaire. Il n'est dès lors guère surprenant que cette vision réformiste trouve un écho assez favorable auprès des directeurs des établissements pénitentiaires (Clerc 1956). Dans leur perspective, c'est moins le système formel des sanctions qui doit dicter la répartition spatiale des condamnés que l'évaluation continue de leur conduite et de leur personnalité, procédé empirique qui leur revient en pratique. À leur grand dam, la responsabilité de la mise en œuvre quotidienne des mesures peine toutefois à égaler en pouvoir symbolique l'activité de la magistrature, traditionnellement attachée au principe de pénitence.

Mises en cause publiques et projets réformateurs

Malgré l'embellie économique qui caractérise la Suisse au lendemain de la guerre – dont tous ne profitent bien sûr pas, mais à laquelle tous sont censés contribuer –, la question des droits des détenus et des internés demeure de fait problématique. Ce ne sont d'ailleurs pas les conditions de travail, d'accès aux soins ou de réinsertion socioprofessionnelle – problèmes encore d'une vive actualité de nos jours (Queloz 2011) – qui suscitent les critiques du champ politique. Ainsi, lors des débats autour du projet de loi sur le traitement des alcooliques de 1949 se pose plutôt, pour certains députés vaudois socialistes ou «agrariens», le problème de la promiscuité régnant aux Prés-Neufs et d'influences possiblement néfastes entre alcooliques et jeunes délinquants primaires. Soulignant que ces deux catégories ne partagent pas les mêmes chambres,

---

[23] SB 261 G1/33 n°0661.

la commission du Grand Conseil concède que leur collocation au sein d'une même maison «n'est pas strictement conforme» à la volonté du législateur fédéral. Elle relativise toutefois la situation, qui «n'emporte pas de graves inconvénients» selon elle. «Si certains alcooliques des Prés-Neufs se sont plaints à nous d'avoir dans leur maison des «judiciaires» comme ils disent, il semble qu'il s'agit plutôt là d'un grief de principe que d'autre chose». Selon les commissaires, la cohabitation entre générations comporterait même certains avantages : «gens rassis» par le sevrage, les alcooliques exerceraient une influence «sédative» sur les «jeunes judiciaires», qui animeraient pour leur part «l'atmosphère quelque peu morne créée par leurs aînés»[24].

Les députés admettent néanmoins que sur un plan politique «la confusion entre les catégories d'internés et de détenus que l'organisation actuelle implique nécessairement»[25] ne peut être cautionnée de façon permanente par le peuple vaudois. Mais si le journaliste qui visite l'année suivante les ÉPO regrette «l'absence de ‹maisons› qui permettraient de séparer des catégories d'hommes qui ne doivent pas vivre en commun»[26], au tournant des années 1950 et 1960, le problème paraît demeurer insoluble et frappé d'inertie.

Au début des années 1960, les demandes renouvelées des députés vaudois de prendre des mesures pour séparer les jeunes délinquants primaires des «vieux chevaux de retour» que sont, selon eux, les alcooliques incurables et les délinquants psychopathes buttent toujours sur les mêmes difficultés. En atteste la réponse du conseiller d'État Louis Guisan. Arguant des coûts excessifs de construction et d'exploitation, il soutient que si les ÉPO peuvent se contenter de «simples gardiens», «une maison pour psychopathes, comparable à une clinique, nécessite un personnel très spécialisé»[27]. Mobilisée dès les prémices du 20e siècle, la rhétorique politique apparaît au final d'une impressionnante stabilité, opposant de manière quasi rituelle la spécialisation des lieux d'internement aux problèmes des coûts et de formation du personnel. Après l'échec d'un premier projet intercantonal à l'abbaye de Sorens sur le domaine de Marsens (Fribourg) en 1947, celui proposé par Genève, qui réunit en corps les patrons de la psychiatrie romande à Cery en 1961, achoppe à son tour sur ces problèmes persistants.

Une nouvelle séquence s'ouvre cependant au tournant des années 1960 et 1970, dans le sillage de la révision du Code pénal de 1971. Celle-ci prévoit que les maisons d'éducation au travail soient désormais exclusivement dédiées à la rééducation des jeunes adultes délinquants de moins de 25 ans, «limite jusqu'à laquelle des mesures éducatives peuvent encore exercer une action efficace»[28] du point de vue du législateur fédéral. Est ainsi exclue la possibilité d'y exécuter toute mesure de sûreté, dont celle qui concerne les alcooliques délinquants. Mais si les éléments considérés par l'administration pénitentiaire comme moins productifs, que sont alcooliques, malades mentaux et personnes d'âge mûr, s'en trouvent dès lors éloignés, cela soulève en contrepartie le problème des effectifs et d'un approvisionnement en main d'œuvre suffisant.

Afin de répondre à ces contraintes, un programme de réaffectation des Prés-Neufs est élaboré, marquant un tournant fondamental dans leur histoire. La volonté des administrateurs

---

[24] BGC automne 1949, p. 790–792.
[25] BGC automne 1949, p. 201–202.
[26] «Visite à la ‹plaine›», *op. cit.*
[27] BGC automne 1961, p. 332–333.
[28] Message du Conseil fédéral à l'Assemblée fédérale à l'appui d'un projet de loi révisant partiellement le code pénal, 01.03.1965, p. 603.

pénitentiaire, des médecins et des membres de l'exécutif du gouvernement vaudois converge ainsi pour en faire un espace «plus médicosocial»[29]. Dès 1971, une commission est formée afin «d'étudier l'ensemble des problèmes [que posent les Prés-Neufs] aux ÉPO et de [...] présenter les solutions qui apparaissent les plus opportunes»[30]. Passant au crible leurs effectifs, les commissaires relèvent la forte diminution du nombre d'alcooliques. À mesure que l'État social progresse et que s'élabore un interventionnisme inédit avec les politiques sociales émergentes, cette population jusqu'alors public cible principal de l'institution bénéficie en effet de formes de prise en charge alternatives, traitement ambulatoire ou placement en foyers. De 75 internés en 1967, il n'y en a plus que 47 en 1970 et 38 au 15 avril 1971, dont 34 jugés «aptes au travail». Or, selon l'estimation des commissaires, «l'exploitation [des Prés-Neufs] exige un effectif minimum de 50 hommes». La commission se confronte dès lors à une tension avivée entre, d'un côté, les exigences classiques de rentabilité et, de l'autre, une nouvelle rationalité juridique où prévalent désormais les prérogatives thérapeutiques. Après examen de diverses solutions jugées peu probantes, la commission opte pour un nouveau compromis reposant sur l'hybridation de l'établissement entre détention et internement pénal, civil et administratif.

Entre 1971 et 1976, toute une série d'améliorations sont prévues pour concrétiser les ambitions médicosociales : augmentation du taux d'activité du médecin et du psychiatre attitrés, engagement d'un psychologue, d'une infirmière en psychiatrie ainsi que d'un «surveillant-agent social» chargé de l'animation, et suppression des cachots servant jusque-là à sanctionner l'indiscipline. Le dispositif pourrait enfin être «perfectionn[é] [...] sans gros frais supplémentaires en faisant par exemple intervenir le Service social d'une façon plus importante»[31].

Longuement développé par les responsables des administrations pénitentiaire et sanitaire cantonales, faisant l'objet d'une quantité de plans préparatoires réalisés par les architectes mandatés, ce projet est pourtant ajourné en 1976, puis disparaît tout bonnement de l'agenda politique l'année suivante. L'inflation des coûts de réalisations toujours plus ambitieuses, devisées de 180 000 francs en 1971 à 10 millions de francs en 1976, auxquels s'ajouteraient des frais d'exploitation supplémentaires estimés en 1972 à 61 3000 francs par an pour les traitements et la formation du personnel, ainsi que l'animation, expliquent en premier ressort son abandon. Cependant, par-delà les questions financières, un faisceau d'autres facteurs plus contextuels, ayant trait à la sécurité, la vétusté, l'insalubrité ainsi que les conditions de détention jugées indignes, ont contribué à ce revirement. L'amélioration des prisons passe au devant de la scène, prévenus et condamnés constituant le gros des rangs des populations incarcérées.

Au final, priorité est donnée aux lieux de détention avec la réfection de la Colonie en 1973, du pénitencier de Bochuz en 1978 et de la prison de Vevey en 1979 et enfin l'installation d'une maison d'arrêts aux Prés-Neufs en 1983. Il en va d'ailleurs de même à Genève. Alors que le canton s'est engagé à établir une annexe psychiatrique à Champ-Dollon, cette prison préventive prend le pas sur l'institution spéciale intercantonale. Elle ouvre en 1977, la création du «centre psychiatrique genevois» étant pour sa part différée.

À la fin du siècle, aucun projet d'établissement spécial n'a donc abouti pour l'internement

---

[29] SB282/1221 Note à M. le chef du Département de justice, police et affaire militaire, 10.02.1972, p. 2.
[30] SB282/1221 Lettre de H. Anselmier aux Chefs des Départements de l'Intérieur et de Police et Justice, 29.11.1971.
[31] SB282/952 PV du 22.09.1971.

des délinquants anormaux en Suisse romande, ceux-ci se trouvant de nouveau répartis entre hôpitaux psychiatriques et pénitenciers.

Conclusion

Résumant d'un ton critique les impasses perpétuelles auxquelles aboutissent les tentatives pour empoigner le traitement adéquat des « délinquants mentalement anormaux », le pénaliste genevois Nils-Robert note ceci : « C'est un mauvais sujet électoral, statistiquement négligeable, faisant appel au concours de disciplines et d'experts qui oscillent entre la guerre froide et l'entente cordiale par un continuel mouvement pendulaire, et c'est un problème de politique sociale susceptible d'absorber dangereusement des finances publiques pour des résultats d'emblée compromis » (1976 : 3). Pourtant, fait-il remarquer, inspirés de modèles concrétisés à l'étranger, des projets progressistes d'établissements socio-éducatifs ont été envisagés dans le canton de Genève. L'un de ses principaux concepteurs, Jacques Bernheim, directeur de l'Institut de médecine légale, constate que défendre des initiatives onéreuses relève de la gageure auprès d'une opinion publique peu réceptive à la réhabilitation sociale de délinquant·e·s qu'il estime pour sa part nécessaire de protéger du « sentiment pénible d'exister dans la collectivité sans sentiment de cohérence » (1975 : 142). Dans la continuité du passé, ce projet d'une annexe psychiatrique à la prison placée sous une direction médicale est suspendu pour des raisons politico-économiques.

Il faut attendre trois décennies pour qu'un virage punitif de la législation pénale suisse rende finalement possible l'ouverture, en 2014, de la première « prison-hôpital » de Suisse romande. Inséré dans l'enceinte emmurée de la prison Champ-Dollon, l'établissement hautement sécurisé de Curabilis est à coup sûr en phase avec les tendances observées dans d'autres pays européens, où la prévention des risques prend le pas sur la resocialisation (Cartuyvels et Cliquennois 2015). Du programme élaboré dans les années 1970 n'ont, en somme, été conservées que deux prérogatives : rassurer la population en gardant entre les murs les délinquant·e·s malades et doter l'établissement d'un important dispositif sanitaire, complété toutefois d'une équipe d'agents pénitentiaires. Signe éloquent des mutations historiques récentes, lors de sa visite à Curabilis en 2016, une délégation de la Commission nationale de prévention contre la torture constate avec perplexité l'inexistence de « thérapie par le travail » et de « salle occupationnelle »[32]. Tout concourt à penser que la prison-hôpital, laissée à l'état de projet durant environ un siècle, constitue un dispositif où les forces de travail (virtuelles) sont quotidiennement entretenues par des moyens ludiques et thérapeutiques, sans devoir répondre à des attentes socio-économiques.

Trois ans auparavant, à la suite d'une inspection effectuée en 2013 aux ÉPO, la même commission tirait la sonnette d'alarme. Un climat tendu règne alors au sein de la Colonie en raison « d'un fort mélange des régimes de détention »[33]. Les personnes purgeant de très courtes peines côtoient des détenus qui, en raison de troubles mentaux, sont assujettis à des mesures

---

[32] Rapport au Conseil d'État du Canton de Genève concernant la visite de la Commission nationale de prévention de la torture dans l'établissement pénitentiaire fermé de Curabilis les 14-15.03.2016. D'un ton grave, la commission constate également l'absence de plans d'exécution des mesures pour de nombreux détenu·e·s, alors qu'ils sont destinés à « améliorer le pronostic légal », c'est-à-dire réduire la dangerosité et les risques de récidive en vue d'un retour à la vie civile.

[33] Rapport au Conseil d'État du Canton de Vaud concernant la visite de la Commission nationale de prévention de la torture aux ÉPO du 01-03.05.2013, p. 8.

thérapeutiques exécutées dans un établissement pénitentiaire[34]. Tandis que les premiers travaillent principalement dans le domaine agricole, les seconds – alors au nombre de 40 – ne sont pas astreints à l'obligation de travailler, même s'ils sont incités à le faire dans des «ateliers d'insertion». Autrefois, dans ces mêmes lieux, l'hybridation des régimes d'internement n'impliquait pas un traitement différencié puisque le travail obligatoire s'appliquait à tous. De surcroît, les personnes exécutant une peine privative de liberté, soumises de leur côté à l'obligation de travailler, se confrontent de nos jours aux pressions du marché en même temps qu'à une offre limitée de tâches (Queloz 2011). Les métamorphoses de l'État social et de l'État pénal sembleraient ici se répondre mutuellement.

Annexe méthodologique

Issues d'une première phase de dépouillement, nos analyses mobilisent diverses sources : littérature juridique et médicale, textes de lois, Bulletins du Grand Conseil, compte-rendu au Conseil d'État, presse régionale et fonds d'archives du Service pénitentiaire, du Service sanitaire et de l'Hôpital psychiatrique de Cery conservés aux Archives cantonales vaudoises (ACV). Puisant dans les dossiers d'internés aux Prés-Neufs, nous avons constitué, à ce stade, un corpus d'environ 70 cas de délinquants psychopathes. Nous nous sommes basés sur «K VII D 105 Fichiers des détenus des Prés-Neufs 1932–1981». Ces fiches nominatives indiquent les dates de naissance, les dates d'entrée et de sortie, les motifs d'internement, les éventuels transferts et, plus rarement, les évasions. Nous avons procédé à un dépouillement quantitatif des fiches relatives aux internés écroués en tant que psychopathes, complété par des repérages dans les dossiers individuels de Cery et du Service sanitaire. Retracer l'histoire des Prés-Neufs, c'est toutefois se confronter aux silences des archives, dont certaines ont disparues à jamais, alors que d'autres sont actuellement en cours d'inventaire.

---

[34] Perpétuant les logiques du passé, les mesures thérapeutiques (art. 59 CPS) pour les condamné·e·s atteint·e·s de troubles mentaux sont introduites en 2007, mais sans que des établissements spécialisés existent en nombre suffisant. L'alinéa 3, fort critiqué dans la doctrine, pallie ces carences en autorisant le placement dans un établissement pénitentiaire (Ferreira et Maugué 2017).

Références

Ancel Marc. 1965. « Droit pénal classique et défense sociale (à propos d'une confrontation récente) », *Revue pénale suisse* 81, 1–23.

Anselmier Henri. 1993. *Les prisons vaudoises: 1872–1942.* Lausanne : Réalités sociales.

Bernheim Jacques. 1975. *Un projet d'institution pour traiter certains délinquants mentalement perturbés.* Genève : Institut universitaire de médecine légale.

Buton François, Mariot Nicolas (dir.). 2009. *Pratiques et méthodes de la socio-histoire*, Paris : Presses universitaires de France.

Clerc François. 1956. « Les travaux de révision du Code pénal suisse », *Revue de sciences criminelles et droit comparé* 2, 277–285.

Cartuyvels Yves, Cliquennois Gaétan, 2015. « La défense sociale pour les aliénés délinquants en Belgique : le soin comme légitimation d'un dispositif de contrôle ? », *Champ pénal/Penal field* 12(1) : 1–30.

Commission indépendante d'experts (CIE). 2019. *La mécanique de l'arbitraire. Internements administratifs en Suisse 1930–1981.* Rapport final, vol. 10B, Zurich/Neuchâtel/Bellinzona : Chronos/Alphil/Casagrande.

Fau-Vincenti Véronique. 2019. *Le bagne des fous. Le premier service de sûreté psychiatrique 1910–1960.* Paris : La manufacture de livres.

Ferreira Cristina, Maugué Ludovic. 2017. « Prévenir le risque de récidive par l'obligation de soins : les apories de l'article 59 du Code pénal suisse ». *Champ pénal/Penal field* 16. http//champpenal.revues.org/9473, consulté le 02.05.2019.

Germann Urs. 2014. "Psychiatrists, Criminals, and the Law: Forensic Psychiatry in Switzerland 1850–1950". *International Journal of Law and Psychiatry* 37 : 91–98.

Gilliéron Charles. 1951. « Observation et sélection des condamnés en Suisse romande ». *Revue pénale suisse* 66(3) : 319–332.

Heiniger Alix. 2018. « La valeur du travail en internement administratif dans les Établissements pénitentiaires de Bellechasse ». *Revue suisse d'histoire* 68(2) : 329–351.

Maulini Sandrine, Ferreira Cristina. 2020. « Réhabiliter les ‹éléments dangereux pour la société› ? La politique mémorielle à l'égard des internés administratifs en Suisse ». *Tracés. Revue de sciences humaines* 37.

Nils-Robert Christian. 1976. « Délinquants mentalement déficients, psychiatrie et justice pénale en Suisse », *Revue de droit pénal et de criminologie*, 57e année, 1, 3–49.

Queloz Nicolas. 2011. « Astreinte ou droit du travail en prison », in : Zufferey Jean-Baptiste, Dubey Jacques, Previtali Adriano (dir.), *L'homme et son droit*, Mélanges en l'honneur de Marco Borghi, 443–454. Genève/Zurich : Schulthess.

Vimont Jean-Claude. 2014. « Figures paradoxales d'antisociaux des années 50 ». *Criminocorpus*, https://journals.openedition.org/criminocorpus/2833?lang=fr, consulté le 13 mars 2019.

Auteur·e·s

Mikhaël Moreau est titulaire d'une maîtrise en histoire moderne et collaborateur scientifique à la Haute École de santé Vaud (HESAV/HES-SO). Après avoir soutenu son mémoire sur l'Évêché, une institution pénale genevoise (18e siècle), il oriente ses recherches vers l'histoire contemporaine des dispositifs d'internement civil et pénal. Il collabore à l'étude « Expertiser la transgression et la souffrance », PNR 76 du FNS « Assistance et coercition ».
mikhael.moreau@hesav.ch

Cristina Ferreira est docteure en sociologie et professeure associée à la Haute École de santé Vaud (HESAV/HES-SO). Ses domaines d'investigation portent sur les dimensions sociopolitiques de l'expertise psychiatrique ainsi que les placements forcés. Dans le cadre du PNR 76 du FNS « Assistance et coercition », elle dirige l'étude « Expertiser la transgression et la souffrance ».
cristina.ferreira@hesav.ch
Haute École de santé Vaud
Avenue de Beaumont 21
CH-1011 Lausanne

DOSSIER

ÉVALUATION DU RISQUE ET RISQUES DE L'ÉVALUATION DANS L'ACTIVITÉ DES AGENT·E·S DE PROBATION

Jenny Ros, Laure Kloetzer, Daniel Lambelet

Abstract

RISK ASSESSMENT AND RISKS OF ASSESSMENT IN THE WORK OF PROBATION OFFICERS

Our paper reports on research on risk evaluation and management conducted with three probation services in French- or Italian-speaking cantons in Switzerland. It analyzes how probation officers construct an understanding and evaluation of levels of risk of reoffending for people convicted and serving parts of their sentences in an open environment. Our analysis combines observations of and interviews with probation officers using a method called "instructions to the double", as well as analysis of written records (personal files, evaluation grids). We show that the risk evaluation activity of the probation officers, which we view as a cognitive and social process, draws on different sources. It is characterized by the multiplicity and heterogeneity of the resources mobilized, its dynamic character over the course of the interaction, and its orientation towards risk management. In addition, its validity is also tested in formal or informal collective evaluations. We show, in conclusion, that it does not correspond to the standardized approach advocated in the criminological literature.

Mots-clés : *probation, appréciation du risque, jugement évaluatif, gestion du risque, instructions au sosie*
Keywords: *probation, risk management, risk evaluation, instructions to the double*

La prévention du risque de récidive est devenue, en Suisse comme dans bon nombre de pays occidentaux, une préoccupation prioritaire des politiques pénales et pénitentiaires (Slingeneyer 2007). On assiste à la mise en place systématique de dispositifs d'évaluation et de gestion du risque au sein des organisations du champ pénal – offices d'exécution des peines, établissements de détention, services de probation. Désormais, l'évaluation prend une place centrale dans l'activité des professionnel·le·s, notamment pour les agent·e·s de probation.

La diffusion de ces instruments d'évaluation du risque s'est accompagnée de la production d'une abondante littérature, principalement ancrée dans le champ de la criminologie et de la psychologie légale, qui met l'accent sur les dimensions techniques de la mesure (Matignon 2015). Ces travaux préconisent une procédure d'évaluation à bonne distance de la relation d'accompagnement, qui suive une démarche structurée, à partir de critères explicites fondés sur des données probantes, et qui s'appuie sur une instrumentation basée sur un calcul statistique (Andrews et Bonta 2015).

Un courant de réflexion plus critique (Cauchie et Chantraine 2005, Gautron et Dubourg 2015) met en évidence, dans une perspective sociohistorique, les filiations dans lesquelles ces développements récents trouvent leur ancrage et les ruptures qu'ils introduisent. Dans ces travaux, l'avènement d'un encadrement des justiciables axé vers la prévention du risque est vu comme un basculement d'une logique d'action humaniste vers une rationalité prévisionnelle de type probabiliste (Harcourt 2011).

Ces deux types de courants font l'impasse sur une analyse des pratiques d'évaluation en situation réelle. Or, l'évaluation du risque est au cœur de la réflexion, individuelle ou collective, des équipes de probation. Dans un contexte où une évaluation standardisée prend de plus en plus de place, comment les agent·e·s de probation s'y prennent-elles/ils pour évaluer les risques en pratique?

Le cadre théorique sur lequel nous nous appuyons mobilise les apports de l'ergonomie du risque (Amalberti 2001), de la clinique de l'activité (Clot 1999) et de la sociologie des organisations hautement fiables (Bourrier 2007). Cette dernière souligne les dimensions collectives de la construction de la sécurité. Dans cet article, nous proposons d'opérer un double déplacement : premièrement, nous envisageons l'évaluation comme une activité située et dynamique. Tout comme Tourmen (2014 : 70), nous posons qu'« évaluer est avant tout une activité pratique » consistant à recueillir des informations, à les mettre en relation avec un référentiel afin de qualifier un objet en fonction d'une finalité donnée. Cette activité évolue dans le temps. Deuxièmement, nous étendons cette activité pratique à d'autres espaces et d'autres modalités que ceux habituellement considérés. Nous nous intéresserons à la mise en œuvre concrète de l'activité évaluative en situation, dans le cours d'action des agent·e·s de probation, y compris sur un mode plus souterrain, dans des lieux et à des moments qui ne lui sont pas réservés. Nous porterons attention aux pratiques évaluatives dans la matérialité du travail sur les pièces du dossier pénal aussi bien que dans l'interaction de suivi avec les justiciables. Nous chercherons à les saisir tant dans les processus cognitifs qu'elles impliquent (prise d'information, mise en relation avec un répertoire d'expérience, raisonnement, interprétation, décision) que dans la manière dont elles s'inscrivent dans un environnement socio-institutionnel (Mottier Lopez et Allal 2008).

Dans un premier temps, nous introduirons la recherche (sa méthodologie et ses sites d'investigation) et nous exposerons l'organisation de la probation en Suisse. Puis nous entrerons dans l'analyse de l'activité évaluative des agent·e·s dans son déroulement concret, en nous appuyant sur trois vignettes. La première permettra d'éclairer les différentes étapes de la construction d'un jugement évaluatif ; les autres concerneront deux moments dans ce processus : la prise de connaissance du dossier du/de la justiciable et le colloque de présentation de la situation et de validation de l'évaluation.

Introduction au terrain et à la recherche
Méthodologie de recherche et sites d'investigation

Les données empiriques sont issues d'une recherche menée depuis 2018 dans le cadre du programme de recherche prioritaire de la Haute École spécialisée de Suisse occidentale (HES-SO,

Commission indépendante d'experts (CIE). 2019. La mécanique de l'arbitraire. Internements administratifs en Suisse 1930–1981. Rapport final, vol. 10B, (domaine Travail social) portant sur la prise en compte du risque dans l'activité des agent·e·s de probation.

Lors de l'enquête menée au sein de trois services de probation de Suisse latine, nous avons croisé plusieurs méthodes de recueil d'informations. Nous avons mené des observations rapprochées consistant à suivre les agent·e·s de probation dans l'accomplissement de leur activité au quotidien (entretiens de suivi, colloques, analyses de dossiers, etc.). Ces observations ont aussi permis des échanges informels dans les interstices de l'activité, par exemple lorsqu'un·e probationnaire ne se présentait pas au rendez-vous ou durant les pauses. Ces données ont été croisées avec l'analyse de documents écrits (dossiers, rapports, journaux de suivi) et avec la réalisation d'entretiens d'explicitation de l'activité, inspirés de la méthode des instructions au sosie (Oddone *et al.* 2015). Cet article s'appuie sur les données collectées dans l'un des services, baptisé SePro. Elles sont issues d'une phase d'immersion dans l'équipe du secteur du suivi en milieu ouvert, composée d'un responsable et de six agent·e·s de probation (trois femmes, trois hommes) avec des formations diversifiées (travail social, criminologie, droit). Ces professionnel·le·s assurent l'accompagnement de justiciables sous mandat d'assistance de probation. Nos observations ont été réalisées de mai à juillet 2018. Elles ont donné lieu à une prise de notes et ont été suivies à l'automne par une discussion collective (enregistrée) avec l'équipe du SePro et trois entretiens individuels.

L'organisation de la probation en Suisse et son évolution récente

Suivant les lignes directrices données dans les *Règles européennes relatives à la probation* (2012), on peut définir la probation comme l'accompagnement d'auteurs et autrices d'infraction condamné·e·s à exécuter tout ou partie d'une sanction en milieu ouvert. Les missions des services de probation peuvent être réparties selon trois grands axes d'intervention: l'accompagnement social vers la réinsertion, le contrôle du respect des obligations imposées par la justice et la prévention du risque de récidive. En Suisse, compte tenu de la structure fédéraliste, l'organisation et le fonctionnement des services de probation varient d'un canton à l'autre.

Dans un document-cadre adopté en 2014, les responsables cantonaux des départements de justice et police présentent un ensemble de recommandations destinées à fournir un socle commun pour l'exécution des sanctions en Suisse. Ces lignes directrices attribuent une place centrale à la prévention: « Le travail avec le délinquant doit pendant toute la durée de l'exécution systématiquement être orienté vers le risque de récidive [...] » (CCDJP 2014: 6). Ce qui implique, en termes de suivi, une évaluation du risque et des besoins qui puisse servir de base pour « établir une planification de l'intervention » (*op.cit.* : 14).

L'introduction d'un modèle d'action qui fait reposer la sécurité exclusivement sur la mesure et la gestion préventive du risque ne représente pas un aménagement à la marge, mais une évolution en profondeur. Il recèle, en creux, une dévalorisation de la culture artisane de l'évaluation qui prévalait jusqu'alors. Là où les agent·e·s de probation privilégiaient une appréciation inscrite dans l'interaction de suivi, il s'agit maintenant de passer à une objectivation du risque adossée à des instruments de mesure, conçus à partir d'une série de facteurs dont l'importance a été mise à jour à travers les résultats de recherches criminologiques. Ceci revient à substituer au jugement des professionnel·le·s, soupçonné d'être peu systématique, un dispositif d'évaluation et de gestion du risque de récidive qui se veut neutre et moins faillible, et qui pourrait servir de justification dans l'éventualité où un incident surviendrait et donnerait lieu à la recherche de responsabilités.

Si la diffusion de tels instruments remonte à une trentaine d'années environ dans les pays anglo-saxons, leur utilisation en Suisse est plus récente, à travers notamment le concept *Risikoorientierter Sanktionenvollzug* (ROS) appliqué dans la plupart des cantons alémaniques ou le Processus latin de l'exécution des sanctions orientées vers le risque (PLESOR) progressivement mis en œuvre dans les cantons latins. Toutefois, les usages de ces instruments par les professionnel·le·s ont été encore peu étudiés, en particulier dans leur articulation aux pratiques d'évaluation préexistantes. Quelle est la place de ces instruments dans l'activité d'évaluation: viennent-ils outiller ou contrôler cette dernière? L'agent·e de probation évalue-t-il/elle le risque en s'appuyant entre autres sur des instruments formalisés, ou est-ce l'instrument qui évalue le risque pour l'agent·e de probation? Afin de répondre à ces questions, nous nous tournons vers l'analyse de l'activité d'évaluation telle qu'elle est conduite au SePro – et des tensions qu'elle dévoile.

Analyse de l'activité évaluative
a) Une procédure d'évaluation sous contrainte

Les évolutions qu'a connues le champ professionnel de la justice pénale ces dernières années ont conduit, au SePro comme ailleurs, à une formalisation accrue des pratiques. Sans que la procédure d'évaluation ne soit officiellement codifiée, nos observations mettent en lumière un déroulement séquencé:

1. Réception du mandat d'assistance de probation;
2. Prise de connaissance et annotation du dossier par le responsable de secteur;
3. Attribution du suivi à un·e membre de l'équipe en veillant à équilibrer les charges de travail;
4. Analyse du dossier par l'agent·e·s de probation désigné·e, prise de contact avec d'autres intervenant·e·s, demande d'informations complémentaires;
5. Rencontre du/de la probationnaire pour un premier entretien (parfois deux);
6. Remplissage de la grille d'évaluation;
7. Présentation de la situation au colloque et validation de l'évaluation par la direction.

Bien que ce déroulement ne soit pas toujours linéaire et comporte parfois des actions exécutées en parallèle ou des retours en arrière, le caractère relativement standardisé de la procédure suivie est considéré comme une garantie de fiabilité. Pourtant, l'exemple suivant illustre que des formes de jugement hétérogènes (mise en garde, craintes exprimées en séance de réseau avant la sortie, etc.) se trouvent agrégées au fil de ces étapes séquentiellement organisées et contribuent à la construction de l'évaluation. Il s'agit du suivi de Monsieur Tarditi[1], libéré conditionnellement après l'exécution d'une peine privative de liberté pour actes sexuels sur ses petits-enfants.

---

[1] Tous les noms sont fictifs.

Le résumé est constitué à partir de notes de terrain issues de la lecture du dossier, de l'observation d'un entretien et de discussions avec les professionnel·le·s[2].

Situation 1

L'ordonnance de l'autorité judiciaire transmise en même temps que le mandat confié au SePro souligne l'inquiétude des intervenant·e·s par rapport à la mise en liberté de M. Tarditi: il peine à accepter son diagnostic de pédophilie et peu d'évolution est constatée lors du suivi thérapeutique auquel il est contraint de se soumettre par ordonnance judiciaire. Le risque de récidive, si M. Tarditi venait à se retrouver seul avec ses petits-enfants, est souligné. Le responsable du SePro nous confie que la situation suscite des inquiétudes de tous les côtés et que son service en est le réceptacle. À la demande de l'agent de probation à qui le dossier est confié, le suivi est effectué conjointement avec le chef de service.

Lors des entretiens, M. Tarditi répond de manière succincte aux questions qui lui sont posées concernant certaines de ses activités qui pourraient impliquer la présence d'enfants: ses contacts avec les membres de sa famille, ses entrainements de judo et son activité professionnelle.

La grille d'évaluation du risque est remplie par les deux professionnels en charge du dossier. Si le score obtenu est inférieur à 0.4, la situation est considérée comme n'appelant pas de vigilance particulière (vigilance basse); s'il est supérieur à 0.4, la situation appelle un niveau de vigilance élevé. Compte tenu des éléments judiciaires, notamment du type d'infraction, la quotation débouche sans surprise sur un score de 0.47.

Plus tard, au cours du suivi, les agent·e·s de probation parviennent à amener M. Tarditi à répondre, sans se braquer, aux questions sur ses relations familiales, à revenir parfois sur son délit. Mais lors d'un entretien, M. Tarditi se montre hésitant, contradictoire par rapport à la présence ou non de son fils à un repas de famille. Un signalement est alors fait à l'autorité compétente, relevant que M. Tarditi ne collabore pas de manière transparente au sujet de ses relations avec sa famille. Pour le responsable de secteur, au vu de la sévérité du risque de récidive et des pronostics réservés émis de différents côtés, il n'était guère envisageable de faire autrement. A posteriori, il se dit néanmoins convaincu que cet épisode aurait pu être traité différemment. Pour lui, il aurait, en effet, été préférable, du point de vue de la dynamique générale du suivi, de faire état de ses doutes dans le cadre même des entretiens.

Ce résumé apporte un premier éclairage sur la manière dont les agent·e·s de probation construisent progressivement un jugement évaluatif du probationnaire. Ils/elles entrent dans la situation en consultant le dossier pénal de la personne. Avant même la première rencontre, une certaine appréhension les incite à effectuer le suivi à deux. La grille d'évaluation est remplie après quelques entretiens, sans apporter d'élément surprenant ni nouveau. Alors que les agent·e·s de probation s'efforcent d'établir un lien de confiance avec M. Tarditi de manière à permettre un travail sur le délit, le trouble suscité par les propos contradictoires tenus par ce dernier les met en alerte. Bien que l'incertitude liée à l'ambiguïté des déclarations du probationnaire eusse pu être levée dans le cours même de l'interaction de suivi, la priorité est accor-

---

[2] Certains éléments des situations reportées ici ont été modifiés afin de les rendre méconnaissables.

dée à la prévention du risque avant tout, ne donnant d'autre issue que le signalement comme « mode de traitement de la menace » (Linhardt 2001 : 76). Ce choix se fait au prix d'un anéantissement des efforts consentis pour construire une alliance de travail, pourtant reconnue comme un aspect des « bonnes pratiques » dans le domaine de la probation (Burnett et McNeill 2005).

b) Prise de connaissance du dossier: là où il y a toujours du déjà évalué

C'est à travers la prise de connaissance des pièces qui constituent le dossier du/de la probationnaire que l'agent·e de probation commence à élaborer un jugement évaluatif qui sera ensuite complété, nuancé, précisé ou corrigé par la rencontre avec le/la probationnaire. Il nous parait donc important de nous arrêter sur cette pratique de lecture et d'appropriation, en tant qu'elle participe du processus de cadrage de la compréhension de la situation.

Les nouveaux dossiers sont distribués lors du colloque hebdomadaire par le responsable, qui en a parfois annoté ou commenté certaines parties.

Le dossier pénal agrège des pièces hétérogènes quant à leur auteur·e, leur statut, leur forme, les savoirs qu'elles mobilisent ou encore leur registre d'énonciation: une décision de justice (jugement) qui qualifie des faits en droit, un rapport de comportement concernant la période passée en détention, une expertise psychiatrique, des courriers, etc. Il est constitué de documents écrits produits dans différents univers (judiciaire, médicolégal, administratif) avant d'être mis en circulation. Même si chacun de ces documents dispose d'une existence propre, ils s'entrechoquent et se répondent, parfois explicitement dans des renvois des uns aux autres, parfois implicitement au fil de la lecture. La référence aux règles de droit, l'extrait d'un témoignage ou un énoncé tiré d'un rapport d'expertise psychiatrique peuvent ainsi circuler d'un document à l'autre.

L'agent·e de probation vient donc s'inscrire dans une situation de communication où des énoncés complexes, dialoguant parfois les uns avec les autres, sont sortis de leur contexte de production et mobilisés dans un autre univers de pratique. Après d'autres, il/elle est amené·e à produire un récit à propos de la situation qui s'alimente de récits déjà produits antérieurement. Lors de la prise de connaissance du dossier, il/elle sélectionne les informations qui lui paraissent les plus utiles pour la mise en œuvre du suivi, il/elle agrège et condense des appréciations partielles qui proviennent de différentes sources. Les agent·e·s de probation que nous avons eu l'occasion d'observer dans le quotidien de leur activité accordent ainsi une importance particulière au rapport d'expertise psychiatrique[3]. L'emprise sociale de la grille de lecture psychologique pour la compréhension des conduites humaines (Le Poultier 1986), le manque de formation et donc de compétences professionnelles dans le domaine de la clinique psychopathologique forensique, y contribuent. La structure de cet écrit qui ne constitue pas un « bloc monolithique », mais plutôt « un ensemble composé d'une multiplicité d'unités qui peuvent être dissociées et réagencées » (Dumoulin 2000 : 12) peut également jouer un rôle dans la mesure où elle facilite la reprise de certains fragments sous forme d'emprunts.

---

[3] Pour rappel, il s'agit d'un écrit émanant d'un·e psychiatre et rédigé à la demande d'une instance judiciaire. Il a notamment pour objectif de permettre aux magistrats d'accomplir au plus juste l'acte de juger (prononcer une sanction, octroyer une libération conditionnelle, etc.).

Situation 2

Monsieur Gremaud est mis au bénéfice d'une libération conditionnelle assortie d'un délai d'épreuve de 20 mois et d'un mandat d'assistance de probation. Il avait été condamné à une peine privative de liberté de huit ans infligée par le tribunal criminel pour mise en danger de la vie d'autrui, agression, tentative de séquestration et enlèvement. L'assistant de probation du SePro en charge de cette situation est confronté à une première difficulté, à savoir le caractère volumineux du dossier : à lui seul, le jugement fait 189 pages et, comme les protagonistes ont fait recours, s'y ajoutent 86 pages supplémentaires, ce qui lui fait dire : « c'est une sorte de roman policier » !

Plutôt que de se noyer dans les détails de la procédure, il choisit, dans un premier temps, de concentrer son attention sur d'autres pièces du dossier, notamment le rapport d'une expertise effectuée avant jugement par des psychiatres d'une unité spécialisée. Il en retient le diagnostic de jeu pathologique, des traits d'impulsivité en situation de stress, quelques traits persécutoires et quelques traits narcissiques.

Pour ce qui est de l'appréciation du risque de récidive, l'expertise psychiatrique fait état d'un risque « léger à moyen », ce qui ne surprend pas l'agent de pronation compte tenu de l'infraction commise.

Après avoir rencontré M. Gremaud, il confirme l'appréciation portée par les expert·e·s psychiatres: il dit partager l'avis des expert·e·s, à savoir qu'il n'y a pas vraiment de diagnostic psychiatrique. Il considère M. Gremaud comme tout à fait « normal ». Il indique avoir été surpris lors de sa rencontre avec lui : calme, il n'a pas manifesté d'impulsivité. Il relativise ses traits narcissiques.

Lorsqu'il remplit la grille d'évaluation du risque, le score obtenu est de 0.31, donc légèrement inférieur au seuil à partir duquel une situation est considérée comme appelant une vigilance élevée. Il explique ce score en invoquant des facteurs de protection : bien que la peine soit importante, le probationnaire est un primo délinquant, il bénéficie d'un logement et d'une situation financière « compliquée, mais pas chaotique ».

Cet exemple montre l'importance accordée à la qualification psychologique de la personne dans la formation du jugement évaluatif de l'agent de probation. Le rapport d'évaluation psychiatrique est rédigé de manière codifiée, il contient des formules (comme les traits de personnalité) qui vont favoriser la reprise de certains passages. Il puise également dans un répertoire de formulations qui relèvent de la rhétorique du risque (« M. Gremaud présente un risque léger à moyen », énoncé qui comporte une modalité appréciative basée sur un référentiel quantitatif de valeurs graduées) et constitue une sorte de langage commun.

Ce passage d'énoncés de la sphère médico-psychiatrique à celle de l'intervention socio-judiciaire, les catégories cliniques qui figurent dans le rapport d'expertise sont reprises et mobilisées comme des traits de la personne dans une compréhension relevant de la psychologie quotidienne. Même si plusieurs agent·e·s de probation du SePro nous ont rappelé qu'ils/elles n'étaient pas psychologues, cette opération d'emprunt et de traduction d'un jugement évaluatif formulé dans un contexte déterminé, à partir d'un cadre de référence professionnel, pour le faire parler dans un autre contexte, avec un cadre de référence professionnel différent, ne paraît pas problématique à leurs yeux.

c) Le colloque d'équipe : une arène de délibération ?

Le colloque d'équipe a lieu de manière hebdomadaire et dure une heure trente. Lorsque l'évaluation de nouvelles situations doit être validée, il se déroule en présence de la direction du SePro. Pour l'agent·e de probation référent·e du suivi, il s'agit d'un moment important qui l'amène à (re)construire pour les autres un récit plausible de la situation à partir des pièces du dossier, des informations qu'il/elle a collectées auprès d'autres intervenant·e·s et de l'impression qu'il/elle a pu se faire de la personne lors du (des) premier(s) entretien(s) : restituer le déroulement chronologique de son parcours, les actes pour lesquels elle a été condamnée, la qualification juridique de ces faits et la sanction prononcée, les échos reçus de son séjour en détention[4]. Ce temps du colloque est aussi conçu comme un moyen de s'assurer collectivement de la rigueur et de la validité du jugement évaluatif produit par l'agent·e de probation en charge du dossier. Y sont discutées la manière dont les différentes composantes de la situation ont été prises en compte et leur importance mutuelle. Des informations manquantes peuvent être identifiées. On y établit parfois aussi des parallèles avec des situations déjà rencontrées. Bref, l'expérience de l'équipe est mobilisée en soutien à la compréhension de la situation.

Dans ce qui suit, nous décrivons un moment de colloque pendant lequel un agent de probation présente la situation de Monsieur Obi. Les séances de colloque auxquelles nous avons assisté suivaient le même déroulement.

Situation 3

L'agent de probation décrit la situation personnelle de M. Obi. Il retrace son parcours, avant de s'arrêter plus longuement sur ses antécédents judiciaires, d'abord comme mineur (trois incarcérations pour différents délits), puis en tant que majeur (condamnations pour lésion corporelle simple, voie de fait, vol, brigandage, etc.). Condamné à une peine de deux ans et demi, assortie d'une mesure thérapeutique (art. 59 CP), M. Obi a passé huit années en détention[5]. L'agent de probation évoque son parcours pénitentiaire et relève aussi des comportements d'automutilation. Il signale que M. Obi a fait l'objet de quatre expertises psychiatriques, mais qu'une seule figure au dossier. Il reprend certains passages du rapport d'expertise, qui mentionnent des troubles de la personnalité ainsi qu'un syndrome de dépendance.

Puis l'agent de probation en vient à la situation actuelle de M. Obi. La mesure thérapeutique a été transformée en une mesure de traitement ambulatoire (art. 63 CP) et M. Obi a été remis en liberté avec un mandat d'assistance de probation. La sortie s'est effectuée de manière rapide, sans beaucoup de préparation. L'agent de probation mentionne que M. Obi est au bénéfice d'une rente de l'assurance-invalidité (AI) et d'une curatelle assurée par une assistante sociale. Lors du premier entretien, il s'est contenté d'informer M. Obi du mandat confié au SePro et

---

[4] Dans son étude ethnographique du Conseil d'État français, Latour (2002 : 9) parle de la production d'une « fiction raisonnable » sur laquelle peut se fonder une décision.
[5] La mesure thérapeutique est ordonnée en plus de la peine, lorsque celle-ci ne suffit pas à écarter le danger que l'auteur commette de nouvelles infractions, en raison des troubles psychiques dont il souffre. Sa durée n'est pas fonction de l'infraction commise mais du but poursuivi (succès du traitement).

de son rôle. Il a évité de le confronter aux éléments délicats de sa situation, car le dossier fait apparaître une difficulté à supporter la contrariété. L'agent de probation souligne l'importance qu'il accorde à l'établissement d'un lien de confiance.

L'agent de probation met en circulation un exemplaire de la grille d'évaluation qu'il a remplie, pendant qu'il explicite la quotation effectuée. Le score est de 0.74, ce qui dénote la présence d'un risque élevé. Il nuance toutefois ce résultat en rappelant qu'il n'a eu qu'un entretien avec le probationnaire et parle plutôt d'un « feu orange », car pour lui le risque de récidive est présent surtout en cas de consommation.

Puis, le responsable de secteur ouvre la discussion. Les prises de parole s'enchaînent. Le directeur du service s'enquiert des activités du probationnaire. Comme l'agent de probation répond que M. Obi n'en a pas, le directeur suggère de lui faire intégrer le programme de travail d'intérêt général. S'ensuit une série d'échanges qui portent sur la faisabilité de cette proposition, vu le statut de rentier AI de l'intéressé.

Le responsable de secteur mentionne que l'Office d'exécution des peines a demandé que le suivi soit attribué à un·e agent·e de probation expérimenté·e. Le motif de cette demande ne lui a pas été précisé. Des agent·e·s de probation communiquent les impressions qu'ils/elles se sont faites de M. Obi en le croisant dans les locaux du SePro.

Puis la discussion se déplace sur l'orientation du suivi : le directeur demande si l'agent de probation entrevoit déjà des axes prioritaires de travail. Celui-ci répond qu'il est encore un peu tôt. Le directeur rappelle qu'un plan d'assistance de probation devra être établi. Finalement, il conclut que, même si le score de mesure du risque à travers la grille d'évaluation ne repose pas encore sur des bases complètes, il convient de maintenir une vigilance soutenue, en tout cas pendant les premiers mois du suivi.

Le récit produit par l'agent de probation référent de la situation est le résultat d'une « chaîne d'écriture » (Fraenkel, 2001 : 253), qui implique une pluralité d'acteurs/actrices (juge, Office d'exécution des sanctions, psychiatre, direction de l'établissement de détention). L'agent de probation en charge du suivi oscille entre le mode du « raconter » (récit narratif) et celui de l'« exposer » (compte-rendu), entre une position d'énonciation plus impliquée et une autre plus détachée (Bronckart 2008). Il convoque différentes « voix » (Bakhtine 1984) provenant d'une pluralité d'actrices et d'acteurs qui ne sont pas présent·e·s dans la séance, mais sont annexé·e·s à des fins d'étayage ou de légitimation de son propos.

Si le colloque d'équipe est conçu comme un lieu où l'étayage du collectif est sensé permettre un approfondissement de la compréhension de la situation, divers aspects de son déroulement font obstacle au déploiement d'une délibération entre agent·e·s de probation. En premier lieu, excepté le responsable de secteur et l'agent de probation référent, les autres membres de l'équipe ne disposent que d'une information superficielle à propos de la situation et le temps à disposition ne permet pas de procéder à une mise à plat détaillée. En deuxième lieu, même si la présence du directeur se comprend par le fait qu'en cas d'incident il serait le premier à devoir en répondre, l'ordre hiérarchique pèse fortement sur le tour pris par la discussion. Les échanges se structurent essentiellement sur un mode de question/réponse entre le directeur (qui pose des questions, émet des propositions, etc.) et l'agent de probation en charge du suivi, avec des interventions ponctuelles du responsable de secteur et des autres membres de l'équipe. On ne peut donc par vraiment parler d'un partage d'expérience, ni d'une élaboration réflexive plurivocale.

La place importante prise par les échanges informels dans le quotidien de travail des professionnel·le·s du secteur, en dehors de leur fonction de décharge par rapport à des interactions qui les affectent, est une manière alternative de poursuivre un travail à plusieurs sur un autre mode et hors des réunions instituées (colloque, supervision, réseaux).

d) L'évaluation, entre quotation du risque et outil d'intervention

La discussion, lors du colloque, est aussi marquée par une oscillation entre le registre de l'évaluation (quotation des items de la grille) et le registre de l'intervention (axes de travail, projet). L'évaluation critériée se fait par les agent·e·s de probation selon une rationalité (Razac et Gouriou 2014) qui ne sépare pas les enjeux de l'évaluation des préoccupations liées à l'accompagnement social ou au soutien du processus de désistance : évaluation et intervention sont étroitement imbriquées.

L'observation de l'activité des agent·e·s de probation en situation d'entretien va dans le même sens. On peut faire le constat que leur pratique évaluative ne s'arrête pas après cette première opération de mesure du risque qui débouche sur une valeur chiffrée, mais se prolonge tout au long du suivi. L'évaluation est ainsi dynamique, poursuivie non seulement par les moyens de la grille officielle, mais par la prise d'indices tout au long du processus de supervision. Les agent·e·s de probation effectuent un travail d'appréciation continu. Comme l'atteste la situation de M. Gremaud, compte tenu du poids accordé à certains facteurs statiques – la nature du délit commis, l'âge de son auteur au moment des faits ou l'existence d'antécédents – et du fait de l'addition de scores partiels sur lequel repose la grille d'évaluation, le score obtenu peut être alarmant, quand bien même l'agent de probation en charge du suivi se montre plus nuancé. Ceci se traduit dans son discours par une énonciation qui use de marqueurs concessifs laissant place à une marge d'appréciation. Ainsi, M. Obi présente « un risque moyen à élevé, mais seulement s'il a consommé ». On peut donc retenir plutôt la polarité négative de ce jugement évaluatif (existence d'un certain risque) ou plutôt son versant plus optimiste (uniquement dans une conjoncture particulière), qui donne également une indication pour le suivi. C'est l'attitude du probationnaire, ce qui se passe dans le suivi, qui fait varier cette évaluation.

Les agent·e·s de probation rencontrent dans leur travail des situations complexes, évolutives et indéterminées, potentiellement influencées par leurs propres actions et leur relation avec le/la probationnaire. Face à de telles « situations dynamiques à risque », Amalberti (2001) a montré les limites d'un modèle séquentiel d'action : évaluation *ex ante* – planification du suivi – mise en œuvre du plan d'intervention défini. Autrement dit, les mécanismes d'anticipation du risque en amont et de mise sous contrôle de l'intervention ne gomment pas l'enjeu de comprendre ce qui se passe en cours de suivi et de pouvoir ajuster son action au réel (Clot 1999). Norros formalise, avec le concept d'« orientation interprétative », cette capacité individuelle et collective des professionnel·le·s à sécuriser leur action dans un environnement à risques (Norros 2018). Selon elle, pour faire face au caractère dynamique, incertain, complexe de la situation, les professionnel·le·s doivent mobiliser plus que leur connaissance des procédures et prêter attention aux indices de l'environnement. Dans notre cas, les agent·e·s de probation se saisissent de chaque rencontre – entretien de suivi, visite à domicile, séance de réseau en présence du probationnaire – pour prélever des informations qu'ils/elles jugent pertinentes, les mettre en lien entre elles, avec des expériences antérieures ou des connaissances plus générales, et leur donner sens en vue d'orienter leur action. L'activité évaluative exercée en cours de suivi par les agent·e·s de probation peut ainsi être caractérisée de la manière suivante : premièrement, elle s'exerce dans le cadre construit de la relation de suivi, qui est mobilisée comme une ressource ; deuxièmement, elle se saisit d'indices variés (langagiers, relationnels ou émotionnels) considérés comme pertinents pour comprendre ce qui se passe dans la situation. Les agent·e·s de probation prêtent ainsi attention aux incohérences dans le récit, aux microruptures, aux légers écarts dans la façon d'être, à l'évolution du parcours de la personne ; troisièmement, elle fait appel à une pluralité de références, qu'elles soient liées à des savoirs formalisés, au vécu de la situation, aux échanges avec des collègues ou encore au réservoir d'expériences accumulées. Différents modes d'intelligibilité contribuent à la construction du jugement appréciatif. Chacun·e à sa manière fournit des repères normatifs et informatifs qui permettent de qualifier l'état de la situation et son évolution ; quatrièmement, elle s'inscrit dans un double registre d'écoute (basée sur un lien de confiance) et d'enquête (fondée sur la mise en doute). La construction d'une relation de confiance et l'écoute critique du discours du probationnaire, dans le cadre de ses réponses aux sollicitations et aux questions de l'agent·e de probation, cohabitent dans l'espace de l'interaction de suivi. Sur la base de ce que le/la probationnaire évoque de son quotidien, de ses intérêts, de ses activités, de ce qui s'est passé pour lui/elle depuis le dernier rendez-vous, l'agent·e de probation se construit une représentation de la manière dont la personne occupe ses journées et de ses fréquentations ; pour finir, elle fait l'objet d'une constante mise à l'épreuve, notamment au travers d'une mise en partage de ces observations et de la production de significations qui l'accompagne au sein du secteur du suivi en milieu ouvert ou avec d'autres intervenants.

Cette évaluation s'apparente donc à un processus continu de *semiosis* – entendu comme travail à la fois perceptif et de mise en sens – qui donne lieu à une constante révision de la représentation de la situation dont Caroly et Weill-Fassina (2007) ont souligné l'importance dans des situations dynamiques. Le risque n'y est plus vu comme un paramètre relativement stable, dépendant des caractéristiques de la personne et de son environnement, mais comme une dimension qui peut varier en fonction de ce qui survient dans sa vie, de ce qui se passe dans le cours du suivi et des réaménagements qui peuvent être induits dans le rapport que la personne entretient à elle-même, aux autres et au monde.

Conclusion

Les nouvelles politiques pénales et pénitentiaires orientées vers la prévention du risque de récidive s'appuient sur un régime unique de production d'un jugement évaluatif, dans lequel la mesure du risque est comprise comme activité technique fondée sur un modèle d'explication scientifique des conduites criminelles, transformé en instrumentation chiffrée. Elles favorisent la mise en œuvre de grilles standardisées d'évaluation pour neutraliser les biais (de confirmation, d'empathie, etc.) censés limiter la faillibilité d'un mode d'appréhension basé sur la connaissance mutuelle.

Toutefois, nos observations de l'activité située des agent·e·s de probation dans le suivi des justiciables en milieu ouvert mettent en évidence que leurs pratiques mobilisent deux modalités évaluatives distinctes. Une démarche compréhensive et interprétative vient ainsi nourrir, nuancer et surtout faire évoluer dans le temps la démarche normative basée sur des facteurs de risque. L'appréciation du risque est pragmatique, orientée sur la prise en charge et l'intervention, là où la logique normative d'évaluation et de gestion du risque ne répond pas à ces impératifs concrets au-delà de la définition d'un plan d'assistance de probation vite mis à mal par l'indétermination des situations considérées.

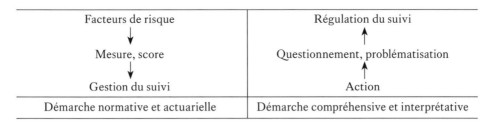

Figure 1: Deux formes de pratique évaluative

Facteurs de risque ↓ Mesure, score ↓ Gestion du suivi	Régulation du suivi ↑ Questionnement, problématisation ↑ Action
Démarche normative et actuarielle	Démarche compréhensive et interprétative

Pour autant, on ne peut pas parler d'articulation, car ces deux formes de pratique évaluative renvoient à des postures professionnelles, des règles d'action et des manières de faire tellement différentes qu'elles ne se laissent pas aisément combiner. Elles coexistent dans la pratique des agent·e·s de probation. Cette coexistence nous paraît révélatrice d'un état de situation – comme un entre-deux – dans le processus en cours de transformation du champ de l'intervention socio-judiciaire en milieu ouvert. La progressive formalisation de l'activité des agent·e·s de probation amorcée sous l'égide du PLESOR n'a pas encore déployé complètement ses effets. Mais, à terme, le risque existe qu'elle conduise à la mise en place d'une organisation où l'évaluation et l'accompagnement seraient constitués en deux systèmes d'activité distincts. Là où les agent·e·s de probation déploient une activité plurielle, on pourrait assister à une progressive spécialisation fonctionnelle entre des chargé·e·s d'évaluation et des intervenant·e·s assurant un accompagnement des personnes sous main de justice axé sur leur réintégration sociale, avec le risque d'appauvrir considérablement la prise en charge.

Notre recherche attire aussi l'attention sur la nécessité de prendre en compte les contextes d'action dans lesquels des instruments d'évaluation standardisés, grilles ou algorithmes, sont déployés, dès le stade de leur conception.

Références

Amalberti René. 2001 [1996]. *La conduite de systèmes à risques.* Paris : Presses universitaires de France.

Andrews Donald Arthur, Bonta James. 2015 [1994]. *Le comportement délinquant : analyse et modalités d'intervention.* Paris : Les Presses de l'École nationale d'administration publique (ÉNAP) (traduction de Le Bossé Cédric).

Bakhtine Mikhaïl. 1984 [1979]. *Esthétique de la création verbale.* Paris : Gallimard (traduction de Aucouturier Alfreda)

Bourrier Mathilde. 2007. « Risques et organisations », in : Burton-Jeangros Claudine, Grosse Christian, November Valérie (dir). *Face au risque,* p. 159–182. Genève : Georg.

Bronckart Jean-Paul. 2008. « Genres de textes, types de discours et « degrés » de langue. Hommage à François Rastier ». *Texto ! Textes & Cultures* 13(1). http://www.revue-texto.net/index.php?id=86, consulté le 18 avril 2019.

Burnett Ros, McNeill Fergus. 2005. "The Place of the Officer-Offender Relationship in Assisting Offenders to Desist from Crime". *Probation Journal* 52 : 221–242.

Caroly Sandrine, Weill-Fassina Annie. 2007. « En quoi différentes approches de l'activité collective des relations de services interrogent la pluralité des modèles de l'activité en ergonomie ? ». *Activités* 4(1). http://journals.openedition.org/activites/1414, consulté le 15 avril 2019.

Cauchie Jean-François, Chantraine Gilles. 2005. « De l'usage du risque dans le gouvernement du crime ». *Champ pénal/Penal field* 2. http://champpenal.revues.org/80, consulté le 10 avril 2019.

Conférence des directrices et directeurs des départements cantonaux de justice et police (CCDJP). 2014. *Principes régissant l'exécution des sanctions pénales en Suisse.* Berne : CCDJP.

Conseil de l'Europe (COE). 2010. *Recommandation CM/Rec(2010)1 du Comité des Ministres aux États membres sur les règles du Conseil de l'Europe relatives à la probation.* Strasbourg : COE.

Clot Yves. 1999. *La fonction psychologique du travail.* Paris : Presses universitaires de France.

Dumoulin Laurence. 2000. « L'expertise judiciaire dans la construction du jugement : de la ressource à la contrainte ». *Droit et Société* 44–45 : 199–223.

Fraenkel Béatrice. 2001. « Enquêter sur les écrits dans l'organisation », in: Borzeix Anni, Fraenkel Béatrice (dir.). *Langage et travail. Communication, cognition et action.* p. 231–261. Paris : Centre national de la recherche scientifique (CNRS).

Gautron Virginie, Dubourg Émilie. 2015. « La rationalisation des outils et méthodes d'évaluation: de l'approche clinique au jugement actuariel ». *Criminocorpus.* http://criminocorpus.revues.org/2916, consulté le 10 avril 2019.

Harcourt Bernard E. 2011. « Surveiller et punir à l'âge actuariel: généalogie et critique ». *Déviance et Société* 35(1) : 5–33.

Latour Bruno. 2002. *La fabrique du droit, une ethnographie du Conseil d'État.* Paris : La Découverte.

Le Poultier François. 1986. *Travail social, inadaptation sociale et processus cognitifs.* Vanves : Centre technique national d'études et de recherches sur les handicaps et les inadaptations.

Linhardt Dominique. 2001. « L'économie du soupçon. Une contribution pragmatique à la sociologie de la menace ». *Genèses* 44 : 76–98.

Matignon Émilie. 2015. *Les outils d'évaluation et les méthodes de prise en charge des personnes placées sous-main de justice: rapport de synthèse.* Agen : Centre interdisciplinaire de recherche appliquée au champ pénitentiaire.

Mottier Lopez Lucie, Allal Linda. 2008. « Le jugement professionnel en évaluation: un acte cognitif et une pratique sociale située ». *Revue suisse des sciences de l'éducation* 30(3) : 465–482.

Norros Leena. 2018. "Understanding Acting in Complex Environments: Building a Synergy of Cultural-historical Activity Theory, Peirce, and Ecofunctionalism". *Mind, Culture, and Activity* 25(1) : 68–85.

Oddone Ivar, Re Alessandra, Briante Gianni. 2015. *Redécouvrir l'expérience du travail.* Paris : Les Éditions sociales.

Razac Olivier, Gouriou Fabien. 2014. « Sous une critique de la criminologie, une critique des rationalités pénales ». *Cultures & Conflits* 94-95-96 : 225–240.

Slingeneyer Thibaut. 2007. « La nouvelle pénologie, une grille d'analyse des transformations des discours, des techniques et des objectifs dans la pénalité ». Champ pénal/*Penal field* 4,.http://journals.openedition.org/champpenal/2853, consulté le 4 octobre 2019.

Tourmen Claire. 2014. « Contributions des sciences de l'éducation à la compréhension de la pratique évaluative ». *Politiques et management public* 31(1) : 69–85.

Auteur·e·s

Jenny Ros est titulaire d'un doctorat en psychologie de l'Université de Lausanne. Actuellement chargée de recherche à la HES-SO, Haute École de travail social et de la santé – Lausanne, elle réalise des recherches mobilisant des méthodes d'analyse de l'activité et des pratiques professionnelles dans le champ du travail social.
jenny.ros@eesp.ch
HES-SO // Haute École spécialisée de Suisse occidentale
Haute École de travail social et de la santé -Lausanne
Chemin des Abeilles 14
CH-1010 Lausanne

Laure Kloetzer est professeure assistante de psychologie socioculturelle à l'Université de Neuchâtel. Dans la lignée des travaux révolutionnaires de Kurt Lewin ou Lev S. Vygotski, ses recherches portent sur la façon dont la psychologie comme science du développement humain peut contribuer aux transformations sociales. Elle mobilise ainsi les méthodes de la clinique de l'activité pour coconstruire des espaces de dialogue qui sont simultanément des espaces de pensée et de développement individuel et collectif.
laure.kloetzer@unine.ch
Institut de psychologie et éducation
Université de Neuchâtel
Espace Tilo-Frey 1
CH-2000 Neuchâtel

Daniel Lambelet est psychosociologue, professeur associé à la HES-SO, Haute École de travail social et de la santé – Lausanne. Ses recherches portent sur l'intervention socio-judiciaire en milieu ouvert, en particulier sur l'activité des agent·e·s de probation et son articulation avec les pratiques des autres actrices et acteurs des champ pénal ou sociosanitaire.
daniel.lambelet@eesp.ch
HES-SO // Haute École spécialisée de Suisse occidentale
Haute École de travail social et de la santé - Lausanne
Chemin des Abeilles 14
CH-1010 Lausanne

DOSSIER

DEVENIR ADULTE SOUS CONTRAINTE

Retour sur les parcours de jeunes suivi·e·s par le système de justice des mineur·e·s québécois

Marie Dumollard[1]

Abstract

TRANSITIONING TO ADULTHOOD UNDER DURESS

The Experience of Young Offenders in Quebec's Juvenile Justice System

This article examines the support provided by Quebec's juvenile justice system for young people classified as offenders who transition to adulthood and who are in open custody. Analyzing life-course narratives of these young people, it highlights the paradoxical nature of penal interventions that, vacillating between support and control, simultaneously enable and constrain the development of autonomy. Faced with restrictive and contradictory institutional regulations, young people adapt their relationship to socio-judicial services by adopting three types of attitude.

Mots-clés : *justice des mineurs, transition vers l'âge adulte, réinsertion sociale, régulation, autonomie, responsabilité, Québec, Canada*

Keywords: *juvenile justice, transition to adulthood, social reintegration, regulation, autonomy, responsibility, Quebec, Canada*

Je réalise que j'ai trop perdu mon temps. Étant jeune, je me suis dit que mes 18 ans allaient jamais arriver. Mais là, mes 18 ans, c'est dans quoi, c'est dans deux mois. J'ai rien fait de ma vie là. J'ai même pas fini mon secondaire[2]*, j'ai même pas de travail, j'ai rien là ! [...] Je suis tanné [J'en ai marre] d'être ici là ! Ici, je glande là, je perds mon temps là.*

Miguel (17 ans et demi) est suivi dans le cadre d'une peine de probation tout en étant placé dans un établissement de la protection de la jeunesse (PJ). Il porte un regard sévère sur son jeune parcours et les défis qui l'attendent à l'aube de l'âge adulte. Placé en PJ depuis ses « 13 ou 14 ans », il a été judiciarisé deux années plus tard, notamment en milieu fermé, et a ainsi vécu un tiers de sa vie entre les murs des institutions sociojudiciaires. Bientôt majeur, en situation de décrochage scolaire, sans emploi et sans soutien familial, il s'apprête à quitter son milieu de placement en PJ d'ici quelques semaines tout en conservant un suivi au pénal « hors des murs » (De Larminat 2014). Pour celui qui espère à l'avenir « avoir une bonne vie », l'entrée dans la

---

[1] Je souhaite remercier les évaluateurs·trices pour leurs commentaires et suggestions d'amélioration de cet article.

[2] Le secondaire débute à 12 ans et se termine avec l'obtention d'un diplôme d'études secondaires à 16 ans environ.

majorité se fera ainsi accompagnée, pendant quelques mois, par un·e intervenant·e judiciaire.

La situation de Miguel interroge de manière plus générale sur la préparation à la vie adulte des jeunes judiciarisé·e·s dans le système de justice des mineur·e·s au Québec. Cet article propose d'appréhender l'enjeu spécifique du parcours pour des jeunes suivi·e·s dans le cadre de peines en milieu ouvert, ces dernières étant le plus souvent prononcées au Québec (Bilan des DPJ 2018)[3]. À partir du point de vue du public lui-même (Warin 1999, Revillard 2018), l'article analyse la manière dont les jeunes étiqueté·e·s comme déviant·e·s composent avec un suivi pénal qui, malgré l'objectif de «réinsertion» inhérent au système de justice des mineur·e·s et aux peines en milieu ouvert, vient contraindre leur entrée dans l'âge adulte. Il démontre l'imbrication complexe existant entre l'accompagnement des parcours et leur encadrement par le suivi judiciaire : à travers les pratiques de contrôle, le système de justice juvénile vient finalement restreindre de manière paradoxale l'autonomie qu'il promeut par ailleurs, suscitant chez les jeunes trois types de réactions à l'égard des prises en charge sociojudiciaires (F.-Dufour 2011).

Les analyses présentées dans cet article se fondent sur une recherche doctorale menée entre juillet 2018 et janvier 2019 auprès de quinze jeunes hommes et une jeune femme, âgé·e·s entre 17 et 19 ans[4]. Après avoir présenté les enjeux relatifs aux parcours des jeunes judiciarisé·e·s à l'approche de la majorité, nous reviendrons sur la manière dont les participant·e·s à la recherche appréhendent leur transition vers l'âge adulte à l'aune de leur trajectoire institutionnelle marquée par l'enfermement. Nous analyserons alors la manière dont la contrainte, inhérente aux suivis, place les jeunes face à une forme d'injonction paradoxale, entre apprentissage de l'autonomie dans la transition vers la vie adulte et docilité attendue face aux cadres stricts de la mesure pénale. Nous présenterons enfin trois attitudes développées en réaction par les jeunes à l'encontre des prises en charge sociojudiciaires potentiellement utiles à leur cheminement vers l'âge adulte.

Méthodologie et enquêté·e·s

L'enquête menée a permis de recueillir seize récits de vie auprès de jeunes dit·e·s «contrevenant·e·s». À partir de la narration, par les jeunes, des étapes biographiques de leur vie, il s'agissait de saisir les faits objectifs et structurants entourant leur parcours ainsi que les manières dont ils·elle les vivent et les mettent en discours (Dubar et Nicourd 2017). Avec certain·e·s

---

[3] Au Québec, on parle de peines effectuées «dans la communauté».
[4] Cette recherche a été approuvée par le Comité d'éthique à la recherche de l'Institut universitaire Jeunes en difficulté (IUJD) du Centre intégré universitaire de santé et de services sociaux Centre-Sud-de-l'Île-de-Montréal. Elle a bénéficié de financements de l'École nationale d'administration publique (ENAP), du Fonds de recherche du Québec – Société et Culture et de l'IUJD et la Chaire de recherche du Canada sur l'évaluation des actions publiques à l'égard des jeunes et des populations vulnérables (CREVAJ). Je participe en parallèle à un projet de recherche sur les expériences juvéniles des suivis hors des murs, mené par Nicolas Sallée (dir.) (Université de Montréal, Centre de recherche de Montréal sur les inégalités sociales et les discriminations), Jade Bourdages (Université du Québec à Montréal) au Québec, Catherine Lenzi (dir.) (Institut régional et européen des métiers de l'intervention sociale (IREIS), Printemps) et Marine Maurin (IREIS, Max Weber) en France. Certaines réflexions présentées ici s'inscrivent en lien avec celles menées collectivement sur le contrôle pénal hors des murs.

interviewé·e·s, l'entrevue a pris une forme plutôt semi-dirigée en raison de la difficulté ou, au contraire, de l'habitude à mettre en récit leur parcours. Tou·te·s avaient participé, en 2016, à une étude représentative longitudinale sur le devenir des jeunes placé·e·s au Québec[5]. Nous avons ainsi eu accès à leurs coordonnées par le biais des fichiers de l'EDJeP, ce qui a permis une prise de contact directe sans le filtre de l'institution judiciaire. Tou·te·s les jeunes rencontré·e·s étaient suivi·e·s au pénal hors des murs par trois Centres jeunesse (encadré 2) au moment de l'enquête : quatorze étaient soumis·e·s à une mesure de probation et deux se trouvaient « en surveillance » suite à une peine de placement et surveillance[6]. Les deux tiers avaient connu des peines équivalentes depuis le début de l'adolescence, avec souvent une gradation dans leur sévérité au fil des années. Au-delà de leur condamnation pénale, douze jeunes connaissaient également ou avaient connu une prise en charge, concomitante ou en amont, dans le système de PJ, comme c'est le cas pour plus de 55 % des jeunes judiciarisé·e·s (Lafortune et al. 2015). Pour la majorité des jeunes, les liens familiaux étaient fragiles, conflictuels, voire inexistants. Ils·elle rencontraient enfin diverses difficultés, du décrochage ou du retard scolaires (aucun·e n'ayant obtenu de diplôme d'études secondaires) en passant par des problématiques de santé mentale ou encore des situations de précarité financière.

Des parcours juvéniles mis au défi : devenir adulte, sortir de la délinquance et être judiciarisé·e

S'intéresser aux parcours des jeunes qualifié·e·s de contrevenant·e·s n'est pas chose anodine. En effet, à l'approche de leur majorité, les trajectoires de ces jeunes gens sont traversées par plusieurs enjeux simultanés et connectés, parfois difficiles à démêler. Trois mouvements sont à considérer : le passage vers l'âge adulte, la désistance et la sortie du système de justice juvénile.

Malgré leur inscription dans la délinquance et leur étiquetage comme tel par le système judiciaire, les jeunes dit·e·s « contrevenant·e·s » sont confronté·e·s, comme les autres membres de leur génération, à l'enjeu de la transition vers la vie adulte (Van de Velde 2008, Galland 2011 [1991]). Si devenir adulte renvoie socialement à l'accession à des normes statutaires en termes, entre autres, d'insertion professionnelle, d'accès au logement ou encore de mise en couple, l'accès à ces attributs s'avère plus complexe pour les jeunes en situation de vulnérabilité (Becquet 2012). Particulièrement, les jeunes judiciarisé·e·s, dont certain·e·s ont connu un passage en protection de la jeunesse (PJ) (Bender 2010), rencontrent tout particulièrement des problématiques multiples (précarité sociale et financière, décrochage scolaire, itinérance, etc.) qui complexifient ce processus de transition. À l'aube de la majorité qui marque la fin imminente des prises en charge par les systèmes de protection et de justice des mineurs, ils·elles se heurtent à une véritable injonction à l'autonomie (Goyette et al. 2011) : ils·elles prennent leurs propres

---

[5] Étude longitudinale sur le devenir des jeunes placé·e·s en France et au Québec (EDJeP) dirigée par Martin Goyette (ENAP, CREVAJ, Chaire de Recherche sur la Jeunesse), Conseil de recherches en sciences humaines du Canada 2014–2021.

[6] Une peine de placement et surveillance est une mesure pénale d'enfermement en unité de « garde ouverte » ou de « garde fermée » de laquelle les jeunes ne peuvent sortir pendant les deux premiers tiers de la peine. Le troisième tiers est purgé dans la communauté, pendant la période dite « de surveillance ».

décisions, comme tout jeune adulte (De Singly 2000), mais ils·elles doivent également bien souvent devenir indépendant·e·s rapidement pour subvenir à leurs besoins. Or, le passage vers l'âge adulte est un processus non linéaire qui prend de plus en plus de temps (Van de Velde 2015). Face au manque de ressources disponibles à l'issue d'un placement en protection ou judiciaire, ces jeunes sont donc confronté·e·s à un passage accéléré et complexe vers cette nouvelle étape de leur vie (Lee et Morgan 2017, Mann-Feder et Goyette 2019).

Cet enjeu d'autonomisation existe avec d'autant plus d'acuité que la condamnation pénale des jeunes dit·e·s contrevenant·e·s rend publics des comportements jugés inappropriés et incompatibles avec cet âge de la vie. Alors que la commission d'actes de petite délinquance est un phénomène relativement répandu et admis au début de l'adolescence, sa persistance à l'approche de la vingtaine et au-delà n'est plus socialement tolérée (Osgood et al. 2010). La sortie de la délinquance sonne alors comme une seconde injonction sociale. Cette deuxième transition attendue n'est cependant pas incompatible avec la première, bien au contraire. La désistance, ce processus non linéaire au cours duquel les individus cessent de commettre des délits (Laub et Sampson 2001), a en effet été beaucoup étudiée sous l'angle de ses liens avec l'âge. Ainsi, si la période de l'adolescence voit le nombre d'infractions commises augmenter, l'entrée dans l'âge adulte est marquée par une baisse significative de la criminalité (Farrington 1986). Ce processus de maturation est couplé avec des transformations identitaires et relationnelles. D'une part, sortir de la délinquance suppose l'adoption d'une nouvelle identité et de nouvelles valeurs distinctes de celles valorisées dans le milieu déviant (Maruna 2001, Shapland et Bottoms 2011). D'autre part, la désistance est soutenue par la survenue d'événements particuliers – l'occupation d'un emploi et la construction d'une famille, entre autres – qui sont la source de nouveaux liens sociaux et de nouvelles formes de contrôle social informel exercées sur les individus dits «contrevenants» (Sampson et Laub 1990). Finalement, sortir de la délinquance est intimement lié aux changements statutaires qui marquent l'entrée dans l'âge adulte (Massoglia et Uggen 2010).

En lien avec ces facteurs individuels, relationnels et structurels (Villeneuve *et al.* 2019), la désistance est visée par le système de justice des mineurs à travers ses objectifs de protection de la société, de réinsertion des jeunes et de leur «réadaptation» (MSSS 2017 [2007]). Pour préparer leur réintégration dans la société une fois la peine terminée et pour soutenir la désistance, il s'agit, entre autres, de faire répondre les adolescent·e·s de leurs actes de manière juste et proportionnée et de prévoir un «plan de réinsertion»[7] centré sur l'insertion socioprofessionnelle, le lien avec la famille et la modification du réseau de pairs (Le Blanc et Trudeau Le Blanc 2014). En ce sens, le système de justice des mineurs (encadré 2) repose au Québec sur une idéologie «réhabilitative» (Trépanier 2004). Son intention est de changer les comportements déviants des jeunes judiciarisé·e·s à travers des interventions dont la visée première n'est pas punitive : c'est la «réadaptation» (*op. cit.* : 276). La perspective cognitivo-émotivo-comportementale, qui est au cœur du système québécois (Sallée 2018), guide notamment les pratiques en reposant sur l'idée d'une modification possible des comportements juvéniles jugés «antisociaux». Cette modification a lieu à travers des changements cognitifs, une plus grande maîtrise des émotions, un apprentissage d'«habiletés» et de comportements «prosociaux» et

---

[7] https://www.justice.gc.ca/fra/jp-cj/jj-yj/outils-tools/hist-back.html, consulté le 17 janvier 2020.

grâce à l'intégration sociale (Le Blanc et Trudeau Le Blanc 2014). Les suivis sont alors traversés par une tension majeure entre une mission réhabilitative d'accompagnement (visant la réadaptation et la réinsertion sociale) et une mission de surveillance (par laquelle on cherche à contrôler et à limiter les risques de récidive pour protéger la société) (Sallée 2018)[8]. À la veille ou au début de la majorité des jeunes judiciarisé·e·s et de leur sortie imminente du système de justice juvénile, le « désistement assisté », qui renvoie au rôle des agent·e·s de probation et de leurs interventions sur la sortie de la délinquance (King 2013, F.-Dufour et al. 2018), suppose alors que le système de justice juvénile accompagne les deux processus interdépendants de désistance et de passage vers l'âge adulte pour viser plus généralement leur réinsertion sociale.

Le présent article vient spécifiquement étudier, à partir de l'analyse des récits et des expériences, la manière dont les peines purgées en milieu ouvert, qui amorcent en théorie cette réinsertion sociale en combinant de manière hybride accompagnement et encadrement, influencent les processus de transition au cœur des parcours juvéniles.

La justice des mineurs au Québec

Le système de justice des mineurs québécois dépend de la Loi sur le système de justice pénale pour les adolescent·e·s (LSJPA). Entrée en vigueur en 2003 au Canada, la LSJPA est une loi fédérale d'application provinciale. Au Québec, les institutions de placement et les services de suivi hors des murs qui sont en charge de l'exécution des mesures pénales, relèvent du Ministère de la Santé et des services sociaux ; ils sont regroupés sous l'appellation « Centres jeunesse »[9]. Ces derniers appliquent également les mesures relatives à la Loi sur la protection de la jeunesse, qui interviennent lorsque la sécurité et le développement des enfants sont compromis. À ce titre, certains milieux de placement – les « centres de réadaptation pour les jeunes en difficulté d'adaptation » – comportent des unités de placement dédiées aux jeunes suivi·e·s au titre de la protection de la jeunesse (PJ) (certaines sont fermées, les plus strictes étant « d'encadrement intensif ») ainsi que les unités pour des jeunes judiciarisé·e·s (garde fermée et garde ouverte)[10]. Des jeunes suivi·e·s sous les deux lois peuvent donc être parfois être hébergé·e·s dans des unités différentes, mais au sein d'un même établissement.

Deux peines de suivi dans la communauté ont été retenues pour notre recherche : la probation et la période de surveillance d'une peine de « placement et surveillance ». Les deux prévoient que le ou la jeune soit maintenu·e dans son environnement d'origine sur la base d'une « densité [et d'une] surveillance relationnelles » (Sallée 2018). Un suivi régulier, et parfois inten-

---

[8] Des éléments complémentaires sur le système de justice des mineurs québécois sont présentés dans l'article de Sallée, Mestiri et Bourdages du présent numéro, en lien avec le volet québécois d'une recherche franco-québécoise (GIP Droit et justice) sur le travail éducatif contraint en milieu ouvert dans la prise en charge pénale des mineurs (Lenzi et al. 2020).
[9] Ils se nomment officiellement « Centres de protection de l'enfance et de la jeunesse », mais le terme « Centre jeunesse » demeure dans la pratique.
[10] Une unité d'encadrement intensif accueille, pour un maximum d'un mois avant réévaluation, des jeunes placé·e·s ayant des comportements graves, violents ou dangereux pouvant entraver leur sécurité ou celles des autres. Les portes d'accès de l'unité sont verrouillées en permanence et les règles de vie strictes.

sif, est déployé avec un·e intervenant·e, un·e délégué·e jeunesse chargé·e d'accompagner le projet d'insertion – ou de réadaptation – du ou de la jeune et, surtout, de contrôler qu'il·elle respecte toute une série de conditions prévues dans la peine initiale. Ces conditions sont plus ou moins restrictives selon le profil et la trajectoire des jeunes. Elles impliquent minimalement l'obligation de ne pas troubler l'ordre public, à laquelle s'ajoutent des conditions facultatives telles que se présenter aux rendez-vous avec le·la délégué·e jeunesse et être en formation ou en emploi. Tout « bris » de probation ou de surveillance est sanctionnable et peut faire l'objet, à terme, d'un retour « entre les murs » (*op. cit.*).

Passer à autre chose : la vie adulte après le Centre jeunesse

À la veille ou dans les premiers mois de la majorité, les aspirations juvéniles et les visions de l'âge adulte sont reliées à un fort besoin d'autonomie et d'indépendance. Pour les jeunes rencontré·e·s, la majorité intervient en effet après des histoires de placement, parfois longues, pendant lesquelles le déroulé de la vie leur a échappé et a été remis entre les mains des divers·es intervenant·e·s du Centre jeunesse. Ce dernier se trouve alors au cœur de la présentation de soi et du parcours, notamment avec l'épreuve marquante de l'enfermement en unité fermée. Melvin (17 ans et demi) la décrit comme le fait d'être « entre quatre murs », de « zéro sortir », un confinement en opposition directe avec ses anciennes habitudes de sorties avec ses pairs, qui sont au cœur de l'adolescence (Bidart 1997). Presque tou·te·s les jeunes rencontré·e·s ont fait l'expérience, dans leur parcours institutionnel, d'un placement soit dans une unité fermée de placement pénal, soit dans l'unité d'encadrement intensif parmi les plus strictes du système de PJ, soit sous les deux cadres législatifs. Dans ces lieux fermés, la difficulté est de se sentir « coupé de l'extérieur » comme le déplore Matthieu (17 ans et demi), l'objectif de l'institution est, selon lui, de restreindre les distractions parce que « [les intervenant·e·s] veulent que tu te concentres sur toi ». Après trois passages en garde ouverte et fermée, Nassim (18 ans) juge ainsi qu'il a « foiré toute [s]a jeunesse au début de [s]on adolescence ».

Devenir majeur·e, c'est donc l'occasion de quitter ces milieux de placement subis et de reprendre du pouvoir sur le fil de son parcours. C'est aussi surtout le fait d'avoir désormais de plus grandes responsabilités, envisagées à un double niveau. Le premier renvoie à l'idée d'assumer ses actes au niveau légal et de faire face à la possibilité, bien présente dans l'esprit des jeunes, d'être incarcéré·e en prison pour adultes. Le risque de commettre de nouveaux délits ou de ne pas respecter les conditions de la probation ou de la surveillance en cours laisse en effet planer celui d'être à nouveau judiciarisé·e. Bien qu'ils·elle affirment quasiment tou·te·s « être passé·e·s à autre chose », être « sur le bon chemin » et « se replacer » en « faisant leurs affaires », la sortie de la délinquance n'est pas radicale mais plutôt complexe et non linéaire (Bugnon 2019). À l'instar ce que vit Jordan, à trois mois de ses 18 ans, certaines situations peuvent conduire à la commission d'un délit, jugé cependant mineur parce que non rattaché, selon lui, à un mode de vie délinquant :

> *On [lui et son ami] fait plus vraiment de délits, on se promène, oui, on boit, on consomme encore. Mais on fait plus trop de délits. […] Oui j'en fais encore quelques-uns, mais pas du*

genre... mettons [admettons] je vais pas sauter sur quelqu'un lui vider ses poches. Genre ça peut arriver que si je me force oui, je va[is] me battre pis ça va faire un délit. Mais à part de ça, délit genre vol, je fais plus ça.

Dans ce contexte, les jeunes intériorisent une forme de responsabilisation – Benjamin (19 ans) explique que « la LSJPA, ça m'a fait comprendre d'assumer mes actes de mes conséquences » – pour éviter une prison pour adultes plus répressive, qui dissuade et inquiète, et dont la menace est souvent présentée par les délégué·e·s jeunesse de cette manière : à la majorité, les règles sont plus nombreuses et « la loi commence pour de vrai ».

Afin d'échapper à cette éventuelle nouvelle sanction plus sévère, les jeunes recherchent une vie future dépourvue de toute emprise judiciaire, dans laquelle ils·elle « auront la paix » et s'affranchiront de l'obligation de devoir rendre des comptes. Après de longs mois d'enfermement « pas faciles », selon Nassim, le souhait et l'urgence de ne plus être en lien avec le Centre jeunesse sont d'autant plus grands. Le second niveau de responsabilité consiste alors à mener ses propres démarches, comme la gestion d'un budget et la recherche d'un emploi. Il s'agit d'avancer selon ses propres décisions, d'être autonome et responsable de soi. Prosper (19 ans) explique que « c'est vraiment toi qui te gères, il y a pas quelqu'un d'autre à te gérer ». La fin des mesures pénales et, pour certain·e·s, celles de la PJ, correspond à l'idée qu'ils·elle doivent être pleinement indépendant·e·s et autonomes parce qu'aucun intervenant·e ne sera désormais présent·e dans leur vie. À cet égard, Benjamin poursuit :

Autonomie, [...] ça sert aux jeunes à se préparer à arriver quand qu'ils sont majeurs... parce que aussitôt que tu tombes majeur, c'est ton autonomie qui embarque. C'est pas les autres qui vont venir faire tes affaires à ta place. C'est plus ça qu'ils [les intervenant·e·s des Centre jeunesse] essaient de te montrer. « Nous autres, on est là pour t'aider, on traite tes affaires. Mais à 18 ans, c'est pas nous autres qui va les faire, ça va être toi-même ».

L'autonomie signifie que les aspirations juvéniles entrent alors en conformité avec les attributs associés à l'âge adulte. Pour Melvin comme pour ses pairs, il s'agit d'avoir « un métier, une famille, une femme, une maison, une voiture, [...] de l'argent puis tout ». L'éloignement souhaité à l'égard de la délinquance est donc associé à l'enrôlement dans de nouveaux statuts sociaux et à la prise de conscience qu'il est temps de passer à autre chose, après une jeunesse trop institutionnalisée. Le principe de maturation se mêle ainsi à l'adhésion à de nouvelles normes ou valeurs socialement valorisées (Shapland et Bottoms 2011, Gaïa 2019). Cependant, les situations complexes dans lesquelles se trouvent les jeunes, notamment en matière de formation, d'emploi, d'accès à un logement autonome et de soutien familial, rendent ardue leur entrée en conformité avec ces normes.

Faire avec ou selon le Centre jeunesse? Les paradoxes de la régulation institutionnelle dans la transition vers l'âge adulte

Les souhaits d'une vie adulte, conforme aux normes sociales et sans délinquance, se heurtent dans les parcours à la réalité imposée par la judiciarisation. Les modalités de prise en charge imposent en effet un cadre, souvent contraignant et aux effets parfois limités (Benazeth 2019), dans lequel la transition vers l'âge adulte est amorcée. Même si les jeunes en milieu ouvert bénéficient en théorie d'une plus grande liberté, les conditions du suivi pénal rythment et orientent leur quotidien et leur parcours à un double niveau : en les soutenant dans leurs démarches d'insertion et en les contraignant simultanément. D'une part, les rencontres avec le·la délégué·e jeunesse et, d'autre part, le contrôle multiforme déployé par l'institution viennent limiter les apprentissages en termes d'autonomisation pourtant également soutenus dans les interventions.

Dans le cadre des mesures pénales hors des murs, les jeunes interviewé·e·s ont l'obligation de rencontrer leur délégué·e jeunesse. Cela implique que les jeunes parlent avec leur intervenant·e selon un format proche du «gouvernement par la parole» observé dans le contexte brésilien (Bugnon 2017). Il s'agit de parler «de tout et de rien» selon Ibrahim (18 ans), les jeunes évoquant généralement les thèmes de l'emploi ou de la formation, du budget ou encore de la famille, généralement abordés à l'initiative de leur délégué·e jeunesse. D'une manière détachée, Prosper décrit ainsi ces échanges visiblement dénués de tout intérêt pour lui :

On parle même pas de grand-chose. Elle me demande «Comment était ta semaine?», truc comme ça. Ça dure même pas longtemps, 15-20 minutes après je m'en vais. […] Elle me dit «Comment ça va à l'école?». C'est pas mal ça. […] Elle dit, «Comment ça va en général?». Là je lui explique. Elle me dit «Au prochain rendez-vous», et après c'est fini.

Certain·e·s jeunes, généralement ceux·celles qui sont les moins judiciarisé·e·s et également suivi·e·s en PJ, avec peu d'appui dans leur entourage, racontent avoir obtenu une écoute, des conseils ou du soutien pour la réalisation de certaines démarches (l'ouverture d'un compte bancaire) ou de situations délicates (des conflits familiaux). Mais ces échanges, dont le cadre est imposé, sont surtout perçus, par tou·te·s, comme l'occasion de faire état du respect des conditions de probation ou de surveillance et de l'avancement dans les démarches d'insertion qui sont exigées. Si certain·e·s jeunes évoquent l'aide apportée par le·a déléguée jeunesse pour avancer dans ces démarches, au final, rares sont ceux·celles qui lui trouvent une réelle utilité. Devoir rendre des comptes s'avère d'ailleurs paradoxal pour ces jeunes adultes, alors que la période de la jeunesse est justement marquée par la capacité à bâtir ses propres choix. Dans ce contexte, il est très clair, aux yeux des jeunes, que le·la délégué·e jeunesse est là pour «suivre les affaires judiciaires», c'est-à-dire surveiller le bon déroulé de la mesure pénale. Comme le dit Nassim, «généralement ce que ta déléguée te dit de faire, t'es mieux [tu as intérêt] de le suivre pour ne pas […] qu'elle soit sur ton dos».

La réalité du suivi affecte alors les activités et les comportements à maints égards, dans la continuité des expériences passées de placement dans des unités de la justice des mineurs ou de la PJ où le temps est millimétré, les activités nombreuses et encadrées, les attitudes et les comportements surveillés.

Le contrôle multiforme concerne d'abord les relations. La rencontre avec Jordan est, à ce titre, éloquente. Le jour de notre rendez-vous, je le rejoins à son domicile pour que l'on se rende ensemble, comme convenu, dans le parc voisin pour échanger quelques mots. Sur le chemin pour nous y rendre, alors que l'on s'installe à une table du parc, Jordan remarque un jeune homme assis parmi d'autres quelques mètres plus loin. Il me dit qu'il « est interdit de contact avec lui et qu'ils ne peuvent être vus ensemble ». Nous nous éloignons alors du groupe pour éviter qu'ils soient aperçus à proximité l'un de l'autre si des policiers venaient à passer près d'ici. Jordan explique que le plus contraignant pour lui est de ne pas pouvoir aller où il veut ou faire ce qu'il veut dans son quartier, parce qu' « il y a plusieurs ‹interdits de contact› » – le contrôle devient alors, dans la pratique, également spatial. Il explique devoir toujours être sur ses gardes car les policiers le connaissent et l'arrêtent régulièrement, qu'il soit seul ou avec des ami·e·s :

Faque [Donc] vu qu'ils me connaissent, sachent les conditions, des fois ils s'amusent juste, il vient me flasher [interpeler], vérification. J'ai rien fait, juste pour l'fun, pis ils s'en vont. Faque des fois je trouve que ça gosse [c'est chiant] parce que je me dis « Crisse [Merde], ils s'amusent-tu ? ».

Le droit de regard des policiers et du ou de la délégué·e jeunesse sur les relations est d'autant plus fort ici que Jordan raconte par ailleurs être proche d'un gang de rue, une figure combattue par les systèmes de police et de justice juvénile québécois (González Castillo et Goyette 2015). Alors que la constitution du réseau social est au cœur du « devenir adulte » (Bidart *et al.* 2011), elle devient objet de contrôle par l'institution afin de soutenir l'éloignement des pairs criminels, un levier de la désistance (Giordano et al. 2003). L'encadrement des relations, qui implique le Centre jeunesse dans une autre dimension de leur vie, est cependant vécu par les jeunes comme la négation de leur capacité à ne pas se laisser influencer et à être responsables, une attente pourtant au cœur de la visée réhabilitative.

Le contrôle s'immisce également dans les démarches d'autonomisation entreprises par les jeunes, seul·e·s ou avec le Centre jeunesse. Ces démarches s'inscrivent à la fois dans les attentes de la probation ou de la surveillance (être en formation ou en emploi) et dans la volonté des jeunes de s'engager dans ce que Simon (19 ans) nomme la « vraie vie », celle qui démarre une fois les murs de l'institution quittés. À cet égard, les jeunes rencontré·e·s exposent des situations dans lesquelles, accompagné·e·s par leur délégué·e jeunesse mais aussi par un·e intervenant·e de la PJ, ils·elle acquièrent des compétences qui préparent à la vie adulte. Ces dernières renvoient, selon leurs descriptions, au cœur des interventions du travail social, à savoir l'accompagnement dans la réalisation de démarches administratives (obtenir sa carte d'assurance maladie ou se rendre dans des structures institutionnelles et communautaires de soutien aux jeunes en situation de vulnérabilité), la gestion du budget (payer ses factures, faire des économies) ou encore la planification des tâches et de sa semaine (faire le ménage, aller à l'épicerie ; ne pas oublier ses rendez-vous). Le soutien apporté par le·a délégué·e jeunesse, mais aussi par tout·e autre intervenant·e sociojudiciaire, peut alors être utile, notamment pour trouver un emploi ou recevoir l'aide sociale. Il vise surtout, selon Melvin, à préparer « [s]on avenir [...] pour pas qu'[il] [s]e remette dans le trouble [les problèmes] ». Cet effet positif est généralement relevé par les jeunes les plus dociles à l'égard des contraintes du suivi judiciaire (Bugnon 2017).

Mais l'obligation d'avoir un emploi vise aussi, d'après Miguel, à encadrer les activités juvéniles «pour pas qu'[ils·elle aient] trop de temps pour [eux et elle]-même[s], pas qu'[ils·elle] fasse[nt] du vagabondage». Pour lui et les jeunes les plus critiques à l'égard du suivi judiciaire, ce dernier n'apporte que peu d'effets positifs. Il aurait même des effets contreproductifs dans le cheminement vers l'âge adulte. C'est ce que nous raconte Logan lorsqu'il avoue ne pas comprendre pourquoi ses délégué·e·s jeunesse refusent qu'il accepte l'emploi offert par l'entreprise dans laquelle travaille son père. Ils lui demandent en effet d'attendre le suivi en employabilité qui va lui être fourni très prochainement par une structure spécialisée pour des jeunes ayant des problèmes de santé mentale (il ne la nommera jamais de cette manière, comme si l'aide qu'il pourrait y trouver n'était pas claire pour lui). Cette situation est révélatrice de deux éléments. D'une part, elle révèle l'incompréhension à l'égard des décisions prises à leur sujet par une partie des jeunes rencontré·e·s: lorsqu'il raconte cette situation, Logan est confus et agacé face à l'interdiction d'accepter cette offre d'emploi, alors même qu'une des conditions de sa surveillance exige qu'il entreprenne des démarches dans ce sens. La décision lui semble d'autant plus injustifiée qu'il appréhende le fait de ne pas réussir à remplir cette condition de sa surveillance et de risquer ainsi un retour en milieu fermé. D'autre part, la décision des intervenant·e·s contribue à questionner son autonomie dans ses démarches, objet pourtant en lien direct avec les objectifs de réinsertion et de réadaptation au cœur de la justice des mineurs québécoise (MSSS 2017 [2007]). À l'instar des formes de contrôle des adultes en libération conditionnelle (Werth 2011), le suivi judiciaire des jeunes par le Centre jeunesse vient paradoxalement mettre des contraintes sur le chemin de l'automatisation et de la responsabilisation pourtant attendue socialement et institutionnellement. Telle qu'elle est vécue par Nassim, cette autonomie contrariée par le suivi s'inscrit d'ailleurs dans la continuité des expériences passées de placement en unités fermées, de la justice des mineurs dans son cas ou de la PJ pour d'autres:

> *Parce que ils disent en garde ouverte t'es encadré, tu devrais être autonome. Mais genre là-bas, il y a zéro autonomie. Ils te laissent zéro rien, liberté rien. [...] Parce que t'es toujours encadré [...]. N'importe qui te dit quoi faire. Tu dois suivre ce qu'on te dit. Donc il y a pas d'autonomie. Tu es autonome à brosser tes dents; même, t'es zéro autonome, t'es obligé.*

Comment alors composer avec cette contrainte institutionnelle dans son parcours de jeune adulte alliant les défis de l'autonomisation à ceux de la désistance? Plusieurs attitudes juvéniles se dessinent en réaction.

S'adapter à la régulation institutionnelle

Face à ce contexte et aux modalités de suivi imposées, les jeunes ne demeurent pas passif·ive. Trois attitudes se détachent des récits recueillis, que les jeunes ont souvent développées dès leur placement dans des unités fermées et qu'ils·elle conservent une fois leur suivi poursuivi hors des murs: jouer le jeu de l'institution, accepter et solliciter l'aide des intervenant·e·s et, enfin, la mettre à distance. Si nous distinguons ici ces trois conduites, elles se combinent, se complémentent, s'enchaînent parfois dans la réalité, révélant toute l'ambivalence des perceptions et des adaptations juvéniles face au double caractère soutenant et contraignant des suivis sociojudiciaires.

La première attitude consiste à jouer le jeu de l'institution pour mieux composer avec ses contraintes et ses formes de dissuasion. Tou·te·s les jeunes semblent l'avoir adoptée à un moment de leur parcours institutionnel. « Faire ses affaires », comme les jeunes se plaisent à le dire (*i. e.* ne plus « traîner » dehors, être à l'école ou travailler, aller à ses rendez-vous, etc.), serait le moyen de passer sans encombre à travers l'épreuve de la probation ou de la surveillance, et même d'obtenir de meilleures conditions de suivi, avec moins de rendez-vous notamment. Il s'agit de « se placer » comme le dira Matthieu, condition indispensable pour que son délégué jeunesse le « laisse tranquille ». Adopter les comportements et les rôles sociaux attendus contribuerait aussi à écarter la menace d'un nouvel enfermement, milieu dont Mégane (18 ans) dit qu'elle « n'est plus capable de supporter » et qui « n'est pas une vie ». Charles (17 ans et demi) explique à cet égard que, à chaque fois qu'il a failli se battre avec d'autres jeunes de son unité de placement en PJ, il s'est « retenu pour ce soit plus positif » pour lui alors qu'il est, par ailleurs, en probation. Tou·te·s les jeunes répondent également à l'exigence d'être en formation, en recherche d'emploi ou en emploi afin de « s'occuper », même s'ils·elle décrochent parfois des dispositifs dans lesquels ils·elle sont inscrit·e·s.

Apprendre à composer avec le contrôle permet alors pour certain·e·s de bénéficier du soutien que peut offrir l'institution. La deuxième attitude consiste dans ce cas à accepter, voire solliciter ponctuellement l'aide apportée par les délégué·e·s jeunesse, mais également par tout.e autre intervenant·e. Avec les premier·ère·s, il s'agit en priorité du soutien à l'égard des démarches d'insertion professionnelle (se rendre au Carrefour jeunesse emploi, distribuer des *curriculum vitae*, etc.)[11]. Melvin, qui a perdu son emploi la veille de notre rencontre, explique par exemple son intention de se renseigner auprès de sa déléguée jeunesse. Il répète en effet qu'« il n'[a] rien fait » et « travaillai[t] bien », et avoue être démuni face aux recours existants pour contester ou être dédommagé de cette décision selon lui injustifiée :

> *Théoriquement je vais l'appeler [sa déléguée jeunesse] après pour savoir si je peux passer à son bureau après, ou demain. [...] Parce que elle, elle pourra me conseiller. Parce que moi honnêtement je sais pas quoi faire avec ça là. J'ai aucune idée comment régler ce dossier-là. Je sais pas si t'as une idée ?*

Il s'agit également pour d'autres de se tourner vers d'autres intervenant·e·s du domaine social présent·e·s dans leur vie pour soutenir les premiers pas dans l'autonomie (être orienté·e vers une ressource d'hébergement, acheter des meubles pour un nouveau logement, etc.). Matthieu, en probation mais également suivi en PJ depuis ses « 5–6 ans », explique ainsi avoir donné son accord pour poursuivre un accompagnement au sein du Programme qualification jeunesse (PQJ) jusqu'à ses 19 ans. Plutôt que sa déléguée jeunesse, c'est son « éducateur PQJ » qui l'accompagne au quotidien[12] :

---

[11] Le « Carrefour jeunesse emploi » est un rganisme communautaire qui accompagne les jeunes de 16 à 35 ans dans leurs démarches d'insertion sociale et économique.

[12] Le PQJ vise à prévenir la marginalisation de jeunes en PJ en leur proposant un accompagnement individuel à partir de 16 ans, d'une durée de trois ans. Il peut ainsi se poursuivre au-delà de la fin officielle des services de la PJ à 18 ans.

> *Ils [Les intervenant·e·s lié·e·s à sa probation] ont des nouvelles par les autres personnes que j'accepte encore de voir, qui est une personne qui est mon éduc qui travaille avec moi, pour mon autonomie mettons [admettons]. M'aide à trouver un appart, des recherches ou… C'est le seul que j'ai décidé de garder […] C'est pas obligatoire, dans l'fond je pourrais arrêter comme que je voulais. […]*

Malgré un long et douloureux placement en PJ vécu sous l'angle de la contrainte, il accepte finalement de poursuivre un suivi au-delà de ses 18 ans, ce « qui [l]e rassure quand même un peu ». Si l'adhésion à ce type de programme rappelle la plus-value de prolonger le soutien aux jeunes les plus démuni·e·s à la fin de leur placement (Goyette et Morin 2010), elle renvoie aussi à la sectorisation, dans l'esprit de la plupart des jeunes, des domaines d'intervention entre ceux réservés d'une part aux intervenant·e·s judiciaires (le contrôle du respect des conditions de probation ou surveillance, dont l'une est la formation ou l'emploi), d'autre part aux intervenant·e·s de la PJ (le soutien plus global aux démarches d'autonomisation et d'insertion).

Il faut souligner que cette deuxième attitude, à savoir accepter et solliciter l'aide, est la plus souvent décrite par les jeunes se conformant le plus aux attentes de l'institution, souvent les moins judiciarisé·e·s (ou depuis moins longtemps). Ils·elle sont également suivi·e·s en PJ et disposent de moins de ressources dans leur entourage pour avancer seul·e·s à la fin des suivis par le Centre jeunesse.

À l'inverse, certains jeunes mettent à distance l'éventuel soutien apporté par le Centre jeunesse. Ce sont généralement les plus judiciarisés ayant fait l'expérience d'un ou de plusieurs placements en milieu fermé au niveau pénal et/ou en protection, qui n'ont pas toujours été suivis simultanément en PJ. Cette dernière attitude s'explique par la volonté d'échapper au contrôle, omniprésent depuis leurs expériences d'enfermement, qui se prolonge dans les peines en milieu ouvert. Certains jeunes refusent alors de jouer le jeu de l'institution sans réaction. C'est le cas d'Édouard (17 ans) qui avoue ne plus parler de lui à sa déléguée jeunesse depuis qu'elle a utilisé contre lui des informations qu'il lui avait révélées lors d'une rencontre. Durant notre entrevue, il sera d'ailleurs plutôt suspicieux et fermé, comme si, par habitude, il évitait d'en dire trop :

> *[…] [P]endant une heure elle pose des questions sur ta vie, alors que tu sais qu'elle va rien, qu'elle va pas vraiment t'aider. Elle va juste noter, noter, noter. Pis à la fin tu sais pas où ça va.*

Contrôler l'information transmise renvoie alors à la méfiance ressentie envers des intervenant·e·s, trop nombreux dans les parcours, dont certain·e·s risquent de « dénoncer » les bris de conditions (Sallée 2018), et à une forme de lassitude face à la mise en récit de soi en contexte institutionnel. Elle renverse également l'asymétrie de pouvoir entre l'intervenant·e judiciaire et les jeunes que le rendez-vous, convoqué par le·a premier·ère plutôt que sollicité par les second·e·s, tend à renforcer. Mettre à distance l'institution renvoie alors à la volonté de s'en sortir par soi-même, par ses propres moyens et à être convaincu·e de ses capacités pour y parvenir. Par exemple, Miguel refuse d'être mis en lien avec une ressource en hébergement qui prolongerait son institutionnalisation débutée dès ses « 13 ou 14 ans » en PJ, puis ponctuée par plusieurs placements en garde fermée :

[Mon délégué] m'en a proposé des ressources, mais j'ai refusé parce que j'aime pas ça [...]. Je suis quelqu'un de débrouillard. Je suis pas quelqu'un qui aime ça se faire aider. Tu peux m'aider à me trouver un travail mais c'est tout là [...]. Ils ont essayé de me trouver des ressources, genre des appartements supervisés, mais j'étais pas trop down [partant].

L'institution dispose donc d'un droit de regard légitime sur les démarches en matière d'insertion professionnelle. Cependant, un éventuel soutien pour les autres dimensions du parcours (logement et relations notamment) n'est pas toléré à trois titres : parce qu'il dépasse les contours légaux de la probation ou de la surveillance (dans le cas de Melvin, sa mesure pénale lui impose de vivre dans son unité de placement PJ et non dans un appartement supervisé) ; parce qu'il renvoie éventuellement à d'autres formes de contrôle (dans le cas des appartements supervisés, les jeunes qui y résident doivent se soumettre à un certain nombre de règles de vie) ; parce qu'il prolonge enfin le droit de regard du Centre jeunesse dont les jeunes, qui adoptent cette troisième attitude, veulent s'affranchir.

Conclusion

Le contexte de prise en charge au Québec témoigne finalement du gouvernement des conduites juvéniles (Bugnon 2017) à partir de la combinaison de deux dimensions difficilement séparables – la surveillance et le contrôle des jeunes d'une part, leur accompagnement vers la réinsertion sociale d'autre part. Plus encore, cette interdépendance, intrinsèque à l'intervention dans le système de justice des mineurs et envisagée sur un continuum (Sallée 2018), agit de manière ambivalente sur les parcours juvéniles en cours de transition vers l'âge adulte et sur la sortie de la délinquance. Le suivi par les délégué·e·s jeunesse tend, d'une part, à prescrire les comportements autonomes via principalement la norme sociale d'employabilité privilégiée de l'État social actif (Castel et Duvoux 2013). Cependant, les contraintes institutionnelles qu'il impose viennent, d'autre part, réduire de façon paradoxale cette part d'autonomie, pourtant utile à la désistance, à laquelle les jeunes aspirent par ailleurs pour leur future vie adulte conforme aux attentes sociales. Le passage vers l'âge adulte, qui nécessite un soutien majeur et multidimensionnel des acteur·rices institutionnel·le·s et communautaires (Osgood, *et al.* 2010), tout comme la désistance (McNeill 2006), deviennent alors pour les jeunes judiciarisé·e·s une épreuve encore plus complexe, marquée par une injonction contradictoire entre autonomisation, responsabilisation et soumission aux dimensions de l'encadrement.

Au regard de l'hybridation entre accompagnement et contrôle qui se poursuit entre et à l'extérieur des murs du Centre jeunesse, l'intervention globale des intervenant·e·s judiciaires dans leur parcours semble parfois peu légitime aux yeux des jeunes qui cumulent pourtant plusieurs difficultés (décrochage scolaire, fragilité ou rupture des liens familiaux, instabilité résidentielle, etc.). Ce contexte appelle surtout des manières bien particulières de réagir face à une régulation institutionnelle contradictoire, typique de ce type de mesures pénales (Werth 2016). Les trois postures ambivalentes analysées révèlent la négociation constante à laquelle les jeunes sont soumis·e·s pour satisfaire les exigences institutionnelles tout en construisant leur propre parcours, seul·e·s ou avec l'aide ponctuelle d'intervenante·s, judiciaires mais aussi majoritairement de la

PJ. Pour les plus critiques d'entre eux/elles, qui mettent à distance ces interventions sociojudiciaires, le risque est cependant que face à d'éventuelles situations problématiques, des formes de non-recours aux droits sociaux (Warin 2016) émergent et agissent alors comme des facteurs de vulnérabilité supplémentaires dans des parcours de vie déjà complexes.

Références

Becquet Valérie. 2012. «Les «jeunes vulnérables»: essai de définition». *Agora débats/jeunesses* 62(3): 51–64.

Benazeth Valerian. 2019. «Désistance et institutions: le paradoxe d'un effet limité de l'intervention institutionnelle sur les processus de désistance», in: Gaïa Alice, De Larminat Xavier, Benazeth Valerian (dir.), *Comment sort-on de la délinquance?*, p. 157–177. Genève: Médecine & Hygiène.

Bender Kimberly. 2010. "Why Do Some Maltreated Youth Become Juvenile Offenders?: A Call for Further Investigation and Adaptation of Youth Services". *Children and Youth Services Review* 32(3): 466–473.

Bidart Claire. 1997. *L'amitié, un lien social.* Paris: La Découverte.

Bidart Claire, Degenne Alain, Grossetti Michel. 2011. *La vie en réseau. Dynamique des relations sociales.* Paris: Presses universitaires de France.

Bilan des directeurs de la protection de la jeunesse. 2018. *La cause des enfants tatouée sur le coeur.* Québec. (https://www.cisss-bsl.gouv.qc.ca/sites/default/files/fichier/1bilan2019_w_ste_web.pdf, consulté le 17 janvier 2020).

Bugnon Géraldine. 2019. «La structuration des processus de désistance par le système pénal et le monde du crime. Analyse de trajectoires de jeunes Brésiliens», in: Gaïa Alice, De Larminat Xavier, Benazeth Valerian (dir.), *Comment sort-on de la délinquance?*, p. 157–177. Genève: Médecine & Hygiène.

Bugnon Géraldine. 2017. «Un contrôle pénal négociable. Conformité, résistance et négociation dans les mesures en milieu ouvert pour mineurs délinquants au Brésil». *Agora débats/jeunesses* 77(3): 80–92.

Castel Robert, Duvoux Nicolas. 2013. *L'avenir de la solidarité.* Paris: Presses universitaires de France.

De Larminat Xavier. 2014. *Hors des murs. L'exécution des peines en milieu ouvert.* Paris: Presses universitaires de France.

De Singly François. 2000. «Penser autrement la jeunesse». *Lien social et politiques* 43: 9-21.

Dubar Claude, Nicourd Sandrine. 2017. *Les biographies en sociologie.* Paris: La Découverte.

F.-Dufour Isabelle. 2011. «Travail social et champ sociojudiciaire: vers une contribution renouvelée?». *Service social* 57(1): 63–79.

F.-Dufour Isabelle, Villeneuve Marie-Pierre, Perron Caroline. 2018. «Les interventions informelles de désistement assisté: une étude de la portée». *Canadian Journal of Criminology & Criminal Justice* 60(2): 206–240.

Farrington David P. 1986. "Age and Crime". *Crime and Justice* 7: 189–250.

Gaïa Alice. 2019. «L'art de la ‹débrouille›: des sorties de délinquance juvénile par intermittence», in: Gaïa Alice, De Larminat Xavier, Benazeth Valerian (dir.), *Comment sort-on de la délinquance?*, p. 75–92. Genève: Médecine & Hygiène.

Galland Olivier. 2011 [1991]. *Sociologie de la jeunesse. L'entrée dans la vie adulte.* Paris: Armand Collin.

Giordano Peggy C., Cernkovich Stephen A., Holland Donna D. 2003. "Changes in Friendship Relations Over the Life Course: Implications for Desistance from Crime". *Criminology* 41(2): 293–328.

González Castillo Eduardo, Goyette Martin. 2015. «Gouvernance urbaine et rassemblements de jeunes à Montréal-Nord. Autour de la notion de gang de rue». *Criminologie* 48(2): 105–124.

Goyette Martin, Morin Amélie. 2010. «Soutenir le passage à l'âge adulte: le programme Qualification des jeunes», in: Lafortune D., Cousineau

M.-M., Tremblay C. (dir.), *Pratiques innovantes auprès des jeunes en difficulté*, p. 482–501. Montréal : Presses de l'Université de Montréal.

Goyette Martin, Pontbriand Annie, Bellot Céline. 2011. *Les transitions à la vie adulte des jeunes en difficulté. Concept, figures et pratiques.* Québec : Presses universitaires du Québec.

King Sam. 2013. « Assisted Desistance and Experiences of Probation Supervision ». *Probation Journal* 60(2) : 136–151.

Lafortune Denis, Royer Marie-Noële, Rossi Catherine, Turcotte Marie-Eve, Boivin Rémi, Cousineau Marie-Marthe, Dionne Jacques, Drapeau Sylvie, Guay Jean-Pierre, Fenchel François, Laurier Catherine, Meilleur Dominique, Trépanier Jean. 2015. *La loi sur le système de justice pénale pour les adolescents sept ans plus tard : portrait des jeunes, des trajectoires et des pratiques.* FQRSC 2011-TA-144097.

Laub John H., Sampson Robert J. 2001. "Understanding Desistance from Crime". *Crime and Justice* 28 : 1–69.

Le Blanc Marc, Trudeau Le Blanc Pierrette. 2014. *La réadaptation de l'adolescent antisocial. Un programme cognitivo-émotivo-comportemental.* Montréal : Presses de l'Université de Montréal.

Lee Terry, Morgan Wynne. 2017. "Transitioning to Adulthood from Foster Care". *Child and Adolescent Psychiatric Clinics* 26(2) : 283–296.

Lenzi, C., Milburn, P., Milly, B., & Sallée, N. 2020. *Le travail éducatif contraint en milieu ouvert dans la prise en charge pénale des mineurs. Regards croisés France-Québec. Des professionnalités aux gouvernementalités.* Rapport de recherche pour le compte de la Mission de recherche Droit et Justice.

Mann-Feder Varda R., Goyette M. 2019. Leaving Care and the Transition to Adulthood. International Contributions to Theroy, Rsearch, and Practice. New York: Oxford University Press.

Maruna Shadd. 2001. *Making Good: How Ex-Convicts Reform and Rebuild their Lives.* Washington DC : American Psychological Association.

Massoglia Michael, Uggen Christopher. 2010. "Settling Down and Aging Out: Toward an Interactionist Theory of Desistance and the Transition to Adulthood". *American Journal of Sociology* 116(2) : 543–582.

McNeill Fergus. 2006. "A Desistance Paradigm for Offender Management". *Criminology & Criminal Justice* 6(1) : 39–62.

Ministère de la santé et des services sociaux (MSSS). 2017 [2007]. *L'application de la Loi sur le système de justice pénale pour les adolescents. Manuel de référence.* Québec (https://publications.msss.gouv.qc.ca/msss/document-001008/, consulté le 17 janvier 2020).

Osgood D. Wayne, Foster E. Michael, Courtney Mark E. 2010. "Vulnerable Populations and the Transition to Adulthood". *Future of Children* 20(1) : 209–229.

Revillard Anne. 2018. « Saisir les conséquences d'une politique à partir de ses ressortissants. La réception de l'action publique ». *Revue française de science politique* 68(3) : 469–491.

Sallée Nicolas. 2018. « Accompagner, surveiller, (ne pas) dénoncer. Les pratiques de gestion des manquements dans le suivi hors les murs de jeunes délinquants à Montréal ». *Champ pénal/Penal field* en ligne (https://journals.openedition.org/champ-penal/9869, consulté le 17 janvier 2020).

Sampson Robert J., Laub John H. 1990. "Crime and Deviance over the Life Course: The Salience of Adult Social Bonds". *American Sociological Review* 55(5) : 609–627.

Shapland Joanna, Bottoms Anthony. 2011. "Reflections on Social Values, Offending and Desistance among Young Adult Recidivists". *Punishment & Society* 13(3) : 256–282.

Trépanier Jean. 2004. "What Did Quebec Not Want? Opposition to the Adoption of the Youth Criminal Justice Act in Quebec". *Canadian Journal of Criminology & Criminal Justice* 46(3) : 273–299.

Van de Velde Cécile. 2015. *Sociologie des âges de la vie.* Paris : Armand Colin.

Van de Velde Cécile. 2008. *Devenir adulte. Sociologie comparée de la jeunesse en Europe.* Paris : Presses universitaires de France.

Villeneuve Marie-Pierre, F.-Dufour Isabelle, Turcotte Daniel. 2019. "The Transition Towards Desistance from Crime Among Serious Juvenile Offenders: A Scoping Review". *Australian Social Work* 72(4) : 473–489.

Warin Philippe. 2016. *Le non-recours aux politiques sociales.* Grenoble: Presses universitaires de Grenoble.

Warin Philippe. 1999. «Les «ressortissants» dans les analyses des politiques publiques». *Revue française de science politique* 49(1): 103–121.

Werth Robert. 2016. "Breaking the Rules the Right Way: Resisting Parole Logics and Asserting Autonomy in the USA", in: Armstrong Ruth, Durnescu Ioan (dir.), *Parole and Beyond: International Experiences of Life After Prison*, p. 141–169. London: Palgrave Macmillan UK.

Werth Robert. 2011. "I Do What I'm Told, Sort of: Reformed Subjects, Unruly Citizens, and Parole". *Theoretical Criminology* 16(3): 329–346.

Auteure

Marie Dumollard est candidate au doctorat en administration sociojudiciaires à l'École nationale d'administration publique (Montréal, Canada), en cotutelle avec l'université de Rennes 1 (France), depuis 2015. Dans le cadre de sa thèse, elle s'intéresse aux interventions publiques déployées en direction des jeunes judiciarisé·e·s au pénal au Québec au moment de leur transition vers l'âge adulte. Ses intérêts de recherche portent sur la jeunesse, la justice des mineur·e·s et les politiques sociales de jeunesse.

marie.dumollard@enap.ca
ENAP
CREVAJ– bureau 4031
4750, avenue Henri Julien
CA-Montréal (QC) H2T 3E5

DOSSIER

SUIVRE À LA TRACE

Responsabilisation et traçabilité dans le suivi hors les murs de jeunes délinquants à Montréal

Nicolas Sallée, Mohammed Aziz Mestiri, Jade Bourdages

Abstract

BEING TRACKED

Responsabilization and Traceability in the Community Supervision of Young Delinquents in Montreal

Based on data collected in Montreal, this article looks at the tensions underlying the supervision of young delinquents in the community. More specifically, it questions what happens to support practices in the context of a risk management approach that aims to intensify the monitoring of youths previously targeted as being most at risk of recidivism. To this end, it proposes to study the data resulting from the systematic recording, by the monitoring agents (known as "youth delegates"), of written traces of their activity in computer software dedicated to the traceability of the intervention. It then analyzes the double responsabilization strategy that the content of the software displays. This strategy rests, on the one hand, on the youth themselves, who are called upon to act as the main actors responsible for change, and, on the other hand, on the actors of their environment, in particular their parents, who are asked to collaborate with the youth delegates and, as such, are likely to be recruited as back-up workers for the criminal justice system.

Mots-clés : *justice des mineurs, probation, jeunesse, Québec, Canada, contrôle, responsabilisation*
Key words: *juvenile justice, probation, youth, Quebec, Canada, control, responsabilization*

Suivant les grandes transformations connues par le gouvernement des populations déviantes, dont la désinstitutionnalisation psychiatrique constitue une bonne illustration (Castel, 1981 ; sur le Québec, voir Dorvil, 2002), les systèmes de justice pénale occidentaux ont été traversés, depuis le milieu des année 1980, par une diversification croissante des programmes d'intervention hors de la prison. À côté des modalités plus ou moins avouées d'incarcération des jeunes, les systèmes de justice des mineurs ont ainsi été marqués par la création, à côté des modalités plus ou moins avouées d'incarcération des jeunes, de nouveaux dispositifs proches de ce que Joan Petersilia (1999) a identifiés comme des « programmes de sanctions intermédiaires ». Les exemples de ces dispositifs ne manquent pas, que l'on pense à l'ouverture de nouveaux centres d'hébergement non pénitentiaires à encadrement renforcé, à l'image des centres éducatifs fermés, créés en France en 2002 (Sallée, 2016), ou à la mise en place de nouveaux programmes de suivi intensif dans la collectivité, comme ce fut le cas, à Montréal, au début des années 2000 (Sallée, 2018). Visant à renforcer le contrôle, hors prison, des jeunes jugé·e·s les plus à risque pour le maintien de l'ordre public (Muncie, 2005), ces dispositifs participent à la constitution de « continuums de contrôle » (Feeley et Simon 1992 : 461) le long desquels les vieilles logiques correctionnelles se transforment plus qu'elles ne disparaissent (De Larminat 2014). Dans un contexte politique et économique marqué par un scepticisme croissant quant à la capacité des États à résoudre les problèmes sociaux et, parmi eux, les problèmes de délinquance et de criminalité juvéniles, ces évolutions participeraient aussi, et plus fondamentalement, d'un processus de responsabilisation des « communautés » dans la lutte contre les désordres sociaux (Garland 2001). En s'intéressant aux pratiques d'accompagnement des jeunes garçons délinquants hors les murs sur le territoire de l'Île-de-Montréal (Québec, Canada), cet article propose de décrypter les logiques pratiques de cette responsabilisation qui pèse non seulement sur les jeunes suivis à titre pénal, mais également sur les membres de leur propre entourage, en particulier leurs parents.

Le contexte : le suivi des jeunes délinquants à Montréal

Cet article porte sur les pratiques quotidiennes des agent·e·s nommés « délégué·es jeunesse » – chargés du suivi de jeunes condamnés à une peine exécutée dans la collectivité à Montréal. Ces agents relèvent de « programmes jeunesse » – souvent identifiés grâce à l'expression de « Centres jeunesse » – du Ministère de la santé et des services sociaux, responsable au Québec de l'administration des décisions pénales concernant les mineurs[1]. Les jeunes peuvent être suivis dans deux cadres judiciaires principaux : celui d'une peine de probation et celui d'une procédure de liberté conditionnelle, qu'il s'agisse de l'aménagement d'une peine de placement et surveillance, ou qu'il s'agisse d'une peine de placement différé (sursis)[2]. À ces cadres judiciaires sont de plus en plus fréquemment associées des peines de travaux communautaires, mises en œuvre, sur délégation des Centres jeunesse, par les actrices et les acteurs d'organismes dits de « justice alternative » (OJA). Tout manquement aux conditions associées à ces différentes mesures, qu'il s'agisse d'obligations (de rencontres, de formation ou d'emploi, etc.) ou d'interdictions (de contact, de lieux, etc.), est susceptible de conduire à une procédure dite de « dénonciation », dans le cas d'une peine de probation ou de travaux communautaire, ou de « suspension » dans le cas d'une procédure de liberté conditionnelle. Selon des modalités distinctes dans ces deux cadres respectifs, et avec plus d'automaticité dans le second, chacune de ces procédures peut aboutir, sur décision finale d'un juge, à l'envoi – ou au renvoi – du jeune entre les murs d'une unité de garde fermée.

À l'image des transformations connues par les systèmes de justice des mineurs dans la majeure partie des pays anglo-saxons (Muncie 2005), les dispositifs montréalais de suivi des jeunes délinquants ont été réorganisés, au tournant des années 1990 et 2000, sur le fondement d'un principe « d'intervention différentielle » (Laporte 1997). Celui-ci, plébiscité depuis

---

[1] Au Canada, la Loi sur le système de justice pénale pour adolescents (LSJPA) est de compétence fédérale. Les modalités de son application relèvent, quant à elles, de compétences provinciales.

[2] Les peines de placement et surveillance sont les peines les plus sévères prévues pour les jeunes au Canada. Elles sont exécutées aux deux-tiers dans des unités de garde proches de ce que l'on identifierait ailleurs comme des prisons pour mineurs (Sallée et Tschanz, 2018), et dans leur dernier tiers sous surveillance dans la collectivité.

le début des années 1980 dans un contexte de prolifération de l'évaluation des programmes, consiste notamment à moduler l'intensité de suivi en fonction d'une évaluation standardisée du risque de récidive présenté par les jeunes et des besoins qui leur sont supposément associés (Hannah-Moffat 2005). À la suite d'une évaluation standardisée, chaque jeune suivi est identifié à une cote de risque de récidive distribuée sur une échelle composée de cinq niveaux : faible, faible-modéré, modéré, élevé et très élevé. Plus la cote est élevée, plus les conditions imposées au jeune sont contraignantes – les variables d'ajustement de l'intensité consistant, pour l'essentiel, en une modulation de la fréquence des rencontres imposées avec la/le délégué·e, et du nombre d'ateliers d'habiletés sociales obligatoires. Dans ce contexte, l'élévation de la cote de risque, parce qu'elle accroit l'intensité du suivi, augmente mécaniquement les occasions de « manquement » (Petersilia 1999). Elle exacerbe alors la tension inhérente à l'activité de suivi des délégué·e·s jeunesse, prise entre une logique d'accompagnement des jeunes, dans une visée de réhabilitation, et une logique de surveillance de leurs comportements, dans une visée de sécurité publique. Pour saisir cette tension à son paroxysme, nous avons plus particulièrement porté notre attention, dans le cadre de cette enquête, sur les pratiques de suivi dans la collectivité de jeunes garçons jugés à risque élevé et très élevé[3]. Soulignons à ce titre qu'au moment où nous avons commencé notre enquête, en juillet 2016, et cela jusqu'à une réforme organisationnelle de 2017, le suivi de ces jeunes était spécifiquement attribué à une cellule d'intervention dite de « suivi intensif ».

La méthodologie : pratiques d'écriture et traces de l'activité

Dans cet article, nous nous appuyons principalement sur les données issues de la consignation systématique, par les délégué·e·s jeunesse, de traces de leur activité, via l'usage d'un logiciel informatique dit « Projet intégration jeunesse » (PIJ). Ce logiciel a été introduit en 2003 dans le réseau québécois de la santé et des services sociaux, à des fins de coordination et de traçabilité, et dans un objectif général d'évaluation de la « qualité des services ». Ce logiciel compile d'abord, pour chacun des jeunes, de nombreuses informations descriptives sur les conditions formelles du suivi dont ils sont l'objet : les mesures légales qui les concernent, les services qu'ils reçoivent, etc. Le logiciel conserve également une succession de petits textes plus ou moins narratifs, consignés par les délégué·e·s elles/eux-mêmes, formant ce qui est communément nommé la « chronologie » de chaque jeune. Pour les besoins de notre démonstration, nous appréhenderons ces traces écrites comme une archive du travail de suivi. Conformément aux exigences d'une « anthropologie pragmatique de l'écrit » (Fraenkel 2007 : 108), qui vise à replacer les actes d'écriture dans les « cours d'action » qui leur donnent sens, nous appréhendons ces petits textes

---

[3] Cette centration sur les garçons n'est pas un choix de notre part, mais un effet du dispositif. Au moment de nos observations, aucune fille n'était suivie dans le cadre d'un « suivi intensif ». Ce constat tient probablement, pour une large part, au traitement différencié des déviances juvéniles masculines et féminines, les jeunes filles étant pour la plupart suivies, et parfois de façon très contraignante, au titre de leur protection (sur le Québec, voir Lancôt et Desaive, 2002).

à la lumière d'une enquête plus générale consacrée au travail des délégué·e·s jeunesse, qui a mêlé entretiens et observations *in situ*[4].

Nous avons eu accès, durant l'été 2016, à 33 dossiers informatiques de jeunes jugés à risque élevé et très élevé. La sélection des dossiers a été négociée avec les délégué·e·s jeunesse qui ont accepté de participer à l'enquête et ce, selon divers critères : niveau de risque, type de suivi judiciaire, âge, niveau de difficulté perçue, présence ou non d'une procédure de dénonciation ou de suspension, etc. Les 33 dossiers sélectionnés concernent des jeunes garçons âgés de 15 à 20 ans, pour une moyenne de 17,2 ans. Pour chacun d'entre eux, nous avons extrait manuellement la « chronologie » en remontant chaque fois à la date du début de la dernière peine, donnant des périodes de consignation de 24 à 415 jours, pour une moyenne de 139 jours. Dans notre échantillon, 12 des 33 jeunes sont condamnés à une peine de probation, et 12 exécutent une procédure de liberté conditionnelle, dont deux en sursis. Les neuf derniers combinent, au moment du suivi, une peine de probation et une procédure de liberté conditionnelle. Vingt-deux des 33 jeunes sont, en outre, également condamnés à une peine de travaux communautaires. Parmi l'ensemble des jeunes, et sur la période de consignation, sept ont été sujets à une procédure de « dénonciation », six à une procédure de « suspension » et un a été soumis aux deux.

L'objet d'analyse : une double responsabilisation

Pour produire les traces qui constituent la matière principale de cet article, les délégué·e·s jeunesse s'appuient, pour l'essentiel, sur l'observation (plus ou moins) directe du comportement des jeunes : ils/elles les appellent, les convoquent à leur bureau, vont à leur rencontre ou à celle de leur entourage (parents ou famille la plus proche, ami·e·s, école, employeur, etc.). Les délégué·e·s tentent ainsi de produire, tenir et maintenir une densité relationnelle, que nous avons définie ailleurs comme « le nombre et la qualité particulière des relations que les délégués nouent avec les jeunes et l'ensemble des personnes qui, parce qu'ils les fréquentent quotidiennement, constituent autant de regards susceptibles de suivre leur trace – ou de les suivre à la trace » (Sallée 2018). L'examen des modalités pratique de construction de cette densité relationnelle, via les traces du logiciel PIJ, nous permet de décrypter la double responsabilisation à l'œuvre, qui, rappelons-le, pèse non seulement sur les jeunes suivis, mais également sur les membres de leur entourage, en particulier leurs parents.

En considérant d'abord le logiciel PIJ comme une archive du travail (a) qui constitue autant une archive pour soi, comme dispositif de mémorisation et de mise en sens scripturale de l'activité, qu'une archive pour autrui, comme dispositif de visibilisation du travail (bien) fait, nous appréhendons son contenu comme une entrée privilégiée pour saisir les modalités de construction de cette densité relationnelle. Nous décryptons ainsi la double responsabilisation que donne à voir le contenu du logiciel. Cette responsabilisation repose d'une part sur les jeunes (b), appelés à agir comme les principaux responsables de leur propre changement, et d'autre part

---

[4] Cette recherche a bénéficié d'un premier financement de la donation Richelieu (2016-2018), et est actuellement l'objet de prolongements dans le cadre d'un projet France-Québec financé par la mission de recherche « Droit et justice » du Ministère de la justice, en France (2017-2019). Nous avons obtenu, côté québécois, une certification éthique du Comité éthique de la recherche – Jeunes en difficulté du CCSMTL.

sur les actrices et les acteurs de leur environnement, et notamment leurs parents (c), appelé·e·s à collaborer avec les délégué·e·s jeunesse et, à ce titre, toujours susceptibles d'être enrôlé·e·s comme auxiliaires du contrôle pénal. Cette double responsabilisation, permet alors aux délégué·e·s de rendre compte de tout échec potentiel du suivi en mettant en avant le défaut d'engagement des jeunes ou de leur famille.

a) Le logiciel PIJ, une archive du travail

La rationalisation croissante des procédures et des cadres réglementaires du suivi des Centres jeunesses du Québec, dans les années 2000, s'est accompagnée de l'émergence d'outils de traçabilité permettant à l'institution, par «souci de soi» (Bezes 2009), de s'évaluer pour rendre compte de son efficience, ou pour justifier les réformes qui permettraient d'optimiser ses processus internes – en matière, notamment, de gestion des risques de récidive. C'est dans ce cadre, marqué par la prégnance croissante d'une culture de l'audit par laquelle «l'État se mesure, se donne à voir, joue la transparence, rend des comptes, s'évalue et se compare» (Borraz 2013: 250), qu'a été introduit en 2003, à l'échelle de la Province, le logiciel «Projet intégration jeunesse» (PIJ). En recensant un ensemble d'informations sur l'enfant et ses parents, le logiciel vise à ce que tous les intervenants (travailleurs sociaux, éducateurs, etc.) et les gestionnaires aient accès, en tout temps, à des données fiables, selon les objectifs qui lui sont assignés par le Ministère de la santé et des services sociaux. En produisant ainsi des écrits rentables, utilisables à des fins organisationnelles et, indirectement, judiciaires, le logiciel PIJ relève d'une traçabilité croissante du travail de suivi des jeunes contrevenants, permettant d'«affecter à un produit physique ou à une opération [...] une ou plusieurs informations significatives pouvant être exploitées à des fins statistiques, de qualité et de fiabilité» (Rot 1998: 9)[5]. Avant d'être une archive du travail, le logiciel constitue donc, pour les délégué·e·s, un outil de travail qui participe des transformations de leur secteur d'activité.

La lecture des dossiers consignés dans le logiciel PIJ donne d'abord à voir, pour chacun des jeunes, une série d'activités, structurée le long d'une «chronologie» qui porte la mémoire du suivi, tel qu'il a été consigné par les délégués jeunesse. Cette chronologie, structurée par une série de titres pré-codés («entrevue», «appel téléphonique», «démarche auprès du tribunal», «vérification du couvre-feu», «discussion clinique», etc.), permet de mettre en lumière la diversité des tâches quotidiennes des délégués. C'est ce qu'illustre la retranscription intégrale de sept jours de la chronologie de Victor[6], alors âgé de 17 ans, suivi depuis ses 15 ans dans le cadre de plusieurs peines – impliquant des peines de probation, de travaux communautaires et de placement et surveillance – pour des infractions liées à la consommation et à la vente de drogue dans le cadre de son appartenance supposée à un «gang de rue[7]». Jugé à risque de récidive

---

[5] La lecture du logiciel PIJ est ouverte uniquement à la hiérarchie administrative des Centres jeunesse. Si le logiciel ne constitue donc pas lui-même un écrit judiciaire, les délégué·e·s jeunesse peuvent cependant s'y appuyer pour produire les rapports qu'ils·elles doivent transmettre aux tribunaux.

[6] Tous les noms et prénoms utilisés dans ce texte sont fictifs.

[7] La catégorie de «gang de rue» constitue une manière usuelle, au Québec, d'appréhender la délinquance des jeunes, et en particulier la délinquance des jeunes garçons racisés.

très élevé, Victor est, au moment de cette chronologie, suivi dans le cadre d'une procédure de liberté conditionnelle qui lui impose de respecter une série de conditions, parmi lesquelles un « couvre-feu de 21h à 7h », plusieurs interdictions (de contacts, de fréquenter certains espaces, de consommer des drogues et de l'alcool), ainsi que diverses obligations, en particulier celle de « trouver/conserver un emploi », et celle de respecter un « rythme de rencontres » de « trois fois par semaine » :

13 mai, vérification de couvre-feu (Stéphanie, déléguée) : « Était présent lors de l'appel ».

13 mai, entrevue au bureau (Albert, délégué principal) : « Ne se présente pas à sa rencontre ».

14 mai, vérification de couvre-feu (Brigitte, déléguée) : « [Le jeune] est chez lui. Écoute la télé et dit qu'il ne sait pas ce qu'il va faire après. « Tu vas pas sortir ? » Hi. Ben non ben non, dit-il. Il dit qu'il se couche tard ».

14 mai, entrevue au bureau (Albert) : « Victor se présente en avance. Pour hier il s'agit d'une erreur stupide… Il n'a toujours pas reçu d'information du boulot vers [entreprise d'insertion], par contre il a un plan B soit une entreprise en cuisine alors aussitôt qu'il aura une réponse il bougera. En attendant il travaille à réparer le logement chez son père […] Il résume sa fin de semaine en disant qu'il se couche relativement tôt, il a vu sa blonde à une reprise seulement en fin de semaine. Semble un peu perdu pour le moment […] ».

15 mai, vérification de couvre-feu (Émilie, déléguée) : « présent »

16 mai, vérification de couvre-feu (Sophie, déléguée) : « Pas de réponse lors de l'appel. »

17 mai, entrevue au bureau (Albert) : « Ne se présente pas à sa rencontre »

17 mai, entrevue téléphonique (Albert) : « Je téléphone à plusieurs reprises chez Victor (téléphone maison et cell[ulaire]) il n'y a pas de réponse. Finalement le père communique avec moi et je l'informe que son fils est absent pour une deuxième fois cette semaine. Nous prenons rendez-vous pour lundi […] à la maison »

17 mai, vérification de couvre-feu (Brigitte) : « présent »

18 mai, vérification de couvre-feu (Brigitte) : « présent »

19 mai, correspondance entre Albert et S., policier (Albert) : « [Le jeune] a été arrêté par les policiers à la place Versailles en possession d'une imitation d'arme. Il a été libérer et comparaîtra par voie de sommation. »

20 mai, discussion clinique entre Albert, Céline (adjointe clinique) et Ève (cheffe de service) : « Albert nous informe que Victor a été arrêté en fin de semaine en possession d'une fausse arme

[...] Lors d'une rencontre avec son délégué au McDonald's, ce dernier a tenté de faire une transaction de drogue. Il n'a pas réussi car son délégué l'a surpris [...]. Le 10 mai, [...] le père demande à ce qu'il soit indiqué dans une entente que son fils n'ait pas le droit d'aller à la place V. car à cet endroit, il connaît plusieurs mauvaises fréquentations qui pourraient le placer à risque de récidive. La possession d'arme de la fin de semaine s'est produite à la place V. Le 13 mai, ne se présente pas à sa rencontre. Le 17 mai, absent également. Photo sur son Facebook avec une arme à la main, avec alcool et sac contenant une importante quantité de drogue. [...] Jeune à risque de récidive important donc, convenons de suspendre sa liberté[...].»
(Logiciel PIJ, Victor, 17 ans)

Cet extrait de chronologie donne à voir différents usages de l'écriture utilisée dans le logiciel PIJ par les délégué·e·s jeunesse. Tout d'abord, un usage *d'enregistrement factuel* du respect (ou du non-respect) des conditions imposées au jeune, qu'illustrent notamment les brèves descriptions relatives aux vérifications de couvre-feu : « était présent lors de l'appel » « présent », « pas de réponse lors de l'appel », etc. Opérées à tour de rôle par les délégué·e·s « de permanence », ces vérifications donnent lieu à des commentaires succincts, empruntant à ce que nous avons identifié ailleurs comme un registre d'écriture informatif, qui ne propose a priori aucun récit ni aucune interprétation (Sallée et Chantraine 2014 : 69). Dans un cas seulement, la vérificatrice, Brigitte, fait mention d'un échange noué à l'occasion de cette vérification, usant d'un registre d'écriture narratif, voire implicitement interprétatif (*Ibid.* : 70–71), quand il est précisé qu'il « écoute la télé », qu'il « ne sait pas ce qu'il va faire après » et « qu'il dit qu'il se couche tard ». Tout en donnant l'image d'un jeune qui respecte les conditions formelles, cette narration peut aussi suggérer l'indécision caractéristique d'une adolescence jugée oisive.

Ce type de chronologie donne également à voir un usage de *mise en cohérence* des comportements du jeune, dans le cadre d'un travail d'évaluation orchestré par la/le délégué·e jeunesse principal·e attribué·e au jeune. La/Le délégué·e est notamment chargé·e des nombreuses rencontres imposées au jeune. La description de ces entrevues met en scène l'attention portée par la/le délégué·e aux détails des routines des jeunes. Celles-ci concernent, en premier lieu, les « conditions » auxquelles chaque jeune est astreint dans le cadre de sa peine. Ainsi en est-il de la mention faite, le 14 mai, à l'« erreur stupide » qui a conduit Victor à manquer l'entrevue de la veille. Ainsi en va-t-il également de l'état des lieux des démarches d'insertion professionnelle du jeune : Albert, son délégué, mentionne ainsi, toujours le 14 mai, que le jeune a pensé à une alternative face au silence d'une première entreprise d'insertion sociale (le « boulot vers »), le conduisant à affirmer qu'« aussitôt qu'il aura une réponse il bougera ». En décrivant les routines de Victor, Albert s'adonne, plus généralement, à une évaluation morale du comportement du jeune, destinée à apprécier ses mérites, sa bonne volonté voire sa sincérité. S'il juge que ce dernier semble « un peu perdu pour le moment », il souligne néanmoins ses efforts pour respecter les conditions requises et, plus fondamentalement, pour adhérer à la visée réhabilitatrice du suivi, impliquant qu'il structure ses journées par un investissement dans des activités jugées positives (« il travaille à réparer le logement chez son père ») et par le respect d'un rythme de vie jugé sain (« il se couche relativement tôt, il a vu sa blonde à une reprise seulement en fin de semaine »). Le logiciel donne aussi à voir l'investissement, par le délégué, de l'environnement social du jeune, en particulier son environnement familial: Albert décide ainsi, le 17 mai, de «communiquer» avec son père par téléphone, à la suite d'un nouveau manquement du jeune.

Cette chronologie donne enfin à voir un usage de *justification* des décisions, parfois sensibles, qui rythment le suivi, comme l'illustre ici la mise en récit des raisons pour lesquelles l'équipe de suivi, impliquant ici la hiérarchie administrative du service, convient de «suspendre sa liberté». Le compte-rendu écrit de la «discussion clinique», par l'enchaînement des manquements et la mise en évidence de l'incapacité du jeune à les respecter, «affecte l'énoncé d'une valeur spécifique» (Fraenkel 2007: 103): celui d'un jeune «à risque de récidive important», image que renforce encore la mention à une photo du jeune, observée sur son profil Facebook, dont la description l'associe typiquement à l'image stéréotypée d'un membre de gang de rue, «une arme à la main, avec alcool et sac contenant une importante quantité de drogue». Soulignant le rôle du logiciel comme support de mémorisation et de mise en sens de l'activité, ces quelques éléments seront repris – presqu'inchangés – dans le «rapport d'examen» envoyé aux autorités judiciaires dans le cadre de la procédure de suspension. En ajoutant, dans sa section consacrée aux recommandations, «que le jeune ne s'approprie pas l'ensemble des faits qui lui sont reprochés, qu'il a tendance à projeter la faute et qu'il n'est pas dans une démarche de remise en question», le rapport d'examen tend à prolonger – et à stabiliser, cette fois à destination des tribunaux – la représentation d'un jeune qui résiste à son enrôlement dans le dispositif de suivi.

b) Enrôler les jeunes dans le travail de suivi: la réhabilitation comme contrat d'engagement

La volonté d'intensifier le suivi des jeunes jugés les plus à risque de récidive conduit les délégué·e·s jeunesse à accroître leur présence auprès des jeunes, avec l'objectif d'enrôler ces derniers comme les premiers responsables de leur propre changement. Cette logique de responsabilisation, plaçant le jeune comme «un acteur principal dans l'intervention, [...] qui possède le potentiel nécessaire pour se responsabiliser face à ses «agirs» délinquants», selon les termes d'un guide de soutien à la pratique publié par le Centre jeunesse de Montréal (Desjardins 2011: 40), se situe au cœur de la logique cognitivo-comportementale, plébiscitée depuis le milieu des années 1990 comme étant la plus efficace pour réduire les risques de récidive. Dans cette logique, l'objectif, pour les délégué·e·s, est de faire travailler aux jeunes diverses habiletés jugées «pro-sociales» (savoir communiquer, gérer ses émotions, travailler son impulsivité, choisir ses ami·e·s, se projeter dans l'avenir, etc.), de manière à attaquer les «erreurs de pensée» (*Ibid.:64*) qui se situeraient à la source de leurs mauvais choix. La relation de suivi apparaît dès lors comme la contractualisation implicite de l'engagement des jeunes dans une démarche de réinsertion qui devrait idéalement reposer sur une adhésion aux modalités et aux finalités du mandat de réhabilitation. Dans ce cadre, les rencontres en face à face occupent une place centrale dans le dispositif de suivi, permettant aux délégué·e·s de construire un cadre interactionnel au sein duquel ils pourront travailler avec le jeune sur les contours de leur rôle. Pour cela, à côté des «entrevues au bureau», les délégué·e·s cherchent à aménager des temps de rencontre dans des lieux différents, de manière à créer un cadre d'informalité propice à l'établissement d'un lien de confiance avec les jeunes.

Le logiciel PIJ donne ainsi à voir plusieurs rencontres au domicile des jeunes, ou dans la voiture des délégués jeunesse. Plusieurs extraits du logiciel PIJ témoignent également de lieux de rencontre choisis par les jeunes, en général des cafés ou des restaurants. Ainsi en est-il de la rencontre prévue par Louisa avec l'un de ses jeunes de suivi, Imad, dans un restaurant de son quartier. Elle explique que le jeune « a choisi cet endroit car cela lui rappelle de bons souvenirs du temps où il faisait partie de l'équipe de basketball, il était venu avec le groupe ». La suite du commentaire suggère la richesse de la discussion « autour des douleurs au dos du jeune et des prochaines démarches de recherche d'emploi [...]. Nous parlons de fréquentations car il croise deux amis de son ancien quartier ». La même déléguée commente un autre choix du jeune à l'occasion d'une rencontre dans un café en soulignant que ce dernier « semble fier de nous montrer un endroit « pro-social » ». En insistant sur la reprise, par le jeune lui-même, d'un terme (« pro-social ») explicitement associé à la logique cognitivo-comportementale qui structure le travail de suivi, la déléguée souligne implicitement la capacité du jeune à s'approprier les exigences (et les connaissances) du suivi.

Différentes stratégies sont mobilisées par les délégué·e·s jeunesse pour accroitre leur présence auprès des jeunes. En l'absence de murs, ces différentes stratégies, auxquelles il convient d'associer les nombreuses interactions, en particulier téléphoniques, ont pour principale finalité que les jeunes se trouvent « en probation dans leur tête » et qu'ils endossent volontairement le rôle de surveillés, comme le suggère un délégué jeunesse en entretien. Certains délégué·e·s indiquent même procéder à des visites surprises dans l'environnement des jeunes, qui permettent de les saisir sur le vif. En témoigne l'extrait suivant du logiciel PIJ, rédigé par Christophe à propos d'un jeune dont il soupçonnait fortement les manquements, ce qu'il souligne de façon imagée à la fin du commentaire :

Je me déplace au travail d'Emilio afin de vérifier s'il est bel et bien au travail. Je le retrouve au Mc'Do pour une pause-souper. Je reprends la situation avec lui d'aujourd'hui je l'invite à se responsabiliser et à ne pas tenter de fuir ses obligations. Je lui souligne que cela lui éviterait que je débarque sur son heure de souper pour le rencontrer et que cela aurait été beaucoup plus simple d'être transparent avec nous au lieu de tenter de se faufiler comme une couleuvre.
(Logiciel PIJ, Emilio, 18 ans – Rédacteur : Christophe)

Cet extrait témoigne du climat de défiance et de suspicion, omniprésent dans le logiciel PIJ, vis-à-vis de ce que cachent ou de ce que pourraient cacher les jeunes à leur délégué·e : « Nomme ne pas avoir consommé [de cannabis] depuis sa sortie. Nous dit-il la vérité ? », s'interroge ainsi Christophe à propos d'Emilio. Dans l'extrait suivant, l'usage par Marie des trois points de suspension, suggère implicitement ses doutes quant à la sincérité du jeune :

Il dit encore travailler chez K. du lundi au vendredi de 8h à 14h (ou 9h à 15h). Nous ouvrons son courriel et imprimons des preuves de recherches d'emploi. À un moment de la discussion il s'échappe et dit qu'il ne travaille pas... (Logiciel PIJ, Jerry, 16 ans – Rédactrice : Marie)

Ces extraits illustrent également, en creux, les tactiques de résistance explicitement mobilisées par les jeunes eux-mêmes pour contourner la surveillance, qu'il s'agisse de « donner le change » pour ne dire que ce que la/le délégué jeunesse veut bien entendre (Scott, 2009) ou pour contourner certaines conditions et ainsi se jouer de la surveillance des délégué·e·s.

Le logiciel PIJ donne également à voir plusieurs moments explicites de « rupture du cadre » (Goffman 1991), où les jeunes refusent, sans se cacher, le rôle de surveillé qui leur est assigné. C'est ce que qu'illustre l'extrait suivant, rédigé par Christophe à propos d'Emilio. Le délégué a même, pour l'occasion, sollicité la présence du chef de service de manière à « recadrer » la situation – et « clarifier [leurs] attentes » :

Nous clarifions à nouveau nos attentes auprès d'Emilio. Nous lui nommons à nouveau notre volonté d'en arriver à améliorer le climat qui règne durant nos rencontres. M. explique à Emilio la phase 1 et ses 18 semaines afin qu'il réalise que tous les jeunes sont soumis à ce même encadrement[8]. Emilio nomme que cela l'empêche de vivre et nous prévient que si l'on lui met trop de pression qu'il va finir par péter sa coche. (Logiciel PIJ, Emilio, 18 ans – Rédacteur : Christophe)

C'est également ce dont témoigne la manière dont est relatée la réaction de Sofiane lors d'une conversation téléphonique impromptue sollicitée par sa déléguée, Sonia :

Je rappelle à la maison chez Sofiane à 11h, Sofiane me répond. Il est en colère, il me dit que je le traque et que je n'arrête pas d'appeler. Il me dit que c'est exagéré et que la surveillance se termine dans deux jours. Je lui dis que je l'appelle en effet, parce qu'hier il n'était pas là à sa rencontre et qu'aujourd'hui il ne s'est pas non plus présenté. Je lui rappelle qu'il va être ensuite en probation et que les rencontres se maintiennent [...]. Je lui dis que je l'attends à 15h. (Logiciel PIJ, Sofiane, 18 ans – Rédactrice : Sonia)

Lors de l'« entrevue au bureau » qui suit, le jour même, Sonia tient à revenir sur l'usage, par le jeune, du terme de « traque », de manière à « recadrer » la situation dans le cadre d'une relation dite ici de « surveillance » : « Sofiane me dit que nous le traquons. J'explique à Sofiane qu'on parle ici d'avantage de surveillance et s'il ne veut pas être « traqué » comme il le dit, quels sont les moyens qu'il peut prendre ? ».

Dans ce cadre général, quand le jeune répond aux attentes de rôle (il est dit alors qu'il « collabore bien »), les délégué·e·s jeunesse mobilisent une variété d'éléments discursifs destinés à souligner les mérites d'un jeune « qui prend ses responsabilités », qui « fait les bons choix », etc. Le logiciel PIJ comporte ainsi de très nombreuses « félicitations » lorsque les jeunes respectent leurs engagements. Conformément à la logique cognitivo-comportementale, les délégué·e·s soulignent aussi fréquemment qu'ils·elles « renforcent » les bons comportements des jeunes : « Je le renforce sur ses efforts et son attitude de collaboration » (Jonathan, 18 ans – Rédactrice : Marie).

Loin de reposer uniquement sur ce type de relation directe entre les délégué·e·s jeunesse et les jeunes, la densité relationnelle constitutive du travail de suivi exige également des premiers

---

[8] Il s'agit là d'une subtilité du « programme de suivis différenciés dans la communauté », voulant que l'intensité d'intervention soit la plus forte durant les 18 premières semaines du suivi (dites « phase 1 »), avant que les besoins d'encadrement ne soient réévalués.

une démarche d'enrôlement des agent·e·s ordinaires de socialisation des jeunes, pour étendre leur regard et accroitre l'emprise mentale du dispositif de surveillance.

c) Enrôler l'environnement dans le travail de suivi : une surveillance communautaire

Les travaux de David Garland sur les transformations contemporaines du contrôle social aux États-Unis et en Grande-Bretagne (Garland 1998, 2001) mettent en avant le déploiement de nouvelles «stratégies de responsabilisation» au travers lesquelles les agent·e·s publics, formellement chargés du travail de surveillance, mettent en place des «chaines d'action coopératives» (Garland 1998 : 58) dont la finalité vise l'implication des actrices et des acteurs de la communauté dans la régulation du crime (Devresse 2012). Les données consignées dans le logiciel PIJ suggèrent ainsi la manière dont, au gré des processus d'intensification de la surveillance, un nombre croissant d'actrices et d'acteurs non directement pénaux (famille, école, employeur etc.) est enrôlé dans le travail quotidien de surveillance. À la différence cependant de ce que montre Garland, les actrices et les acteurs ici concernés sont non seulement appelés à participer à la gestion communautaire de régulation du crime, mais également à participer activement à la visée générale de réhabilitation qui, au Québec, structure le travail de suivi.

Parmi les actrices et les acteurs enrôlé·e·s, les dossiers PIJ donnent d'abord à voir le rôle clé que jouent les organismes de justice alternative (OJA), chargés de la mise en œuvre des peines de travaux communautaires, dont le non-respect est susceptible de conduire à une procédure de dénonciation. À côté de ce type d'allié·e·s formellement impliqué·e·s dans la chaine pénale, nos données mettent également en avant l'enrôlement d'actrices et d'acteurs en principe étrangers au champ pénal, en particulier l'école et les employeurs, d'abord mobilisé·e·s en tant qu'ils constituent les pourvoyeurs privilégiés de traces tangibles de l'engagement des jeunes dans leur suivi, et par là-même, du respect des conditions qui leur sont imposées. Ces traces (relevés de présence et d'absence, talons de paye, etc.) sont d'autant plus importantes pour les délégué·e·s jeunesses qu'à la différence de certaines traces qu'ils·elles peuvent produire eux-mêmes, en particulier le respect (ou non) des couvre-feux, elles constituent des preuves robustes, sur un plan juridique, pour être mobilisées lors d'éventuelles procédures de dénonciation ou de suspension. Ces actrices et ces acteurs peuvent ainsi être mobilisé·e·s comme des sources d'informations qualitatives sur le comportement des jeunes – ce qui est particulièrement le cas des personnels scolaires qui, du fait de leur rôle pédagogique, sont plus facilement perçus par les délégué·e·s jeunesse comme de potentiels alliés. C'est ce dont atteste l'échange rapporté par Isabelle, déléguée jeunesse, avec la directrice de l'établissement (Mme P.) au sein duquel l'un de ses jeunes de suivi, Fabrice, est alors scolarisé :

> *Conversation téléphonique avec Mme P., elle m'informe que Fabrice ne lui a pas parlé de faire ses TC [travaux communautaires] à l'école, il y a eu des absences, il dort en classe et il a fait un examen où il a obtenu des très bonnes notes, le professeur se questionne, Fabrice ne fait pas ses retenues, il y a également un soupçon qu'il ait donné la drogue à un autre élève mais ils n'ont aucune preuve.* (Logiciel PIJ, Fabrice – Rédactrice : Isabelle)

D'autres actrices et acteurs sont plus ponctuellement mobilisés, du « coach de basket » de Jérôme auprès duquel sa déléguée recueille des informations sur son assiduité et son comportement, jusqu'au « chauffeur de bus » d'Elliott, dont la situation singulière suscite des inquiétudes spécifiques. Ce dernier étant condamné pour des faits de violence sexuelle, impliquant une interdiction « d'être en présence d'enfants de moins de 12 ans sans présence immédiate d'un adulte responsable avisé de la problématique du jeune », selon les termes mêmes de son ordonnance de probation, sa déléguée précise que le chauffeur est tenu de « garder le jeune à l'œil » pendant ses trajets jusqu'à l'école.

Plusieurs autrices et auteurs ont montré comment la surveillance hors les murs engage les familles dans le travail de surveillance, ayant pour effet de peser sur les relations que les justiciables entretiennent avec leurs proches (parents, frères et sœurs, conjoint·e·s, etc.), qui parce qu'ils·elles peuvent développer des liens d'intimité avec les surveillés, deviennent de potentiel·le·s surveillant·e·s informel·le·s (Goffman 2014). Dans son étude sur la surveillance électronique à domicile, William Staples (2009, 2013) souligne notamment le rôle central des familles (*back-up work*) comme auxiliaires informels du travail de surveillance. Dans la continuité de ces constats, renvoyant à des processus de « division » et « d'atomisation » du travail de surveillance (Allaria 2014), les données du logiciel PIJ suggèrent le rôle central des actrices et des acteurs familiaux pour étendre à distance le regard que les délégué·e·s portent sur les jeunes. Ceux-ci sont pour la plupart les parents des jeunes, et plus spécifiquement encore les mères, tant les rapports sociaux familiaux consignés dans ces dossiers impliquent les femmes comme premières responsables de l'éducation de leur enfant – 21 des 33 dossiers consultés mentionnent la mère comme unique détentrice de la garde de son enfant. Seul un dossier indique le père dans cette situation.

En recherchant la « collaboration » des parents, l'objectif général des délégué·e·s est d'enrôler ces derniers comme agents actifs du suivi des jeunes, impliquant non seulement qu'ils s'assurent du respect des conditions auxquelles leurs enfants sont assignés, mais également – ce qui est plus délicat – qu'ils informent les délégué·e·s jeunesse en cas de non-respect de celles-ci. Ce travail d'enrôlement exige un long effort de persuasion pour atténuer la méfiance des parents. À plusieurs reprises, les dossiers PIJ font ainsi mention d'un travail spécifique d'éducation dirigé à l'endroit des parents, comme en témoigne l'injonction adressée à la mère d'Omar de « responsabiliser son jeune, avoir des attendus clairs et être cohérente dans l'application de son autorité ». De ce travail spécifique d'enrôlement des familles se dégagent deux principales représentations idéal-typiques des parents, qui n'opposent pas tant des dossiers entre eux, mais qui se dégagent des récits concrets d'interaction entre les délégué·e·s jeunesse et les parents. À la manière de deux pôles en tension continuelle, ces deux représentations idéal-typiques peuvent ainsi cohabiter au sein d'un même dossier. La première d'entre elles est celle des « parents récalcitrants », dont les pratiques protègent à la fois le jeune et les frontières de l'espace domestique contre l'intrusion d'actrices et d'acteurs perçu·e·s comme des agent·e·s du contrôle pénal. Les délégué·e·s dépeignent alors le tableau de parents qui résistent à jouer le rôle qui est attendu d'eux, comme en témoigne un extrait de la « chronologie » de Jerry, 16 ans, alors suivi dans le cadre d'une peine de probation depuis dix mois :

> *Conversation téléphonique avec la mère [...]. Madame reprend les excuses de son fils, me dit que Jerry ne peut pas se présenter [...]. J'encourage madame à responsabiliser son fils et ne*

pas tomber dans les excuses qu'il nous donne, elle dit être tannée, elle veut s'en aller du pays pour en finir avec les Centres jeunesse, je lui fais voir que ce n'est pas la solution, que Jerry va être responsable ou irresponsable peu importe l'endroit où il habite, madame me dit que je l'agresse, que je la harcèle, je lui fais voir que je veux l'aider à responsabiliser son fils. (Logiciel PIJ, Jerry – Rédactrice : Isabelle)

La seconde représentation idéal-typique est celle de la « famille collaborante », qui agit dans le sens des mesures et de la réalisation du mandat de la/du délégué·e, atténuant la distance entre l'univers domestique et les actrices et acteurs du champ pénal. Les contraintes qui pèsent sur les jeunes peuvent dans ce cas être présentées par les délégué·e·s comme les supports d'exigences éducatives que les familles ne seraient pas en mesure d'imposer autrement, ritualisant ainsi les rapports d'autorité dans l'espace domestique. On retrouve notamment le déploiement de cette représentation dans les situations où les pères sont impliqués :

Le père me téléphone, me dit qu'il est découragé et à bout de nerfs. Je demande au père de noter tout ce que son fils ne respecte pas et ce qui selon lui il devrait faire. Nous aurons une discussion à ce sujet vendredi lors de la rencontre au domicile. Je lui demande de laisser son fils se responsabiliser seul. » (Logiciel PIJ, Bilal, 17 ans – Rédactrice : Émilie)

Je questionne monsieur sur plusieurs sphères de la vie du jeune, les règles à la maison. [...] Monsieur démontre une ouverture à l'aide et il est capable d'adaptation entre la culture haïtienne et le système de valeurs québécoises[9]*. Il m'invite à lui téléphoner en tout temps, veut collaborer et met laisse la place pour jouer mon rôle* (Logiciel PIJ, Jonathan, 18 ans – Rédactrice : Marie).

Ce rôle de collaboration peut advenir dans le cours du suivi, comme en témoigne l'extrait où une déléguée se félicite que la mère ait décidé d'être « mise à pied » de son travail pour s'occuper de son fils (Roberto, 18 ans – Rédactrice : Marie). Il peut aussi susciter des tensions au sein des relations familiales, décrites par les délégué·e·s jeunesse comme une résistance des jeunes à la fermeté bienvenue de leurs parents :

Appel en soirée à la mère. On discute de l'attitude de son fils qui résiste à ses conditions de surveillance et qui blâme la mère de ne pas le couvrir dans ses manquements. Emilio la traite de snitch et tente de lui faire porter un mauvais rôle. Je l'encourage à ne pas lâcher et à se tenir debout devant son jeune homme qui résiste aux mesures qu'elle tente d'instaurer auprès de lui. (Logiciel PIJ, Emilio, 18 ans – Rédacteur : Christophe)

Ce rôle de collaboration peut également induire des tensions entre les parents et les délégué·e·s quand les premiers ont le sentiment que les seconds deviennent trop intrusifs. C'est de cette manière qu'est relatée la relation du père de Victor à la décision de « suspendre » la liberté

---

[9] Cette lecture culturaliste de la situation des jeunes et de leurs parents, dans leur majorité immigrants ou issus de l'immigration, est fréquente. Elle mériterait une réflexion à part entière que nous ne développerons pas ici.

de son fils. Cette suspension est pourtant, en partie au moins, le résultat d'une collaboration active du père qui, lors d'une rencontre avec le délégué, avait explicitement demandé que soit ajoutée, parmi les conditions de surveillance de son fils, celle de ne pas fréquenter un lieu, la «place Versailles», en raison de «l'influence des mauvaises fréquentations sur Victor à cet endroit et le risque de récidive élevé que cela représente» (Victor, 18 ans - Rédacteur : Albert) – D'autres conditions avaient été ajoutées à la demande du père, notamment celle de «respecter les consignes à la maison» («respecter les lieux : pas de trou dans les murs, pas de trou dans les portes etc.», «nettoyer après mon passage (vaisselle, rangement dans ma chambre)»). La justification de la suspension, reprise dans le rapport d'examen envoyé aux autorités judiciaires, mentionne ainsi explicitement la présence du jeune à la Place Versailles «en possession d'une imitation d'arme à feu». Les jours qui suivent la suspension témoigne pourtant d'un changement de climat, le père contestant la décision en se montrant, pendant plusieurs jours, «très en colère voire même agressif» avec le délégué. Ce changement de climat illustre, plus généralement, le décalage entre les attentes parentales, vis-à-vis d'une présence judiciaire pouvant donner l'espoir du rétablissement d'une autorité fragilisée, et l'engrenage d'un dispositif de suivi qui risque toujours de faire des parents de simples auxiliaires du contrôle pénal.

Conclusion

Le travail de suivi des jeunes délinquants dans la collectivité est traversé par une tension constitutive entre une mission d'accompagnement et une mission de surveillance, que met notamment en évidence la liste des «conditions» qui pèsent sur les jeunes, et dont le non-respect est toujours susceptible de conduire à leur envoi – ou à leur retour – entre les murs d'une unité fermée. Si cette tension n'est pas nouvelle, elle s'exacerbe dans un contexte de gestion des risques qui vise à intensifier le suivi des jeunes jugés à haut risque de récidive et accroit simultanément le poids de la logique de surveillance. Au Québec, cette surveillance déployée au quotidien a pour particularité d'être principalement relationnelle, s'appuyant sur la construction d'une densité relationnelle, que les délégué·e·s cherchent aussi à moduler en fonction du niveau de risque de récidive des jeunes.

Le logiciel PIJ, comme dispositif de traçabilité de l'activité, alimenté par les délégué·e·s jeunesse eux-mêmes, constitue une entrée privilégiée pour saisir l'activité quotidienne qui caractérise le suivi des jeunes dans la collectivité et cette densité relationnelle en train de se faire – il constitue, en cela, une archive du travail. Sa lecture donne à voir la double responsabilisation qui se loge au cœur du travail de suivi. Responsabilisation des jeunes, d'abord, visant à susciter leur adhésion à une omniprésence de la/du délégué·e jeunesse dans leur vie quotidienne. Responsabilisation des membres de leur environnement, ensuite, de manière à étendre le regard de la/du délégué·e dans divers espaces de socialisation du jeune (chez lui, à l'école, au travail, voire au sport ou dans le bus scolaire, etc.). À ce titre, le logiciel PIJ apparaît aussi comme l'un des principaux rouages du dispositif de surveillance. Au croisement de l'enregistrement factuel des traces et de la mise en cohérence des situations consignées, son usage permet aux délégué·e·s de stabiliser, dans un outil informatique durable, les éléments de justification nécessaires aux décisions sensibles qu'elles·ils sont amenés à prendre, et qu'elles·ils pourraient avoir à défendre devant des tribunaux. Dans les commentaires qu'elles·ils produisent, les délégué·e·s évaluent notamment les efforts consentis par les actrices et les acteurs du suivi, au premier chef desquels ceux des jeunes, mais aussi ceux de leurs parents, pour se conformer aux rôles qui leur sont assignés. Dans ce cadre, la mise en évidence, par l'écrit, des manquements aux différents rôles que chacun·e est appelé à jouer dans la surveillance quotidienne, apparaît comme la trame justificative des procédures de dénonciation et de suspension, permettant aux délégué·e·s jeunesse, par ricochet, de se protéger de contre l'implication de leur responsabilité dans l'échec d'un suivi.

Références

Allaria Camille. 2014. «Le placement sous surveillance électronique : espace et visibilité du châtiment virtuel». *Champ pénal/Penal field* 11. https://journals.openedition.org/champpenal/8791, consulté le 2 décembre 2019.

Bezes Philippe. 2009. *Réinventer l'État. Les réformes de l'administration française.* Paris : Presses universitaires de France.

Borraz Olivier. 2013. «Pour une sociologie critique des risques», in : Bourg Dominique, Kaufmann Alain et Joly Pierre-Benoit (dir.), *Du risque à la menace*, 237–256. Paris : Presses universitaires de France.

Castel Robert. 1981. *La gestion des risques. De l'anti-psychiatrie à l'après psychanalyse.* Paris : Minuit.

De Larminat Xavier. 2014. «Un continuum pénal hybride : discipline, contrôle, responsabilisation». *Champ pénal/Penal field* 11. https://journals.openedition.org/champpenal/8965, consulté le 2 décembre 2019.

Desjardins Sophie. 2011. *Guide de soutien à la pratique. Le suivi différencié dans la communauté.* Montréal : Centre jeunesse de Montréal-Institut universitaire.

Devresse Marie-Sophie. 2012. «Investissement actif de la sanction et extension de la responsabilité. Le cas des peines s'exerçant en milieu ouvert». *Déviance et Société* 36(3) : 311–323.

Dorvil Henri. 2002. «La désinstitutionnalisation : du fou de village aux fous des villes». *Bulletin d'histoire politique* 10(3) : 88–104.

Feeley Malcolm, Simon Jonathan. 1992. "The New Penology: Notes on the Emerging Strategy of Corrections and Its Implications". *Criminology* 30(4) : 449–474.

Fraenkel Béatrice. 2007. «Actes d'écriture. Quand écrire c'est faire». *Langage et Société* 3(4) : 101–112.

Garland David. 2001. *The Culture of Control: Crime and Social Order in Contemporary Society.* Chicago : University of Chicago Press.

Garland David. 1998. «Les contradictions de la ‹société punitive› : le cas britannique». *Actes de la recherche en sciences sociales* 124(4) : 49–67.

Goffman Alice. 2014. *On the Run. Fugitive Life in an American City.* Chicago : University of Chicago Press.

Goffman Erving. [1974] 1991. *Les cadres de l'expérience.* Paris : Minuit (traduction de Joseph Isaac, Dartevelle Michel, Joseph Pascale).

Hannah-Moffat Kelly. 2005. "Criminogenic Needs and the Transformative Risk Subject. Hybridizations of Risk/Need in Penality". *Punishment & Society* 7(1) : 29–51.

Lanctôt Nadine, Desaive Benjamin. 2002. «La nature de la prise en charge des adolescentes par la justice : jonction des attitudes paternalistes et du profil comportemental des adolescentes». *Déviance et Société* 26(4) : 463–478.

Laporte Clément. 1997. «La probation intensive : une alternative efficace à la mise sous garde ouverte et continue». *Défi jeunesse, Revue professionnelle du Centre jeunesse de Montréal* 4(1) : 25–30.

Muncie John. 2005. "The Globalization of Crime Control: the Case of Youth and Juvenile Justice". *Theoretical Criminology* 9(1) : 35–64.

Petersilia Joan. 1999. "A decade of Experimenting with Intermediate Sanctions: What Have we Learned?". *Correction Management Quarterly* 3(3) : 19–27.

Rot Gwenaële. 1998. «Autocontrôle, responsabilité, traçabilité». *Sociologie du travail* 40(1) : 5–20.

Sallée Nicolas. 2018. «Accompagner, surveiller, (ne pas) dénoncer. Les pratiques de gestion des manquements dans le suivi hors les murs de jeunes délinquants à Montréal». *Champ pénal/Penal field* 15. https://journals.openedition.org/champpenal/9869, consulté le 2 décembre 2019.

Sallée Nicolas. 2016. Éduquer sous contrainte. Une sociologie de la justice des mineurs. Paris : Éditions de l'École des hautes études en sciences sociales (EHESS).

Sallée Nicolas, Chantraine Gilles. 2014. «Observer, consigner, tracer. Les usages d'un cahier électronique controversé en établissement pénitentiaire pour mineurs». *Sociologie du travail* 56(1) : 64–82.

Sallée Nicolas, Tschanz Anaïs. 2018. «C'est un peu la prison, mais c'est pas comme la vraie». La carcéralité d'un centre de réadaptation pour jeunes délinquants à Montréal». *Métropolitiques*. https://www.metropolitiques.eu/C-est-un-peu-la-prison-mais-c-est-pas-comme-la-vraie.html, consulté le 2 décembre 2019.

Scott James C. [1990] 2009. *La domination et les arts de la résistance. Fragments du discours subalterne.* Paris : Amsterdam (traduction de Ruchet Olivier).

Staples William G. 2013. *Everyday Surveillance: Vigilance and Visibility in Postmodern Life.* Lanham, MD: Rowman & Littlefield.

2009. "Where are you and what are you doing? Familial 'back-up work' as a collateral consequence of house arrest", in: Nelson Margaret K., Garey Anita Ilta (eds.), *Who's Watching: Daily practices of surveillance among contemporary families*, p. 33–53. Nashville, TN: Vanderbilt University Press.

Auteur·e·s

Nicolas Sallée est docteur en sociologie de l'Université Paris Ouest Nanterre et professeur au département de sociologie de l'Université de Montréal. Il est aussi directeur scientifique du Centre de recherche de Montréal sur les inégalités sociales et les discriminations (CREMIS), et co-directeur de la revue Sociologie et sociétés. Ses recherches principales portent sur la justice pénale des mineurs en France et au Québec. Il développe également des travaux sur la sexualité et le traitement judiciaire des troubles mentaux.
nicolas.sallee@gmail.com
Université de Montréal
Département de sociologie, FAS
CP 6128, succursale Centre-Ville
CA-Montréal (QC), H3C 3J7

Mohammed Aziz Mestiri est titulaire d'un baccalauréat bidisciplinaire de psychologie et sociologie, et est candidat à la maîtrise au département de sociologie de l'Université de Montréal. Ses recherches actuelles portent sur l'écrit au travail et, plus spécifiquement, sur les usages de logiciels informatiques dans la centralisation des données de suivis socio-judiciaires de jeunes contrevenants.
mohaziz.mestiri@gmail.com
Université de Montréal
Département de sociologie, FAS
CP 6128, succursale Centre-Ville
CA - Montréal (QC), H3C 3J7

Jade Bourdages est politologue et professeure à l'École de travail social de l'Université du Québec à Montréal. Elle est chercheuse au Centre de recherche sur les innovations sociales (CRISES) et à l'Observatoire sur les profilages. Ancienne intervenante jeunesse, elle est également membre de la Coalition d'action et de surveillance sur l'incarcération des femmes au Québec (CASIFQ) et présidente du Conseil d'administration de l'organisme de médiation et de co-création avec les populations marginalisées, Coup d'éclats.
jade_bourdages@yahoo.fr
Université du Québec à Montréal
École de travail social
Case postale 8888, succursale Centre-ville
Montréal (Québec)
H3C 3P8
Canada

DOSSIER

LES « VRAIS DÉLINQUANTS » ET LES AUTRES

La hiérarchisation professionnelle des publics du Centre éducatif fermé

Rita Carlos

Abstract

THE "REAL DELINQUENTS" AND THE OTHERS

Professional Hierarchization of Youth Offenders in a "Closed Educational Center"

This article presents an analysis of the day-to-day practices of agents duly of the State at the end of the penal chain in the context of increasing hybridization of public policy. Faced with the challenges posed by the diversification of adolescent profiles in French "closed educational centers", the educators categorize and hierarchize these youths on the basis of their previous institutional trajectories. Those labeled "handicapped", "foreign" or "radicalized" are deemed unfit for professional reintegration, and are subjected to different levels of coercion than the "real delinquents". These labels reveal the staff's resistance to the transformation of their mission, which they perceive as an obstacle both to their effectiveness and their professional recognition. The use of these categories of action allows educators and the institution to transfer the blame of educational failures to those who suffer from them.

Mots-clés : *Centre éducatif fermé, justice des mineur·e·s, continuum sociopénal, méritocratie, mineur·e·s non accompagné·e·s, Institut thérapeutique éducatif et pédagogique*
Keywords: *closed educational centers, juvenile justice, social-criminal continuum, meritocracy, unaccompanied minors, therapeutic institutions*

Les Centres éducatifs fermés (CEF), depuis leur création en 2002 avec la loi Perben 1, occupent une position liminale dans la chaîne pénale voire éducative, en France. En tant qu'instrument de probation, ce type d'établissement « à contrainte renforcée » (Sallée 2016 : 86) participe à un continuum pénal hybride, entre milieu ouvert et fermé. Pour les mineur·e·s, âgé·e·s d'au moins 13 ans, que les CEF sont destinés à accueillir, l'intensité de la prise en charge et de la contrainte est modulée en fonction « des gages d'adhésion, d'insertion et de bon comportement » fournis (De Larminat 2014 : 21). Le non-respect des conditions du placement peut entrainer la révocation du sursis avec mise à l'épreuve ou encore du contrôle judiciaire exécuté en CEF, et par conséquent l'incarcération.

Cette liberté graduée et conditionnée aux garanties fournies par les justiciables est déterminée tant par le cadre de l'institution que par la place de celle-ci dans la chaîne éducative. Les jeunes placé·e·s en CEF sont d'autant plus autorisé·e·s à sortir de l'établissement qu'elles·ils donnent des gages de bonne conduite. Elles·ils minimisent ainsi le risque de faire face à un régime plus sévère, mais aussi de finir en prison. À cet égard, l'expression « échelle éducative » plutôt que « chaîne éducative » semble plus appropriée pour illustrer l'intensification de la contrainte au gré des « trouble[s] à l'ordre éducatif » (Bailleau 1996 : 101) reprochés aux jeunes, au sein d'une institution et/ou lors du passage de l'une à l'autre comme l'analyse l'un d'entre eux à la lumière de son parcours :

> *[...] C'est pareil. Toujours des éducateurs, et ta liberté... tu la sens pas quoi. On va dire que tu montes les grades, c'est un escalier que tu montes : Foyer, CER [Centre éducatif renforcé], après prison.* (S., 17 ans, alors suivi en milieu ouvert par la Protection judiciaire de la jeunesse [PJJ])

Aujourd'hui, les CEF, au nombre de 51 (en fonctionnement), dont un tiers relevant du secteur public et le reste du secteur associatif habilité, continuent de se développer. Vingt nouveaux établissements sont prévus sur le territoire national d'ici à 2023[1] en supplément des équipes renforcées depuis 2015, afin d'y prendre en charge la santé mentale. Ces missions de soins ont contribué à accroître la pluridisciplinarité des professionnel·le·s de ce dispositif pénal et l'étendue de ses partenariats. Les psychiatres, psychologues et/ou infirmier·ère·s désormais employé·e·s sur le site participent à la prise en charge des jeunes avec le corps éducatif ainsi qu'au travail en réseau avec les services sanitaires ou médico-sociaux de secteur pour une approche globale des jeunes. Au fur et à mesure des années, ces mécanismes d'hybridation et d'expansion ont eu pour effets de diversifier l'emploi des CEF jusqu'à ce que ces établissements en viennent à relayer des institutions relevant aussi bien du secteur pénal que médicosocial voire social, telles que des Établissements pénitentiaires pour mineurs (EPM), des Quartiers mineurs (QM), des Instituts thérapeutiques, éducatifs et pédagogiques (ITEP) et/ou des Maisons d'enfants à caractère social (MECS).

Ces phénomènes de porosité et de contingence des secteurs du handicap, de la délinquance juvénile, de l'aide sociale et de la santé mentale (Sicot 2007) s'inscrivent dans les recompositions de l'action de l'État (Dubois 1999) qui imposent aux agent·e·s directement au contact des populations pauvres une redéfinition de leur travail, davantage objet et vecteur de contrôle et peut-être tout autant d'impuissance (Serre 2009). En proie à ces réformes structurelles de déspécialisation des secteurs d'intervention qui modifient leur mission, les représentant·e·s de l'État bricolent (Weller 1999), entre les injonctions de la hiérarchie et les situations réelles des usager·ère·s (Dubois 1999, Spire 2005, Serre 2009). Ce bricolage, mène ces agent·e·s de terrain, in fine à « faire » l'action publique (Lipsky 1980). Dans le cas des CEF, reconfigurés par le renforcement d'un continuum sociomédicopénal, on peut se demander comment les personnels réagissent quotidiennement à la diversification des carrières institutionnelles des jeunes et au défi que pose cette extension des profils par rapport à la définition initiale de leur mandat professionnel ?

---

[1] Sénat. 2017. « Projet de loi finance pour 2018, Protection judiciaire de la jeunesse ». http://www.senat.fr/rap/a17-114-9/a17-114-93.html, consulté le 16 janvier 2019.

Cet article propose d'analyser le traitement différencié des adolescent·e·s par les adultes, à première vue reflet des injonctions législatives à l'individualisation ainsi que de la tendance à leur responsabilisation (Milburn 2009, Chantraine et Sallée 2010, Vuattoux 2016), et d'en faire apparaître les ressorts plus informels. Il s'agira notamment de montrer que le traitement éducatif et pénal est en grande partie fondé sur le parcours institutionnel antérieur des jeunes. Après avoir étudié le contexte de l'élargissement du public-cible des CEF, j'analyserai le processus d'étiquetage auquel procèdent les intervenant·e·s, en fonction des éventuels stigmates laissés par la trajectoire de contrôle des justiciables, relevant de l'enfance délinquante, en danger ou inadaptée. Finalement, j'interrogerai le rôle de cette typologie dans la mise en place de paliers de coercition révélant les mécanismes de classement, de hiérarchisation et d'altérisation à l'œuvre dans les pratiques des professionnel·le·s.

L'arrivée de nouveaux publics en CEF

Les CEF ont trouvé leur justification en tant que dernière possibilité d'alternative à l'incarcération destinée à des «jeunes multirécidivistes et multiréitérant[·e·s][2] pour lesquel[·le·]s les différentes prises en charge éducatives ont été mises en échec[3]», «en fin de parcours, avant la prison[4]». Ces lieux de privation de liberté ont donc été pensés pour accueillir des adolescent·e·s déjà connu·e·s des services de police et de justice, ayant épuisé l'ensemble des mesures éducatives en milieu ouvert. Or, près d'une vingtaine d'années après leur introduction, force est de constater que les jeunes pris·e·s en charge ne correspondent pas (ou plus) au profil d'adolescent·e·s que le dispositif avait vocation à recevoir. Le public-cible initial a vite été rejoint par des jeunes primodélinquant·e·s et primoplacé·e·s, sortant de prison ou provenant directement d'un dispositif de droit commun.

L'évolution des CEF suit celle des établissements qui l'enserrent dans l'échelle éducative – tels que les foyers, ITEP, prisons, etc. – eux-mêmes tributaires d'un environnement reconfiguré par des principes de défense sociale. Le seuil de tolérance face à la violence diminue à mesure qu'augmentent les velléités punitives, qui ciblent prioritairement les jeunes garçons, pauvres, racisés, rétifs à l'autorité. Leur renvoi vers des dispositifs toujours plus contenants et leur maintien sous contrôle, préférablement *intra-muros* afin d'assurer la gestion des risques, visent non seulement à sanctionner le passage à l'acte mais également à empêcher sa (re)production. Cette logique provoque des besoins renouvelés d'espaces disciplinaires, en bout de chaîne pénale, pour accueillir ces profils troublant l'ordre public et éducatif, toujours plus hétérogènes et plus nombreux. L'objectif visant à surveiller et punir se trouve désormais réalisé par le biais d'insti-

---

[2] Une réitération est la commission d'une nouvelle infraction qui n'entre pas dans le cadre légal de la récidive, soit par son type; différent ou non assimilable à la précédente violation de la loi, soit par sa date; suffisamment distante de la première infraction.

[3] Ministère de la justice. Circulaire du 28 mars 2003 : «mise en œuvre du programme des centres éducatifs fermés : cadre juridique, prise en charge éducative et pénale» (NOR : JUSF0350042C). http://www.justice.gouv.fr/bulletin-officiel/dpjj89b.htm, consulté le 10 septembre 2014.

[4] La défenseure des enfants. 2010. «Enfants délinquants pris en charge dans les centres éducatifs fermés : 33 propositions pour améliorer le dispositif». https://www.vie-publique.fr/sites/default/files/rapport/pdf/104000413.pdf, consulté le 3 mars 2019.

tutions apparemment moins totales, mais s'insérant dans un continuum de dispositifs caractérisés par l'exercice d'une contrainte répétée, multiforme et modulable.

Au tournant de la décennie 2010, il est entériné juridiquement que les CEF ouvrent leurs portes à de nouveaux profils tels que des jeunes dont la dangerosité serait manifeste, primodélinquant·e·s ou primoplacé·e·s en attente de jugement et/ou tout juste sorti·e·s de prison, après une condamnation ou une détention préventive. Les lois *n° 2007–297* du 5 mars 2007 et *n° 2011–939* du 10 août 2011 ainsi que la circulaire du 2 décembre 2011 relative aux mesures de contrainte visant à prévenir la réitération d'actes graves par les mineurs, facilitent le recours au placement en CEF pour les magistrat·e·s. Des jeunes jusqu'alors inconnu·e·s des services de police et de justice peuvent désormais faire l'objet d'un contrôle judiciaire exécuté en CEF, entre 13 à 16 ans. De la même façon, la prise en charge en CEF peut faire suite à la durée légale maximale de la détention avant jugement pour des mineur·e·s incriminé·e·s pour faits criminels ou délictuels graves.

Parallèlement, à partir d'avril 2008, 13 CEF dits «renforcés en santé mentale» sont mis en place à titre expérimental. En 2015, après l'abandon de ce projet d'établissements thérapeutiques spécifiques, l'accroissement des moyens dédiés à la santé mentale est étendu à l'ensemble des CEF. Les effectifs du personnel sont augmentés de 2,5 équivalents temps plein (ETP) pour tous les établissements de façon à y accroître le nombre de soignant·e·s. La dernière étude en date[5] évalue à plus d'un tiers des jeunes placés en CEF celles et ceux qui font l'objet de «difficultés multiples» et qui relèveraient également du champ de la santé.

Les difficultés du secteur médico-social à prendre en charge les adolescent·e·s qui passent à l'acte reflètent celles que connait la protection de l'enfance à accompagner les Mineurs isolés étrangers (MIE) dont la surreprésentation en bout de chaîne pénale est significative. Les données chiffrées à l'échelle nationale manquent pour préciser le nombre de Mineurs non accompagnés (MNA)[6] qui font l'objet de poursuites pénales. Néanmoins, celui-ci évolue à la hausse[7], tout comme le nombre de MNA incarcérés, qui aurait augmenté de près de 30%, entre 2015 et 2019 (134 au 1 er janvier 2015 contre 191 au 1er janvier 2019, soit le quart de la population mineure emprisonnée)[8].

Enfin, un dernier profil a pénétré récemment l'enceinte des CEF: celui des mineur·e·s dit·e·s radicalisé·e·s. Un projet de loi les rapproche maladroitement des MNA par regroupement statistique, en leur attribuant une hausse de 19,7 % du nombre de mineur·e·s détenu·e·s entre 2013

---

[5] Convention nationale des associations de protection de l'enfant (CNAPE). 2018. «Les enfants & les adolescents à la croisée du handicap & de la délinquance». http://www.creaihdf.fr/sites/www.creainpdc.fr/files/contribution_cnape_2018_-_les_adolescents_a_la_croisee_du_handicap__de_la_delinquance.pdf, consulté le 4 mars 2019.

[6] En raison du caractère stigmatisant du terme «étranger», les «Mineurs isolés étrangers» sont appelés depuis 2016 «Mineurs non accompagnés».

[7] DACG, DACS, DPJJ. 2018. «Note relative à la situation des Mineurs non accompagnés faisant l'objet de poursuites pénales» (NOR: JUSF1821612N). http://www.justice.gouv.fr/bo/2018/20180928/JUSF1821612N.pdf, consulté le 16 mars 2019.

[8] Ces chiffres ne sont que des estimations, ils correspondent au nombre de mineurs étrangers incarcérés pour lesquels aucun permis de visite n'a été recensé; ils sont donc à manier avec précaution. (Source: Ministère de la justice/DAP/SDME/Me5. 2019. Infocentre pénitentiaire et extraction du logiciel GENESIS.)

et 2017[9]. Pourtant, les mineur·e·s incriminé·e·s dans des affaires de terrorisme représentent une part relativement faible du nombre total de mineur·e·s poursuivi·e·s, bien que leur nombre ait été multiplié par deux entre 2016 et 2017 (25 au 23 mars 2016 contre 52 au 16 août 2017); quoiqu'il en soit «la lutte contre la radicalisation» est «devenue un des axes de prévention de la délinquance juvénile[10]».

Les CEF constituent ainsi un élément clé du système de prise en charge de ces jeunes qualifié·e·s de «difficiles», dont le parcours se caractérise par de multiples ruptures, notamment institutionnelles. Ces établissements, qui font désormais fonction de «fourre-tout», s'intègrent à la chaîne pénale aussi bien comme alternative à l'incarcération que comme son prolongement, de même qu'ils relaient des dispositifs de droit commun, où les places se font rares. Cette évolution, en lien avec la diminution du seuil de tolérance des professionnel·le·s au contact des jeunes, la judiciarisation des rapports sociaux et les «processus d'escalade institutionnelle»[11], entraîne le renvoi vers les CEF de jeunes aux parcours divers, relevant notamment du secteur social ou médicosocial.

Le «vrai délinquant» et les autres: processus de labellisation et d'altérisation

L'hétérogénéité croissante des profils accueillis en CEF se répercute sur les représentations de celles et ceux qui leur font face: le corps éducatif et soignant. Ces interprétations du monde, liées à la position socioprofessionnelle des intervenant·e·s, viennent ensuite nourrir leurs «faits et gestes, [qui] font en pratique la politique publique» (Belorgey 2012:14).

Les résultats qui suivent s'appuient sur une enquête monographique réalisée dans un CEF du secteur associatif habilité, en France, entre 2015 et 2018. La méthode d'immersion totale – rare dans ce type d'institution – combine des observations participantes effectuées en journée (n = 46) et de nuit (n = 23), des entretiens semi-directifs avec l'équipe éducative (n = 13) et avec les jeunes (n = 17), ainsi que des analyses documentaires (plans de l'établissement, dossiers des jeunes, projet d'établissement, cahier de liaison des professionnel·le·s, notes de service, rapports transmis aux magistrat·e·s, etc.). L'enquête ethnographique «multisituée», dont l'objet se définit par la réunion de «différents niveaux d'une action publique», «socialement très éloignés» (*op. cit.*: 23–24), s'est voulu attentive à l'ensemble des actrices et des acteurs de terrain, à leurs propriétés sociales comme à leur trajectoire, sans négliger le contexte sociohistorique du dispositif. Cette plongée au cœur des interactions quotidiennes d'un lieu de privation de liberté a permis d'analyser à la fois les attentes des personnels (éducatrices et éducateurs, surveillant·e·s de nuit, professeure, infirmière, psychologue, cheffes de service, directeur, etc.) à l'égard des jeunes, pensés comme des acteurs de leur trajectoire pénale (Cicourel 1968),

---

[9] Sénat. 2017. «Projet de loi finance pour 2018, Protection judiciaire de la jeunesse».
[10] Commission des lois constitutionnelles, de la législation et de l'administration générale de la République. 2019. Rapport d'information N° 1702. http://www2.assemblee-nationale.fr/documents/notice/15/rap-info/i1702/(index)/rapports-information, consulté le 4 mai 2019.
[11] La défenseure des enfants. 2010. «Enfants délinquants pris en charge dans les centres éducatifs fermés: 33 propositions pour améliorer le dispositif». *Op. cit.*

ainsi que la manière dont les 12 adolescents, en non-mixité masculine, âgés de 16 et 17 ans, y répondent / résistent. L'accès aux temps qui rythment la vie en CEF (activités sportives, socioculturelles, d'enseignement et d'ateliers de formation professionnels, temps de repos et des repas, rendez-vous, etc.), d'une part, et aux évaluations professionnelles individuelles et/ou collectives du déroulement de ces activités, d'autre part, servent ici de base à l'analyse des processus de catégorisation et de hiérarchisation des jeunes.

L'analyse des discours et des pratiques des personnels sur le terrain révèle plusieurs idéaux-types d'adolescent·e·s. Ils renvoient aux trajectoires institutionnelles de ces jeunes et rappellent les déficiences des prises en charge antérieures, la légitimité de la contrainte, nécessaire aux structures en amont, mais aussi l'inadaptation, par essence, de ces publics au fonctionnement du CEF. Quatre types sont identifiés, sur la base des appellations suivantes employées à l'oral par les professionnel·le·s : le « vrai délinquant », le « jeune d'ITEP », le « fiché S » et le « Mineur isolé étranger ». À l'exception de la figure du « vrai délinquant », qui se construit par opposition aux autres, ces classifications informelles s'appuient sur une reprise des catégories administratives. Paradoxalement, elles servent également à marquer la résistance aux évolutions structurelles et institutionnelles qui les ont rendues opérantes en CEF, au détriment de la seule figure qui, selon les personnels, a vocation à être placé en CEF : le « vrai délinquant ».

Le « vrai délinquant »

La figure du « vrai délinquant », telle qu'elle est mobilisée par les professionnel·le·s du CEF observé, renvoie à différentes caractéristiques du jeune : le type de faits qu'il a commis (relevant d'une qualification criminelle, d'un passage devant la cour d'assises, à l'exception des affaires de mœurs), le grade élevé obtenu à travers ses activités de délinquant, l'admiration comme la peur inspirées par sa réputation virile (liée à des qualités telles que la force physique, le courage et l'astuce), sa morale et ses facultés de communication qui rendent son comportement intelligible aux adultes (ne contrevient à la loi ou aux règles qu'en cas de nécessité et assume ses actes, s'oppose à la figure du pointeur[12], fait preuve de modestie et de générosité, respecte les professionnel·le·s, etc.), son milieu d'origine considéré comme criminogène (pauvre, violent, déstructuré, etc.) et son système de valeurs relevant de la culture ouvrière (et lui conférant une « volonté de fer » pouvant se transformer en « volonté de faire »).

Le « vrai délinquant » représenterait donc l'idéal-type du jeune pour qui le placement en CEF aurait un sens et une utilité. La présence de ces « vrais trafiquants », « braqueurs », « violents » et « dangereux » permet aux intervenant·e·s du CEF de mettre leur savoir-faire professionnel à l'épreuve d'un profil redouté à l'extérieur, et de légitimer ainsi leurs compétences. L'accompagnement de ces « gamins qui ont bon cœur » et qui ont « des principes », de ces jeunes « nécessiteux mais touchants », soutient par ailleurs le déploiement d'une « économie émotionnelle » de l'action éducative guidée par la « confiance », l'« empathie » et l'« identification » (Valli et al. 2002 : 222). Les « vrais délinquants » qui « s'en sortent », c'est-à-dire qui intègrent un dispositif d'insertion scolaire ou professionnelle, deviennent alors des modèles de réussite de

---

[12] Un « pointeur » désigne un jeune incriminé dans une affaire de mœurs.

désistance[13]. Dans le cas contraire, ce sont l'environnement et la culture d'origine néfastes qui deviennent la raison de l'échec, dédouanant ainsi les encadrant·e·s de l'insuccès de la sortie de délinquance. Omar, un jeune placé dans le CEF deux ans avant le début de l'enquête, constitue ainsi une figure exemplaire du « vrai délinquant », pour nombre d'écutatrices et d'éducateurs :

> *Rudy, éducateur : [...] un vrai brigand quoi. Il est rentré pour trafic et tout. Et il était au courant de tout ce qui se passait. Et s'il fallait aller au tête-à-tête avec toi ou te rentrer dedans il y allait lui par contre. [...] Il s'est vraiment saisi du placement en CEF. [...] Donc si tu veux, moi je le classe vraiment parmi le top trois des réussites du CEF quoi. C'est à dire qu'on a pas lâché, qu'on a bossé, et le gamin tout le mérite lui revient, mais c'était un cool. Vie difficile tu vois, mais il a pas lâché.* (Entretien)

Cet idéal-type, qui éclaire le sens et les modalités de l'action éducative dans le CEF – avec des jeunes qui portent la charge du résultat de leur placement et des professionnel·le·s qui leur garantissent les moyens pour « s'en sortir » – s'oppose à d'autres figures : celles du « jeune d'ITEP », du jeune « Mineur isolé étranger » et du jeune « fiché S ». Ces profils sont jugés problématiques, surtout par les éducatrices et les éducateurs, en raison des motifs illégitimes de leur arrivée, des effets inopérants de leur prise en charge et des influences pernicieuses qu'ils peuvent avoir sur le groupe.

Le jeune d'ITEP

La variété des mots utilisés par les éducatrices et éducateurs ou la professeure pour décrire le « jeune d'ITEP » n'a d'égale que la stigmatisation de la folie qu'ils recouvrent : « il est un peu fou », « il a un pète au casque », « pas la lumière à tous les étages », « des problèmes psychologiques ». En effet, la désignation du « jeune d'ITEP » découle en premier lieu de son inscription dans un dispositif qui relève du secteur psycho-médical : Institut médico-éducatif (IME), Institut thérapeutique éducatif et pédagogique (ITEP), hôpital psychiatrique, etc. C'est cet étiquetage institutionnel passé « du côté du soin », « repéré MDPH [Maison départementale des personnes handicapées] », « à la limite de l'HP [Hôpital psychiatrique] », qui justifie la méfiance à son égard en raison de ses « troubles de la personnalité », voire « du comportement », et de son côté « vicieux ». En général, une figure idéal-typique sert d'emblème à la catégorie. Tout comme Omar exemplifie le « vrai délinquant », Mathieu personnifie le cas « du jeune d'ITEP » et la trajectoire qui lui est associée. Le jeune devient un modèle permettant aux éducatrices et éducateurs de lier « expérience de vie et expérience en situation » et d'affirmer leurs « savoirs pratiques et expérientiels » (Lenzi et Milburn 2015 : 244, 249) par la connaissance de ce type de cas et l'anticipation de sa trajectoire :

---

[13] La désistance fait référence au processus de sortie de la délinquance.

[En réunion]

Noredine, éducateur : *Avec ces cas, on doit donner beaucoup pour avoir des résultats.*

Vincent, éducateur : *Des résultats ! Demande ce qu'il devient Mathieu ? » Il fait la manche à Nantes, dans le costard de M. Dombe [le directeur du CEF que le jeune imitait].*
(Journal de bord, p. 82)

Le qualificatif « jeune d'ITEP » vient signifier que le jeune ainsi désigné n'a pas sa place dans le CEF. L'absence de formation des professionnel·le·s constitue le premier argument invoqué pour renvoyer la gestion de ce public au personnel soignant – parfois présent sur le site, telles l'infirmière et la psychologue, ou disponible à l'extérieur du CEF. La seconde justification repose sur le caractère stérile du placement pour ces jeunes, en raison de l'inadaptation du CEF à leurs caractéristiques particulières. Ces adolescents ne pourraient pas disposer du suivi individuel qui leur est nécessaire dans cet environnement collectif, de la même façon qu'ils ne profiteraient pas des chances d'insertion professionnelle offertes par le passage en CEF – et qui fondent le sens même du dispositif – au vu de leurs faibles compétences relationnelles pour des métiers qui relèvent notamment de l'économie de service.

Le troisième élément avancé pour justifier la non-adéquation du « jeune d'ITEP » à l'institution est relatif à l'influence nuisible qu'il pourrait avoir sur le groupe, non seulement parce qu'il demande « trop » d'attention, mais également parce que ses problèmes relationnels porteraient préjudice à la réussite (c'est-à-dire au travail de réinsertion) des jeunes dont la présence est plus légitime. En effet, l'idée que, pour protéger le « jeune d'ITEP », il faut parfois délaisser ou renvoyer de « vrais délinquants » revient dans les discours, de même que l'image négative et potentiellement compromettante qu'il donnerait de l'institution et de ses publics, auprès des employeurs notamment. Inapte à se « saisir » de son placement (c'est-à-dire à signifier son « adhésion », objectif inscrit dans le projet même de l'établissement), le « jeune d'ITEP » empêcherait également d'autres jeunes de pouvoir le faire.

Le Mineur isolé étranger

Le « Mineur isolé étranger » (MIE), dont la labellisation en CEF reprend la catégorie administrative, remet lui aussi en cause la gouvernementalité par la responsabilité, en révélant les limites psychologiques, sociales et/ou sociétales de l'imputation de son devenir à l'adolescent placé. L'appellation MIE suggère qu'une évaluation a conclu à la fois à la détermination médico-légale de la minorité de l'adolescent et à l'existence d'(au moins) une frontière qui le sépare de ses représentant·e·s légaux, en plus de son statut de ressortissant extranational. Face à ce public, les éducatrices et éducateurs disent se sentir impuissant·e·s et ce, pour diverses raisons.

Tout d'abord, elles·ils ne disposent que de peu d'informations quant au parcours des MIE avant leur prise en charge par l'État français. En outre, la débrouillardise généralement prêtée au MIE pour arriver dans la clandestinité sur le territoire national le rend par définition « suspect », impression renforcée par la difficulté des professionnel·le·s à évaluer sa maîtrise de la langue et des codes du pays d'accueil, et plus généralement à communiquer avec lui. Son caractère dégourdi et insaisissable encourage également sa perception comme peu enclin à composer avec le cadre du CEF et avec la loi, et donc inapte à profiter de ses « bienfaits » éventuels.

> *Aline, éducatrice: [...] son parcours au Maroc était trop obscur, parce que son arrivée en France... l'était aussi... parce que... comme pour Mahmoud, on supposait que pour survivre dans la rue on se prostitue.* (Entretien)

Plus encore que ses activités délictuelles, la perte d'innocence inhérente à son expérience « dans la rue », imaginée par ses encadrant·e·s, l'éloigne du statut d'enfant à protéger, malléable, pour le rapprocher de celui de jeune adulte (Perrot 2016), averti, possiblement imposteur voire dangereux, et quoi qu'il en soit affranchi des normes de l'enfance et de la jeunesse, au-delà desquelles l'intervention est stérile. Ce « mijeur » (*op. cit.*) est en effet vu comme trop autonome, disqualifiant les leviers éducatifs tels que la peur des parents, la difficulté à fuguer ou encore la possibilité de sortir sous conditions (pour travailler ou rentrer en famille), et rendant donc peu probable une sortie de délinquance. Sa situation met à mal les principes d'engagement et de confiance sur lesquels repose la relation entre intervenant·e et jeune, mais l'empêche également paradoxalement de répondre aux injonctions à l'autonomie formulée par l'institution (Frauenfelder et al. 2018), tel que l'investissement dans un stage (pour lequel il lui faudrait être en possession de papiers).

Outre les difficultés pratiques considérées comme entravant l'exercice de leur métier par les professionnel·le·s, le profil du MIE est plus globalement jugé comme politiquement et institutionnellement incompatible avec la mission du CEF : d'une part, parce qu'il ne présente que rarement une trajectoire de multirécidiviste ou multi-réitérant, puisqu'il est souvent arrivé récemment en France et n'a commis que des actes de petite délinquance, pour lesquels il a cependant été rapidement placé ; d'autre part, parce que le renvoi des MIE de l'Aide sociale à l'enfance (ASE) vers la PJJ est considéré, notamment par les cadres, comme une stratégie de l'ASE pour ne pas avoir à prendre en charge ces « jeunes difficiles » qui, de surcroît, « coûtent chers ». Ce renvoi est aussi considéré comme un instrument de gestion des flux migratoires plutôt qu'un instrument de politique pénale (l'existence d'un casier judiciaire justifiant l'expulsion du territoire français par les autorités administratives) :

> *James, éducateur technique cuisine: Si après à la fin on les renvoie chez eux, la fonction de l'éduc devient du gardiennage.* (Journal de bord, p. 193)

Le jeune « fiché S »

Une dernière figure, qui résulte également d'un étiquetage institutionnel – produit bien souvent par la Direction générale de la sécurité intérieure (DGSI) – complète ce tableau, celle du jeune « fiché S » (risque d'atteinte à la sûreté de l'État). Bien qu'un seul « jeune radicalisé » ait été accueilli dans l'établissement au cours de l'enquête, cette catégorie par ailleurs récente mérite d'être citée, non seulement en raison de la place qu'elle prend depuis quelques années dans les moyens octroyés à la PJJ, mais aussi pour les problèmes qu'elle pose aux professionnel·le·s sur le terrain. En effet, ce sont l'incertitude et l'instabilité qui caractérisent le mieux les considérations liées à la catégorie du jeune «fiché S» pour les personnels. «Apparemment», «je crois», «enfin, je ne sais pas» sont les expressions qui suivent le récit de sa prise en charge concernant laquelle le doute et les rumeurs persistent même après coup. Ce cas unique et nouveau sur le site a été traité comme tel, et même soumis à un régime d'exception, sans lui accorder une réelle importance, d'autant que le séjour de ce jeune a été très bref et que la plupart des encadrant·e·s habituel·le·s étaient alors en vacances.

In fine, c'est donc le profil du «vrai délinquant» qui apparaît aux éducatrices et éducateurs être en adéquation avec le cœur de leur métier en raison de sa capacité supposée à répondre favorablement à l'injonction d'auto-responsabilisation et d'insertion professionnelle. À l'inverse, le «jeune d'ITEP», le «mineur isolé» et le jeune «fiché S» ne paraissent pas en mesure de satisfaire ces attentes du fait de leur caractère singulièrement imprévisible et/ou insaisissable, mais aussi de leur extranéité en termes d'appartenance nationale ou de trajectoire délinquante. Ce sont là autant d'éléments qui, loin de la rationalité prêtée au «vrai délinquant», ne permettent pas aux personnels de s'identifier à ces figures et participent donc de leur altérisation. Cette incapacité à se projeter dans leur situation réduit l'investissement des encadrant·e·s dans leur prise en charge et, dans un effet de prophétie auto-réalisatrice, produit ce qui était attendu : l'échec de ces jeunes perçus comme inaptes.

Hiérarchiser : un ordre social fondé sur le mérite ?

Les différents idéaux-types utilisés par les professionnel·le·s ne demeurent pas de l'ordre des représentations mais s'incarnent dans leurs pratiques auprès des différents publics. La classification des jeunes ouvre la voie à leur hiérarchisation. Les adolescents les plus vulnérables, qui mettent en échec les missions de réinsertion (surtout professionnelle) de l'établissement, se trouvent dévalorisés par les intervenant·e·s, au contraire de ceux qui font «fonctionner» l'institution en intégrant des dispositifs extérieurs tels qu'une formation et/ou un emploi. Les «mineurs isolés», «jeunes d'ITEP» et «fichés S» révèlent la fragilité de l'entreprise paradoxale qui voudrait construire, dans un lieu de privation de liberté, des individus volontaires et indépendants. À plus forte raison, ils mettent à mal la quête de résultats quantifiables et favorables à des personnels en déficit de reconnaissance. Par leur présence, ces jeunes remettent en cause le cœur du métier des encadrant·e·s dont l'œuvre de réhabilitation est mise en péril par le spectre de fonctions nouvelles de neutralisation.

Cette tension se trouve au cœur des «concurrences locales autour de la définition du travail» (Serre 2009 : 295), notamment entre les actrices et acteurs de premier rang et les actrices et acteurs de second rang du CEF. Contrairement aux éducatrices et éducateurs, les cadres valorisent la prise en charge de nouveaux publics (en dehors du jeune «fiché S», qui divise la direction). Ils y voient en effet le moyen de se distancer des pratiques institutionnelles excluantes de leurs prédécesseuses et prédécesseurs, et de souligner la dimension partenariale de leur action avec les institutions du secteur social ou médico-social. L'ensemble de ces profils leur permettent ainsi de signifier la spécificité et l'utilité du CEF au-delà de la stigmatisation liée à sa nature close :

> *Le directeur :* Le truc de dire « ce jeune on le vire », je laisse ça aux MECS *[Maisons d'enfants à caractère social]* et aux ITEP *[Instituts thérapeutiques, éducatifs et pédagogiques]*. (Journal de bord, p. 123)

Pour les actrices et acteurs de premier rang, directement au contact des jeunes, la mixité grandissante de leurs profils est au contraire déplorée en raison des obstacles pratiques à l'accompagnement de ces publics. Ces agent·e·s à l'échelon subalterne refusent que « la contenance » produite par le CEF soit son seul atout et prenne le pas sur le contenu de la prise en charge. Ceci explique que, dans l'extrait qui suit, lors d'une discussion informelle dans leur bureau, deux éducateurs regrettent le départ d'un « vrai délinquant » remplacé par un « jeune d'ITEP » et dévaluent la présence du second au profit du premier :

> *Soufiane, éducateur :* [soupir] On parle de Christopher *[un jeune qui va être incarcéré]* [...] Non, parce qu'on sait ce qu'on perd mais on sait pas ce qu'on gagne.
>
> *Thierry, éducateur :* Ah si, on sait ! Il *[le nouveau jeune]* arrive de Rochare.
>
> *La chercheuse :* C'est où ça ?
>
> *Soufiane :* [soupir d'exaspération] C'est un ITEP. (Journal de bord, p. 31)

Le « vrai délinquant » permet de soutenir la pertinence des principes d'individualisation et de responsabilisation sur lesquels repose la prise en charge au CEF. Quelle qu'en soit l'issue, ces trajectoires de « vrais délinquants », synonyme d'exploit ou d'échec, participent à la promotion d'un système méritocratique légitimant le rôle et le fonctionnement de l'institution tout entière. Le jeune y est le sujet de son placement et l'acteur de sa réussite (ou de son insuccès), les professionnel·le·s lui fournissant le soutien nécessaire sous la forme qui correspond le mieux à sa conduite et au maintien de l'ordre dans le groupe : « la bienveillance » et/ou « l'autorité » [selon le projet d'établissement].

C'est alors à l'adolescent, sous la coupe d'un nouveau paradigme éducatif reposant sur un idéal d'auto-responsabilisation (Falchun et al. 2016), qu'il incombe d'« accepter » la mesure de placement et d'adhérer au cadre qu'il subit en produisant « effort » et « désir » [selon le projet d'établissement]. L'implication et « l'aptitude au travail » sont les indicateurs majeurs de cette distinction fondamentale qui se fait ici, comme ailleurs, entre « bons » et « mauvais » pauvres, sujets « actifs » et « passifs » (Valli et al. 2002 : 224). En raison de son caractère « agissant », un rôle de *leader* est donné au « vrai délinquant » par les professionnel·le·s, pour qui il est vecteur d'ordre ou de désordre, *leader* positif » ou « négatif ». Cette position est délicate, car elle peut soit lui permettre de profiter de l'attribution de faveurs, soit lui valoir l'attribution de sanctions, comme l'illustre la note suivante :

M'madi installe sur le collectif une forte emprise. Celui-ci a semble-t-il ramené des produits illicites tel que le cannabis et l'alcool. Sa mainmise sur les autres jeunes pourrait voir déclencher sur le collectif une forte crise dans l'institution. Le CEF doit absolument garantir la sécurité de tous les jeunes et de tout le personnel. À ce jour, M'madi rend le travail des éducateurs impossible et met en danger le reste du groupe. (Note d'incident concernant M'madi transmise au magistrat le 07 mars 2016)

L'accompagnement du « jeune d'ITEP », au contraire, renvoie les éducatrices et éducateurs à leur manque de ressources. C'est pourquoi elles·ils ont tendance à proposer une évaluation personnelle de la « particularité » du jeune. La distribution de médicaments quotidienne, tâche dévolue aux éducatrices et éducateurs – en dehors des quatre heures par semaine de présence de l'infirmière sur le site – en est un exemple. Face au poids de leur responsabilité rapportée à leur incompétence sur le sujet, elles·ils cherchent dans les types de médicaments distribués des indices des pathologies qui en justifient l'usage et confirment l'irrationalité du jeune.

Stéphane, éducateur : Malcolm aussi, il va avoir du mal à tenir. Son traitement… J'ai regardé sur internet par rapport à son traitement, il est borderline et schizophrène. (Journal de bord, p. 21)

[En réunion]

Vincent, éducateur : – Moi je le [Malcolm] trouve très lunatique. Bon depuis qu'on a vu qu'il était bipolaire… Ça se ressent de plus en plus. Quand y'a un truc qui le dérange, il s'énerve. (Journal de bord, p. 79)

Ses faits et gestes sont alors analysés par le biais de son « trouble », ce qui ouvre la porte à des explications du moindre de ses comportements par « la structure mentale » [Expressions employées par les intervenant·e·s]. L'établissement reproduit alors en son sein une « psychologisation […] de la question sociale » par « l'interprétation unique des difficultés des jeunes sur le plan de la santé mentale », phénomène qui se trouve à l'origine de son orientation en ITEP (Dupont, 2016 : 127). Dans le groupe, il est appréhendé par les personnels comme une « victime », manipulable et/ou manipulateur, qu'il faut protéger autant que s'en méfier. Sa position, en bas de l'échelle sociale du CEF, et le traitement des jeunes et des professionnel·le·s à son endroit sont bien souvent imputés à sa propre attitude. En raison de ses « déficiences », attestées par son passé institutionnel, il faut préserver le jeune d'ITEP de lui-même, tout en l'aidant « à avoir de la personnalité » afin de lui permettre de ne pas subir la maltraitance des autres. Ce devoir de protection peut occasionner aussi bien son renvoi que sa mise à l'écart.

Comme le « jeune d'ITEP », considéré comme fou, la rationalité du « mineur isolé » lui est refusée, dans son cas en raison de son inaccessibilité à l'équipe éducative. Le processus d'altérisation, éventuellement amplifié par la distance linguistique, attribue son comportement à son statut d'étranger :

Toufik, éducateur : *Ces jeunes qui vivent dans la rue au Maroc, même nous quand on va là-bas en tant qu'étranger on en a peur.*

L'éducatrice PJJ de Bilal : *Ouais c'est un peu sans foi ni loi. S'il a vécu dans la rue, il a dû vivre des choses abominables, avec un niveau de violence, il est abîmé quoi.* (Journal de bord, p. 205)

Outre son caractère insaisissable pour les professionnel·le·s, sa position de « mineur isolé » n'offre pas les mêmes prises institutionnelles que les autres types de populations. Il ne permet donc pas à la panoplie traditionnelle des méthodes éducatives déployées en CEF d'être efficaces. En cela, sa condition d'« intraitable » constitue un analyseur et un révélateur de ce que peut et ne peut pas l'institution, des limites auxquelles elle se heurte. Au sein du collectif, sa place est d'autant plus questionnée par les personnels que son histoire est occulte. Face au manque d'informations fiables et de leviers d'action le concernant, l'équipe doit déployer une pédagogie par l'intervention, c'est-à-dire manifester ostensiblement le fonctionnement de l'institution, les droits et les devoirs à l'œuvre, afin de jauger et de contrôler ses réactions :

Hamid, éducateur : *Là regarde, ça fait deux semaines qu'il est là [Bilal, MIE], là déjà il a une note d'incident. En fait lui, ça va être catégorique. La stratégie là, comme je la vois hein : une connerie, une note d'incident, une connerie, une note d'incident, une connerie, une note d'incident. Sans parler. Au moins, ça dégage vite.* (Entretien)

En raison de sa situation sans issue, de son exposition plus forte à l'enfermement (en conséquence de ses moindres possibilités de sortir par le biais de stages, de retour en famille, de formation au permis de conduire, etc.) voire de la surpénalisation dont il fait l'objet, comme l'analyse l'éducateur à propos de Bilal, les professionnel·le·s s'attendent à ce que le placement du « mineur isolé » se conclue rapidement par un échec : soit que le mineur fugue, soit que le mineur « explose », et par effet d'anticipation, s'inquiètent hâtivement de son comportement, jusqu'à le sanctionner ou le récompenser d'une manière plus démonstrative et expéditive que les autres :

Olivier, éducateur : *C'est malheureux mais moi je l'ai dit aux chefs, les jeunes comme ça [MIE], il faut arrêter. On n'est pas fait pour ça. On le garde ?! Et puis comme Mahmoud, on attend que ça pète… Ils ne peuvent pas aller en stage…* (Journal de bord, p. 169)

En ce qui concerne le jeune « fiché S », le degré zéro de l'action éducative prodigué à son égard atteste de son rang. Si sa venue a profité à l'équipe de direction et à l'institution alors reconnues « jusque dans le bureau du ministre » [selon le directeur], son passage a également interrogé les personnels sur leurs missions, après les avoir modifiées. En effet, l'adolescent n'a pas été soumis au même régime de contrainte que les autres, puisqu'il lui a été formellement interdit de sortir de l'établissement (règle imposée par la direction de la PJJ après l'arrivée du jeune) tout au long de son séjour, en plus de la surveillance accrue dont il a fait l'objet. Cet enfermement couplé à un isolement continu entre les grillages du centre s'est conclu par son renvoi en Centre de rétention administrative (CRA[14]), en raison de son autre statut de « mineur isolé ». Cette situation, à laquelle beaucoup de professionnel·le·s se sont opposé·e·s avant qu'elle ne se concrétise, conduit l'une des cadres du centre à décrire ainsi l'action de la direction de la PJJ : « ils ont utilisé le CEF comme un centre de rétention pour mineurs, ce qui est profondément illégal ».

Conclusion

En définitive, l'arrivée de nouveaux publics en CEF s'inscrit dans un nouvel ordre gestionnaire et sécuritaire qui intensifie le continuum sociopénal et l'utilisation de dispositifs contraignants en bout de chaîne. Bien que privé, l'établissement étudié reflète les transformations structurelles de l'État marquées par un repli du domaine social au bénéfice du secteur pénal, parallèlement au développement d'un État de droit reposant sur la responsabilisation des institutions et des individus. Ces restructurations ne s'exercent toutefois pas de manière univoque mais en fonction de celles et ceux qui les appliquent. Dans ce CEF, les intervenant·e·s le plus régulièrement au contact des jeunes (Carlos 2020) réagissent à la diversification de leurs parcours par des pratiques différenciées à destination des jeunes qu'elles·ils ont étiquetés comme « vrai délinquant », « jeune d'ITEP », « mineur isolé » ou « fiché S ». Le type et l'intensité de la contrainte diffèrent selon les catégories de population prises en charge et participent à leur hiérarchisation. Les adolescents les plus dominés socialement à l'extérieur souffrent *intra-muros* de la dévalorisation des professionnel·le·s à leur égard. Les personnels en quête de reconnaissance sanctionnent ainsi la façon dont les parcours des moins dotés révèlent, à travers les obstacles rencontrés, les limites du système comportementaliste sur lequel repose le fonctionnement du CEF, et plus largement l'ensemble de l'échelle éducative. On assiste alors à la (re)production de rapports de pouvoir amplifiée par l'imputation de la responsabilité de leur position défavorisée à ceux qui la subissent : il s'agit là d'un prix lourd de conséquences à payer pour que se maintienne le mythe de cet ordre méritocratique.

---

[14] Les CRA sont des établissements fermés où sont retenus les étrangers auxquels l'administration ne reconnaît pas le droit de séjourner en France, bien souvent avant leur renvoi forcé vers le pays dont ils ont la nationalité.

Références

Bailleau Francis. 1996. *Les jeunes face à la justice pénale. Analyse critique de l'application de l'ordonnance de 1945*. Paris: Syros.

Belorgey Nicolas. 2012. « De l'hôpital à l'état: le regard ethnographique au chevet de l'action publique ». *Gouvernement et action publique* 2(2): 9–40.

Carlos Rita. 2020. « Espaces autorisés et autorité des places: des déplacements aux trajectoires des acteurs en Centre éducatif fermé ». *Champ pénal/Penal field* 20.

Chantraine Gilles, Sallée Nicolas. 2010. « Éduquer et punir. Travail éducatif, sécurité et discipline en établissement pour mineurs ». *Revue française de sociologie* 54: 437–464.

Cicourel Aaron. 1968. *The Social Organization of Juvenile Justice*. New York: Wiley.

De Larminat Xavier. 2014. « Un continuum pénal hybride ». *Champ pénal/Penal field* 11.

Dubois Vincent. 1999. *La Vie au guichet. Relation administrative et traitement de la misère*. Paris: Économica.

Dupont Hugo. 2016. *« Ni fou, ni gogol ! ». Orientation et vie en ITEP*. Grenoble: Presses universitaires de Grenoble.

Falchun Thomas, Robène Luc, Terret Thierry. 2016. « L'habitus professionnel spécifique aux éducateurs de la Protection judiciaire de la jeunesse ». *Déviance et société* 40(1): 101–129.

Frauenfelder Arnaud, Nada Eva, Bugnon Géraldine. 2018. *Ce qu'enfermer des jeunes veut dire. Enquête dans un centre éducatif fermé*. Genève/Zurich: Seismo.

Milburn Philip. 2009. *Quelle justice pour les mineurs ? » Entre enfance menacée et adolescence menaçante*. Toulouse: Érès.

Lenzi Catherine, Milburn Philip. 2015. *Les Centres éducatifs fermés. La part cachée du travail éducatif en milieu contraint*. Rapport de recherche. http://www.gip-recherche-justice.fr/wp-content/uploads/2015/02/RapfinalGIPfe%CC%81vrier-2015VF.pdf, consulté le 10 septembre 2015.

Lipsky Michael. 1980. *Street-Level Bureaucracy. Dilemmas of the Individual in Public Services*. New York: Russell Sage Foundation.

Perrot Adeline. 2016. « Devenir un enfant en danger, épreuves d'âge et de statut: Le cas ‹limite› des mineurs isolés étrangers en France ». *Agora débats/jeunesses* 74(3): 119–130.

Sallée Nicolas. 2016. *Éduquer sous contrainte. Une sociologie de la justice des mineurs*, Paris: EHESS.

Serre Delphine. 2009. *Les coulisses de l'État social. Enquête sur les signalements d'enfant en danger*. Paris: Raisons d'agir.

Sicot François. 2007. « Déviances et déficiences juvéniles: pour une sociologie des orientations ». *ALTER– European Journal of Disability Research / Revue européenne de recherche sur le handicap* 1(1) 4360.

Spire Alexis. 2005. *Étrangers à la carte. L'administration de l'immigration en France (1945–1975)*. Paris: Grasset.

Valli Marcelo, Martin Hélène, Hertz Ellen. 2002. « Le « feeling » des agents de l'État providence ». *Ethnologie française* 32(2): 221–31.

Vuattoux Arthur. 2016. « Les centres éducatifs fermés pour les adolescents sont-ils une alternative à la prison ? ». *Mouvements* 4.

Weller Jean-Marc. 1999. *L'État au guichet. Sociologie cognitive du travail et modernisation administrative des services publics*, Paris: Desclée De Brouwer.

Auteure

Rita Carlos est ingénieure d'études au CNRS-UMR 8183 et doctorante en sociologie à l'Université de Versailles Saint-Quentin-en-Yvelines (UVSQ) au sein du Centre d'études sur le droit et les institutions pénales (CESDIP). Ses travaux portent sur la justice des mineurs, notamment le rétablissement, en France, de prisons à destination d'enfants et de lieux de privation de liberté, à l'interface entre le milieu carcéral et le milieu ouvert. Elle a également réalisé plusieurs documentaires audio tels que *Bande organisée* ou *Devenir patient*.

rita.carlos@cesdip.fr
CESDIP, Immeuble Edison
Boulevard Vauban 43
F-78280 Guyancourt

DOSSIER

QUAND CIVIL ET PÉNAL S'ENTREMÊLENT

Des parcours judiciaires hybrides et discontinus de jeunes en France

Guillaume Teillet

Abstract

WHEN CIVIL AND PENAL ARE MIXED UP
Hybrid and Discontinuous Youth' Judicial Trajectories in France

On the basis of an ethnographic survey about young people followed by the Youth Judicial Protection Service (Projection judiciaire de la jeunesse, PJJ) in France, this article deals with the effects of the duality of juvenile justice (civil and penal) on the scale of their trajectories. Upstream from prosecutions, placements under child protection are one of the sequences of the disorders' chain of production. From the break marked by the first penal placement, the PJJ supervising leans diversely on civil cares, between hybridization of judicial registers, overlap, and definition of respective perimeters. Further down penal trajectories and beyond their majority, the return of these young people towards civil protectional channels turns out to be uncertain, nay compromised.

Mots-clés : *parcours judiciaires, justice des mineur·e·s, délinquance juvénile, contrôle social, déviance, placements*
Keywords: *penal trajectories, juvenile justice, juvenile delinquency, social control, deviance, placements*

L'enfance maltraitée et en danger d'un côté, la jeunesse délinquante et dangereuse de l'autre : ce sont là deux figures sociales dont la distinction est solidement ancrée. Les différentes partitions d'une jeunesse irrégulière se suivent et se cristallisent successivement dans les catégories juridiques depuis le 19ᵉ siècle (Messineo 2015). La dichotomie se stabilise en France dans la deuxième moitié du 20ᵉ siècle et se matérialise dans un dispositif judiciaire à deux corps (civil et pénal) pour une tête (le ou la juge des enfants), avec une certaine porosité des interventions judiciaires entre fondement civil protectionnel et fondement pénal répressif. Les premières sont ordonnées quand « la santé, la sécurité ou la moralité d'un mineur non émancipé sont en danger »[1] tandis que les secondes font suite à des poursuites engagées contre l'individu mineur en répression d'un acte délinquant. Cependant, les deux ordres judiciaires ne se différencient pas selon leurs modalités d'intervention qui reposent toutes deux sur un couplage entre investigation, suivi en milieu ouvert et placement. Dans le climat sécuritaire des années 1990, la frontière se durcit entre les deux modes de traitement judiciaire: la Protection judiciaire de la jeunesse (PJJ) qui, jusqu'alors, mettait en œuvre une part des décisions judiciaires civiles voit ses missions se resserrer quasi exclusivement sur le versant pénal.

---

[1] Article 375 du Code civil français.

Si l'état actuel du dispositif judiciaire pour l'enfance renforce l'opposition entre les politiques de protection d'un côté et de répression de l'autre, que produit cette dualité à l'échelle des parcours judiciaires des mineur·e·s concerné·e·s ? Une ethnographie de la fabrique sociale de leurs parcours permet l'examen «par le bas» des articulations concrètes entre les logiques protectionnelles et répressives. Il s'agit de tenir ensemble à l'échelle de leur histoire la «pluralité des ordres normatifs» auxquels les jeunes sont confronté·e·s (Ogien 2018): la famille, l'école, l'espace public, l'ordre protectionnel et l'ordre pénal. Le propos de l'article se concentre sur les liens réciproques entre les deux derniers. Les parcours de ces jeunes font figure d'observatoires intéressants pour documenter la réalité sociologique du continuum sociopénal foucaldien que la lecture de *Surveiller et punir* nous suggère (Foucault 2011). Si l'expression renvoie tantôt à une proximité des modes d'intervention relevant d'institutions et de fondements juridiques différents, tantôt à leur hybridation, elle ne rend que trop peu compte de la discontinuité des parcours produits par cette pluralité judiciaire.

L'enquête s'est déroulée pendant deux années dans une unité éducative de milieu ouvert (UEMO) de la PJJ en France, dont la mission est de proposer aux juges des orientations pénales à l'égard des mineur·e·s et de mettre en œuvre les décisions judiciaires. La collecte de données repose sur l'immersion au sein du service à raison de deux jours par semaine et la tenue d'un journal de terrain, sur l'observation de scènes judiciaires qui jalonnent les parcours des jeunes (entretiens sociojudiciaires et audiences pénales), l'enregistrement et la transcription de certaines d'entre elles, ainsi que sur des entretiens ethnographiques[2] répétés avec les protagonistes des scènes observées (les jeunes, leurs parents et les professionnel·le·s qui les suivent), enregistrés et transcrits. Parmi la vingtaine de situations judiciaires suggérées par les agent·e·s de l'UEMO (selon la temporalité de l'enquête et avec le souci de varier les cadres judiciaires), neuf d'entre elles ont débouché sur des cas ethnographiques. Ceux-ci sont construits autour d'un segment des parcours judiciaires de Tonio, Benjamin, Nathan, Jean-Marie, Michel, David, Pierre, Clément et Justine. Leurs familles occupent des positions variées au sein des classes populaires, mais ont toutes connu une combinaison singulière de plusieurs phénomènes: une dégradation de leur condition sociale, une perturbation des cadres familiaux, des accidents biographiques, des mobilités fréquentes et un certain isolement social. Par-dessus tout, elles partagent le fait que ces caractéristiques liées entre elles aient fait l'objet d'interventions répétées des institutions de contrôle social, très présentes (à différents degrés) dans leur quotidien, et largement prises en charge par les mères (Teillet 2019).

L'examen des modes d'articulation des interventions civiles et pénales suit la logique de production des parcours institutionnels juvéniles. En premier lieu, les placements civils prennent part à la chaîne de production des «désordres» qui débouche sur des poursuites pénales. Selon les configurations, le suivi pénal s'appuie ensuite de façon différenciée sur les prises en charge civiles, du modèle de la rupture à des formes d'hybridation des deux registres judiciaires. Enfin, en aval du parcours pénal et au-delà de la majorité, les retours vers des filières civiles protectionnelles s'avèrent incertains, voire compromis.

---

[2] Stéphane Beaud les définit comme des entretiens approfondis «enchâssés dans l'enquête de terrain (pris par son rythme, son ambiance)» (1996: 234).

La place de la protection de l'enfance dans la chaîne de production des «désordres»

La première modalité de couplage entre les politiques protectionnelles et répressives à l'échelle des parcours concerne les étapes précédant les poursuites pénales. Les prises en charge civiles y apparaissent comme une première séquence de régulation de «désordres» familiaux et/ou scolaires[3]. L'ineffectivité des sollicitations institutionnelles de la part des parents dans un premier temps, puis la production de «désordres» au sein même des lieux de placement civil, dans un second temps, débouchent au final sur des placements pénaux.

Des parcours de placement civil fractionnés et progressifs

Sur les neuf cas étudiés, six jeunes ont connu des placements ordonnés par un·e juge des enfants au titre de la protection de l'enfance avant les premiers placements pénaux: Michel, Justine, Jean-Marie, David, Pierre et Clément par ordre d'ancienneté (voir schéma ci-dessous).

La progressivité des modes de placement organise une «carrière de placement civil» à la manière de la «carrière délinquante» entendue comme «une série d'établissements et de situations juridiques qui marquent des degrés de délinquance nettement définis» (Chamboredon 1971: 370–371). Les différents types de placement civil sont ordonnés selon un double principe de prise en charge, de la moins collective à la plus collective et de degré croissant de formalisme institutionnel. On trouve d'abord les familles d'accueil (FA, pour un placement individualisé au domicile d'un·e «assistant·e familial·e» disposant d'un agrément de l'Aide sociale à l'enfance ASE), puis les lieux de vie (LV, pour un placement dans un collectif d'une petite dizaine de jeunes encadré·e·s par un à deux professionnel·le·s) et enfin les maisons de l'enfance à caractère social (MECS ou «foyers de l'enfance» de l'ASE, placement en institution encadré par une équipe de salarié·e·s de la protection de l'enfance). Les jeunes passent généralement d'un mode de placement à celui de degré supérieur (de la famille d'accueil au lieu de vie ou à la MECS, du lieu de vie à la MECS) à force d'oppositions aux règles qui y ont cours, ce qui rapproche dans leur fonctionnement les carrières de placement civil des carrières délinquantes. La notion de carrière ainsi entendue ne fait pas de chacun des modes de placement des étapes nécessaires aux suivantes. Elle est ici institutionnellement prévue et non nécessairement réalisée à l'échelle individuelle; la carrière (institutionnelle) ne détermine pas entièrement le parcours juvénile (individuel). Ainsi, trois des six jeunes ayant connu un parcours de placement civil n'ont jamais connu de placement en famille d'accueil puisqu'ils l'ont démarré directement au degré supérieur.

---

[3] Le concept de «désordres» (employé avec des guillemets pour le différencier des usages communs du terme) a été défini pour analyser les médiations sociales qui, des premiers heurts au sein d'un univers de socialisation juvénile, conduisent à la judiciarisation d'une situation problématique (Teillet 2019: 320-324). Sans entrer dans le détail de sa construction, mentionnons au moins qu'un «désordre» n'existe que relativement à un «ordre» indiqué par le qualificatif (familial, scolaire, judiciaire, etc.), qu'il est identifié comme «désordre» en premier lieu au sein de l'univers en question, après que les procédures ou pratiques de régulation ordinaires ont montré leur ineffectivité, avant d'être labellisé en tant que «désordre» par une agence de contrôle social d'autorité supérieure (la justice civile pour la famille et l'école, la justice pénale pour le judiciaire et recevoir un nouveau traitement.

Figure 1: Frises chronologiques des placements civils connus jusqu'au premier placement pénal

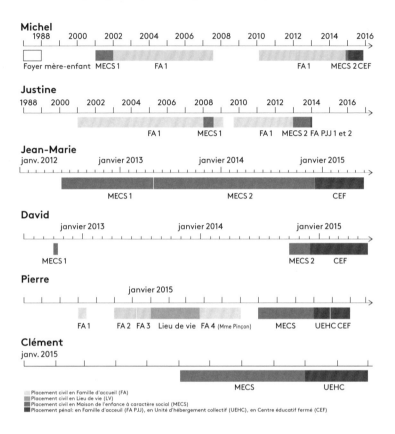

Quand la MECS intervient en amont (pour Michel) ou en cours (pour Justine) de placements familiaux, elle remplit la fonction d'accueil provisoire le temps de trouver une famille d'accueil ou d'hébergement temporaire pour soulager l'assistant·e familial·e un ou plusieurs mois. Les six parcours ont en commun de se terminer par un placement en MECS à partir duquel démarre le parcours pénal (en famille d'accueil PJJ, en unité éducative d'hébergement collectif – UEHC – ou en centre éducatif fermé – CEF).

Les difficultés qui se cristallisent autour des enquêté·e·s prennent différentes formes. Pour Tonio et David, l'origine des conflits avec leurs parents se trouve d'abord dans leurs soustractions à l'ordre familial. L'un et l'autre investissent le plus intensément leurs sociabilités amicales. Ils deviennent consommateurs de cannabis dès les débuts du collège. Ce sont eux également qui se soustraient le plus aux impératifs d'assiduité scolaire; les deux garçons connaissent les scolarités les plus discontinues et changent trois à cinq fois d'établissements. Dans leur cas, ce sont leurs investissements juvéniles extérieurs à la sphère familiale qui font «désordre». À l'opposé, la situation de Nathan pose problème à sa mère en raison de la manière dont elle envahit le quotidien familial, qu'il s'agisse des manifestations encombrantes de sa sexualité, de son hygiène, de ses comportements alimentaires ou de ses mauvaises relations avec ses sœurs. Les situations de Benjamin,

Clément, Pierre et Jean-Marie combinent les deux formes d'investissements problématiques, à la fois internes et externes à la sphère familiale. Dans leurs cas, et davantage que pour les trois précédents, les «désordres» se manifestent par des relations familiales fortement dégradées, empreintes de violences verbales et parfois physiques. Dans les cas de Michel et de Justine, les «désordres» interviennent au sein des familles d'accueil connues depuis le plus jeune âge. Ils prennent, là aussi, la forme de combinaisons entre absences et présences problématiques du/au domicile.

Au sein des familles populaires fortement encadrées, les «désordres» n'émergent pas en deçà du radar des institutions de contrôle social. Dès les premières difficultés, les parents sollicitent les professionnel·le·s de l'enfance avec de fortes attentes, rarement comblées. Les mères prennent les devants par habitude du travail socioéducatif, mais aussi afin d'éviter de se voir reprocher l'inaction ou la volonté de dissimuler les difficultés; elles sont davantage les cibles des injonctions institutionnelles (Cardi 2007), et ce depuis les premiers temps des politiques d'assistance et de contrôle aux/des familles populaires (Donzelot 2005). Cependant, les aides socioéducatives sollicitées n'ont que peu d'effectivité, soit pour des raisons administratives (une aide éducative demandée par la mère de Pierre arrive un an et demi plus tard), soit parce qu'elles sont perçues par les familles comme des marques de soupçon et non comme le soutien institutionnel qu'elles attendaient (l'éducatrice, qui intervient pour Tonio relève une anecdote où la benjamine est venue dormir avec son frère après un cauchemar, l'assimile à une anomalie des rapports fraternels et en fait le reproche aux parents) ou parce qu'elles contribuent à rendre les relations familiales plus tendues (quand elles poussent la mère de Pierre à lui exposer les motifs de la séparation du couple parental). Les forces de l'ordre sont aussi mises à contribution pour limiter les tentatives de soustractions à l'ordre familial par le jeu des déclarations parentales de «fugue»; elles concourent à leur tour à la désignation de «désordres».

Les placements civils sont donc consécutifs à l'inefficacité des régulations familiales et à l'ineffectivité des interventions socioéducatives et policières sollicitées. Ils interviennent au terme de trois types différents de séquences. Pour Jean-Marie, des signalements extérieurs à la famille (par des agent·e·s scolaires et une travailleuse familiale) sont à l'origine de son placement judiciaire. En ce qui concerne Michel, Justine et David, le départ pour le foyer de l'enfance acte les «désordres» familiaux et est décidé de concert avec les familles ou les assistants familiaux. Dans le cas de Pierre et de Clément, des scènes d'altercation marquent un tournant dans la publicité des «désordres» familiaux: la mère de Pierre dépose son fils devant les services sociaux au lendemain d'une altercation physique, tandis que le père de Clément dénonce son fils à la police pour son activité liée au deal à la suite de scènes violentes au domicile.

Des placements pénaux comme régulation de «désordres» au sein des foyers de l'enfance

Les placements pénaux constituent un second niveau de régulation, cette fois-ci au regard de «désordres» constatés au sein des foyers.

La vie du foyer est structurée par les rythmes sociaux dominants de la scolarité: les horaires de repas, de lever et de coucher sont fixés en fonction des journées scolaires. Les activités sont, le plus souvent, organisées pendant les vacances et les week-ends sont consacrés aux «retours en famille». Or, à l'exception de David, les enquêté·e·s ne sont plus scolarisé·e·s au moment où leur prise en charge civile se transforme en placement pénal. Ni Pierre ni Justine ne profitent de week-ends familiaux, leurs parents ne pouvant ou n'étant pas autorisés à les accueillir. Les propos des jeunes sur les dernières périodes vécues en MECS font état d'un décalage avec les autres jeunes placés encore scolarisés et témoignent d'un certain ennui. «Beh les journées en semaine, je me faisais chier! Tu devais te lever à huit heures, neuf heures l'étage il était fermé, il rouvre à midi et demi, il ferme à 14 heures et il rouvre à 17 heures», m'explique Clément. Lors d'un de nos entretiens, la mère de Jean-Marie évoque les activités confiées à son fils pour l'occuper: tonte de la pelouse du foyer, jardinage ou fabrication de meubles. «Ils se rendaient compte qu'il s'ennuyait parce que les autres étaient au collège, ou les autres en stage, que lui beh il faisait rien».

Les jeunes enquêté·e·s vont déployer des forces externes et internes. A l'image des situations problématiques vécues précédemment en famille, les jeune vont alterner confrontations et soustractions à l'ordre institutionnel de la MECS comparables à celles qui ont agi à l'encontre de l'ordre familial. Les investissements extérieurs au foyer sont orientés vers des sociabilités juvéniles vécues hors du contrôle de l'institution, et s'accompagnent le plus souvent de consommations d'alcool et de cannabis. «Beh on devait aller à la piscine, on arrivait à la piscine et on se barrait. On partait chercher des bouteilles puis on allait où on voulait. Drôle de vie [rires]», se souvient Clément. À l'image des parents, les professionnel·le·s déclarent les «fugues» auprès des forces de l'ordre pour réguler les absences du foyer. Mais les sociabilités indésirables aux yeux des adultes s'invitent également sur les lieux de placement. Ainsi, les établissements de l'ASE se révèlent être des lieux d'accueil clandestins pour d'autres jeunes non placé·e·s (Tonio compare un foyer de l'ASE à une «maison qu'on squatte»). Dès son arrivée à la MECS, l'intégration de Pierre au groupe passe par l'observation d'un rituel devenu banal: voler des bouteilles d'alcool fort en journée pour les consommer le soir au foyer. Des appropriations de biens et d'espaces du foyer à des fins personnelles (vol de nourriture, squat d'espaces collectifs) et des manifestations de sexualité juvénile (détourner l'usage des ordinateurs pour des consultations de sites pornographiques) sont également observées, sur une base plus collective qu'au domicile familial.

Pierre et Clément d'un côté, David, Jean-Marie et Michel de l'autre vont être les protagonistes de scène de violences qui signent la fin de leur prise en charge civile. En effet, des violences sur un éducateur et des dégradations matérielles dans la première situation, des violences sexuelles sur un autre jeune placé dans la seconde entraînent la garde à vue et le déferrement des cinq garçons avant leur premier placement pénal. Les cycles de violence suivent quelques régularités. Ils sont d'abord précédés d'épisodes qui affectent les jeunes. Le jour même des violences qui leur sont reprochées, David est destinataire d'une allusion blessante sur son père décédé; Jean-Marie apprend le prolongement de son placement jusqu'à sa majorité et Pierre que son orientation après le placement n'a pas été abordée lors d'une réunion faute de temps. Ces états d'énervement se prolongent ensuite par des consommations d'alcool et/ou de cannabis qui dépassent les niveaux habituels. Puis, en amont des deux scènes de violences, des régulations opérées par l'institution échouent à les éviter. Un jeu de gages dans la chambre de David entre les cinq garçons placés dérive vers des violences sexuelles commises sur le bouc émissaire du groupe; le veilleur de nuit intervient peu de temps avant, mais ne réussit pas à ce que les jeunes regagnent leurs chambres respectives à une heure où ils devraient s'y trouver. Au foyer de Pierre et de Clément, l'intervention physique d'un professionnel face à l'état manifestement altéré du premier ne produit pas l'effet d'apaisement escompté, mais déclenche la colère des jeunes hommes.

Quant à Justine, elle bascule du civil au pénal moins à cause de confrontations vis-à-vis des cadres du foyer qu'en raison de sa soustraction quasi totale aux modalités du placement. Son ancrage dans ce qu'elle appelle «le monde de la galère» lui fait expérimenter précocement le trafic de drogues, les consommations de drogues dures et d'alcool fort et l'expose à des violences sexuelles, avant que la juge des enfants n'ordonne son premier placement pénal. Sa situation fait écho à celle des «crapuleuses», ces jeunes filles déviantes perçues à l'extérieur comme des «rebelles», mais qui subissent dans le cadre de leurs relations amoureuses des violences qu'elles ne perçoivent pas comme problématiques sur le moment (Rubi 2015).

Des configurations variées d'articulation des prises en charge civiles au suivi pénal

Le modèle d'articulation institutionnellement prévu de l'une à l'autre des modalités de placement judiciaire est celui de la rupture. Les scènes de violence rapportées pour les cinq garçons les font basculer, en l'espace d'une journée, vers un autre mode de prise en charge: ils relèvent désormais exclusivement de la justice pénale. Les vingt-quatre heures de garde à vue et de déferrement au tribunal pour enfants fonctionnent comme un sas entre les deux séquences successives, pris en charge par des agent·e·s qui n'interviennent ni dans le placement civil qui précède, ni dans le placement pénal qui se met en place. C'est ainsi que Michel, Jean-Marie et David d'un côté, Pierre et Clément de l'autre quittent subitement le foyer de l'enfance (civil) pour un placement pénal en CEF en décembre 2014 pour les trois premiers et en UEHC en octobre 2015 pour les deux derniers. À partir de la rupture que constitue le premier placement pénal, le suivi PJJ s'appuie ensuite diversement sur les prises en charge civiles, entre hybridation des registres judiciaires, chevauchements et définition de périmètres respectifs.

Le script de la rencontre entre l'éducatrice PJJ qui suit Michel et l'ancienne éducatrice ASE du garçon montre que les raisonnements de la première intègrent ceux de la seconde et les réactualisent dans une lecture de la situation juvénile teintée de préoccupations pénales. Deux cas montrent d'autres formes d'hybridation des interventions pénales et civiles, témoins d'une continuité plus forte des registres d'intervention judiciaires. Justine continue d'être suivie par l'ASE; l'institution est détentrice de l'autorité parentale et prend la place qu'occupent habituellement les parents au cours du suivi pénal. Quant à Nathan, si celui-ci n'a pas connu les filières civiles en amont des premières poursuites pénales[4], elles sont mobilisées en cours de procédure pénale – donc à des fins répressives – afin d'éviter au garçon les désagréments d'un placement pénal collectif et lointain.

---

[4] D'où son absence dans l'encadré précédent.

Un passage de témoin informel au sujet de Michel

Un «passage de témoin» informel est observé entre Véronique, l'éducatrice PJJ de l'UEMO qui suit Michel depuis son placement pénal et son ancienne éducatrice de placement ASE, à l'initiative de la première et sur le lieu de travail de la seconde. Ma présence provoque au départ une certaine gêne de la part de l'éducatrice de l'ASE, qui révèle le caractère clandestin de l'entrevue (elle n'a plus de mandat pour lui et n'est pas autorisée à consacrer de son temps à son cas). La transcription de leurs échanges montre quatre sortes d'interactions qui ont trait à la production d'un savoir de deux ordres: des informations factuelles, ainsi qu'un niveau de savoir plus complexe, celui des «hypothèses» et des «problématiques» (Sallée 2016: 117–131).

Le premier type d'échanges relève d'une quête de données sur la situation. Les familles populaires au cœur de l'enquête ont des histoires mouvementées; il s'agit d'abord d'ordonner les relations familiales et leurs reconfigurations successives. Ainsi, Véronique demande les noms des conjoints successifs des parents, les dates de naissance de chacun des membres, de mises en couple et de séparations, les situations conjugales des frères et sœurs. Sous le contrôle de l'autre professionnelle, elle construit au fur et à mesure de la discussion un «génogramme», un outil graphique utilisé dans le travail social pour représenter l'ensemble d'une configuration familiale. Le partage de mêmes techniques fluidifie l'échange; l'éducatrice ASE devance les attentes de Véronique et vérifie en même temps la bonne réception des informations livrées. Les adresses et les numéros de téléphone opérationnels sont également communiqués pour faciliter les contacts ultérieurs.

Un deuxième niveau d'interactions se situe dans la transmission des analyses socioéducatives forgées au fil du suivi en protection de l'enfance: comment les informations obtenues ont-elles été intégrées par l'ASE dans une construction cognitive qui donne corps à un «système» familial? Le script est souvent le même: une anecdote, racontée par l'éducatrice ASE, est le support d'une montée en généralité sur le fonctionnement familial. Elle rapporte que Sofia, la petite sœur de Michel, accuse l'assistant familial qui les a accueilli·e·s depuis leur plus jeune âge d'attouchements à son encontre. Dans un premier temps, les parents soutiennent leur fille et déposent plainte, puis le père se ravise et rejoint Michel dans le camp de ceux qui considèrent que Sofia ment. «Tenir une posture, une position, c'est extrêmement compliqué pour [les parents]», fait valoir l'éducatrice ASE. Une part des «problématiques» livrées font directement l'objet d'une traduction dans les schèmes cognitifs de l'éducatrice PJJ. Un problème de «places» identifié par les services de l'ASE est par exemple aussitôt retraduit en «absence de frontière entre les générations» par Véronique. Les deux professionnelles partagent avec les assistantes sociales une morale familiale de classes moyennes salariées (Serre 2009). Pour elles, le fait que Michel et sa sœur soient mêlé·e·s aux problèmes adultes est perçu comme une manifestation d'«indétermination statutaire» (*ibid.*: 115–120).

Un troisième type d'interactions vise à solliciter l'interprétation de l'éducatrice ASE sur des éléments relevés en début de suivi pénal. Ainsi, certains silences de Michel interrogent l'éducatrice PJJ, comme ceux qui concernent sa mère: «Il a presque rien à dire sur elle». «Je suis pas étonnée, parce que quand on regarde toutes ces années d'accompagnement, [...] Madame n'exerce pas son droit», lui répond l'éducatrice ASE.

Enfin, la rencontre est l'occasion pour Véronique de tester certaines hypothèses dans le but de construire ses propres clés de compréhension concernant la situation de Michel. Celles-ci relèvent des registres psychologique et criminologique; certaines de ses questions sont liées au souci de comprendre la participation de Michel aux violences incriminées. Elle demande à son interlocutrice s'il est plutôt «suiveur» ou «meneur» au sein des groupes («a-t-il été plutôt influencé ou initiateur au moment des faits?» se demande-t-elle en filigrane), s'il en avait voulu à sa grande sœur d'avoir révélé les attouchements qu'elle a subis de la part du deuxième conjoint de sa mère («comment se positionne-t-il sur la condamnation des faits de nature sexuelle?») ou encore si l'homme en question n'a abusé que des filles («il pourrait être lui-même abusé et ne pas vouloir en parler», se dit-elle). Les hypothèses concernent également les relations familiales ou encore le rapport de Michel aux accompagnements éducatifs. «Qu'est-ce qu'il fait de tout ça?»: derrière la question, Véronique se demande s'il ne donne pas le change en ne refusant jamais la relation, mais en n'en tirant que peu de choses.

Justine, une double tutelle malheureuse

La configuration de Justine est particulière en raison de la délégation d'autorité parentale ordonnée par une juge aux affaires familiales en 2012 à l'ASE du département, qui reste associée à la prise en charge pénale. Le double ancrage institutionnel devient rapidement source de mécontentements et de reproches mutuels; il donne lieu à des conflits de «juridiction» (Abbott 2016). Le rejet réciproque entre l'ASE et la jeune fille contraint Anne, l'éducatrice PJJ de milieu ouvert qui la suit, à proposer d'emblée des placements pénaux, ce qui ne la satisfait pas: il lui est impossible d'organiser une réponse pénale progressive avec de premières interventions en milieu ouvert. Un autre épisode de désaccord se joue à la première incarcération de la jeune fille. Ni l'ASE ni la PJJ n'acceptent de prendre en charge ses «frais de vêture» en considérant qu'ils ne relèvent pas de leurs juridictions respectives. Les dysfonctionnements motivent la tenue de réunions trimestrielles qui permettent de faire le point entre les responsables des deux services et les deux éducatrices ASE et PJJ sur leurs actions réciproques.

La transcription des échanges témoigne d'un même contenu d'interaction que lors du passage de relai précédent: on se communique des données et on construit ou on confronte des «problématiques» sur le cas de Justine. Les deux professionnel·le·s de la protection de l'enfance y prennent cependant une part plus grande et l'élaboration cognitive et collective ne vise pas seulement la compréhension de la situation de la jeune fille, mais également la définition d'axes de travail socioéducatif à mener conjointement. Ainsi, sont évoquées les retrouvailles «difficiles à gérer» de Justine avec sa mère, cette dernière étant mêlée à des réseaux d'escroquerie. La jeune fille n'a de cesse de demander à ses deux éducatrices d'agir pour aider sa mère. Anne utilise l'expression de «position parentifiée» pour décrire l'inversion du rapport de responsabilité parentale. Le responsable de l'UEMO propose comme hypothèse de compréhension le fait qu'elle veuille «sauver sa mère» pour «se sauver elle», ce que le responsable ASE reformule aussitôt: «elle ne peut être sauvée que si elle sauve sa mère». Le responsable de l'UEMO propose alors une orientation pour le suivi: accompagner un transfert en direction de ses frères et sœurs cadet·te·s de la posture de responsabilité qu'elle manifeste à l'égard de sa mère. Cependant, l'hypothèse ne convainc pas les professionnel·le·s de l'ASE puisque les membres de la fratrie ne souhaitent pas avoir de nouvelles de leur sœur aînée. Plusieurs séquences de ce format dessinent une poignée de pistes de travail communes avec un partage des sphères d'intervention: «confronter Justine à son histoire» est davantage un objectif pour l'ASE, tandis qu'Anne, pour la PJJ, se concentre plutôt sur ses projections.

Les filières civiles mobilisées à des fins pénales pour Nathan

Le parcours judiciaire de Nathan présente la spécificité de se composer d'une série de placements civils qui succèdent à une première séquence pénale. Poursuivi pour de premiers faits d'agression sexuelle sur une collégienne, le garçon de 16 ans se voit ordonner un suivi court de quatre mois en milieu ouvert exercé par Denis, un éducateur de l'UEMO. Au cours de cette première phase pénale, des violences sexuelles à l'encontre de sa sœur cadette remontent à la surface après plusieurs années. La réinterprétation institutionnelle qui en est faite débouche sur l'accompagnement de la mère de famille vers un dépôt de plainte contre son fils (Teillet 2020).

Au départ, Denis compte demander à la juge des enfants un accompagnement psychologique du garçon ainsi qu'un suivi en milieu ouvert plus intensif. Mais l'ASE, qui suit par ailleurs la famille depuis plusieurs années, se «positionne» pour un retrait de l'aîné du domicile familial; Denis doit faire une proposition de placement conformément au souhait des services de protection de l'enfance. Il espère éviter à Nathan un placement pénal collectif qui exposerait le jeune auteur de violences sexuelles à des violences de la part des autres jeunes et risquerait de l'éloigner de son environnement actuel, l'offre de placement pénal du département étant très limitée. Denis s'appuie alors sur la scolarisation et les nombreux suivis institutionnels en cours du garçon pour «vendre» à la juge une solution de placement civil en famille d'accueil. Nathan est certes poursuivi pénalement, mais le fondement de son placement reste civil et le garçon n'a pas à quitter le département. Les filières judiciaires civiles sont en quelque sorte mobilisées à des fins pénales. C'est d'ailleurs ainsi que Nathan le perçoit: il se sent condamné à quitter sa famille pour les faits qu'il a commis sur sa sœur.

Contrairement à la configuration judiciaire de Justine, le centre de gravité reste ici celui de l'ASE et de la justice civile. Après une interruption d'un an et demi, le temps que le procès de Nathan arrive et qu'une nouvelle «mesure» soit prononcée et lui soit attribuée, Denis retrouve un nouvel environnement socioéducatif autour du jeune homme, composé des institutions du handicap, de la santé psychique, des services sociaux et de tutelle familiale. Pour éviter de «faire doublon», Denis se donne alors la mission de «faire en sorte que Nathan reste mobilisé et motivé par rapport à ses autres soutiens»; il s'agit d'un suivi de ses autres suivis en somme. Avec le départ des éducatrices de l'ASE, il lui revient également la compétence des relations familiales et le soin d'accompagner le jeune dans la reprise de lien avec ses sœurs et avec son père.

Des jeunes désormais exclu·e·s des logiques protectionnelles

Troisième temps de l'articulation entre justice civile et justice pénale, l'aval des poursuites pénales témoigne de l'exclusion des jeunes des dispositifs de protection de l'enfance, qu'il s'agisse de nouveaux placements civils ou du «contrat jeune majeur», assorti de protections sociales pour franchir le seuil de la majorité en France[5].

Quatre configurations d'orientation civile non réalisée

Le cas de Justine abordé plus haut montre l'effet combiné de logiques gestionnaires et des performances livrées en audience. Alors que le responsable de l'UEMO sollicite un accompagnement éducatif, la juge lui oppose une fin de non-recevoir. D'une part, le suivi de mineur·e·s emprisonné·e·s est coûteux pour l'institution, et ce, encore davantage pour les femmes pour lesquelles les lieux d'incarcération sont plus rares, et donc potentiellement éloignés des juridictions d'origine comme c'est le cas pour Justine. D'autre part, l'insolence qu'elle affiche lors de l'audience de révocation du sursis (elle est excédée après avoir récupéré, juste avant l'audience, ses photos et ses habits moisis, dans un sac poubelle que l'ASE conserve depuis l'époque de son placement civil) n'incline pas la juge à adopter des lunettes protectionnelles sur sa situation. Les logiques punitives priment et emportent la décision de la magistrate: elle décide de révoquer totalement sa peine de six mois de prison avec sursis et refuse d'ordonner un quelconque suivi éducatif, au civil comme au pénal. Alors que nous étions sept adultes réuni·e·s autour d'elle le jour du procès tous services confondus, je deviendrai son seul lien avec l'extérieur au seuil de sa majorité, chargeant la relation d'enquête d'une intensité et d'attentes dont elle n'avait pas fait preuve auparavant. Celle-ci devient dans les temps qui suivent l'interruption du suivi un vecteur de communication entre Anne et Justine et le réceptacle de l'ambivalence des sentiments de la jeune fille, entre sentiment d'abandon et soulagement de ne pas avoir à nourrir d'espoirs à l'égard des institutions, de toute façon voués à la déception. «Franchement je te dis, ça me soulage que ce soit plus l'ASE, c'est moi mon représentant légal maintenant».

Pour Nathan, l'échéance de sa majorité arrive et, avec elle, la fin de la prise en charge civile. La volonté de prolonger le placement, partagée par la mère et son fils pour préparer son insertion sociale, ne peut se faire que dans le cadre d'un «contrat jeune majeur». Le jeune homme réalise à travers les catégories administratives du formulaire de demande qu'un éducateur l'aide à remplir qu'il est considéré comme un jeune handicapé. La confrontation à l'étiquette du «handicap», pourtant ancienne, le pousse à refuser la démarche dans un premier temps. La mère et l'éducateur entament un travail pour lui faire accepter son statut («ça ne veut pas dire que tu es gaga, [...] trisomique, t'es pas physique non plus, ni rien quoi! [...] Toi ton handicap il est [...] plutôt psychique», «y a des choses que tu ne comprends pas forcément bien», lui explique sa mère) et l'urgence de la situation («parce qu'après à 18 ans, [il faut] lui faire comprendre que y a plus rien, y a plus de suivi, y a plus rien!», s'inquiète-t-elle). Nathan finit par se laisser convaincre de la démarche, mais l'ASE lui refuse finalement ce statut. Le jeune majeur se retrouve à la rue le temps que sa mère lui trouve une solution provisoire. Une fois son suivi pénal repris, Denis hésite à formuler une

---

[5] Selon le Code de l'action sociale et des familles (CASF), un contrat jeune majeur vise à «apporter un soutien matériel, éducatif et psychologique [...] aux majeurs âgés de moins de 21 ans confrontés à des difficultés familiales, sociales et éducatives susceptibles de compromettre gravement leur équilibre», et peut, en fonction du type de difficultés, ouvrir un droit à une allocation, à la prise en charge temporaire d'un hébergement en semi-autonomie et/ou à un accompagnement éducatif.

nouvelle demande: s'il peut garantir le suivi que l'ASE n'aurait pas à financer, il anticipe que le financement d'un logement en semi-autonomie risque d'être refusé par le conseil départemental.

Dans une autre configuration, Pierre se retrouve sans aucune domiciliation après un premier placement postpénal chez le père de sa petite amie, terminé à l'occasion de leur rupture amoureuse. Une ancienne assistante familiale, chez qui il a été placé avant les poursuites pénales et avec qui il a toujours entretenu une bonne relation, accepte de l'héberger. Quand l'ASE apprend la nouvelle, l'institution menace de retirer à la femme ses agréments: Pierre serait un danger pour les autres enfants placé·e·s et n'a rien à faire chez elle. Le responsable ASE de son secteur refuse la prise en charge du jeune homme de 16 ans, pourtant sans domicile, tandis que la PJJ fait valoir que, sans nouvelles infractions, un placement sur fondement pénal est inapproprié. Il faudra l'intervention de la juge des enfants pour mettre un terme à la «guerre de services»; elle contraint l'ASE à reconnaître et financer le placement chez l'assistante familiale au titre de la protection de l'enfance. En ce qui concerne Clément, l'éducatrice de l'UEMO qui le suit ne l'encourage pas à formuler une demande de protection à l'ASE: celle-ci pourrait entraîner la fin du placement obtenu dans un cadre pénal autour de son lieu de sa formation en apprentissage. De toute façon, le garçon ne compte en aucun cas solliciter de «contrat jeune majeur». Il aspire à retrouver une indépendance pleine et entière vis-à-vis des institutions qui le suivent désormais depuis plus de deux années.

Les obstacles à une extension civile du contrôle pénal

Les jeunes enquêté·e·s font donc partie des individus majoritairement écartés des prises en charge protectionnelles. Leurs parcours pénaux nourrissent des représentations négatives à leur encontre; leurs parcours civils antérieurs, émaillés d'accrocs, ne plaident pas davantage en leur faveur. Leurs difficultés à répondre aux injonctions à l'insertion entravent leurs chances d'apparaître comme dignes de protection et leurs parcours témoignent de la sélectivité des politiques sociales. La discordance des temporalités d'action des institutions complique également le passage des filières pénales à celles de la justice civile. Alors que la majorité constitue un seuil important en protection de l'enfance (il marque la fin des mesures de protection judiciaire pour mineur·e·s), celle-ci survient de façon décalée par rapport aux rythmes scolaires et de formation (Nathan se retrouve sans domicile en cours d'année scolaire) ou par rapport au calendrier pénal. Enfin, la posture de Clément rappelle que les protections sont toujours assorties d'un contrôle et ne sont pas toujours désirées par celles et ceux qui peuvent y prétendre. Dans son cas, au moment où la contrainte pénale commence enfin à se desserrer, la perspective de continuer à «rendre des comptes» lui semble difficile à accepter.

Conclusion: les caractéristiques d'un «continuum» sociopénal hybride et discontinu autour de mineur·e·s délinquant·e·s

L'examen des articulations entre prises en charge civiles et pénales à l'échelle des parcours documente les manifestations concrètes d'un «continuum» sociopénal. La thèse foucaldienne permet de penser deux principes de continuité: l'intrication de logiques hétérogènes à l'intérieur même de ce que recouvre le fait pénal et la proximité des ordres normatifs mis en œuvre par des institutions connexes à celles de la pénalité (éducatives, médicales et psychologiques, sociales, du handicap, etc.). Mais l'expression peut prêter à confusion; si l'on parle de «continuum», alors il convient de l'envisager sous une forme hybride qui n'exclut pas des principes de discontinuité.

La première remarque conclusive porte sur les conditions d'une possible continuité entre des agent·e·s d'institutions différentes. Les connexions sont permises entre l'éducatrice ASE qui a suivi Michel jusqu'ici et l'éducatrice PJJ qui le suit désormais. En effet, les deux femmes partagent des techniques relatives au travail social (la technique de l'entretien, le travail des relations humaines, l'écriture de rapports, etc.) ainsi que des modes de raisonnements proches. Ces schèmes cognitifs en partie semblables prennent forme dans des conditions matérielles d'existence similaires – celles d'une classe moyenne salariée, aux revenus stables et aux horaires de travail qui suivent les rythmes familiaux et scolaires (Serre 2009). Ils puisent également dans une culture psychologique commune (Castel et Le Cerf 1980) et composite, forgée au cours de trajectoires étudiantes proches (souvent en sciences humaines), d'un *curriculum* commun au sein des formations initiales des professions du social et de contenus de formation continue transversaux (avec le poids important des approches systémiques pour notre terrain d'enquête). On peut faire l'hypothèse que certaines habitudes de pensée sont plus largement typiques des institutions dans leur ensemble, comme l'externalisation des causes des «désordres» qui surviennent pourtant sur leur propre terrain. Par un raisonnement analogue à celui observé chez les enseignant·e·s de maternelle pour qui les difficultés d'apprentissage précoces sont davantage associées aux caractéristiques personnelles et familiales des élèves qu'aux situations d'apprentissage elles-mêmes (Millet et Croizet 2016), les deux éducatrices qui connaissent Michel estiment que les ressorts de ses problèmes sont à chercher du côté des fonctionnements familiaux, alors même que le garçon a vécu sous la responsabilité de l'ASE pratiquement toute son existence.

Pour autant, si les scènes décrites précédemment alimentent l'hypothèse d'un continuum sociopénal, ce dernier n'implique pas nécessairement une cohérence. Les rationalités multiples qui traversent les pratiques des agent·e·s des services pénitentiaires d'insertion et de probation (SPIP) pour les justiciables majeur·e·s, à l'origine d'un certain arbitraire pénal (Razac et Gouriou 2014), se retrouvent également à l'œuvre au sein de la justice des mineur·e·s, ainsi qu'à ses frontières, comme ici au contact de l'ASE. Les moments et les lieux d'interface entre les agent·e·s de l'ASE et ceux de la PJJ sont le théâtre de chevauchements de domaines d'intervention et de conflits de juridiction qui génèrent un certain désordre dans les prises en charge, alors même que les schèmes de représentation entre les différents agent·e·s sont en partie communs. D'une part, le résultat rappelle que la proximité soulignée est toujours relative : les agent·e·s interprètent les informations obtenues ailleurs à travers des filtres propres à leur institution d'appartenance et celles-ci sont transposées dans une matrice institutionnelle spécifique (le souci de la récidive pour les éducatrices et éducateurs PJJ par exemple, que l'on ne retrouve pas chez celles et ceux de la protection de l'enfance). D'autre part, le constat de frictions invite à dissocier l'action de l'institution de celle des agent·e·s qui y travaillent. La justice des mineur·e·s est traversée de principes d'action hétéroclites – les logiques socioéducatives entrent en concurrence avec d'autres, gestionnaires, territorialisées ou procédurales – dont l'assemblage produit la discontinuité (comme l'arrêt de tout suivi éducatif pour Justine décidé par la juge, contre l'avis de l'UEMO). Le continuum sociopénal repose donc sur des formes d'intervention hybrides (De Lerminat 2014) et n'est en rien incompatible avec l'arbitraire et le désordre qui en sont des manifestations ordinaires.

L'examen des parcours des jeunes enquêté·e·s conforte au final le modèle d'un maillage institutionnel encadrant leur existence, dont l'une des caractéristiques est justement qu'il ne forme pas une filière continue offrant des cadres institutionnels stables et prévisibles. Dès lors que l'on desserre la focale de l'articulation entre justice civile et justice pénale, apparaissent d'autres formes de connexion tout aussi incertaines, à l'image de Nathan pour qui l'institution du handicap prend la suite du suivi judiciaire après une longue période sans affiliation institutionnelle aucune. Et dans certains cas, comme celui de Justine, la transition vers d'autres institutions ne se fait pas, au prix d'un renforcement du contrôle exercé sur le versant pénal au moyen de l'incarcération. Les modes institutionnels de contrôle social, avec ce qu'ils produisent d'aléas et d'instabilité, restent ainsi constitutifs des conditions de vie des parents et des jeunes confronté·e·s à la justice pénale.

Références

Abbott Andrew. 2016. «La construction de la juridiction des problèmes personnels », in : Demazière Didier, Jouvenet Morgan (dir.), *Andrew Abbott et l'héritage de l'école de Chicago*, p. 279–313. Paris : École des hautes études en sciences sociales (EHESS).

Beaud Stéphane. 1996. «L'usage de l'entretien en sciences sociales. Plaidoyer pour l'entretien ethnographique *Politix*, 35(9) : 226–257.

Cardi Coline. 2007. «La ‹mauvaise mère› : figure féminine du danger». *Mouvements*. 49(1) : 27–37.

Castel Robert, Le Cerf Jean-François. 1980. «Le phénomène ‹psy› et la société française. Vers une nouvelle culture psychologique». *Le Débat*. 1(1) : 32–45.

Chamboredon Jean-Claude. 1971. «La délinquance juvénile, essai de construction d'objet». *Revue française de sociologie*. 12 (3) : 335–377.

De Lerminat Xavier. 2014. «Un continuum pénal hybride. Discipline, contrôle, responsabilisation». *Champ pénal/Penal field*. 11. http://journals.openedition.org/champpenal/8965, consulté le 15 mai 2019.

Donzelot Jacques. 2005. *La police des familles*. Paris : Minuit.

Foucault Michel. [1975] 2011. *Surveiller et punir*. Paris : Gallimard.

Messineo Dominique. 2015. *Jeunesse irrégulière. Moralisation, correction et tutelle judiciaire au XIXe siècle*. Rennes : Presses universitaires de Rennes.

Millet Mathias, Croizet Jean-Claude. 2016. *L'école des incapables ? La maternelle, un apprentissage de la domination*. Paris : La dispute.

Ogien Albert. 2018. *Sociologie de la déviance*. Paris : Presses universitaires de France.

Razac Olivier, Gouriou Fabien. 2014. «Sous une critique de la criminologie, une critique des rationalités pénales». *Cultures & Conflits*. 94-95-96 : 225–240.

Rubi Stéphanie. 2015. «Les déviances des ‹crapuleuses›». *Idées économiques et sociales*. 181 32–39.

Sallée Nicolas. 2016. *Éduquer sous contrainte. Une sociologie de la justice des mineurs*. Paris : EHESS.

Serre Delphine. 2009. *Les coulisses de l'État social. Enquête sur les signalements d'enfants en danger*. Paris : Raisons d'agir.

Teillet Guillaume. 2020 (à paraître). «Porter plainte contre son fils. Aux frontières des modes de régulation des désordres au sein des familles populaires», in : Arguence Charlène, Chihi Aziza, Michoux Clémence, Montmasson-Michel Fabienne, Moubeyi-Koumba Nina, Teillet

Guillaume (dir.). *Les frontières du privé. Un travail du social*. Limoges : Presses Universitaires de Limoges.

Teillet Guillaume. 2019. *Une jeunesse populaire sous contrainte judiciaire. De l'incrimination à la reproduction sociale*. Thèse de doctorat, Groupe de recherches sociologiques sur les sociétés contemporaines (GRESCO), Université de Poitiers, Poitiers.

Auteur

Guillaume Teillet est docteur en sociologie au sein du laboratoire Groupe de recherches sociologiques sur les sociétés contemporaines (GRESCO), à l'Université de Poitiers. Son enquête porte sur les parcours judiciaires de mineur·e·s délinquant·e·s. Elle montre les médiations sociales par lesquelles la justice pénale, parmi d'autres institutions de contrôle social, encadre la formation d'une jeunesse populaire. De l'étude des processus d'incrimination à l'analyse d'une reproduction sociale sous contrainte pénale, ses travaux se situent au croisement d'une sociologie pénale et des institutions et d'une sociologie des classes populaires et de la socialisation.

guillaume.teillet@univ-poitiers.fr
Université de Poitiers
GRESCO : UFR SHA
Rue Descartes 8
Bâtiment E4 – TSA 81118
F-86073 Poitiers

DOSSIER

NACHWORT: DAS FELD DES STRAFRECHTS UND SEINE METAMORPHOSEN

Der heuristische Mehrwert ethnografischer Erforschung einer hybriden Praxis

Franz Schultheis

Der Staat, seine Institutionen, Akteure und Praxen stellen klassischer Weise eine Domäne politikwissenschaftlicher Theoriebildung und makrostruktureller Forschungsansätze dar, während die empirische Sozialforschung hier nur am Rande und zögerlich aktiv wird. Die vorherrschenden Makroperspektiven gehen Hand in Hand mit reifizierenden Narrativen vom «Staat», seinen Interventionen, seinen Strategien und seinen Handlungslogiken. Obwohl dieser Staat als Entität weder sichtbar noch greifbar ist, hält sich das Bild von einer Art Metasubjekt, das in Louis XIV.'s Diktum «*L'État, c'est moi*» noch eine geradezu metaphysische Formel fand, immer noch hartnäckig, wenn auch in säkularer Gestalt. Im 19. Jahrhundert fand diese Reifikation unter der Ägide des autoritären preussischen Regimes die menschelnde Gestalt von «Vater Staat» an, einer patriarchalen Denkgestalt, die zugleich Zuckerbrot und Peitsche, Sorge und Sanktion, Wohlfahrt und Sanktionsgewalt unter ein Dach brachte. Diese zwei Gesichter des modernen Staates brachte Bourdieu mit einer anderen Metapher auf die Formel von der rechten und der linken Hand des Staates, welche sich in zwei vermeintlich klar abgegrenzten rechtlichen Systemen und institutionellen Interventionsfeldern und -logiken manifestieren: Strafrecht und Sozialrecht und deren jeweilige institutionelle Strukturen.

Dass eine solche rigide Vorstellung von «Arbeitsteilung» zwischen solchen selbstreferentiellen Subsystemen mit je eigenen geschlossenen Kodifikationen historisch völlig überkommen ist und an längst beobachtbaren Transformations- und Hybridisierungsprozessen völlig vorbeigeht, wird in den hier versammelten ethnografischen und soziohistorischen Forschungen über ein spezifisches Feld staatlicher Intervention und Regulierung auf exemplarische Weise vor Augen geführt. Gemeinsam ist ihnen die gewählte bottom-up Perspektive des Zugangs zu konkreten Praxen staatlicher Institutionen und ihrer Akteure im Umgang mit einer besonderen «Zielgruppe», betreffs deren die Vorstellung eines janusgesichtigen «Vater Staats», sorgend und strafend zugleich, in ganz besonderer Weise relevant wird. Es geht um Jugendliche als «werdende Erwachsene», also um eine Population, die in mehrfacher Hinsicht als problematisch repräsentiert wird.

Das Jugendalter ist in soziologischer Sicht eine in mehrfacher Hinsicht von Unsicherheiten und Risiken begleitete Statuspassage. Hierbei geht es nicht allein um die für die Adoleszenzkrise kennzeichnende Status- und Rollenungewissheiten bei der oft von Blockaden, Widerständen, Umwegen und Sackgassen geprägten Identitätssuche bzw. -bastelei, sondern nicht zuletzt auch um die gesellschaftliche Repräsentation und Regulation dieser als besonders prekär angesehenen Altersphase, in der sich das Gelingen oder Misslingen gesellschaftlicher Reproduktion und Integration in besonders verdichteter Weise abzuspielen scheint. Idealtypisch betrachtet lässt sich hier von einem Spannungsverhältnis zweier scheinbar konträrer gesellschaftspolitischer Dispositive der Regulierung von Jugend mit je spezifischen Interventionsformen sprechen: auf der einen Seite das Bild einer «gefährdeten Jugend» angesichts vielfältiger als «jugendgefährdend» eingestufter gesellschaftlicher Umweltfaktoren, andererseits die Vorstellung einer «gefährlichen Jugend» als einer aufgrund ihrer angenommenen konstitutiven Instabilität bzw. «Unausgereiftheit» für deviantes Verhalten geradezu prädestinierten Population (Schultheis 2005a). Diese für die gesellschaftliche Ordnung und alltagsweltliche Normalität als gefährlich betrachteten Dispositionen und Praxen scheinen in zweifacher Weise besorgniserregend.

Auf der einen Seite geht es um eine breite Palette von Normverstössen unterschiedlicher Schwere, die von der Erregung öffentlichen Ärgernisses, den *incivilités* wie Ruhestörung und Verstössen gegen Konventionen und Sitten bis hin zu Ordnungswidrigkeiten und strafrechtlich relevanten Tatbeständen verschiedenster Brisanz reichen können. Auf der anderen Seite stellt sich jugendliche Devianz und Delinquenz als – nicht minder ernstzunehmende – Gefährdung der längerfristigen soziobiografischen Integrationsfähigkeit bzw. «Gesellschaftsfähigkeit» werdender Erwachsener dar, aus der sich nach verbreiteter Sicht der Dinge ein ganzer Teufelskreis interdependenter und sich wechselseitig verstärkender sozialer Dysfunktionen und sich verfestigender Abweichungen von der Standardbiografie kapitalistischer Erwerbsgesellschaften und der von ihr eingeforderten *Employability* bzw. (Arbeits-) Marktfähigkeit ergeben kann. Das *"Learning to labour"* (Willis 1981) nimmt unter den Bedingungen einer radikalisierten Marktvergesellschaftung und deutlich erhöhter Anforderungen an das Humankapital, seine Flexibilität, Mobilität und Kreativität in den Zeiten eines *Neuen Geistes des Kapitalismus* (Boltanski und Chiapello 2005) die in diesen flexiblen Habitus hinein zu sozialisierenden Individuen stärker in Anspruch denn je und nicht alle sind diesem Druck in gleichem Masse gewachsen und nicht alle verfügen je nach familialem Hintergrund unter den gleichen Ressourcen an ökonomischem und kulturellem Kapital, um in diesem Wettkampf zu bestehen. Aus diesem Grunde durchdringen sich Fragen sozialstruktureller Disparitäten der je verfügbaren Lebenschancen und die sozialstatistische Wahrscheinlichkeit einer persönlichen Erfahrung mit und biografischen Betroffenheit von staatlichen Eingriffen in die eigene Lebensführung wechselseitig.

Die Art und Weise wie Gesellschaften mit dieser Problematik intergenerationeller Reproduktion und der Einpassung werdender Erwachsener in ihre künftigen Rollen umgehen, ist sowohl historisch wie auch interkulturell höchst variabel. Die in diesem Band vorgelegten Studien bieten dafür einiges Anschauungsmaterial.

Seit den 1980er-Jahren hat sich das Strafrecht in der Schweiz wie in fast allen anderen westlichen Ländern stark verändert (Schultheis und Keller 2008). Die auf breiter Front beobachtbare Schrumpfung des Wohlfahrtsstaates ging mit der Entwicklung neuer, verstärkter Formen der strafrechtlichen Regulierung im Allgemeinen und einer Verhärtung der Praktiken im Bereich der Jugendjustiz im Besonderen einher, für den die US-amerikanische Formel *zero tolerance* zunächst das Leitmotiv abzugeben schien. Hiervon ging auch der Autor dieser Zeilen in gemeinsam mit Pierre Bourdieu und Loïc Wacquant ab dem Jahre 1996 durchgeführten E-U.-Forschungsprojekt zum Thema «*Les nouvelles formes de régulation de la déviance juvénile*» aus. Die Ausgangshypothese von einer Generalisierung des US-amerikanischen Modells der Repression wirkte zunächst bestechend, als wir jedoch von den Höhen sozialtheoretischer Gesellschaftsdiagnose auf die Ebene ethnografischer Feldforschung hinunterstiegen und in verschiedenen europäischen Städten die jeweils beobachtbaren Praxen im Umgang mit jugendlicher Devianz zum Gegenstand qualitativer Interviews mit unterschiedlichsten Akteuren machten, erwies sich diese Hypothese unter unseren europäischen Verhältnissen und ihren staatlichen Ordnungen als unhaltbar (Lebaron und Schultheis 2007, Schultheis 2005b). Ganz ähnlich wie in den Beiträgen zu dieser Sondernummer kamen auch wir zu der Erkenntnis, dass die beiden Hände des Staates und ihre rechtlichen Rahmen – Straf- und Sozialrecht – in oft sehr nuancierter Weise sich eines breiten Repertoires an hybriden und fein abgestuften Interventionsformen bedienten um jeweils stark einzelfallbezogen eine grösstmögliche Effizienz zu erreichen. Hierbei operierten die angetroffenen Akteure ähnlich wie die der präsentierten Fallstudien mit kombinierten Strategien der Prävention, Kontrolle und Sanktion, die ihren gemeinsamen Nenner im übergreifenden gesellschaftspolitischen Ziel der Stärkung der Selbstverantwortung der «Betreuten» zu finden schienen.

Mit ihrem Kaleidoskop an empirischen Feldforschungen und einem breiten Fächer an relevanten Befunden schliesst dieser Band eine echte Forschungslücke.

Der Forschungsstand in der Schweiz, wie auch in den meisten Nachbarländern, zeichnet sich bisher durch das Vorherrschen segmentierter Ansätze aus, bei denen einzelne einschlägige Institutionen jeweils isoliert auf ihre Praxis und Handlungslogik hin befragt werden. Dabei wird darauf verzichtet, sie als Handlungskette mit interdependenten Gliedern zu konzipieren. Dadurch wird dann weitgehend ausgeblendet, dass in diesem hybriden gesellschaftspolitischen Feld vielfältige Institutionen und ihre Akteure in Konkurrenz um das das Monopol auf legitime Deutungs- und Handlungshoheit stehen.

Die vorgelegten Beiträge aus verschiedenen Ländern divergieren hinsichtlich ihrer Fokussierung auf je konkrete Konfigurationen von Akteuren in diesem staatlichen Handlungsfeld. Gemein ist ihnen aber, dass sie die bisher stark unterkomplexe isolierte Betrachtung einzelner, vermeintlich eigenständiger, institutioneller Strukturen durchbrechen und auf je eigene Art einen Beitrag zur Leitthese des Bandes von der Hybridisierung staatlicher Regulierung jugendlicher Devianz liefern. Gemeinsam ist ihnen ebenfalls, dass sie die Perspektive der Jugendlichen innerhalb dieser Konfigurationen von institutionellen Akteuren und ihren «KlientInnen» ins Zentrum stellen und ihnen dabei nicht einfach die Rolle passiver «Spielbälle» der Justiz oder wohlfahrtsstaatlicher Schutzsysteme zuweisen. Vielmehr erscheinen die Jugendlichen selbst als aktive Akteure ihrer von diesen Institutionen registrierten und be- und verurteilten Taten, die dabei selbst in der Interaktion mit den für sie zuständigen SozialarbeiterInnen oder JustizbeamtInnen – ob bewusst oder unbewusst – strategisch verfahren und eigene Rationalitäten an den Tag legen.

Die Perspektive der jugendlichen AdressatInnen staatlicher Ge- und Verbote, Ordnungsrufe und Sanktionen, bilden einen blinden Fleck der sozialwissenschaftlichen Forschung in der Schweiz. Mit den hier vorgelegten ethnografischen Feldforschungen wird diese Forschungslücke ein Stück weit geschlossen und über diesen Gegenstand hinaus auch ein wichtiger Beitrag für eine Erneuerung der sozialwissenschaftlichen Auseinandersetzung mit «Staat» geleistet, indem dessen Strukturen und Wirken in *bottom-up* Perspektive und ausgehend von konkreten empirisch greifbaren Praxen analysiert werden.

Wie immer werfen Forschungen mehr Fragen auf, als sie Antworten zu geben in der Lage sind: hierdurch regen sie zu Weiteren, vertiefenden Studien an. Zu diesen Fragen zählen u.a.:

- Wie werden die jeweiligen Zuständigkeitsfelder der institutionellen Akteure aus den Bereichen Soziales, Gesundheit und Justiz künftig innerhalb des Jugendstrafrechtssystems neu geordnet und verzahnt?
- Wie kommt es hierbei zu spezifischen Kompetenzkonflikten und wie wirken sich diese auf die Behandlung jeweiliger sozialer Fragen aus?
- Wer wird künftig aufgrund welcher institutionellen Dispositive wie kontrolliert, verurteilt, geschützt und/oder bestraft?
- Wie trägt diese hybride Praxis des Strafrechts zu einer Umstrukturierung sozialer Beziehungen und möglicher Weise auch einer Umverteilung von materiellen und symbolischen Ressourcen und Lebenschancen bei?
- Welche nachhaltigen Niederschläge dieser Form von staatlicher Regulierung finden sich in den biografischen Flugbahnen von werdenden Erwachsenen?
- Und schliesslich: Wie beurteilt die Öffentlichkeit diese hybriden Formen strafrechtlicher Praxis Behandlung und sieht in ihnen eine mehr oder weniger legitime Form der Anpassung staatlichen Handelns an sich wandelnde gesellschaftliche Rahmenbedingungen?

Literaturverzeichnis

Boltanski Luc, Chiapello Ève. 2005 (1999). *Der Neue Geist des Kapitalismus.* Konstanz: UVK (übersetzt von Michael Tillmann).

Lebaron Frédéric, Schultheis Franz. 2007. «Vers un État social européen? Les enseignements de la politique européenne de lutte contre le chômage des jeunes», in: Paugam Serge (dir.), *Repenser la solidarité. L'apport des sciences sociales*, p. 873–886. Paris: Presses universitaires de France.

Schultheis Franz. 2005a. «Splendeurs et misères de la jeunesse sous le règne du nouvel esprit du capitalisme», in: Service de la recherche en éducation (SRED) (dir.), *Jeunesse d'aujourd'hui. Analyse sociologique de la jeunesse et des jeunes dans une société en mutation rapide*, p. 27–37. Genève: SRED.

Schultheis Franz. 2005b. «La stratégie européenne de l'emploi: entre lutte contre la précarité des jeunes et production d'un habitus flexible». *Schweizerische Zeitschrift für Soziologie* 30(3): 303–318.

Schultheis Franz, Keller Carsten. 2008. «Jugend zwischen Prekarität und Aufruhr: Zur sozialen Frage der Gegenwart». *Schweizerische Zeitschrift für Soziologie* 34(2): 239–260.

Willis Paul. 1981. *Learning to Labor: How Working Class Kids Get Working Class Jobs.* New York: Columbia University Press.

Autor

Franz Schultheis ist Professor für Soziologie an der Zeppelin Universität in Friedrichshafen. Er promovierte an der Universität Konstanz und habilitierte sich bei Pierre Bourdieu an der EHESS in Paris. Er lehrte an verschiedenen Universitäten wie z. B. an der Sorbonne (Paris V) oder dem Institut d'études politiques in Paris und war als Professor an den Universitäten Neuchâtel, Genf und St. Gallen tätig. Seine aktuellen Forschungsschwerpunkte sind Soziologie der Arbeitswelt, der Kunst und Kreativarbeit. Er ist des weiteren Präsident der Fondation Bourdieu und Vize-Präsident des Schweizer Wissenschaftsrates.

franz.schultheis@zu.de
Zeppelin Universität
Am Seemooser Horn 20
D-88045 Friedrichshafen

SPECIAL ISSUE

AFTERWORD: THE FIELD OF CRIMINAL LAW AND ITS METAMORPHOSES

The Heuristic Added-value of Ethnographic Research into a Hybrid Praxis

Franz Schultheis[1]

In the political sciences, the state, and its institutions, actors and practices classically represent a domain of theory formation and macrostructural research, while empirical social research has traditionally been hesitant to engage in this area and remains on the margins. The dominant macroperspectives go hand in hand with reifying narratives of "the state", its interventions, and its strategies and rationales. Although the state as an entity is neither visible nor tangible, the image of a kind of metasubject, as elevated to an almost metaphysical level in Louis XVI's dictum *«L'État, c'est moi»*, has a stubborn persistence, albeit now in a secularized form. In the 19th century, under the aegis of the authoritarian Prussian regime, this reification took on the humanizing aspect of the "father state" (*Vater Staat*), an abstract patriarchal concept that brought the carrot and the stick, concern and chastisement, welfare and corrective violence under one roof. Bourdieu described these two facets of the modern state as its left and right hands, as manifested in two supposedly quite distinct systems of law: criminal law and social law, each with its own institutional structures, and areas and logics of intervention.

Such a rigid conception of a "division of labour" between self-referential subsystems, each with its own closed codifications, is historically quite obsolete and completely ignores long-evident processes of transformation and hybridization. This is made abundantly clear in the works of ethnographic and sociohistorical research on a specific area of state intervention and regulation that are collected here. They have in common the adoption of a bottom-up approach towards the concrete practices of state institutions and their actors in respect of a specific "target group", where the conception of a Janus-faced "father state" that is both caring and corrective has a very specific relevance. The concern here is with people on the cusp of adulthood, a population group that is represented as problematic in multiple ways.

In sociological terms, adolescence is a status transition that is accompanied by multiple uncertainties and risks. This concerns not only the uncertainties of status and role typical of the search for and piecing together of identity during the crisis of adolescence (with all the many blockages, resistances, detours and dead-ends that this involves). No less importantly, it is also a matter of the social representations and regulation of this stage of life, viewed as especially precarious, during which the success or failure of social reproduction and integra-

---

[1] Translated by Graeme Currie.

tion appear to occur in a particularly intense form. In terms of ideal types, we can consider this as the tension between two apparently contradictory socio-political apparatuses for the regulation of adolescents, each corresponding to specific forms of intervention: on the one hand, the image of adolescents as "vulnerable", because of certain factors in the social environment that are often considered to be "dangerous" and, on the other, the image of adolescents as themselves "dangerous", as a population that is practically predestined for deviant behaviour on the basis of an assumed constitutive instability or "immaturity" (Schultheis 2005a). These attitudes and practices, which are considered harmful to social order and everyday normality, are troubling in two regards.

On the one hand, they concern the entire spectrum of deviant behaviour that troubles social norms and public order: from antisocial behaviour to criminal offences of varying severity. On the other hand, adolescent deviancy and delinquency appears as an – equally serious – endangerment of the longer-term sociobiographical ability to integrate or "sociability" of young adults, which can lead to an entire vicious circle of interdependent mutually reinforcing social dysfunctions and increasing deviations from the standard biography of employees in aspirational capitalist societies and their pressure towards "employability". Under conditions of the radical marketization of society and significantly increased demands on human capital, society's flexibility, mobility and creativity in the age of a "new spirit of capitalism" (Boltanski and Chiapello 2005), the process of "Learning to Labour" (Willis 1981) places significantly increasing demands on the individual who is to be socialized in this flexible habitus, and not everyone is equally able to cope with these challenges or, depending on family background, in possession of the economic and cultural capital necessary to thrive in this competition. For these reasons, questions of sociostructural disparities in each individual's available life opportunities and the sociostatistical probability and biographical impact of personal experience with state interventions in the course of one's life are interlinked in complex and mutually interdependent ways.

The way in which societies deal with these issues of intergenerational reproduction and the socialization of young adults for their future roles is highly variable in both historical and intercultural terms. The studies presented in this volume provide a number of illustrations of this.

Since the 1980s, criminal law in Switzerland has changed markedly, as is the case in most Western states (Schultheis and Keller 2008). The shrinking of the welfare state that can be observed across a wide range of fronts has gone hand-in-hand with the development of new and more robust approaches to the regulation of criminality in general and a hardening of practices in the area of youth justice in particular, apparently inspired initially by the American concept of "zero tolerance". This was the current author's assumption in the EU research project he undertook together with Pierre Bourdieu and Loïc Wacquant from 1996 on «*Les nouvelles formes de régulation de la déviance juvénile*». The initial hypothesis of a generalisation of the American model of repression initially appeared alluring, yet as we descended from the heights of social theoretical diagnosis to the level of ethnographic field research and examined the various practices designed to govern youth deviance as the objects of qualitative study by means of interviews with a range of actors in various European cities, this hypothesis revealed itself as untenable under European conditions and within European state structures (Lebaron and Schultheis 2007; Schultheis 2005b). In a very similar way to the papers in this special edition, we came to the realization that both hands of the state and their legal frameworks – criminal and social law – made use of a broad repertoire of hybrid and finely graded forms of intervention, in ways that were often highly nuanced, in order to achieve the highest level of effectiveness in each individual instance. In so doing, the relevant actors operated in a way similar to those in the case studies presented here, making use of strategies that combined prevention, observation and sanctions, which appeared to find their common purpose in the broad societal goal of strengthening the personal responsibility of their "clients".

With a broad spectrum of empirical research and a wide variety of relevant findings, this collection of papers closes a genuine research gap.

The state of research in Switzerland as in most of its neighbours has so far been typified by the predominance of compartmentalized approaches in which the practices and rationales of each individual institution are considered in isolation. This approach omits to consider these as chains of action whose various links are interdependent. This leads to a widespread tendency to ignore the fact that, in this hybrid social field, multiple institutions and their actors compete over the monopoly of legitimate interpretation and legitimate action.

The papers in the current volume are gathered from several countries and diverge in terms of their focus on specific concrete configurations of actors in this arena of state activity. However, they are united in breaking away from the strong tendency to consider individual, supposedly autonomous institutional structures in isolation and with insufficient regard for complexity, delivering in each case a contribution to this collection's overall thesis regarding the hybridization of state regulation of adolescent deviance. They also have in common the placing of the perspective of adolescents themselves at the centre of these constellations of institutional actors and their "clients", thereby avoiding simply assigning them the role of passive "playthings" of systems of justice or welfare-state protection. The young people in these texts are rather presented as agents of the activities that these institutions register and evaluate and/or condemn. In the interactions they have with the social workers or legal officials they come into contact with, they reveal – whether consciously or unconsciously – their own strategic practices and rationalities.

The topic of the young recipients of state directives and prohibitions, calls to order and sanctions is a blind spot in Swiss sociological research. The ethnographic field research presented here goes some way towards closing this research gap. Beyond this, it is also an important contribution towards reviving the social sciences' concern with "the state", in which its structures and functioning are analysed from the bottom up, starting with concrete and tangible empirical practices.

As always, the work of research raises more questions than it is able to answer. It thus acts as a stimulus for subsequent, more thoroughgoing studies. The questions generated here for future studies to pursue include:

- How should the areas of responsibility of each institutional actor in the realms of social, health and justice policy be reorganized and coordinated?
- What specific conflicts of jurisdiction are likely to arise in this, and how will these impact the management of each specific matter of social policy?

- Who in the future is to be observed, condemned, protected and/or punished and by which institutional apparatus?
- How does this hybrid practice of criminal law contribute to a restructuring of social relations and potentially also to a redistribution of material and symbolic resources and life opportunities?
- What kinds of long-term effects will this kind of state regulation have on the biographical trajectories of adolescents?
- And finally: How does the general public view these forms of hybrid criminal law, and are they considered as a more or less legitimate adaptation of state action to changing social conditions?

References

Boltanski Luc, Chiapello Ève. 2005 (1999). *Der Neue Geist des Kapitalismus*. Konstanz: UVK (German translation by Michael Tillmann).

Lebaron Frédéric, Schultheis Franz. 2007. «Vers un État social européen ? Les enseignements de la politique européenne de lutte contre le chômage des jeunes», in: Paugam Serge (dir.), *Repenser la solidarité. L'apport des sciences sociales*, pp. 873–886. Paris: Presses universitaires de France.

Schultheis Franz. 2005a. «Splendeurs et misères de la jeunesse sous le règne du nouvel esprit du capitalisme», in: Service de la recherche en éducation (SRED) (dir.), *Jeunesse d'aujourd'hui. Analyse sociologique de la jeunesse et des jeunes dans une société en mutation rapide*, pp. 27–37. Genève: SRED.

Schultheis Franz. 2005b. «La stratégie européenne de l'emploi : entre lutte contre la précarité des jeunes et production d'un habitus flexible». *Schweizerische Zeitschrift für Soziologie* 30(3): 303–318.

Schultheis Franz, Keller Carsten. 2008. «Jugend zwischen Prekarität und Aufruhr: Zur sozialen Frage der Gegenwart». *Schweizerische Zeitschrift für Soziologie* 34(2): 239–260.

Willis Paul. 1981. *Learning to Labor: How Working Class Kids Get Working Class Jobs*. New York: Columbia University Press.

Author

Franz Schultheis is professor of Sociology at the Zeppelin University in Friedrichshafen. He received his doctorate from the University of Konstanz and undertook his *habilitation* with Pierre Bourdieu at the EHESS in Paris. He has taught at various universities, including the Sorbonne (Paris V) and the Institut d'études politiques in Paris and has held professorships at the Universities of Neuchâtel, Geneva and St. Gallen. His current research priorities are the sociology of work, art and creative work. He is also the President of the Pierre Bourdieu Foundation and Vice President of the Swiss Science Council.

franz.schultheis@zu.de
Zeppelin Universität
Am Seemooser Horn 20
88045 Friedrichshafen
Germany

CONTRIBUTIONS EN ANTHROPOLOGIE AUDIO-VISUELLE

DONNER À VOIR L'INVISIBLE

L'expérience carcérale de détenus âgés saisie par la photographie

Texte, collecte et sélection des photographies : *Cornelia Hummel*

Du phénompène social à l'expérience singulière

En trois décennies, les pénitenciers suisses ont vu augmenter le nombre de détenu·e·s âgé·e·s de plus de 50 ans, tant en nombre absolu qu'en proportion. Si en 1987, leur proportion était de 6,5 % (230 détenu·e·s), elle passe à 15,7 % en 2017 (828 détenu·e·s, en très grande majorité des hommes; OFS 2018). Le vieillissement démographique carcéral est imputable dans une certaine mesure à l'augmentation des «incarcérations tardives» et à l'allongement des peines, mais surtout à l'augmentation des décisions de privations de liberté dépassant la peine (mesures et internements, art. 59 et 64 CP) et à la raréfaction des libérations anticipées aux deux-tiers de la peine (Riklin 2014). L'augmentation des détenu·e·s âgé·e·s constitue un imprévu et une mise à l'épreuve d'une institution pensée sur le modèle du/de la détenu·e jeune et valide: en prison, l'astreinte au travail figurant dans le Code pénal suisse (art. 81 CP) entre en collision avec le droit à la retraite; la fonction de réinsertion dans la société entre en tension avec l'horizon de la fin de vie; l'organisation des temporalités carcérales et l'aménagement des espaces s'ajustent mal aux corps vieillissants (Chassagne 2017).

Quelle expérience font les détenus vieillissants de la vie en pénitencier? Cette question est au cœur de l'étude exploratoire «Vieillir en prison – une étude de sociologie visuelle» menée dans deux pénitenciers suisses romands (population: hommes)[1]. Dans le cadre d'une démarche participative, des détenus âgés de 50 ans et plus ont été invités à documenter leur quotidien par la tenue d'un «journal photographique» durant quelques jours, accompagné d'un carnet dans lequel sont consignés des commentaires relatifs aux photos[2].

Négociations, ajustements, concessions

---

[1] Projet affilié au projet FNS-Sinergia "Agequake in Prisons", FNS166043. L'aval des commissions cantonales d'éthique a été obtenu dans le cadre de ce projet.

[2] Si les méthodes participatives sont, à l'heure actuelle, souvent discutée en relation avec la réduction de l'asymétrie entre chercheur·e et participant·e ainsi que le potentiel *empowerment* des participant·e·s, la démarche restituée ici se place en premier lieu dans la lignée des travaux pionniers de John Collier (Collier & Collier 1986) et de Douglas Harper (1986) qui insistent sur le rôle d'experts ou d'informateurs privilégiés que tiennent les participant·e·s dans une démarche photographique, par le biais de la *photo elicitation,* voire de la production photographique par les participant·e·s complétée par des entretiens (pour une discussion théorique du dialogue entre photographie et recherche selon John Collier et Douglas Harper, mais aussi Pierre Bourdieu et Roland Barthes, voir Wuggening 1990/1991). Le contexte sécuritaire de l'étude présentée ici ne permet pas de se prononcer sur la dimension de l'*empowerment* ni même de la réduction de l'asymétrie.

Sans surprise, l'accès au terrain fut difficile. L'ensemble des établissements d'exécution de peines ainsi que d'exécution de mesures en Suisse romande ont été contactés, avec comme résultat fréquent un grand silence, la majorité des courriels restant lettre morte. Dans deux cantons, le projet a pu être présenté de vive voix aux directions et a suscité une adhésion immédiate. Il convient de souligner que, dans sa version initiale, la démarche visuelle était présentée avec deux options à choix: a) photographies prises par la chercheuse de façon «classique» du point de vue de la récolte de données ou b) démarche participative avec des photographies prises par les détenus. Les deux directions ont choisi la démarche participative, «tant qu'à faire, autant privilégier les démarches novatrices et originales» (directeur du pénitencier A).

Un premier protocole de récolte de données, alliant mes impératifs de chercheuse et les impératifs de sécurité du pénitencier, a été réalisé dans le pénitencier A. Les appareils photo firent l'objet d'une attention toute particulière, car ceux-ci devaient en aucun cas être équipés de connectique moderne (GPS, WiFi, Bluetooth) tout en étant robustes et faciles à manier. L'option, envisagée pendant un temps, d'utiliser des smartphones usagés dont on aurait détruit physiquement toute possibilité de communication fut catégoriquement rejetée, le smartphone constituant un tabou absolu en prison. Le choix s'est finalement porté sur des appareils compacts d'anciennes générations (plus de 10 ans) de type Canon Ixus ou Nikon Coolpix, achetés d'occasion ou empruntés dans mon entourage. Les compartiments contenant la batterie de l'appareil et la carte SD (carte mémoire) furent scellés avant la remise aux détenus. Le protocole établissait également la procédure de déchargement des cartes SD après les trois jours durant lesquels les détenus avaient l'appareil à leur disposition: extraction des cartes SD des appareils en présence de la chercheuse et du chef de la sécurité, lecture des cartes avec un logiciel photo obsolète (ne communiquant plus avec son développeur) sur un ordinateur *offline*, contrôle des photos, cryptage des photos avant leur transfert sur un disque dur externe.

Ce premier protocole fut allégé dans le pénitencier B, les appareils n'étant plus scellés et les photos non cryptées après contrôle. Les instructions aux détenus restèrent identiques: ne pas photographier les infrastructures de surveillance, ne pas photographier les autres détenus ou le personnel sans en avoir demandé l'autorisation, éviter les visages afin de préserver l'anonymat. Dans le pénitencier A, les instructions aux détenus et le consentement à participer ont été intégrés au même document que le détenu était invité à signer. Au dernier moment, le jour de la signature et de la remise des appareils, j'ai découvert sur le document la mention de sanctions disciplinaires en cas de non-respect des instructions. Cette découverte m'a donné quelques sueurs froides éthiques, mais il était impossible de reculer à ce moment-là. Au final, aucun détenu ne s'est exposé à des sanctions, mais cette menace explique probablement la remise d'un appareil photo vide à l'issue des jours de prises de vue (voir *infra*).

Les participants furent recrutés par le biais d'une feuille d'information affichée ou distribuée, avec des incitations variables de la part des directions et agents de détention. Dans le pénitencier A, le chef de la sécurité a été intégré tardivement au processus de préparation de la récolte de données et cet aspect est peut-être à mettre en relation avec un certain manque d'adhésion de la part des agents de détention. Le gardien-chef de l'un des bâtiments du pénitencier A a clairement manifesté son hostilité au projet lors de mon passage dans le bâtiment en compagnie d'un autre membre du personnel. Ce n'est probablement pas un hasard si aucun des détenus résidant dans ce bâtiment n'a participé, alors que plusieurs d'entre-eux avaient manifesté leur intérêt dans un premier temps. L'implication du chef de la sécurité a été ajustée lors du terrain dans le pénitencier B et les interactions avec les agents de détentions furent très positives. Toutefois, dans ce pénitencier, d'autres problèmes ont surgi: peu de détenus se sont présentés à la séance d'information durant laquelle je présentais le projet, et plusieurs personnes ont renoncé à l'issue de la présentation, au motif que participer ne «leur apporterait rien du point de vue personnel», autrement dit ne changerait rien à leurs conditions de détention ni au devenir de leurs éventuelles démarches en vue d'une libération.

Neuf hommes détenus, âgés de 50 à 77 ans, ont reçu des appareils photo et les carnets les accompagnant, durant trois jours. À l'issue des jours de prise de vue, l'un d'eux a rendu appareil et carnet vierge. Le matériel est donc constitué de huit séries de photos et sept carnets contenant les commentaires rédigés par les détenus – un carnet étant revenu vierge aussi (un agent m'a signalé par la suite que le détenu ne sait pas écrire). Les neufs participants ont signé un document de consentement de participation au projet et une autorisation d'usage des photographies à des fins scientifiques et pédagogiques. Précisons aussi que je n'ai pas d'information sur la décision de justice ayant conduit à la privation de liberté, ni sur le régime de détention. Les 220 photos constituant le corpus sont celles ayant passé le contrôle des deux chefs de la sécurité. Lorsque les photos contenaient un élément indésirable relatif à la sécurité (par exemple une caméra de surveillance)[3], la photo était recadrée dans la mesure du possible. Cinq photos ont été supprimées, l'élément indésirable se situant au centre de la photo. Un quart des photos a fait l'objet d'un recadrage ou d'un floutage de visages. Les photos figurant dans le présent article n'ont fait l'objet d'aucune autre action de postproduction[4].

Photographier le quotidien derrière et à travers les barreaux

Plutôt que de proposer une analyse scrupuleuse du matériel photographique récolté, cet article invite les lectrices et les lecteurs à la découverte, par fragments, des images et écrits transmis par les détenus. Les huit séries reflètent la façon singulière dont chaque détenu a interprété la proposition de documenter le quotidien. Un détenu a ainsi réalisé un inventaire de tous les lieux fréquentés durant une journée, à la manière des démarches d'inventaires photographiques (Collier et Collier, 1986: 45–64). Un autre s'est concentré sur des éléments (architecturaux et organisationnels) qu'il considère comme problématiques, constituant ainsi un cahier de doléance photographique du détenu âgé (photos 1 et 2). Un autre encore a privilégié les éléments positifs, photos et souvenirs familiaux (photo 3), lieux ou vues agréables dans le périmètre du pénitencier. De nombreuses photos font référence au travail, soit directement (photo 4), soit en creux par la prise de vue d'un lieu de «pause» ou la capture photographique d'une grasse matinée un jour

---

[3] Compte tenu du risque de sanction dans le pénitencier A., j'ai longuement expliqué au chef de la sécurité le cadrage dans la photographie amateur, notamment le premier plan et l'arrière-plan. En général, on privilégie le premier plan (intention), alors que les éléments d'arrière-plan sont «in-vus» au moment de la prise. La présence de caméras dans les arrière-plans était donc à interpréter comme non-intentionnelle. Les seules photos avec arrière-plans intentionnels (signalés par la légende) sont les photos prises depuis les fenêtres.

[4] À l'exception du passage en noir-blanc répondant aux impératifs de la revue.

de congé (photos 5–8). Ces photos reflètent la forte structuration de vie en prison par le travail, quel que soit l'âge du détenu.

Tous ont photographié leur cellule – et le déterminant possessif n'est pas anodin. «Ma» cellule, parfois aussi qualifiée de «ma chambre» ou «ma résidence» dans les commentaires écrits, est l'espace du repli, du repos, de l'intime, d'une solitude contrastée car tour à tour bienfaisante ou douloureuse (photo 9). L'espace, bien que constitué d'une pièce unique, peut se voir découpé en plusieurs sous-espaces répliquant l'organisation spatiale d'un logement ordinaire (photo 10). Plusieurs détenus ont documenté et souligné l'importance de la double serrure dans la porte de la cellule: la grande serrure est celle des gardiens, la petite serrure permet au détenu de fermer la cellule de l'extérieur (durant la journée de travail, photo 11) ou de l'intérieur durant les pauses, le soir et les jours fériés. L'auteur de la photo 11 a également photographié la porte de sa cellule de l'intérieur avec le commentaire «Je ferme ma cellule de l'intérieur pour plus d'intimité». Plusieurs détenus soulignent le besoin de retrait, «à mon âge, j'aspire à un peu de tranquillité et un peu de paix».

Les photos prises à travers les fenêtres sont un des fils conducteurs du corpus, et plus précisément les photos prises à travers les barreaux des fenêtres puisque plusieurs photos ont été prises avec l'appareil placé entre les barreaux pour éliminer ces derniers. Parfois la photo et sa légende suscitent, de premier abord, la perplexité: ainsi cette prise de vue depuis une fenêtre d'atelier de travail, légendée «Je passe tous les jours à la fenêtre pour voir les vaches dans les pâturages et les moutons» (photo 12), alors qu'on y voit le dépôt de bois des ateliers de menuiserie du pénitencier. Le regard du détenu n'est pas le nôtre: c'est au loin qu'il faut deviner pâturages, vaches et moutons, tout comme il faut chercher «le champ en face de ma chambre» de la photo 13 alors que ce qui s'impose au regard est le mur d'enceinte. Regarder par la fenêtre, c'est sortir avec les yeux, c'est «s'évader en pensées» comme l'écrit un détenu, c'est se promener dehors tout en entrant en soi, à l'instar du détenu qui écrit: «Je passe beaucoup de temps à la fenêtre à voir l'église, les jardins, les arbres et à penser à ma vie.» Ces photos par la fenêtre contrastent avec les images des cours de promenades minérales (ou en gazon synthétique, photo 14), ces cours aux bancs clairsemés – lorsque banc il y a – et à l'ombre rare (photo 15).

Le corpus photographique ne saurait prétendre à la représentativité du fait de son nombre restreint de participants, mais aussi du fait de la multifonctionnalité des établissements pénitentiaires suisses, de la multiplicité des régimes de détention ainsi que de l'autonomie de chaque pénitencier du point de vue de son organisation (Fink 2017). Plus que de documenter «La Prison», les photographies réalisées par les détenus donnent à voir un «chez-soi» contraint et des routines quotidiennes: manger, se déplacer, travailler, nettoyer sa cellule («Cet endroit est ma cellule; tous les jours je fais le nettoyage pour mon bien-être.»), prendre une douche, lire, regarder la télévision, se reposer, prendre ses médicaments, dormir. Les photos ne sont pas spectaculaires et ne suintent pas l'horreur de la détention. On pourrait presque les qualifier d'humbles, à l'image des vies quotidiennes qu'elles restituent; photos «sans qualités» (Artières et Laé 2014) et néanmoins précieuses.

1 Lit. Demande de souplesse lors de demandes «spéciales» du à un handicap, à l'âge ou à des besoins réels, comme besoin d'un deuxième duvet pour compléter le duvet existant trop petit, ne tenant pas chaud.[5]

2 Photo prise dans le corridor vide devant les cellules. Nous souffrons énormément du bruit en général qui est énorme, notamment dans les couloirs. La fermeture des cellules à 20h est chaque jour un grand soulagement.

[5] Les légendes sont fidèlement transcrites des carnets, sans intervention sur l'orthographe ni la grammaire.

> 23.3.2015
>
> Cher grand-papa, 🖤
>
> Voilà je vais essayer de t'expliquer ce que je ressens.
>
> Je t'aime beaucoup, mais pour moi venir dans cet endroit est lourd. Je préférerais te voir en dehors, lorsque tu pourras avoir tes sorties de 12h ☺ au soleil sur une terrasse ou chez 💕 ou même chez moi car je vais habiter en dessous de chez lui.
>
> J'imagine que tu peux penser que c'est là dedans q tu as besoin de visite, mais pour moi c'est trop froid et pas ma place.
>
> Tu sais je ne te porte aucun jugement car tout peut arriver dans la vie et je peux comprendre beaucoup choses.
>
> Je pense aussi que cela n'est pas ta place et que tu as déjà été assez punit ! J'espère que tu vas comprendre mon ressentit.
>
> Je t'aime beaucoup et je me réjoui de te revoir au soleil ☀️. Gros Bisous A tout bientôt

3 Le message de ma petite fille m'a fait tant de bien !

4 Je coupe encore et encore du bois.

5 Petit coin pause pour cuisine.

6 Moi avec mes collègues de travail avec qui je passe beaucoup de temps. (traduit du roumain)

7 Après mon déjeuner je fais une pause.

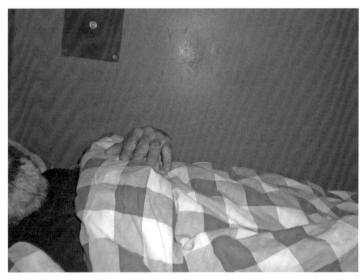

8 Aujourd'hui c'est férié, je me lève un peu tard.

9 Je m'apprête à diner dans la solitude avec ce petit repas que je me suis préparé.

10 Mon côté salon et cuisine.

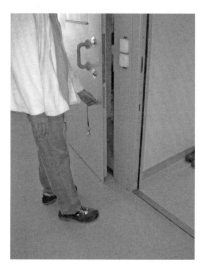

11 Je ferme ma cellule pour partir travailler.

12 Je passe tous les jours à la fenêtre [de l'atelier] à voir les vaches dans les pâturages et les moutons. (traduit du portugais)

13 Le champ en face de ma chambre. J'aime le regarder. Il m'apaise. (traduit du roumain)

14 Terrain de sport extérieur. Place assise oui, mais aucune place avec ombre. Dommage.

15 Bancs et abri dans la cour: abris, dessous les quels on pourrait installer quelques bancs supplémentaires.

Références

Artières Philippe, Laé Jean-François. 2014. «L'archive sans qualités» in: *Lettres perdues. Écriture, amour et solitude (XIXe–XXe siècles)*, p. 7–14. Paris: Fayard.

Chassagne Aline. 2017. «Les temporalités de la vieillesse en prison. Le temps oublié des ‹vieux› détenus». *Ethnographiques.org* 35, http://www.ethnographiques.org/2017/Chassagne, consulté le 25.02.2020.

Collier John Jr., Collier Malcolm. 1986. *Visual Anthropology. Photography as a Research Method*, Albuquerque: University of New Mexico Press.

Fink Daniel. 2017. *La prison en Suisse. Un état des lieux*. Lausanne: Presses polytechniques et universitaires romandes.

Harper Douglas. 1986. "Meaning and Work: A Study in Photo Elicitation". Current Sociology 34(3):13–26.

Office fédéral de la statistique (OFS). 2018. «Statistique pénitentiaire suisse, Exécution des peines et des mesures». https://www.bfs.admin.ch/bfs/fr/home/statistiques/criminalite-droit-penal/execution-penale.assetdetail.6686347.html, consulté le 26.07.2019.

Wangmo Tenzin, Meyer Andrea, Bret-schneider Wiebke, Handtke Violet, Kressig Reto, Gravier Bruno, Büla Chistophe, Elger Bernice. 2015. "Ageing Prisoner's Disease Burden: Is Being Old a Better Predictor than Time Served in Prison?". *Gerontology* 61: 116–123.

Riklin Franz. 2014. «Vorwort», in: Riklin Franz (Hg.), *Alt werden und sterben hinter Gittern*, p. 9–10. Bern: Stämpfli Verlag.

Wuggening Ulf. 1990/1991. «Die Photobefragung als projektives Verfahren». *Angewandte Sozialforschung*, 16,(1/2): 109–129.

Auteure

Cornelia Hummel est professeure associée en sociologie à l'Université de Genève. Ses travaux se situent dans le champ de la sociologie de la vieillesse et du vieillissement. Ses recherches récentes portent sur le vieillissement dans les espaces urbains ainsi que dans de contextes spécifiques (couvent, communautés en marge, prisons). Elles sont menées en partie avec des méthodes visuelles (photographie).

cornelia.hummel@unige.ch
Université de Genève
Institut de recherches sociologiques
Unité de sociologie visuelle
Boulevard du Pont-d'Arve 40
CH-1211 Genève 4

RESEARCH ARTICLE

BUILDING AN INDIGENOUS MUSEUM IN THE VATICAN

Some Papuan Directions for Indigenising Museums

Roberto Costa

Abstract

Debates around the significance, function and social value of museums are still challenging museum practices and models. In particular, the demands of "source communities" for self-representation and self-emancipation in the global community continue to call into question the role of the museum as a catalyst for promoting social change across cultures. In this paper, I push this question further by drawing some ponderings of a group of Roman Catholic woodcarvers in central Asmat (West Papua, Indonesia) to build a museum for exhibiting their carvings in the Vatican. To them, the Vatican is not only the sacred centre of Catholicism but also an integral part of their mythical world of ancestors. After a brief examination of their considerations, I attempt to put their ambitious museum idea into dialogue with current debates on "the postcolonial museum" to highlight how it can dictate new directions for indigenising museums.

Keywords: *transcultural indigenous museums, social change, museum indigenisation, Asmat woodcarvers, West Papua, Indonesia*

Towards the end of the last century, Soroi Marepo Eoe, a Papuan trained anthropologist and the former director of the Papua New Guinea National Museum,[1] warned about the imminent death of the museum in the Pacific if a radical process of indigenisation did not take place (Eoe 1990). Despite the increase in indigenous museum experimentation that has taken place in the Pacific since the 1970s (Stanley 2004, Bolton 2019), he observed that it was necessary to adhere more strictly to local *customary ways* and adopt a holistic approach to museology: one that was more people-centred and socially engaged than scientifically oriented. In other words, he wished the museum to be increasingly de-Westernised, just as the "call for indigenization" was urging for the social sciences (Atal 1981), and to function as a "catalyst" for socio-cultural development.[2]

This novel indigenous awareness has been intertwined with the structural and ethical reformulation of Western museums. Thanks to the abundant postcolonial critique of muse-

---

[1] Eoe has recently been appointed as Minister for Foreign Affairs and Trade of Papua New Guinea.
[2] "Museums should also serve as development catalysts by assisting governments to forge their development projects in ways that better serve the people of both today and tomorrow" (Eoe 1990: 30). See also Eoe and Swadling (1991).

ums,³ new museum theories and practices have increasingly tried to distance themselves from the taxonomic and sensationalistic museum paradigm of the 19th century, despite the persistence of the latter's attractiveness. Close collaboration with source communities, repatriation and restitution of parts of collections and cultural knowledge (to former colonies,⁴ but also to ethnic communities within the same nation-state⁵), adoption of "traditional care" methods in museological protocols and new approaches to display (such as multisensory approaches) (Edwards et al. 2006) are examples of the diverse practices that have been progressively implemented to pluralise the conventional concept of the museum. This reformed and "appropriate museology" (Kreps 2008, 2015) aims at giving voice to indigenous ethical concerns and socio-economic and political demands while challenging hegemonic structures of power that operate through the institution of the museum in increasingly subtle ways (Curtis 2006, Lynch and Alberti 2010, Boast 2011).

In this paper I will focus on the demands of "source communities" for self-representation and self-emancipation in the global community through the museum medium. Given that many societies share the idea of the museum as a repository for displaying tangible and intangible heritage and as a sacred space for acquiring knowledge and worshipping deities (as the original meaning of the word "museum" indicates),⁶ the museum has the potential to serve as a socio-cultural medium to foster inclusivity and mutual comprehension between different peoples. As such, the museum can be considered not just as a "contact zone" (Clifford 1997), but, as per Eoe, a "catalyst" for promoting socio-economic needs and redressing political and historical inequalities. In short, it can be a catalyst for social change across cultures.

To substantiate this assertion, this paper discusses the case of a group of Roman Catholic woodcarvers in an Asmat village (West Papua, Indonesia), who are pondering over the idea of building a museum in the Vatican that presents and comments on their cultural traditions. To them, the Vatican is the centre of Catholicism, which they have practised since the mid-1960s, but also an integral part of their mythical world of ancestors: it is from across the sea – from the West – that the reborn souls of ancestors return to the world of the living (Van der Schoot 1969: 72–73, Voorhoeve 1992: 2–3).

This paper sets out to describe their ambitious museum idea and provide a first and general assessment of it, which will be as comprehensive as the restricted length of the paper allow. The leading questions of my examination will be: what does it mean for this group of woodcarvers to build a museum in the land that Catholic missionary activity has made "theirs" by virtue of their adherence to the Catholic faith, and how can their ideas contribute to current debates about "the postcolonial museum"? To do so, I will direct my attention to the main points of convergence and incongruence between the ponderings of this group of

---

³ For a quite detailed but concise review of the literature on the postcolonial museum, see Kreps (2011: 82), see note 8.
⁴ See Tythacott and Arvanitis (2014).
⁵ I am referring to cases of national/regional repatriation as, for instance, recently discussed in Løkka (2017).
⁶ Here I refer to the primaeval understanding of the word "museum" (Gr. *mouseion*), dating back to the third century BC. At that time, museums, such as the one established in Alexandria by Pharaohs Ptolemy Soter and Ptolemy Philadelphius, were places dedicated to the cult of the Muses and the acquisition of scientific knowledge (see for instance Bazin 1967: 15–16).

Asmat artists and the main issues raised in the current museum literature. Thus, a number of compelling concerns, such as the ritual role of museums, the impermanence of museum collections and new collaborative paradigms, will be invoked to further the discussion on museum indigenisation.

The Asmat and their ideal museum in the Vatican

The Asmat are a Papuan society widely known in the West as talented woodcarvers and former headhunters. They live in a swampy area in the southwest Indonesian province of West Papua. Because of their hostility towards outsiders and the limited strategic relevance of their region, Asmat experienced Western colonisation relatively late. It was only after the Second World War that the Dutch began to administer the region and Catholic and other Christian missionaries commenced their evangelical mission. However, the fame of their material culture had already spread by the beginning of the 20th century: Western explorers, anthropologists and art enthusiasts (such as the Dutch Antony Jan Gooszen, the Swiss Paul Wirz or the British Walter Guinness) collected Asmat artefacts for European ethnographic museums, making Asmat "primitive" material culture popular even before the term "Asmat" was formally acknowledged.[7] Beyond the paradigms of "primitive" art and "savage" ethnography, the first institution to see the potential of their material culture fully and regard it as a lever for socio-cultural and economic development was the local Catholic mission. From the beginning of their presence on Asmat land, Catholic priests promoted forms of aesthetic and iconographical dialogue with vernacular material culture (and its makers). In 1973, this association culminated in the establishment of the Asmat Museum of Culture and Progress in the region's capital, Agats (Stanley 2012: 121–142). The initiative to establish this museum originated from the then-bishop Alphonse Sowada. It was designed to be the museum of all Asmat people, which would help them preserve their material cultural traditions. It is therefore not surprising that the relationship between the local Catholic clergy and Asmat woodcarvers has been particularly strong and privileged ever since.

I first learned about the idea of building an Asmat museum in the Vatican during my second trip to Asmat in 2017.[8] At the time, I was mainly enquiring into the interrelation between local theology and artistic practices among the woodcarving communities of several villages of central Asmat (in particular, Atsj and Amanamkai). My return to Asmat with a collection of chisels hand-made in Italy – which had been previously requested of me by the head of the woodcarving workshop of Atsj, Paskalis Osakat – encouraged my woodcarver interlocutors to share with me their ponderings to build their own museum in what they term the "Holy Land" (in Indonesian, *Tanah Suci;* in Asmat, *ceser cepimbi),* which identifies the biblical Holy Land as well as Rome, the Vatican, and, more generally, Italy. Interestingly, to them, the Vatican is holy not just for being the See of Saint Peter's successor, but also for being

---

[7] The term "Asmat", the vernacular word that the Asmat use to identify themselves (lit., "we the people") started to be employed from the late 1940s. Before then, the Asmat were referred to by the neighbouring Kamoro as *wé mana wé* ("people who eat people").

[8] My four visits in the village of Atsj occurred between 2016 to 2018.

located in the West, across the sea (*ceser bu,* "sacred sea"), from where, according to their life-cycle system, the reincarnated souls come back from the upper world.

In the village of Atsj, the sacredness of this land is reinforced by the accounts of two senior woodcarvers, the already mentioned Paskalis Osakat and Fidelis Fusuku, who both visited Rome – and the Vatican – during a promotional tour of Indonesian artistic traditions in Europe organised by the then-Indonesian First Lady Siti Hartinah in 1987. Although Fusuku had passed away before my arrival to Asmat, I managed to talk with Osakat – who would die soon after – about their pioneering trip to Rome (which he described as the first and only trip of any Asmat to Rome). As soon as Osakat noticed my Italian origins, he began to share with me his wonder for the "Holy Land" and its artistic wealth. His amazement was so great that, once he came back to Asmat, he christened his youngest child, a boy, Roma. His hope, in fact, was that this baby would become the first Asmat Catholic priest and would be able to reach Rome again. Years later, however, he found out that his boy was too rebellious (Ind. *jahat*). Roma eventually followed in his father's footsteps and is today an accomplished woodcarver. In the village, nonetheless, speculations about the Western *Tanah Suci* have continued to circulate, as have plans to travel to Rome again.

During my fieldwork, I have had several talks with Matias Jakmenem, who took on the leadership of the woodcarving workshop after Osakat's demise and described their museum project to me. To him, "Asmat have strong faith, we have God, Jesus", and are thus worthy to access the Holy Land. He suggests that a museum would serve as a medium to connect with Rome, because "we are looking for solutions to set about new routes from there [the Vatican] to here". He adds:

It just shouldn't be like [the typical setting] wherein we give artefacts away. No, not at all. People also must be involved; we must have to mutually acknowledge each other so that we can learn about the situation there.

He expands on this idea by referring to the museum as a means to provide their children with equal opportunities and redress disparities between them and their Western counterparts:

Special education should be envisioned for us so that we can learn English, Greek, Italian; in other words, the possibility of sharing ideas and exchanging knowledge. [...] Whereas for children there [Italy, Europe, the West] it is easy to move, for our children it is not, and we don't gain knowledge... However, thanks to this museum, our children will be able to strengthen the [value of the] museum there while attending the local school and learning the Italian language.

This passage also highlights a widespread desire to gain knowledge from, and exchange it with, the broader world. In fact, lack of knowledge is for many of my Asmat interlocutors the primary manifestation of the lack of reciprocity with the West in general, and with Rome and the Catholic Church in particular. As Jakmenem reveals to me, Asmat people donated their land to the Catholic missionaries to build churches and spread Christianity among them. Moreover, one of the Asmat, who prefers to remain anonymous, tells me that they have been loyal to the Roman Church despite the increasing religious diversity in the Asmat region. But the Asmat have not received anything in exchange and are not represented in the *Tanah Suci* ("There must be signs of our work over there!").

Jakmenem, as the spokesperson of his group, describes the design of their museum in the Vatican and defines it as a "taboo house" (Asm. *karo cem*), therefore, a very sacred place. This sacredness, as he explains, derives from the "authenticity" of the place and its "nature". These two terms identify the museum's situation within the local set of customs and Asmat cosmology. Adhering to the customary practices (Ind. *adat*) is the *sine qua non* to propitiate the ancestral power that, in turn, propels the woodcarvers' artistic creativity. Thus, to Asmat, ancestors are the source and co-creators of their artefacts, which are, in turn, filled with ancestral energy.[9] The pilgrimage of people of knowledge bringing family heirlooms and new artefacts from Asmat to the Vatican will further spiritually empower the place, thus adapting the museum's atmosphere to artistic creation ("our mind will be much freer").

In short, according to Jakmenem, their museum will be unique: "Dutch, German, English, French [museums] will be distant from ours. Nothing like this. Too ordinary... If [our museum] was like other museums, there would be no spiritual energy, yes, no spiritual power." Therefore, spiritual and ancestral power will feature in this museum, which will be devoted at once to their *adat* and their global aspirations. As Jakmenem states, "That world [Europe] will notice us and, consequently, people will open their eyes on the Asmat people." For this reason, sales are envisioned as an essential element of their museum ("sales and visits will be continuous"), not just to sustain their project financially but also to concretise new connections with Europe.

Their ideal museum is also envisioned as having a ritual role. Traditionally, sculptures were brought to a sago[10] grove as part of Asmat life-cycle rituals: after the ceremonial feasts in the customary house *(jeuw)*, ritual objects were laid to rot in the forest to release their ancestral power, which would be later absorbed by the land and sago trees and eventually sourced again in the ongoing cycle of life. Now, however, as assumed by senior woodcarver Frans Firmak referring to the local museum in Agats, the museum substitutes the sago groves:

> *Previously [...] we used to render [sculptures] back to the forest, to the sago groves... Nowadays, when a sculpture is ready [both materially completed and "ready" in the ceremonial progression], we put it in the museum instead.*

Thus, the museum, like the sago grove, becomes an integral part of the customary ritual chain that conserves and returns life force by preserving, displaying and selling away ritual objects. In this way, their museum will be fully Asmat and will play an important role in modernising ancestral rituals.

---

[9] On the concept of "authenticity" in Asmat art and ancestral power in making artefacts, see Costa (2019).
[10] Sago, a starch obtained from the interior of a specific palm (*Metroxylon sagu*), is a major staple food of the Asmat diet.

RESEARCH ARTICLE

The proposed museum and current museum debates

A review of the salient traits of this proposed museum reveals its emphasis on intangible cultural heritage and knowledge rather than artefacts themselves. The Asmat museum in the Holy Land would be a typical example of the so-called "indigenous museum": in Hirini Sidney Moko Mead's words, "a multifunction tribal culture centre that includes a variety of functions and purposes according to the needs of the particular groups" (Mead 2008: ix). This kind of museum also shares certain features with other recent Western museum models that are holistic in their approaches (such as the "ecomuseum"; De Varine 2006) and community-based (such as the "wild museum" or the "vernacular museum"; Jannelli 2012, Mikula 2015).

Of course, like any other museum, the Asmat museum in the Vatican would be modelled on a specific cultural and socio-political centre; in this case, the *jeuw* (customary house), which is the Asmat "pantheon, reliquary and living museum; in one word, the sanctuary of the Asmat culture"[11] (Simpelaere 1983: 121). Like the *jeuw*, the Asmat museum is meant to nurture and secure the perpetuation of their ritual and cultural systems by helping youth communicate with the elderly, the living with the dead and the Asmat people with other people and ontologies. Their museum can, therefore, be seen as a kind of a cross-cultural medium or a "contact zone". This zone defines not only the precinct through which, in its simplest and most "optimistic" form (Boast 2011), diverse cultural values, visions and meanings are brokered but also an area in which confrontation and contestation take place (Pratt 1992: 1–11, Clifford 1997: 188–219).

This point relates to the museum's pivotal function of redressing and reworking relational unevenness between the Asmat, Western societies and the Church. The Asmat vision of history, like that of most Melanesian cultural traditions, deviates from the Western view, as it tends towards reciprocity rather than linear progress (Timmer 2019). Thus, to the Asmat, it is difficult to envision a future without equal compensation, since it underpins their ritual systems of life-power circulation and their idea of balance *(ja asamanem apcamar)*.[12] It is in the context of this understanding that the proposed museum manifests an increasing desire for rebalancing non-Asmat relationships. In this sense, it is interesting to note resonances with literature that highlights the political valence of museums and their staff members, and that promotes ethical change and social justice by way of redressing injustices through curatorship and curatorial activism or community collaboration (Kreps 2011, Golding and Modest 2013, Message 2013, Sandell and Nightingale 2013, Janes and Sandell 2019).

The lack of reciprocity is also closely related to the educational function of the proposed Asmat museum in the Vatican. Their museum is regarded as a medium both for exhibiting Asmat cultural traditions and for gaining knowledge. Asmat desire for knowledge derives from the lack of reciprocity, as Jakmenem stresses in his explanation of the museum idea. The issue here is that young Asmat must obtain the same opportunities to access knowledge as

---

[11] Orig. *« le panthéon, le reliquaire, leur musée vivant, en un mot, c'est le sanctuaire de la culture Asmat. »*

[12] My tentative translation would be "balance while walking". This expression is increasingly employed in newspapers articles and official speeches, as it is considered to be in tune with public moral and developmental strategies that the government wants to promote and implement in the region.

young Westerners. Thus the museum is a vehicle for redressing this basic asymmetry and working towards inclusion. It should be an educational site, a kind of *jeuw* in which to acquire ancestral knowledge (and power), but also to learn about others' cultural traditions. In other words, it should be a place in which to develop an inter-generational transmission of knowledge (from the elderly to the youth and vice versa) and multicultural exchange. This idea of the museum as an educational place (Hein 1998, 2016) and multicultural forum resonates in some ways with the prerogatives of postcolonial museums. Civic integration, diversity awareness and conscience formation are the goals of an approach that aims to be less monovocal and authoritarian (or top-down) and more transcultural and community-based (or bottom-up; Kreps 2008). This also applies to a critical approach towards those narratives traditionally dictated by museums; such an approach can create "fresh, surprising, and challenging" learning journeys for non-indigenous people as well (Johnson 2016: 139).

Another aspect of the museum proposal is the idea of authenticity. The Asmat woodcarvers assert that their proposed museum will be unique in the West for it will be fully authentic. This authenticity lies in what they term "nature"; that is, the genuine environment reproduced in the museum through visible objects (woodcarvings) and invisible entities and energy (ancestors' souls and power). The respect for the authentic nature of tangible and intangible cultural heritage has been among the main curatorial and ethical concerns of museological practices in recent times (Alivizatou 2012, Clavir and Moses 2015, Schorch and McCarthy 2019).[13] The general trend in current international museology, as confirmed by international bodies such as the International Council of Museums (ICOM),[14] shows increasing attention to the tangible and intangible factors that determine the original context. Importantly, this shift towards a more anthropological and ethical approach in museology and curatorship, or ethnomuseology (Simpson 2007, 2014), has implied the acknowledgement of indigenous cultural rights, such as First Nations and Aborigines' rights in Canada and Australia[15] and biculturalism in New Zealand (McCarthy 2016). Therefore, authenticity relates to cultural rights as well as to ownership of cultural property, which is currently one of the major ethical and contested issues among museum professionals and indigenous communities (Hauser-Schäublin and Prott 2017).

New potential directions

Despite showing similarities around a number of themes, the positions of Asmat and Western museology diverge markedly with respect to the cosmological value of the museum. The envisioned museum will be, like a *jeuw*, the centre for Asmat ancestral beliefs and rituals,

---

[13] In his critique of the "museum out of the time", James Clifford stressed the urgency of contextualising museum collections. In this respect, he mentions that the Musée Ethnographique de Neuchâtel was among the first Western institutions to be concerned with this museological practice (Clifford 1988: 231).
[14] For example, the UNESCO Convention on Safeguarding of the Intangible Cultural Heritage (UNESCO 2003).
[15] I am referring to the "Canadian Joint Task Force Report on Museums and First Peoples" (1994) and the Australian "Continuous Cultures, Ongoing Responsibilities" protocol (2005).

and, thus, a connector between the Asmat and the Catholic Church. Most of the Asmat woodcarvers, who profess themselves Catholics, aspire, by means of the museum, to reach the epicentre of their Church, the Vatican. Moreover, they want to further cement the association between art and religion that has been a recurrent theme in the history of Asmat evangelisation and, quite interestingly, Asmat pioneering accounts (for instance, of their contemplation of the Holy Land's artistic richness). If the secularisation of the museum has played an essential role in democratising this cultural institution in European contexts, an Asmat museum in the Vatican would, in contrast, be predicated on the non-secularisation of museums. This chasm is not new in the history of museum studies. In fact, it was brought to the fore by Mead (1983) in his seminal article on indigenous museums, wherein he wonders about the need for those cultural traditions that are closely tied to religious systems to line up with the Western secular model. This non-secularisation also reconnects to the original meaning of the Greek *museion* (although in that case no cult objects were stored).[16] In recent years, there have been experiences in museological practices in Western museums that confirm a renewed sensitivity and respect towards the spirituality of the museum objects, even if within the limits of administrative museum norms (Peers 2017). However, there is no doubt that the sacredness and spirituality of the place stretch the idea of secularisation to the utmost.

This sacredness also relates to other issues concerning the ritual function of the museum. The museum is not merely a site for performing rituals (Macdonald 2005), but also an integral part of their ritual cycles, as the analogy with the sago groves demonstrates. This analogy is further strengthened by the envisioned transient nature of the objects that will be displayed in the museum. Indeed, comings and goings of people and objects between the Asmat and the Vatican, like continuous sales of artworks, perfectly depict a state of persistent mutation. This clearly draws on the ritual exchange and cyclical logic of the Asmat but also, by keeping a broader Melanesian perspective, on what Anna-Karina Hermkens (2019: 427) defines as the "social and spiritual significance of the material obsolescence and the intentionally short life expectancy".

There is no doubt that the impermanence that features in the conceptualisation of an ideal Asmat museum in the Vatican seems to radically contradict the museum's primary mission: the preservation and perpetuation of cultural and artistic traditions. However, a more attentive reading of this contraposition suggests that the core of this conundrum lies not in the idea of the museum itself, but in the vernacular understanding of culture that is nuanced by complementary dichotomies such as tangible/intangible or permanent/impermanent. This opens a discussion that, as mentioned above, is present in the agenda of current museological debates but is still very contentious.

A further puzzle that this project poses is the reversion of the collaborative paradigm. Collaborative museum practices have so far entailed the involvement of indigenous people to enrich and properly contextualise displays (Mead, 1984; Golding and Modest 2013). Moreover, there have also been cases of collaboration between Western and indigenous people to establish indigenous museums in their land of origin (as in the case of most indigenous muse-

---

[16] See note 6.

ums or cultural centres).[17] However, this proposed museum advances a new modality of collaboration that implies that Westerners will help indigenous people to build their own museum not in their original land, but in the land that has become theirs through the phenomenon of colonisation and their vernacular cosmology. Thus, proposed Asmat museum in the Vatican inverts the paradigm of collaboration that discourses around "postcolonial museums" usually advocate in an attempt to redress previous imbalances.

Building an indigenous museum in the Vatican would also entail a further complex and fascinating conceptual scenario. Despite the fact that the Vatican is far from the Asmat traditional setting, the artists' idea does not refute the idea that an indigenous museum should be located in the geographical and cultural context of its own community to foster and preserve socio-cultural ties and customary ways (Smidt 2002: 10). On the contrary, it reinforces this notion, as it will be built in a land that is regarded as belonging to their current local cosmology and will be dedicated to nurturing their *adat*. Thus this ambitious plan strengthens the key idea of an indigenous museum while reflecting the increasingly urgent needs and attempts of indigenous people to construct transcultural identities, albeit in accordance with their *adat*.

Conclusions

This paper has conducted a preliminary analysis of the ponderings over an ideal indigenous museum in the Vatican of a group of Asmat woodcarvers through two main questions: how do the ideas of a Papuan group of woodcarvers to build their museum in the Vatican relate to current debates on museums, and what can they contribute to pushing such debates further. To cast light on these points, I have briefly presented the Asmat proposal, bringing out its salient characteristics. At the same time, I have tried to draw parallels between the principal conceptual features of their museum and current museum discourses, highlighting theoretical gaps and potential contributions that their proposal can generate.

What has primarily emerged from this analysis is that their proposed museum would serve multiple purposes, including repairing uneven relations with the Vatican and expanding Asmat prestige in the West (epitomised by the constant references to their children); acquiring knowledge; and revitalising their ritualism and *adat*. Moreover, it is seen as a potential catalyst to facilitate the inclusion of the Asmat people in the Catholic community as well as the broader world. In brief, if, in Christina Kreps' words (2011: 75), the "postcolonial museum is fundamentally about inverting power relations and the voice of authority", their envisioned museum primarily aims to invert the voice of authority to rebalance power relations.

A further point that my analysis has tried to clarify is related to the concept of "museum" advanced in their proposal. I have shown that despite its apparent disconnection from their cultural and geographical context, an Asmat museum in the Vatican could nonetheless be

---

[17] Interesting cases in this regard include, among others, the Papua New Guinean Gogodala Cultural Centre (Dundon 2008) and the Enga Take Anda House of Traditional Knowledge of the Enga, Wabag (Wiessner and Tumu 2013).

framed as an indigenous museum, as the land of the Vatican is included in their cosmological map. This idea speaks volumes for the great potential of this ideal museum in responding to peoples socio-cultural and economic needs and integrating different realities that, at first glance, seem to be quite separate.

Ultimately, as emphasised by Beatrice Voirol (2019), new directions in museum theory and practices cannot neglect closer work in indigenous communities. Unearthing people's needs and clarifying their demands is an appropriate way to develop fresh conceptualisations of museums and to further challenge museum theories and practices.

References

Alivizatou Marilena. 2012. *Intangible Heritage and the Museum: New Perspectives on Cultural Preservation.* Walnut Creek: Left Coast Press.

Atal Yogesh. 1981. The Call for Indigenization. *International Social Science Journal* 33(1): 189–197.

Bazin Germain. 1967. *The Museum Age.* New York: Universe Books.

Boast Robin. 2011. "Neocolonial Collaboration: Museum as Contact Zone Revisited". *Museum Anthropology* 34(1): 56–70.

Bolton Lissant. 2019. "Museums and Cultural Centres in Melanesia: A Series of Experiments", in: Hirsch Eric, Will Rollason (eds.), *The Melanesian World*, 405–418. Oxon: Routledge.

Clavir Miriam, Moses John. 2015. *Caring for Sacred and Culturally Sensitive Objects.* Ottawa: Government of Canada, Canadian Conservation Institute.

Clifford James. 1997. *Routes: Travel and Translation in the Late Twentieth Century.* Cambridge, MA: Harvard University Press.

Clifford James. 1988. *The Predicament of Culture.* Cambridge, MA: Harvard University Press.

Costa Roberto. 2019. "Authentic Primitive Art and Indigenous Global Desires Between Reality and Hyperreality". *The Journal of Transcultural Studies* 10(2): 194–214.

Curtis Neil G. W. 2006. "Universal Museums, Museum Objects and Repatriation: The Tangled Stories of Things". *Museum Management and Curatorship* 21(2): 117–127.

De Varine Hugues. 2006. "Ecomuseology and Sustainable Development". *Museums & Social Issues* 1(2): 225–231.

Dundon Alison. 2008. "Moving the Centre: Christianity, the Longhouse and the Gogodala Cultural Centre", in: Stanley Nick (ed.), *The Future of Indigenous Museums: Perspectives from the Southwest Pacific*, 151–169. New York and Oxford: Berghahn.

Edwards Elizabeth, Gosden Chris, Phillips Ruth (eds.). 2006. *Sensible Objects: Colonialism, Museums and Material Culture.* Oxford and New York: Berg.

Eoe Soroi Marepo. 1990. "The Role of Museums in the Pacific: Change or Die". *Museum International* 42(1): 29–30.

Eoe Soroi Marepo, Swadling Pamela. 1991. *Museums and Cultural Centres in the Pacific.* Port Moresby: Papua New Guinea National Museum.

Golding Viv, Modest Wayne. 2013. *Museums and Communities: Curators, Collections and Collaboration.* London: Bloomsbury.

Hauser-Schäublin Brigitta, Prott Lyndel V. (eds.). 2017. *Cultural Property and Contested Ownership: The Trafficking of Artefacts and the Quest for Restitution.* Oxon: Routledge.

Hein George E. 2016. *Progressive Museum Practice.* Oxon and New York: Routledge.

Hein George E. 1998. *Learning in the Museum.* New York: Routledge.

Hermkens Anna-Karina. 2019. "Creation and Destruction in Melanesian Material Culture", in: Hirsch Eric, Will Rollason (eds.), *The Melanesian World*, 419–433. Oxon: Routledge.

Janes Robert R., Sandell Richard (eds.). 2019. *Museum Activism.* Oxon: Routledge.

Jannelli Angela. 2012. *Wilde Museen: Zur Museologie Des Amateurmuseums.* Bielefeld: transcript Verlag.

Johnson Kay. 2016. *Decolonising Museum Pedagogies: "Righting History" and Settler Education in the City of Vancouver*. Rotterdam: Sense Publishers.

Knell Simon J., MacLeod Suzanne, Watson Sheila (eds.). 2007. *Museum Revolutions: How Museums Change and Are Changed*. Oxon and New York: Routledge.

Kreps Christina. 2015. "Appropriate Museology and the 'New Museum Ethics'. Honoring Diversity". *Nordisk Museologi* (2): 4–16.

Kreps Christina. 2011. "Changing the Rules of the Road: Post-Colonialism and the New Ethics of Museum Anthropology", in: Marstine Janet (ed.), *The Routledge Companion to Museum Ethics: Redefining Ethics for the Twenty-First Century Museum*, 70–84. London: Routledge.

Kreps Christina. 2008. "Appropriate Museology in Theory and Practice". *Museum Management and Curatorship* 23(1): 23–41.

Løkka Nanna. 2017. "Repatriation of Museum Objects from National Collections to Local Communities in Norway". *Nordisk Museologi* (2): 37–54.

Lynch Bernadette T., Alberti Samuel J. M. M. 2010. "Legacies of Prejudice: Racism, Co-Production and Radical Trust in the Museum". *Museum Management and Curatorship* 25(1): 13–35.

Macdonald Sharon. 2005. "Enchantment and Its Dilemmas: The Museum as a Ritual Site", in: Bouquet Mary, Nuno Porto (eds.), *Science, Magic and Religion: The Ritual Processes of Museum Magic*, 209–227. Oxon: Berghahn.

McCarthy Conal. 2016. *Museums and Maori: Heritage Professionals, Indigenous Collections, Current Practice*. Oxon and New York: Routledge.

Mead Hirini Sidney Moko. 2008. "Editorial Preface", in: Stanley Nick (eds.), *The Future of Indigenous Museums: Perspectives from the Southwest Pacific*, ix. New York and Oxon: Berghahn.

1984. *Te Maori: Maori Art from New Zealand Collections*. Auckland: Heinemann.

Mead Hirini Sidney Moko. 1983. "Indigenous Models of Museums in Oceania". *MUSE Museum International* 35(2): 98–101.

Message Kylie. 2014. *Museums and Social Activism: Engaged Protest*. Oxon and New York: Routledge.

Mikula Maja. 2015. "Vernacular Museum: Communal Bonding and Ritual Memory Transfer Among Displaced Communities". *International Journal of Heritage Studies* 21(8): 757–772.

Peers Laura. 2017. "The Magic of Bureaucracy: Repatriation as Ceremony". *Museum Worlds: Advances in Research* 5(1): 9–21.

Pratt Mary Louise. 1992. *Imperial Eyes: Travel Writing and Transculturation*. New York: Routledge.

Sandell Richard, Nightingale Eithne (eds.). 2013. *Museums, Equality and Social Justice*. Oxon: Routledge.

Schorch Philipp, McCarthy Conal (eds.). 2019. *Curatopia: Museums and the Future of Curatorship*. Manchester: Manchester University Press.

Simpelaere Paul. 1983. *Chez Les Asmat: Papous De Nouvelle-Guinée Occidental (Irian Jaya)*. Tielt: Lannoo.

Simpson Moira G. 2014. "Ethnomuseology", in: Smith Claire (ed.), *Encyclopedia of Global Archaeology*, 2549–2553. New York: Springer.

Simpson Moira G. 2007. "Charting the Boundaries: Indigenous Models and Parallel Practices in the Development of the Post-Museum", in: Knell Simon J., Suzanne MacLeod, Sheila Watson (eds.), *Museum Revolutions: How Museums Change and Are Changed*, 235–249. Oxon and New York: Routledge.

Smidt Dirk. 2002. "Introduction", in: Konrad Ursula, Alphonse Sowada, Gunter Konrad (eds.), *Asmat: Perception of Life in Art: The Collection of the Asmat Museum of Culture and Progress*, 9–16. Mönchengladbach: B. Kühlen Verlag.

Stanley Nick. 2012. *The Making of Asmat Art Indigenous Art in a World Perspective*. Canon Pyon: Sean Kingston Publishing.

Stanley Nick (ed.). 2008. *The Future of Indigenous Museums: Perspectives from the Southwest Pacific*. New York and Oxford: Berghahn.

Stanley Nick. 2004. "Can Museums Help Sustain Indigenous Identity? – Reflections From Melanesia". *Visual Anthropology* 17(3–4): 369–385.

Timmer Jaap. 2019. "Regional Overview: From Diversity to Multiple Singularities", in: Hirsch Eric, Will Rollason (eds.), *The Melanesian World*, 126–139. Oxon and New York: Routledge.

Tythacott Louise, Arvanitis Kostas (eds.). 2014. *Museums and Restitution: New Practices, New Approaches.* Surrey and Burlington: Ashgate.

Van der Schoot Henricus Adrianus. 1969. *Het Mimika- En Asmatgebied (West-Irian) Voor En Na De Openlegging: Beleidsaspekten Van Een Overgangssituatie.* Tilburg: Gianotten.

Voirol Beatrice. 2019. "Decolonization in the Field? Basel-Milingimbi Back and Forth". *Tsantsa* 24: 48–57.

Voorhoeve Clemens Lambertus. 1992. "Perceptions of Space Among the Asmat of Iran Jaya: Asmat Cosmology and Other Matters". Unpublished.

UNESCO Convention on Safeguarding of the Intangible Cultural Heritage. 2003. https://ich.unesco.org/en/convention, accessed 10 September 2019.

Wiessner Polly, Tumu Akii. 2013. "Beyond Bilas: The Enga Take Anda". *Oceania* 83(3): 265–280.

Acknowledgements

I am indebted to the woodcarving community of the village of Yasiw for their trust and generous insights, and to the Diocese of Agats and the parish of Santu Paulus (Atsj) for the logistic support during my fieldwork. I am grateful to Jaap Timmer, John Barker, and the two anonymous reviewers for their insightful and helpful comments. I would also like to thank Sibylle Lustenberger for her precious suggestions and assistance. The research has been supported by the International Macquarie University Research Excellence Scholarship 2016–2020.

Author

Roberto Costa is a doctoral candidate in Anthropology at Macquarie University (Sydney, Australia). His doctoral thesis draws on six months of fieldwork conducted in an Asmat village among a local carving community (West Papua, Indonesia). His research project focuses on Asmat woodcarvers' search for the prestige and life power they previously would have obtained through now-abandoned ritual practices (headhunting and cannibalism). In doing so, he explores the impact of local Christian theology on artistic practices; new paradigms of leadership and talent; the quest for self-representation in the West and reciprocity in non-Asmat relations; and local ruminations about history and nostalgia.

roberto.costa@mq.edu.au

Macquarie University, Sydney
Department of Anthropology Level 2
Australian Hearing Hub (AHH)
AU-Macquarie University, NSW 2109

CURRENT RESEARCH

THE ETHNOGRAPHY OF A DIGITAL OBJECT

An Example from Computer Security

Sylvain Besençon, David Bozzini

Keywords: *cybersecurity, vulnerability disclosure, digital ethnography, ethnographic location, encryption, controversy*

What happens when Eve[1] finds a "bug" compromising the security of a particular software? She can sell it on the black market to criminal organizations or to vulnerability brokers who are building cyber arsenals for law enforcement agencies. But Eve can also decide to report the security bug – or the "vuln", for vulnerability – to the company or the team who developed the software for them to fix it as soon as possible. This happens several times per day in the global field of information security (infosec) and is called vulnerability disclosure and management. These sensitive processes engage various actors negotiating multiple aspects of what is perceived as a crisis whose proportions can vary from the distress of a handful of hyper-specialized experts to a full-blown scandal involving major companies of the digital economy.

Our current research project looks at these particular kinds of processes to explore a relevant part of the mundane fabric of computer security.[2] We aim to analyze the negotiation of practical norms and relationships of power between a wide range of experts involved in these processes. To do so, we decided to track vulnerabilities from the moment of their public disclosure and to account for their management until a fix is provided. However, we quickly had to acknowledge that the disclosures can happen behind closed doors at first and are often a disjointed and lengthy process that takes place simultaneously in different locations and for various durations. Similarly, vulnerability management processes are often obfuscated and can also be lengthy and scattered. This assessment led us to reconsider the nature of our empirical research and in particular the types of processes we are able to follow.

What follows is a reflection on the nature of our ethnography of computer security practices, taking a particular disclosure as a case in point to outline some preliminary thoughts on the conceptualization of our objects. Considering the scope of this piece, we limited our

---

[1] Alice, Bob and Eve are fictional characters widely populating the argumentations of computer security experts.
[2] This research project is funded under the SNSF scheme "Digital Lives". The project description can be found in the SNSF p3 database: http://p3.snf.ch/project-183223 (accessed January 21, 2020).

description to the way a particular process of vulnerability disclosure and management unfolded without delving into the details of the actual controversies it caused.[3]

The trajectory of a vulnerability named EFAIL

EFAIL is the name given to a series of vulnerabilities that affect two end-to-end email encryption protocols: OpenPGP and S/MIME.[4] We did not choose this example because it is representative of a usual disclosure and management of computer vulnerabilities – it is not. We chose it rather because the disclosure and management of EFAIL forced us to question the location, the temporality and the limitations of our ethnography, but also helped us to reconsider the nature of the vulnerabilities and the processes in which they are entangled. We summarize the EFAIL trajectory after public disclosure with the following four ethnographic vignettes.

The messed up public disclosure. For a few days in May 2018, most of the attention of the IT security crowd seemed to be devoted to a declaration on Twitter: on May 13, 2018, at 11pm (in Germany), Sebastian Schinzel tweeted that his team had found a series of critical vulnerabilities in email encryption protocols against which there were no reliable fixes available.[5] The tweet announced that the full details would be made public two days later. The tweet also provided a link to a blog post of the Electronic Frontier Foundation (EFF) with some provisional mitigation measures.[6] Following this announcement and even though the full details were not yet available, many people started to debate and speculate about the issues. These discussions happened in several digital spaces, mostly on Twitter, but also on forums and mailing lists. The day after the announcement, details about the vulnerability leaked,[7] leading to a chaotic situation that forced the EFAIL researchers to expedite the official disclosure of the full paper. Several articles in newspapers, websites and blogs were published immediately after, hyping even more the controversial issues about the nature of the vulnerabilities and how they were disclosed. Debates relating to the disclosure, the vulnerabilities, the threat to users (including journalists and activists) and the protocol itself raged for nearly two weeks on several online platforms before fading away. These debates, however, were only the tip of the iceberg, since a whole series of private disclosures took place away from the spotlight and well before Schinzel's tweet: more than thirty vendors were contacted (Ptacek 2018) and given deadlines to react before the public disclosure of the vulnerability.

---

[3] Several files documenting EFAIL can be found on our online data repository: https://cva.unifr.ch/content/trajectory-vulnerability-named-efail/essay (accessed January 21, 2020).
[4] See https://efail.de/ (accessed January 21, 2020) for more details. An encryption protocol consists of a text document that specifies the specs and instructions to encrypt and decrypt a given file. OpenPGP and S/MIME are the two main encryption protocols that are used for emails.
[5] https://twitter.com/seecurity/status/995906576170053633 (accessed January 21, 2020).
[6] https://www.eff.org/deeplinks/2018/05/attention-pgp-users-new-vulnerabilities-require-you-take-action-now (accessed January 21, 2020).
[7] For some details regarding the leak see Ptacek (2018).

The IETF OpenPGP working group mailing list. The Internet Engineering Task Force (IETF) is the organization responsible for the standardization of many internet protocols including OpenPGP and S/MIME.[8] There was no immediate reaction after the public disclosure of EFAIL, but on June 30, 2018, an email called "AEAD mode chunk size" was sent to the mailing list[9] and provided some technical thoughts about how to mitigate one specific issue of EFAIL. An asynchronous conversation started – mostly on a highly technical level – which happened only through emails involving many actors worldwide. In other words, the EFAIL vulnerability management took place in this forum. This process lasted till May 2019 and resulted in the release of a new version of a part of the protocol which was later implemented in many software programs and libraries.[10]

During that time, many other topics were discussed on this mailing list but interestingly, there were only very few explicit references to EFAIL. Instead, the vulnerabilities were dissociated into a series of technical issues to be remediated separately, sometimes by different people. It is also interesting to note that the tempo of what was done and exchanged through the IETF mailing list was not impacted by other manifestations of the vulnerability in the infosec community, like the Usenix presentation that took place in August 2018. The discussion happened predominantly amongst engineers and developers committed to finding a consensual solution to be implemented in various compatible yet competing products.

The academic presentation at Usenix conference. On August 16, 2018, in the Grand Ballroom VII–X of the Marriott Waterfront hotel in Baltimore, USA, Damian Poddebniak, on behalf of the EFAIL team, presented the EFAIL attack in front of an academic audience at the Usenix Security Symposium.[11] Poddebniak deciphered the technicalities of the flaws they uncovered on the encryption protocols. In this particular case, the EFAIL vulnerabilities were assembled for an academic audience as an object of study in computer science: a paper presenting a formal explanation of a new cryptographic technique that the researchers called "malleability gadgets" (Poddebniak et al. 2018). In this sense, EFAIL was presented at Usenix as an example of a novel class of attacks on cryptographic protocols and was accordingly received and valued very well according to the researchers. As Schinzel himself told us, the Usenix paper had to be "translated" into a more digestible format for developers and users (personal interview in Leipzig, 27.12.2018). One example of such a translation was presented by himself at the Chaos Communication Congress.

---

[8] IETF standards are published as "Requests for comment" (RFC) and are freely accessible to anyone on the IETF website. Each protocol is the responsibility of a working group composed of volunteers dedicated to defining and maintaining the standard during the trimestral 5-day IETF meetings or on the mailing list which is freely available online to anyone. For example, the specs for the OpenPGP protocol is the RFC4880: https://tools.ietf.org/html/rfc4880 (accessed January 21, 2020); and the mailing list can be found here: https://www.ietf.org/mailman/listinfo/openpgp/ (accessed January 21, 2020).

[9] https://mailarchive.ietf.org/arch/msg/openpgp/t79iRZ80KHuVTEyVVLAoCLl4Rwc (accessed January 21, 2020).

[10] In computer development, a library is a collection of resources used by software.

[11] We did not attend this conference, but the paper, the video and the slides are available online: https://www.usenix.org/conference/usenixsecurity18/presentation/poddebniak (accessed January 21, 2020). We also discussed this talk with the researchers.

The presentation at the Chaos Communication Congress. The Chaos Communication Congress (CCC) has taken place every year since 1984 and is a major rendezvous for all geeks and technology enthusiasts in Europe. On December 28, 2018, at 8.50 pm, Sebastian Schinzel took the stage wearing a tee-shirt with the logo of EFAIL. Notably different from the Usenix paper, this 1-hour presentation was neither too formal nor too specialized and in addition to the technical details, it also gave room to broader considerations such as the pervasive lack of privacy that affects emails and took the opportunity to address the misadventures of the EFAIL disclosure process. Hence, among other things, this talk was an opportunity to underline some lessons Schinzel had learned from the disclosure and a way for him to bring the controversy that erupted after his initial tweet to an end: first, Schinzel explained that his experience in reaching developers and giving them more than 200 days to fix the issues before publicly disclosing the vulnerabilities had proved counterproductive. As a consequence, he went on to declare that henceforth he would stick to the rule of 90-days before disclosing his future research publicly.[12] The second lesson Schinzel shared was about the warning he had initially tweeted. He found that people did not understand his intentions and added that he would probably never again release a warning statement prior to the publication of the vulnerability itself.

The simultaneous lives of a vulnerability

These vignettes show that the EFAIL vulnerabilities took many forms at different times: like a proton in a high energy physics experiment, the impact of disclosure created different simultaneous strains transforming what the researchers discovered into various instances of EFAIL:[13] it instantly morphed into an urgent threat for journalists and activists, a communication fiasco severely criticized, another reason to abandon OpenPGP adding to a two-decade old polemics about the standard, a series of technical issues to define and to fix separately, a series of remedies to negotiate and assess, an academic paper defining a new type of attacks on cryptography, and a myriad of discourses about what should constitute respectful and ethical vulnerability management as well as a CVE number, a logo and a domain name (efail.de).[14] As in any ethnographic research, we were not able to follow every step and discussion related to EFAIL that took place behind the scenes. Perhaps nobody could grasp the complete processes, not even the EFAIL researchers themselves.

Our ethnographic experience did not give us enough time to reflect analytically on what EFAIL was: we assumed we had to keep up with a unitary object that had created a crisis for a significant number of people all over the world including those who were trying to solve

---

[12] An arbitrary period fixed on the software development cycle that is widely respected by computer security researchers to allow developers to find a remedy to a vulnerability before disclosing their research publicly.
[13] In computer science and in particular in programming, an instance is an object of a class with particular variables assigned to it. By extension here, an EFAIL instance is a technical object with particular characteristics (or a version) that belongs to what Schinzel and his team named EFAIL in May 2018.
[14] CVE stands for Common Vulnerability and Exposure, the most widely used register which references the major vulnerabilities publicly disclosed.

it. EFAIL kept popping up in different locations, adding new sets of actors to the debates or new events to our EFAIL timeline. We decided to work on this article to engage with the unease we felt when we tried to define our ethnography in terms of locations and events. Eventually, we came to the conclusion that EFAIL was not one object we were tracking but several instances of what the public and messy disclosure sparked off.

In this paper, we mention four ethnographic vignettes that correspond to four discrete instances of EFAIL. Each of these public manifestations of EFAIL led to discussions about what EFAIL was, using different discursive registers and coalescing different participants and audiences together. However, these instances remained closely related to the EFAIL vulnerabilities discovered by Schinzel and his team. Hence, each vignette represents one particular instance of EFAIL, rather than a period or a location of ethnographic documentation.[15] Each instance is indeed coterminous with the audiences, the practices and the significations it has coalesced, letting us consider EFAIL as a boundary-object characterized by a high interpretative flexibility (Star and Griesemer 1989). In other words, the EFAIL vulnerabilities acted in the world to materialize themselves through different, but sometimes intersecting, instances.[16] The last part of this article reviews the spatial and temporal dimension of the process of vulnerability disclosure and management.

The location and temporality of computer vulnerabilities

It is easy to realize that an ethnography of vulnerability disclosure and management is spatially fragmented. It necessarily takes place in multiple locations as the EFAIL case exemplifies. In addition, the tracking of computer vulnerability involves various types of ethnographic locations: nowadays, conference venues, as well as digital platforms such as Twitter or a mailing list have become usual sites or locations of ethnographic interest. However, we remained uncomfortable when thinking about our ethnography in terms of field-sites. We could easily mention that our ethnography is multi-sited and consists of following specific things (Marcus 1995) but this was not helping us to account for our ethnographic approach and the nature of the processes and the object we were following, until we stopped thinking about our objects and our ethnographic approach in terms of spatial dimensions.[17]

Like Emily Martin (1997: 146) before us about the ethnography of science, we came to the conclusion that our ethnography was not primarily spatial and that the spatial distribution of vulnerability disclosure and management is equally not a primarily relevant dimen-

---

[15] Moreover, in the case of the first vignette we can easily define several instances of EFAIL caught in various intersecting controversies. For the sake of clarity, we decided, nevertheless, to follow a conventional ethnographic description, wrapping up a multiplicity of issues and arenas in one unitary event we called "public disclosure".

[16] In addition, EFAIL illustrates well how disclosures can sometimes give rise to indeterminacy about the management of vulnerabilities. Hence, the actors, the places, the infrastructure of remedies, etc. often cannot be defined beforehand (in research project applications for instance).

[17] Concomitantly, we reminded ourselves of the seminal text of Gupta and Ferguson (1997) and acknowledged that spatiality was indeed still an implicit and crucial dimension in our understanding of our own ethnographic labor.

sion of the processes we are observing.[18] What is primarily relevant to account for these processes is of course the dynamic assemblage of people, ideas and practices around a known vulnerability or, as we argue more specifically, a series of discrete but interconnected instances of it.

In our experience, the difficulty we had in thinking in spatial terms about our object and our ethnography, helped us to eventually identify the multiplicity of EFAIL instances. In other words, the four vignettes we defined firstly as sites of ethnography were revealed to be more importantly four instances of what we were observing. We contend that this heterogeneity is by no means specific to digital objects.

EFAIL also cannot be apprehended by a single temporal unit such as an event in the sense proposed by Bensa and Fassin (2002). If the EFAIL disclosure is itself undeniably a noticeable event planned as such by the researcher,[19] it is important to note that the disclosure is not a unique point in time: the researchers disclosed their findings to a significant number of concerned persons before deciding to name and tweet EFAIL. Subsequently, the disclosure event also encompassed a version of EFAIL on a website (efail.de) and on a blog post written by an EFF staff member. In addition, we argued that Schinzel's tweet sparked various strands of debates and actions at different times: almost immediately for some and over the course of the year for others. Instances of EFAIL were presented during important events such as conferences in which the meanings of the vulnerability were again reframed.

All things considered, it not so easy to determine when EFAIL started and when it ended when we acknowledge the existence of various instances composed of different meanings, audiences and practices. Accordingly, we could not determine a beginning, a climax and an end to EFAIL without reducing its complexity. Therefore, the linear model of a vulnerability lifecycle commonly depicted by computer scientists (Frei et al. 2008) or the attempt to conceptualize disclosure and vulnerability management as an event – or even a series of sub-events – run the risk of over-simplification in coalescing various and simultaneous processes and controversies in one linear workflow and one unique timeframe.

Moreover, it appears obvious that we cannot limit our understanding of vulnerability disclosure and management to the discussions taking place at events such as conferences or during a Twitterstorm. It is indeed necessary to look beyond the rhetoric of crisis that characterizes these events to consider the quite un-eventful and asynchronous deliberations of a one-year conversation over the IETF mailing-list and contemplate the routinized work of protocol maintenance: a continuous effort to keep up with the never-ending flows of famous and less known vulnerabilities.

Therefore, we contend that EFAIL can be more accurately understood as an assemblage of instances that emerge, develop and intersect in various locations and at different times. In this sense, EFAIL indicates that a computer vulnerability can be conceptualized in similar

---

[18] To be sure, we are not saying that the instances of a vulnerability or the parts of the disclosure and management processes are nowhere to be found and immaterial. On the contrary, they can be instead located in a countless number of sites and their materiality is of course undeniable.

[19] See for instance, Jan Wildeboer's answer to Schinzel's tweet on May 13, 2018: "Why the drama? Why not simply release the details now instead of Hollywood style 'come back tomorrow for more!'" (https://twitter.com/jwildeboer/status/995919421901361152, accessed January 21, 2020).

terms as what Zigon defines as a global situation: an assemblage of manifestations diffused across different global scales and in which persons and objects get caught up in various capacities, intensities and conditions (2015: 502). In that perspective, tracking vulnerabilities allows us to partially witness how the global field of information security is constantly (re)constituted in various transitory but also recursive collectives forming around particular issues that they contribute to shaping discursively and in practice.

References

Bensa Alban, Fassin Eric. 2002. «Les sciences sociales face à l'événement». *Terrain* 38: 5–20.

Frei Stefan, Tellenbach Bernhard, Plattner Bernhard. 2008. "0-Day Patch – Exposing Vendors' (In)security Performance". *Black Hat Europe*, London. https://www.blackhat.com/presentations/bh-europe-08/Frei/Whitepaper/bh-eu-08-frei-WP.pdf, accessed January 21, 2020.

Gupta Akhil, Ferguson James (eds.). 1997. *Anthropological Locations*. Oakland: University of California Press.

Marcus George E. 1995. "Ethnography in/of the World System: The Emergence of Multi-sited Ethnography". *Annual Review of Anthropology* 24: 95–117.

Martin Emily. 1997. "Anthropology and the Cultural Study of Science: From Citadels to String Figures", in Gupta Akhil, Ferguson James (eds.). *Anthropological Locations*. Oakland: University of California Press: 131–146.

Ptacek Thomas H. 2018. "A Unified Timeline of Efail PGP Disclosure Events". Online: https://flaked.sockpuppet.org/a-unified-timeline/, accessed January 21, 2020.

Poddebniak Damian, Dresen Christian, Müller Jens, Ising Fabian, Schinzel Sebastian, Friedberger Simon, Somorovsky Juraj, Schwenk Jörg. 2018. "Efail: Breaking S/MIME and OpenPGP Email Encryption using Exfiltration Channels". *27ᵗʰ USENIX Security Symposium*. https://www.usenix.org/conference/usenixsecurity18/presentation/poddebniak, accessed January 21, 2020.

Star Susan Leigh, Griesemer James R. 1989. "Institutional Ecology, Translations' and Boundary Objects: Amateurs and Professionals in Berkeley's Museum of Vertebrate Zoology, 1907–39." *Social Studies of Science* 19(3): 387–420.

Zigon Jarrett. 2015. "What is a Situation? An Assemblic Ethnography of the Drug War". *Cultural Anthropology* 30(3): 501–524.

Authors

Sylvain Besençon is a PhD candidate in Social Anthropology at the University of Fribourg where he is preparing a dissertation on the making and unmaking of online communication security with a focus on the standardization and maintenance work related to cryptographic protocols. He is interested in the Free and Open Source Software (FOSS) movement and in hacker cultures. He holds a MA degree in Anthropology from the University of Neuchâtel and has been researching on community-based tourism in Peru as well as on activism, art and migration in the USA and South Africa.
sylvain.besencon@unifr.ch
University of Fribourg
Department of Social Sciences
Boulevard de Pérolles 90
CH-1700 Fribourg

David Bozzini is Professor of Anthropology at the University of Fribourg since 2017. He received his PhD in Anthropology from the University of Neuchâtel in 2011. He has been researching on surveillance, insecurity, social movements and hacktivism in Eritrea, Europe and North America. His current research projects investigate the social fabric of computer security and in particular vulnerability disclosure and bug bounties.

david.bozzini@unifr.ch
University of Fribourg
Department of Social Sciences
Boulevard de Pérolles 90
CH-1700 Fribourg

LAUFENDE FORSCHUNGEN

PLASTIK UND ROSEN

Ethnische Minderheiten und Moderne in Yunnan, China

Seraina Hürlemann

Schlagwörter: *Ethnische Minderheiten, Yunnan China, Ortsschaffung, Identität, Tourismus*
Keywords: *ethnic minorities, Yunnan China, place making, identity, tourism*

Frühling 2017: Es ist ein strahlend schöner Tag und wir fahren entlang der neuen Ringstrasse nahe der Uferlinie des Lashi Sees. Hingerissen von der malerischen Landschaft schaue ich aus dem Fenster, wir sind umgeben von Feldern, weiter hinten folgt Sumpfgebiet, und in der Ferne ist die blau schimmernde Oberfläche des Sees zu erkennen. Dazwischen tauchen immer wieder kleine Dörfer auf, eingebettet am Fusse der dicht bewaldeten Hügel. Im Norden kann man von einigen Stellen aus sogar einen Blick auf die leuchtend weissen, vergletscherten Gipfel des Jadedrachen-Berges erhaschen. Die Idylle scheint perfekt. Dank der neuen Umfahrungsstrasse funktioniert der Verkehr nun einwandfrei, da sich die grossen Tourismusbusse nicht mehr durch die engen Gassen der Dörfer zwängen müssen. Hier und da überholen wir eine Gruppe von Tourist·innen, die auf den kleinen stämmigen Pferden reiten und von einem lokalen Guide geführt werden. Auch sehen wir mit bunten Fahnen und Blumen geschmückte Eingangspforten, die zu den unzähligen Besuchszentren führen. Dort warten die Guides mit ihren Pferden auf Kundschaft. Die Pferdetouren folgen den schmalen Pfaden, auf welchen man zwischen den Feldern und üppigen Gärten hinauf in die Wälder und Hügel gelangt. Auf einmal scheinen mir meine Augen einen Streich zu spielen – vor uns erscheint eine rosarote Plastiksulptur eines riesigen Stöckelschuhs, mehrere Meter hoch, einfach aus dem Nichts, inmitten der Felder. Während ich noch an meiner Wahrnehmung zweifle, erreichen wir schon unser Ziel: das Dorf, in dem ich während der nächsten Monate die Feldforschung für meine Dissertation weiterführen werde. Obwohl ich mir dessen noch nicht bewusst bin, hat sich ein neuer Fokus meiner Arbeit in diesem Moment festgesetzt. Ich werde mich mit Prozessen der Ortsschaffung (*place making*) auseinandersetzen und analysieren, wie diese für den Tourismus erschaffenen Orte entstanden sind. Die folgenden Ausführungen basieren auf Daten, welche mittels ethnographischer Feldforschung während mehrerer Forschungsaufenthalten zwischen 2015 und 2018 in den Dörfern am Lashi See erhoben wurden. Dabei habe ich einen induktiven Forschungsansatz verfolgt und meine Fragestellungen stark von Beobachtungen im Feld bestimmen lassen.

Ortsschaffung und Identität

Als theoretische Grundlage dient mir das Co-Produktionsmodell von Low (2014), welches die Ortsschaffung als zirkulären Prozess konzipiert. In diesem kontinuierlichen Vorgang tragen soziale Prozesse, welche in der materiellen Gestaltung des Orts resultieren, sowie die soziale Konstruktion der Orte gleichermassen zur Schaffung bei. Materielle Elemente des Ortes stimulieren die Art und Weise, wie dieser von Individuen erlebt wird. Durch Erlebnisse werden den Orten Bedeutungen zugeschrieben, welche wiederum durch Interaktion mit anderen Individuen mittels Narrativen geteilt werden (Low 2014). Diese geteilten Erfahrungen, Erlebnisse, Erinnerungen und Geschichten eines Ortes erschaffen ein Ortsgefühl *(senses of place)* und konstruieren ihn somit innerhalb dieser sozialen Gruppe (Feld und Basso 1996). Die soziale Konstruktion des Ortes verleiht diesem eine bestimmte Bedeutung und schreibt ihm gewisse Werte zu. Gleichzeitig ist die materielle Gestaltung des Ortes ebenfalls ein sozialer Prozess, an welchem Agierende mit unterschiedlichen Interessen beteiligt sind. Die materielle Gestaltung stimuliert mittels bestimmter Symbole und Elemente, wie dieser Ort erlebt wird. Insbesondere in Tourismusorten wird durch das Erleben dieser Orte in der Vorstellung der Besuchenden ein Bild der lokalen Kultur und Bevölkerung kreiert (Leite und Graburn 2009).

In diesem Prozess der materiellen Ortsschaffung wird unter den Beteiligten ausgehandelt, in welcher Art und Weise und anhand welcher Symbole eine lokale Identität kommuniziert werden soll. Während sich etliche Studien zum ethnischen Tourismus mit der Kommerzialisierung der lokalen Kultur beschäftigen, interessiere ich mich in meiner Forschungsarbeit für die emische Perspektive auf die kommerzialisierte Version der ethnischen Kultur und Identität. Entgegen der häufig vertretenen Ansicht, dass die kommerzielle, touristische Version zu einem Bestandteil der lokalen Kultur wird, habe ich festgestellt, dass sich die lokale Bevölkerung davon entfremdet und in manchen Fällen auch bewusst distanziert. Ethnische Identität wird im Alltag jedoch individuell geschaffen und gelebt, ausgehandelt und angepasst. Identitäten können demnach nicht als kohärente, einheitliche Systeme verstanden werden (Massey 2010), sondern sollten als situativ und performativ betrachtet werden (Abu-Lughod 2008). Alle Beteiligten haben ihre persönliche Vorstellung davon, welche Werte die lokale Kultur am besten repräsentieren (Okamura 2008). Diese decken sich jedoch nicht unbedingt mit jenen, die von der Tourismusindustrie als ethnische Kultur verkauft werden. Die Ortsschaffung ist ein Prozess, in dem bestehende Ideen von Kultur, Ethnizität und Identität angefochten und immer wieder neu ausgehandelt werden (Rodman 1992). Touristische Orte haben aus dieser Perspektive einen besonderen Reiz, da sie in der Interaktion zwischen den lokalen Bewohnenden und den Besuchenden geschaffen werden. Im Prozess der Ortschaffung werden Stereotypen und touristische Wunschbilder mit der persönlichen Vorstellung von ethnischer Identität der Beteiligten konfrontiert. Dabei werden stets neue Arten der Repräsentation von Kultur und Identität ausgehandelt und materialisiert.

Tourismus und Entwicklung

Der Tourismus wurde in der Provinz Yunnan Mitte der 1990er-Jahre als nachhaltige Entwicklungsstrategie von der Zentralregierung eingeführt (Litzinger 2004). Der Nordwesten Yunnans ist für seine artenreiche Fauna und Flora bekannt und ein Grossteil der Region wurde auf Grund dessen als UNESCO-Weltnaturerbe deklariert. Doch nicht nur für seine Artenvielfalt ist die Region bekannt, auch kulturell hat die Gegend einiges zu bieten: 25 von 55 ethnischen

Minderheitengruppen, welche in China offiziell von der Regierung als solche klassifiziert worden sind, leben in der Provinz Yunnan (Mullaney 2011). Diese sowohl kulturellen als auch landschaftlichen Attraktionen locken immer mehr Besuchende in diese entlegenen Gebiete. Grossangelegte Infrastrukturprojekte im Bereich von Strassen-, Schienen- sowie Luftverkehr ermöglichen eine stets komfortablere, kostengünstigere und schnellere Erreichbarkeit der Region und führten zu einem rasanten Wachstum der Besuchszahlen.

In vielen ehemals landwirtschaftlich geprägten Gebieten ist heute der Tourismussektor der federführende Wirtschaftszweig. Für grosse Teile der Bevölkerung hat dies gewichtige finanzielle Vorteile gebracht, welche sich auf viele Lebensbereiche, insbesondere die Bildung und Gesundheitsversorgung, auswirken (Hürlemann 2014). Die ökonomische Entwicklung der Region hat die Lebensweise, wie auch den Lebensstandard der Bevölkerung am Lashi See bedeutend verändert. Von der jungen Generation sind heute nur noch wenige in der Landwirtschaft tätig, da diese Arbeit nicht nur einen sehr niedrigen Gewinn einbringt, sondern auch gesellschaftlich keine sonderlich gute Stellung geniesst.

Tourismus am Lashi See

Mein Forschungsgebiet, die Dörfer am nördlichen Ufer des Lashi Sees sind nur etwa eine halbe Stunde Autofahrt von Lijiang – ebenfalls UNESCO Weltkulturerbe und eine der meistbesuchten Tourismusdestinationen Chinas – entfernt. Um die überfüllten Strassen der Altstadt etwas zu entlasten, hat die lokale Regierung beschlossen, in den umliegenden Gebieten eine Auswahl an touristischen Angeboten zu entwickeln. Eines davon ist der Tagesausflug zum Lashi See.

Selbstredend lassen sich «Tourist·innen» und «Einheimische» nicht so einfach in zwei entgegengesetzte Gruppen einteilen. Es gibt beispielsweise unter den Besuchenden am Lashi See auch Leute aus Lijiang, die gerne ihre Freizeit an diesem Ort verbringen. Sie gehören, wie auch ein Grossteil der Anwohnenden vom Lashi See, ebenfalls der ethnischen Minderheit der Naxi an. Ausserdem leben am See viele Yi und es gibt schon seit langer Zeit eingewanderte Han von weit und weniger weit her, welche sich in den Dörfern rund um den Lashi See niedergelassen haben – sei es um die ländliche Ruhe zu geniessen, ein Business aufzubauen, oder einen Job im Tourismussektor zu finden. Der Grossteil der Besuchenden stammt aus den wirtschaftlich stark entwickelten Metropolen des Landes.

Macht und Vorurteil

In der chinesischen Gesellschaft ist das Bild von ethnischen Minderheiten in ruralen Gebieten seit jeher von tiefgreifenden Vorurteilen geprägt (Harrell 2012). Basierend auf staatlich gesteuerten Diskursen, beschreibt es ethnische Minderheitengruppen als rückständig, ungebildet, barbarisch und unhygienisch. Dieser Diskurs dient vor allem dazu, die Identität der ethnisch dominanten Gruppe der Han als fortschrittlich, modern und zivilisiert zu definieren (Schein 2000, Harrell 2012). Ebenfalls rechtfertigt diese staatliche Hierarchisierung unterschiedlicher ethnischer Kulturen, Entwicklungsprojekte in den Gebieten der sogenannt «unterentwickelten» ethnischen Minderheiten durchzuführen und legitimiert staatliche Grossprojekte. Als Gegenleistung wird vom Staat Loyalität und Dankbarkeit von Seiten der profitierenden Bevölkerungsgruppen erwartet (Yeh 2013). Viele der ethnischen Minderheiten sind in Grenzgebieten wohnhaft, welche in der chinesischen Geschichte seit jeher schwer kontrollierbare Problemzonen darstellen (Mullaney 2011). Da sich in diesen Gebieten jedoch unzählige wichtige natürliche Ressourcen befinden, ist die Bereitstellung von Infrastruktur nicht nur eine selbstlose, wohlwollende Tat von Seiten der Zentralregierung, sondern eine Bedingung für deren Abbau und Transport (Davis 2005). Kontrolle über dieses Gebiet zu festigen und zu legitimieren ist daher ein absolut zentraler Gedanke, welcher die Minderheitenpolitik in China mitbestimmt (Yeh 2013).

Im Tourismussektor ist jedoch ein etwas anderer Stereotyp weit verbreitet. Dieser zeigt eine einfache und fröhliche Landbevölkerung, die naturnah einen ursprünglichen, traditionellen Lebensstil verfolgt und einen starken Gemeinschaftssinn lebt. Der Regierung dient er vor allem dazu, das Bild einer harmonischen, multiethnischen Nation zu erzeugen (Chio 2014). Das nostalgische Bild der ethnischen Minderheiten in China wird von unterschiedlichen Medien, Filmen und Serien untermauert und in Musikvideos und Werbungen für Tourismusdestinationen zelebriert (Notar 2006). Da diese Verniedlichung jedoch von einem staatlichen Diskurs gesteuert wird, hat dies zur Folge, dass die betroffenen Bevölkerungsgruppen jeglicher Mündigkeit beraubt werden, indem sie als apolitisch, unzeitgemäss und meinungslos dargestellt werden (Schein 2000, Davis 2005, Walsh 2005).

Tourismusorte schaffen

Das nostalgische Bild der fröhlichen, bunt gekleideten Minderheiten inmitten ursprünglicher, intakter Natur hat sich jedoch als äusserst effektiver Tourismusmagnet erwiesen. In den Dörfern am Lashi See hat sich so das Pferdetouren-Business etabliert und zur Schaffung unterschiedlicher Tourismusorte geführt. Einer davon ist die Heilige Quelle, welche sich auf einer Waldlichtung in den Hügeln hinter den Dörfern befindet. Tourist·innen werden auf den Rücken der Pferde zu diesem besonderen Ort hinaufgetragen. Die Besuchenden können sich selbstständig amüsieren und die Beine vertreten. Auch gibt es verschiedene Aktivitäten, welche den spirituellen Charakter des Ortes hervorheben. So können beispielsweise rote Koi Fische gekauft und im Teich freigelassen werden oder man kann Räucherstäbchen kaufen und angezündet in einen kleinen Altar stecken. Solche Aktivitäten existieren in vielen touristischen Orten in China. Hier an der Heiligen Quelle tragen diese Handlungen zu einem bestimmten Gefühl von Heiligkeit bei, welches diesen Ort für die Besuchenden besonders macht. Tatsächlich dient der Ort bis zum heutigen Tag als Ort für gewisse spirituelle Rituale der Lokalbevölkerung. Dabei werden den in den nahen Gewässern wohnhaften Geistern Opfer erbracht. Gewässer und insbesondere Quellen geniessen in der religiösen Lokaltradition eine besondere Stellung und viele Aktivitäten, wie beispielsweise das Fällen von Bäumen, sind in deren Nähe untersagt. Dies hat zur Folge, dass sensible Ökosysteme rund um Gewässer nicht überbeansprucht wurden und bis heute in einem guten Zustand sind – oder es zumindest waren: «Als ich klein war, konnte man das Wasser direkt aus dem Bach vor dem Haus trinken. Jetzt geht das nicht mehr, die Wasserquellen sind verschmutzt» (Herr Zhang aus Nanyao, 2017).

CURRENT RESEARCH

Rosen und Plastik

Neue Tendenzen in der Tourismusbranche stellen die Existenz von traditionellen Orten, wie der Heiligen Quelle, jedoch in Frage. Nicht nur ich habe in meinen Interviews mit Tourist·innen festgestellt, dass deren Interesse für die lokale Minderheitenkultur relativ gering ist; die Tourismusagenturen haben dies schon lange erkannt. Neue Tourismusorte müssen attraktiver und extravaganter sein. Warum also nicht beispielsweise übergrosse Plastikobjekte in die Felder stellen und diese, anstatt mit Mais und Kartoffeln, mit üppigen Rosenbüschen bepflanzen? Dieser neue Park, in welchem unterschiedliche, bunte Skulpturen aus Plastik über den Rosenfeldern thronen, bietet eine beliebte Abwechslung zu den sonst etwas gleichförmigen Tourismusorten. Besuchende finden darin aufregende Sujets und Hintergründe für ihre Fotos. Zudem gibt es gemütliche Lounges und Teestuben, die zum Verweilen, Entspannen und Bestaunen dieser unwirklich erscheinenden Landschaft einladen. Die Strategie, sowie Finanzkraft für die Schaffung solcher Orte stammt von einem Grossunternehmer aus Shenzhen. Ähnliche Projekte wurden bereits in anderen Tourismusdestinationen in China getestet und umgesetzt.

Der Nachteil dieser neuen, offensichtlich äusserst erfolgreichen Strategie der Ortsschaffung ist, dass die illegal gegrabenen Brunnen, welche für die Bewässerung der Rosenfelder benötigt werden, den Wasserpegel der Heiligen Quelle und anderer Gewässer in der Gegend sinken lassen. Viele der Anwohnenden äussern Besorgnis über diese Tendenz und erklären, dass der Tourismusboom am Lashi See viele negative Konsequenzen für die Umwelt mit sich bringe. Bedeutet die Etablierung dieses neuen Wirtschaftszweigs nun einen Austausch der traditionellen Orte und ethnischen Kultur durch Rosen und Plastik?

Die vorläufigen Erkenntnisse aus meiner bisherigen Forschung ergeben, dass ein solcher Schluss die Situation äusserst vereinfacht darstellen würde. In den sozialen Prozessen, welche hinter der Schaffung von Tourismusorten, wie der Heiligen Quelle oder dem Park mit den Rosen und Plastiksulpturen stehen, wird zwischen unterschiedlichsten Beteiligten ausgehandelt, welche Werte wie und für wen materiell dargestellt werden. Es wäre jedoch falsch, diesen Wertekonflikt auf Moderne versus Tradition zu reduzieren. Vielmehr hat sich gezeigt, dass lokale, ethnische Identitäten individuell und situationsbezogen gestaltet werden, und sich keinesfalls auf die Symbolik der Tourismusindustrie oder der staatlichen Propaganda reduzieren lassen. Identitäten sind nicht kohärent und können durchaus unterschiedliche Moral- und Wertvorstellungen beinhalten, sodass beispielsweise die Plastiksulpturen nicht im Kontrast zur eigenen Ethnizität stehen müssen (Okamura 2008). Insbesondere für die junge Generation gehört die bunte, traditionelle Kleidung der Vergangenheit an. Anstatt als zeitlose, rückständige, naturverbundene Einheit betrachtet zu werden, wünschen sich viele, sich von diesen Stereotypen lossagen zu können. Oftmals unterscheidet sich das Alltagsleben junger Naxi, wie sie selber erzählen, kaum von dem gleichaltriger Han. Dennoch werden sie vielmals mit negativen Vorurteilen konfrontiert: «Sie denken, dass wir naiv und engstirnig sind, und ziemlich arm, und dass wir nie zur Schule gingen. Doch heute haben viele von uns hier Geld und die Jungen studieren an den Unis» (Frau Wen aus Junliang, 2017). Ein Ort wie der Park mit den Rosen und den Plastikobjekten verkörpert für viele der Anwohnenden Modernität, Fortschritt und eine Alternative zu den abgedroschenen, vorurteilbehafteten Stereotypen bezüglich ihrer Kultur. Obwohl diese Objekte keinen direkten symbolischen Bezug zur lokalen Kultur aufweisen, repräsentieren sie möglicherweise besser, was lokale Anwohnende über sich selbst kommunizieren möchten, als die folkloristischen Bilder, derer sich die Tourismusindustrie bedient. Entgegen der Vorurteile repräsentiert dieser Park für die Anwohnenden, dass ihre lokale Kultur genauso mit globalen Geschehnissen vernetzt ist, internationale Tendenzen widerspiegelt und sich unabhängig von der Staatspropaganda stets weiterentwickelt.

Literaturverzeichnis

Abu-Lughod Lila. 2008. "Writing Against Culture", in: Oakes Timothy, Price Patricia (eds.) *The Cultural Geography Reader*, p. 62–71. London, New York: Routledge

Chio Jenny. 2014. *A Landscape of Travel: The Work of Tourism in Rural Ethnic China*. Seattle: University of Washington Press.

Davis Sara. 2005. *Song and Silence: Ethnic Revival on China's Southwest Borders*. New York: Columbia University Press.

Feld Steven, Basso Keith. 1996. *Senses of Place*. Santa Fe, New Mexico: School of American Research Press.

Harrell Stevan. 2012. *Ways of Being Ethnic in Southwest China*. Washington D.C.: University of Washington Press.

Hürlemann Seraina. (2014). *Sustainable Development through Tourism: A Case Study from Lashi Hai*. Unpublished Master Thesis. Geneva: University of Geneva and Graduate Institute of International and Development Studies (IHEID).

Leite Naomi, Graburn Nelson. 2009. "Anthropological Interventions in Tourism Studies". *The Sage Handbook of Tourism Studies*, p. 35–64. Los Angeles: Sage.

Litzinger Ralph. 2004. "The Mobilization of 'Nature': Perspectives from North-West Yunnan" *The China Quarterly* 178: 488–504.

Low Setha. 2014. *Spatializing Culture: An Engaged Anthropological Approach to Space and Place*. New York: Routledge.

Massey Doreen. 2010. "A Global Sense of Place", in: Massey Doreen (ed.) *Space, Place and Gender*. p. 146–156. Cambridge: Polity.

Mullaney Thomas. 2011. *Coming to Terms with the Nation: Ethnic Classification in Modern China*. Berkeley: University of California Press.

Notar Beth. 2006. *Displacing Desire: Travel and Popular Culture in China*. Honolulu: University of Hawaii Press.

Okamura Jonathan. 2008. *Ethnicity and Inequality in Hawaii*. Philadelphia: Temple University Press.

Rodman Margaret. 1992. "Empowering Place: Multilocality and Multivocality". *American Anthropologist* 94(3): 640–656.

Schein Louisa. 2000. *Minority Rules: The Miao and the Feminine in China's Cultural Politics*. Durham, London: Duke University Press.

Walsh Eileen. 2005. "From Nü Guo to Nü'er Guo: Negotiating Desire in the Land of the Mosuo". *Modern China* 31(4): 448–486.

Yeh Emily. 2013. *Taming Tibet: Landscape Transformation and the Gift of Chinese Development*. Ithaca, New York: Cornell University Press.

Autorin

Seraina Hürlemann ist Doktorandin und Assistentin am Institut für Geographie und Nachhaltigkeit der Universität Lausanne. Ihre Doktorarbeit verfasst sie im Fachgebiet der Sozial- und Kulturanthropologie als Mitglied der Interdisziplinären Forschungsgruppe «Cultures et natures du tourisme» in Sion. Ihre Forschung beschäftigt sich mit ethnischen Minderheiten in ländlichen Gebieten Yunnan's (China). Insbesondere werden Prozesse der Identitäts- und Ortschaffung im Kontext des dominanten

Staatsapparats, sowie der rasanten Tourismus-
entwicklung analysiert.
seraina.hurlemann@unil.ch
Université de Lausanne
Institut de géographie et durabilité
Site de Sion
Chemin de l'Institut 18 – Bramois
Case postale 4176
CH-1950 Sion 4

RECHERCHES EN COURS

REPOUSSER POUR SOIGNER ?

Logiques de tri de personnes non assurées en Suisse et pratiques d'externalisation des soins vers la France

Sabrina Roduit

Mots-clés : *non-recours, inégalités de santé, assurance-maladie, tri des patient·e·s, externalisation des soins, transfrontalier*
Keywords: *non-take-up, health inequalities, health insurance, triage of patients, healthcare outsourcing, cross-boarder*

En Suisse, malgré un système de santé basé sur une assurance-maladie obligatoire, des dizaines de milliers de personnes ne s'y trouvent pas affiliées (Plate-forme nationale pour les soins médicaux aux sans-papiers 2012). Ce sont en majorité des personnes migrantes « sans-papiers », d'autres originaires de l'Union européenne mais sans permis de séjour, ou encore des Suisses en situation très précaire. Cet article vient interroger les pratiques de tri de patient·e·s non assuré·e·s dans l'institution hospitalière genevoise, où existe un service offrant à ces personnes un accès aux soins de type assistanciel. Ces pratiques de tri résultent, pour partie, de mécanismes de catégorisation opérés par le personnel de santé (Lachenal et al. 2014). Certaines personnes sont prises en charge, partiellement ou totalement, par l'institution hospitalière ; d'autres se voient conseillées, encouragées à chercher des soins hors du territoire suisse, dans leur pays d'origine ou le pays le plus proche, à savoir la France. Les parcours de soins transfrontaliers sont ainsi loin d'être un phénomène anecdotique. Au vu de la configuration géographique particulière du canton de Genève, enclavé en majeure partie dans le territoire français, le passage de la frontière apparaît comme une pratique courante à la suite d'une impossibilité de soins sur le territoire suisse. Justifiée tantôt par le droit (des droits seraient « ouverts » en Europe mais non en Suisse), tantôt par la fustigation d'une forme précaire de « tourisme médical », cette pratique présente des conséquences sur le recours aux soins des personnes non assurées.

Une enquête qualitative auprès de personnes non assurées et de soignant·e·s

Les résultats présentés ici sont issus d'un travail de thèse en cours[1]. Cette recherche qualitative inclut une trentaine d'entretiens semi-directifs approfondis et des observations ethnographiques, réalisés dans des centres de soins et dans des structures d'accueil social pour personnes en situation de précarité à Genève et en France (Haute-Savoie). Elle croise une analyse des

---

[1] Thèse de doctorat en sociologie intitulée « Aux frontières de l'accès aux soins. Pratiques de tri et parcours de vie de personnes sans assurance-maladie à Genève », dont la soutenance a eu lieu le 27 mai 2020.

discours et des pratiques de recours aux soins de personnes sans assurance-maladie de base en Suisse, ayant des profils diversifiés, avec ceux de professionnel·le·s de santé (infirmiers·ères, médecins, assistant·e·s social·e·s). Cette recherche vise à mettre en lumière les mécanismes légitimant un accès à une prise en charge médicale ou l'excluant, ainsi que les solutions alternatives mises en œuvre lors d'un déficit de prise en charge médicale sur le canton de Genève.

Renvoyer les patient·e·s vers le système de soins français

Depuis 1996, le système suisse de santé est légalement basé sur une couverture médicale obligatoire impliquant l'affiliation à une caisse d'assurance-maladie pour toutes les personnes résidant depuis plus de trois mois dans le pays, y compris celles en situation irrégulière (sans-papiers) ou sans domicile fixe. Dans le système fédéral suisse, ce sont les cantons qui ont la responsabilité d'organiser cet accès aux soins, via l'assurance-maladie, pour l'ensemble de leurs résident·e·s (Greber 2010). La littérature souligne des inégalités d'accès aux soins pour les personnes sans assurance-maladie, selon les cantons (Regamey et Gafner 2005, Bilger et al. 2011), mais peu d'études ont étudié leur recours effectif aux soins. Sur le canton de Genève, un dispositif existe visant à faciliter l'accès aux soins pour toute personne en situation précaire, spécifiquement les personnes sans assurance-maladie. Ce dispositif, n'ayant pas pour objectif premier d'assurer les personnes, est plutôt de type assistanciel, voire caritatif.

Dans un contexte où les ressources – ici le budget alloué pour les soins aux personnes en situation précaire – sont perçues comme limitées (Fassin 2010), cela pose d'emblée la question de «qui a droit à quoi» (Staerkle et al. 2007). Le personnel soignant, au travers d'un processus de *gatekeeping* infirmier, médical mais aussi social (White 1950, Anthony 2003), se trouve donc chargé de déterminer les critères de prise en charge médicale des personnes non assurées, notamment dans le cas de maladies nécessitant un suivi. Il s'ensuit un mécanisme de «tri» des patient·e·s qui se fonde sur des critères médicaux, mais aussi sociaux et économiques, révélant la dimension «discrétionnaire» de l'action des professionnel·le·s de santé ou des travailleurs·euses sociaux·les dans l'application de ces critères (Dubois 2008, Spire 2008). Certaines catégories de patient·e·s sont presque systématiquement prises en charge: «les femmes enceintes, et les grands précaires, y'a pas de limite, y'a pas de critères» (Aline, 57 ans, infirmière en médecine de premier recours depuis cinq ans). D'autres sont formellement exclues d'une prise en charge sur le long terme: «le grand critère d'exclusion pour les consultations médicales au long cours, c'est le tourisme médical[2]. Venir à Genève expressément pour se faire soigner, parce qu'on pense que dans son pays c'est pas possible ou c'est moins bien» (Maria, 60 ans, infirmière en médecine de premier recours depuis près de vingt ans). La prise en charge de patient·e·s européen·ne·s est également perçue comme «compliquée, parce qu'on estime qu'ils ont accès aux soins en Europe» (Louise, 60 ans, assistante sociale au service de médecine de premier recours depuis plus de dix ans). Ainsi, ces catégories de patient·e·s ont un accès aux soins restreint.

---

[2] Le terme «tourisme médical» est utilisé par les professionnel·le·s de santé pour qualifier la venue en Suisse de personnes en situation de précarité économique et sociale, pour raisons médicales. Dans un contexte de besoins de santé de personnes migrantes, le terme «tourisme», habituellement associé avec la notion de loisir, est questionnable (Connell 2015).

Deux logiques participent à cette catégorisation et s'institutionnalisent lorsque les soignant·e·s évoquent des mécanismes historiquement reconnus dans la prise en charge de la pauvreté. La première relève d'une norme d'appartenance ou d'intégration à la communauté. Les citoyen·ne·s suisses ainsi que les étrangers·ères au bénéfice d'un permis de résidence sont pris·es en charge quels que soient leurs problèmes de santé, en vertu d'un devoir «d'aide aux plus démuni·e·s», forme de résurgence d'un principe ancien de charité (Tabin et al. 2010). La seconde répond à une norme de mérite lié à la productivité, à l'activité économique: les «travailleurs sans-papiers qui ont un rôle, une fonction économique», comme le souligne Louise, 60 ans, assistante sociale au service de médecine de premier recours depuis plus de dix ans. Même sans statut légal sur le territoire, ces personnes sont considérées comme légitimes à obtenir des soins, rappelant les politiques d'aides sociales qui valorisent l'«utilité sociale» (Rossini et al. 2004). Pour les autres, l'une des principales options préconisées est de se rendre en France pour y être soignées: «on a beaucoup de gens qui ont des droits que ce soit en France ou en Espagne, alors on les invite à aller là-bas, parce qu'ici, c'est vraiment pour les personnes qui n'ont pas d'accès à la santé» (Aline, 57 ans, infirmière en médecine de premier recours depuis cinq ans).

Une solution ambivalente pour les soignant·e·s

Du fait d'un principe de subsidiarité, il est considéré que la Suisse n'a pas à prendre en charge les résident·e·s qui auraient des «droits» à la santé dans d'autres pays, en vertu d'accords entre pays de l'Union européenne: «ils seraient théoriquement pris en charge en France, il y a des accords européens de prise en charge» (John, 41 ans, médecin interne dans une structure d'addictologie depuis trois ans). La «plus grande facilité d'accès aux soins» en France est ainsi soulignée[3] et mise en regard d'un système suisse plus complexe. D'une part, le caractère régressif de la cotisation (prime et franchise) à l'assurance-maladie de base ne permet pas de s'affilier avec des revenus très faibles ou absents[4]; d'autre part, aucun mécanisme de droit commun ne vise à assurer systématiquement des soins aux personnes en situation irrégulière. L'argument économique, «c'est moins cher en France», est employé pour encourager les usagers·ères de soins à consulter ou à acheter leurs médicaments de l'autre côté de la frontière.

Toutefois, certain·e·s soignant·e·s expriment des réserves, en raisons de conflits éthiques, à l'idée de renvoyer des personnes au-delà de la frontière: «On doit trouver des solutions locales. On ne peut pas se permettre de dire: "Tous les pays environnants traitent, allez-y!" On est obligés, c'est notre responsabilité de leur trouver [une solution] ici» (Jeanne, 47 ans, médecin spécialiste en infectiologie depuis près de dix ans). Ainsi apparaît un dilemme qui se reflète dans les pratiques professionnelles, entre déontologie médicale, visant à soigner indépendam-

---

[3] Il est fait référence aux mécanismes légaux d'accès aux soins en France, à savoir l'aide médicale d'État, qui permet une prise en charge médicale pour les personnes en situation irrégulière sur le territoire français, du moment qu'elles peuvent prouver leur installation depuis au moins trois mois.

[4] Il faut compter en moyenne 6000 CHF par personne par année selon les options et la caisse d'assurance. La LAMal prévoit la possibilité de réduction des primes d'assurance-maladie, mais à Genève les montants sont modestes et pratiquement impossibles à obtenir pour les personnes en situation irrégulière.

ment du statut de séjour ou de la nationalité de la personne, et pression pour tenir les budgets de l'institution hospitalière. Ces dilemmes dans le tri des patient·e·s ont été soulignés dans des études sur les services d'urgences hospitalières notamment (Vassy 2004, Caillol et al. 2010).

Dans une structure de soins française, des soignant·e·s soulignent les difficultés pour prendre en charge des patient·e·s «récupéré·e·s du Cantonal[5]»: «un Européen, des fois c'est des mois et des mois de procédure pour voir avec le pays d'origine qui prend en charge, qui prend pas [...]. C'est vraiment pas plus simple» (Héloïse, 35 ans, assistante sociale dans un centre hospitalier en France). La méconnaissance par les professionnel·le·s en Suisse de ces contraintes dans le système de prise en charge français donne l'illusion d'une solution pour la·le patient·e, alors que celle-ci est parfois loin d'être acquise.

Une stratégie parfois mobilisée par des personnes non assurées

Devant les difficultés rencontrées en Suisse pour accéder aux soins, certaines personnes font le choix de se tourner vers la France. C'est le cas de Safia, 35 ans, originaire d'Afrique centrale, arrivée à Genève six mois auparavant pour y travailler et trouver une vie meilleure, alors qu'elle se trouvait discriminée dans son pays du fait de sa maladie. En raison de cette infection chronique nécessitant des traitements quotidiens, elle se rend rapidement dans les structures de soins genevoises pour recouvrer son traitement. Des barrières se dressent, entre le renvoi d'un service à l'autre et le discours peu engageant de l'assistante sociale, qui l'exhorte à retourner dans son pays, ou alors lui recommande «d'aller en France, là-bas on prend en charge». Sur le conseil d'un ami qui l'héberge et l'accompagne dans ses démarches légales et médicales, Safia choisit de mener parallèlement ses démarches d'accès aux soins en Suisse et en France. Cet ami, présent durant l'entretien, explique: «je me suis dit, on va faire sur les deux côtés. On va faire du côté français, où donc Safia est [aussi] domiciliée chez ma fille qui habite en Haute-Savoie. [...] Et puis, de prendre aussi le côté suisse, de prendre les deux, pour se donner plus de chances.» Accompagnée par une association de patient·e·s, Safia accède rapidement à un suivi médical en France, puis choisit de déménager et d'effectuer des démarches là-bas, acquérant un permis de séjour, puis un emploi. Arrivée récemment, avec peu d'attaches en Suisse, soutenue et accompagnée, la situation de Safia est marquée par une grande mobilité: elle a rapidement préféré stabiliser sa situation en France.

Mais une exclusion des soins pour d'autres

La situation de Paula, 46 ans, conduit à un parcours sensiblement différent. Originaire du Sud de l'Europe, elle vit depuis plus de dix ans en Suisse et nourrit un projet de mariage avec son compagnon. Son parcours est marqué par des petits boulots, des addictions, et une infection chronique curable qui n'a jamais été soignée, en raison du coût du traitement, malgré un suivi médical à Genève. Le médecin lui recommande de se rendre dans une ville frontalière française

---

[5] L'Hôpital cantonal de Genève.

pour son traitement de substitution, arguant une prise en charge impossible en Suisse du fait du nombre élevé de patient·e·s et de son absence de permis de séjour. Pour Paula, cette proposition se soldera par du non-recours aux soins (Warin et Catrice-Lorey 2016) : « Le problème d'aller en France, c'est que je n'ai pas d'argent pour payer un billet aller-retour. [...] C'est moins cher d'acheter de la métha[done] ici au noir qu'aller tous les jours [en France]. Ici j'achète dans la rue ». Pour elle, le coût humain et financier de traverser la frontière et de consulter dans un lieu qu'elle ne connaît pas entrave son suivi, sans qu'elle ne le mentionne au médecin. Elle intériorise peu à peu le caractère illégitime de sa demande de soins en Suisse, et la « non-proposition » de prise en charge de la part du soignant la contraint à recourir au marché illégal des drogues et à vivre avec une pathologie chronique, pourtant curable.

Conclusion

La méconnaissance des contraintes du système français facilite l'usage de la pratique de l'externalisation des soins, en particulier pour les personnes d'origine européenne ou celles étiquetées de « touristes médicales », considérées comme n'ayant pas de droits à la santé en Suisse. La terminologie de « tourisme médical », mobilisée pour justifier un refus de prise en charge, relève d'une logique similaire à celle explorée par Tabin en ce qui concerne les soupçons de « tourisme social » entre cantons suisses (2005), inversant la responsabilité et faisant passer des besoins de santé pour de la fraude au système médical.

Cette prise en charge différentielle s'opère sur fond de catégorisation des patient·e·s, selon leur appartenance à la communauté suisse et/ou leur contribution économique au bien-être de cette dernière. Cette catégorisation résulte d'un système de normes persistant dans le temps quant à l'administration de l'assistance aux pauvres en Europe, comme l'ont montré les travaux de Simmel, Paugam et Schultheis (2002) et Castel (1995), ainsi que ceux de Tabin et de ses collègues pour la Suisse (2010). Cela conduit à ce que des personnes sans emploi et sans titre de séjour en Suisse soient plus facilement réorientées dans leur pays d'origine, ou en France, pour des soins, en particulier lorsque ceux-ci sont jugés coûteux. Cette pratique permet à certain·e·s professionnel·le·s de la santé de proposer une solution leur apparaissant acceptable face aux « impossibilités » intériorisées de prise en charge en Suisse, tout en gardant « bonne » conscience face à leurs patient·e·s. Or, au travers de l'analyse des parcours de soins de personnes non assurées, nous avons constaté que cette pratique pouvait entraîner du renoncement aux soins, voire une détérioration de l'état de santé des personnes.

Malgré des conflits d'ordre éthique chez des soignant·e·s, le recours à des principes moraux vient légitimer, pour partie, des logiques d'inclusion ou d'exclusion dans les soins. « La prééminence des logiques de la morale et de la justice sociales crée une rupture avec un principe d'égalité de traitement administratif, ou [...] un principe d'égalité dans l'accès aux soins » (Geeraert 2016: 78).

L'externalisation des soins semble répondre à un besoin de régulation des ayants droit à une prise en charge, dans une logique similaire à celle qui consiste à réguler le marché du travail par les saisonniers·ères ou les sans-papiers, en fonction des besoins de l'économie nationale (Amarelle 2010). La pratique hospitalière visant à encourager les personnes non assurées à consulter en France pour des soins de santé participe à exclure certain·e·s « mauvais·e·s patient·e·s », jugé·e·s non intégré·e·s ou non productif·ve·s pour la société. Mais qu'en serait-il si la Suisse était une île sans frontière terrestre immédiate ? Ce phénomène est marqué par un système normatif qui se perpétue dans le temps long. De fait, cette externalisation des soins concourt à rendre invisible une partie de la population précaire en Suisse, leurs problèmes de santé se trouvant reportés hors de la frontière. Ces résultats de recherche encouragent à documenter davantage ces situations, pour permettre de repenser le phénomène des inégalités sociales de santé chez des personnes rendues « invisibles ».

Références

Amarelle Cesla (dir.). 2010. *Migrations et économie : l'accès des étrangers à la vie économique : les normes et leur application.* Centre de droit des migrations, Berne : Stämpfli.

Anthony Denise. 2003. "Changing the Nature of Physician Referral Relationships in the US: The Impact of Managed Care". *Social Science & Medicine* 56(10): 2033–2044.

Bilger Veronika, Efionayi-Mäder Denise, Hollomey Christina, Wyssmüller Chantal. 2011. *Health Care for Undocumented Migrants in Switzerland: Policies, People, Practices.* Vienna: International Center for Migration Policy Development.

Caillol Michel, Le Coz Pierre, Aubry Régis, Bréchat Pierre-Henri. 2010. « Réformes du système de santé, contraintes économiques et valeurs éthiques, déontologiques et juridiques ». *Santé publique*, 22(6) : 625–636.

Castel Robert. 1995. *Les métamorphoses de la question sociale : une chronique du salariat.* Paris : Gallimard.

Connell John. 2015. "Medical Tourism, Concepts and Definitions". In: Hanefeld Johanna, Horsfall Daniel, Lunt Neil (dir.), *Handbook of Medical Tourism and Patient Mobility*: 16–24. Northamphton, MA: Edward Elgar Publishing.

Dubois Vincent. 2008. *La vie au guichet. Relation administrative et traitement de la misère.* Paris : Économica.

Fassin Didier. 2010. *La raison humanitaire. Une histoire morale du temps présent.* Paris : Seuil.

Geeraert Jérémy. 2016. « Le touriste et le réfugié ». *Cliniques méditerranéennes* 94(2): 69–82.

Greber Pierre-Yves (dir.). 2010. *Droit suisse de la sécurité sociale.* Berne: Stämpfli.

Lachenal Guillaume, Lefève Céline, Nguyen Vinh-Kim. 2014. *La médecine du tri : histoire, éthique, anthropologie.* Paris: Les cahiers du Centre Georges-Canguilhem.

Plate-forme nationale des sans-papiers. 2012. *Patients dépourvus de titre de séjour et d'assurance-maladie. Statut juridique et prise en charge médicale des sans-papiers.* https://www.sante-sans-papiers.ch/FR/files/Informationsbroschuere_Sans-Papier_A5_fr_Internet.pdf, consulté le 15 janvier 2018.

Regamey Caroline, Gafner Magalie. 2005. « Sans-papiers : test social et nivellement des droits ». *Plädoyer* 23(3) : 64–69.

Rossini Stéphane, Favre-Baudraz Brigitte et Fragnière Jean-Pierre. 2004. *Les oubliés de la protection sociale ou le non-sens du « ciblage » des prestations.* Lausanne / Fribourg : Réalités sociales.

Simmel Georg, Paugam Serge, Schultheis Franz. 2002. *Les pauvres.* Paris: Presses universitaires de France.

Spire Alexis. 2008. *Accueillir ou reconduire. Enquête sur les guichets de l'immigration.* Paris : Raisons d'agir.

Staerkle Christian, Delay Christophe, Gianettoni Lavinia, Roux Patricia. 2007. *Qui a droit à quoi ? Représentations et légitimation de l'ordre social.* Grenoble : Presses universitaires de Grenoble.

Tabin Jean-Pierre. 2005. «La dénonciation du ‹tourisme social› : un ingrédient de la rhétorique ‹réactionnaire› contre l'État social», *Schweizerische Zeitschrift für Soziologie* 1(31): 103–122.

Tabin Jean-Pierre, Frauenfelder Arnaud, Togni Carola et Keller Véréna. 2010. *Temps d'assistance: le gouvernement des pauvres en Suisse romande depuis la fin du XIXe siècle*. Lausanne : Antipodes.

Warin Philippe, Catrice-Lorey Antoinette. 2016. *Le non-recours aux politiques sociales*. Grenoble : Presses universitaires de Grenoble.

Vassy Carine. 2004. «L'organisation des services d'urgences, entre le social et le sanitaire». *Mouvements*, 32(2): 67–74.

White David Manning. 1950. "The 'Gate Keeper': A Case Study in the Selection of News". *Journalism Quarterly*, 27(4): 383–390.

Auteure

Sabrina Roduit est docteure en sociologie, chercheuse associée à l'Institut de recherches sociologiques de l'Université de Genève et collaboratrice scientifique à la Fachhochschule Nordwestschweiz FHNW. Ses travaux de recherche se centrent sur les inégalités sociales de santé, le non-recours aux soins ainsi que sur l'étude des vulnérabilités et des parcours de vie. Elle a également participé à des recherches communautaires sur la santé sexuelle et le VIH/sida.

sabrina.roduit@outlook.com
Fachhochschule Nordwestschweiz
Hochschule für Soziale Arbeit
Institut Sozialplanung, Organisationaler Wandel und Stadtentwicklung ISOS
Hofackerstrasse 30
4132 Muttenz

DEBATES

VALUATION STRUGGLES: RETHINKING THE ECONOMY IN TIMES OF CRISIS

A Conversation with Susana Narotzky, Patrícia Matos, and Antonio Maria Pusceddu

Interview: *Corinne Schwaller, Gerhild Perl, Janina Kehr*

In May 2019, the Institute of Social Anthropology at the University of Bern held its biannual lecture series "Anthropology Talks" for the third time. Over two days, Susana Narotzky, Patrícia Matos and Antonio Maria Pusceddu presented the results and experiences of the ERC-funded research project "Grassroots Economics: Meaning, Project and Practice in the Pursuit of Livelihood" (GRECO). In times of ongoing precarization of lives in and beyond Europe, the ERC project's research foci are utterly timely and allowed members and students of the Institute of Social Anthropology to debate contemporary economic practices, models and valuation struggles with Susana Narotzky and parts of the GRECO team.

The GRECO research project, carried out between 2013 and 2019, took a bottom-up approach to studying economic practices and knowledges. It aimed to understand how grassroots economics – understood as non-hegemonic models of economic processes that inform everyday livelihood practices – are valuable tools for analysing the economy. The GRECO researchers investigated practices of social reproduction, projects of future-making, political mobilization and changing class relations in nine medium-sized towns in Greece, Italy, Spain and Portugal.[1] Through continuous collaborative work within the research team, they elaborated a joint research framework focusing on "valuation struggles". Valuation struggles are understood as a process through which people question the primacy of capital accumulation as means of value creation, and instead focus on aspects of social reproduction like caring or having a future as central aspects in their lives that make them worth living. The GRECO team thereby explored how people negotiate valuation categories that affect their everyday lives and how revaluation processes emerge as a mode of political engagement. In their respective research fields, they studied how differently positioned social actors struggle for recognition and worth in both material and symbolic terms in a context of prolonged and multi-layered experiences of crisis. This focus on valuation struggles makes it possible to understand how the 2008 financial crisis and its subsequent austerity policies have reconfigured people's livelihoods and sense of social worth in Southern Europe. This became clear in Susana Narotzky's keynote lecture, in which she showed how austerity policies threaten people's everyday survival. She also demonstrated how working-class people perceive austerity policies as an attack on their dignity and identity since socially anchored values – such

---

[1] Research for the GRECO project was conducted in the towns of Vicenza and Brindisi in Italy; Kozani, Chalkida and Piraeus in Greece; Guimarães and Setúbal in Portugal; and Tarragona and Vélez-Málaga in Spain. For more information see: http://www.ub.edu/grassrootseconomics/, last accessed 02.08.2020.

as financial independence, social advancement, equality, publicly funded social security institutions, and the integrity of the body – are threatened.

Susana Narotzky was the principal investigator of the GRECO research project and is a professor at the Department of Social Anthropology at the University of Barcelona. Currently she is also a member (2019–2020) of the Institute for Advanced Study (IAS) at Princeton University. With her extensive work on the relations of production and reproduction within and across generations in a broad variety of social and historical contexts (e. g. Narotzky 2016; 2015; Narotzky and Smith 2006), she is a leading scholar in the fields of economic anthropology and the anthropology of labour, who has inspired a large number of researchers far beyond the field of economic anthropology. Her prolific work on economic practices and models combines perspectives of critical political economy, moral economies and feminist economics.

Patrícia Matos (Universities of Lisbon and Barcelona) and Antonio Maria Pusceddu (University of Barcelona) were two of the GRECO project's postdoctoral researchers. Patrícia Matos investigates how Portuguese households and individuals respond to the austerity crisis in Portugal. By exploring their practices of valuation and meaning-making, she sheds light on people's struggle to establish a "grassroots economy of welfare". Thereby, she focuses on the ways in which working-class women embody "the crisis". In his work on the economy and the state in Southern Italy, Antonio Maria Pusceddu focuses on the interrelations between livelihoods, strategies of social reproduction and common-sense understandings of crisis. Combining ethnographic and historical insights, he explores the entanglement of deindustrialization, environmental issues and post-industrial transformations in the same region.

In the following conversation, we return to the key concepts and arguments that Susana Narotzky, Patrícia Matos and Antonio Maria Pusceddu addressed during the 2019 "Anthropology Talks", such as the interrelation between "grassroots economies" and "grassroots economics", "geometries of knowledge value", "class", and "crisis". We then broaden the focus to the history, value and political implications of doing ethnographic research in one's country of origin. We conclude the conversation with some reflections about anthropological knowledge and transformative politics.

Interview

Anthropology Talks (AT): Between 2013 and 2019, you worked on an ERC-project called "Grassroots Economics: Meaning, Project and Practice in the Pursuit of Livelihood". In the project, you ethnographically studied the economic practices of working-class men and women in four crisis-ridden Southern European countries: Spain, Portugal, Italy and Greece. Could you please elaborate on your understanding of "grassroots economics"? What does the term imply and how can it help to "rethink the economy" (see also Narotzky and Besnier 2014)?

Susana Narotzky (SN): The project initially had two dimensions. One was to study *grassroots economies*, the other to study *grassroots economics*. It is important to clarify that by "grassroots" I do not mean social economies or solidarity mobilisations that are often glossed as grassroots economies. Rather, I departed from a very basic understanding of "grassroots": what happens at the level of everyday economic interactions of ordinary people? Thus, we first investigated the practices involved in making a living and getting by in a context that had changed – at least according to the dominant crisis narrative. After the 2008 financial crisis, Southern European countries were in the process of bailouts, and austerity policies were implemented. I wanted to study how these new policies and events had affected livelihoods. Despite the fact that in the immediate ethnographic encounter we observed very local things, events, actions and processes, multiple scales were at play. Accordingly, we intended to study how these different scales affect what happens to people. This was one aspect of the study. The other aspect was what I call "grassroots economics". It was about making relevant the economic understandings and logics that people use to give sense to what's happening to them, not least by forming models. I insisted on the idea that there are other economic models operating simultaneously to the mainstream economic and policy models that are widely diffused by the media. These other models, however, are often obscured, thus we have to give them some relevance. They exist in the everyday, and they are not independent from hegemonic economic models. Rather, they are co-dependent and are related to each other in different ways.

Antonio Maria Pusceddu (AP): Let me just make a short premise in relation to Susana's explanation of grassroots economies and economics to explain how we dealt with it both during fieldwork and in managing and organizing our empirical observations. Our attempt to grasp the meaning of multiple ordinary practices was reflected in the highly diversified geography of the fieldwork. We kept shifiting between quite different contexts. In my research, for example, I worked with industrial workers, unionists, people in church networks and welfare programmes, subsidized workers; and I also worked with people in more institutional contexts. By exploring economic practices in different contexts as a continuum it became possible to address the rich meaning of the word "grassroots": grassroots economies not only in terms of practices, but also in terms of economic contexts and models.

AT: This is an important point. It relates to the conceptualization of what you have called the "knowledge value" (Narotzky 2019) of different economic models, and also to experiences and everyday sense-making related to the hegemonic economic model. What kind of economic knowledge does such everyday experience and meaning-giving produce, and how is it linked to "geometries of knowledge" (op. cit.)?

SN: To me, this is an issue of evidence. Knowledge has the power to become evidence and therefore inform policy-making. And that is basically what is entailed in these geometries of value in the domain of economic knowledge. So, if we have knowledge that is completely erased or sidelined in such a way that it is not able to claim any voice, it cannot claim any power; it is completely obscured, also in policy-making. I was very interested in revealing that people who apparently did not have a very clear say in setting the economic order, actually had a big impact on the way the macro-economy changed. At the time that I designed the project, I used the example of the many people in Spain who had been buying houses with sub-prime mortgages. Many of them were immigrants. I pointed to the context in which they had decided to buy these houses. For example, they used their kinship networks in order to get resources to be able to finance the mortgages.[2] Through this example, I wanted to show that these micro-decisions are related to people's distributed agencies because they imply an idea of the economy that goes beyond the individual and they are very much grounded in the everyday needs and objectives that people have. This has a huge financial and economic impact in terms of the macro-economy, but it is often little acknowledged. Because what the mainstream economy acknowledges – including all its new behavioural economics – is basically an individualized supply-and-demand kind of action of the social actor.

AT: Let us talk about a further key term of your research project: the notion of "class". It comes up in all of your work and seems to be central to your research. What is your view on how notions of class and class relations have been transformed and reshaped in the aftermaths of the 2008 financial crisis? Why do you think class is resurfacing as an important concept of social analysis? And how would you rethink class for the contemporary world?

Patrícia Matos (PM): Well, first I would like to say that there have always been anthropologists who have not forgotten about class. There are some of us who have been stubborn and continue to say that class is relevant. What has interested me most in the work within the project is not only to think about how class has changed in structural terms, but also to reflect upon how class values have shifted due to recent austerity measures, particularly in Portugal, but also in other Southern European countries. And furthermore, how people have attempted to tackle these differences, or to invert or contradict them.

AP: I agree. I think class is a necessary category. Not only because we can find theoretical arguments for its relevance, but also because people speak about "class" as part of their experience of inequality. Surely, class describes one layer of inequality among many, which is nonetheless an integral part of how personal and collective aspirations are designed and pursued. Thinking through class is still a productive way of trying to address how inequality shapes relations, and of how people think about their positions within social inequalities. At the same time, one cannot but see how class is a slippery concept because of its thick political history, which makes it difficult to overcome too rigid definitions of class (see e. g. Carrier and Kalb 2015). Likewise, if we stick to class as a sociological category, we might spend endless days discussing taxonomies and thus the question of how to classify class. I know it is useful and important, but at the same time it can be a never-ending discussion. What is important, in my opinion, is avoiding class as a straitjacket and undertaking contextual efforts to understand how class relations can be thought through difference and in terms of variation within relatively homogeneous structural processes.

---

[2] Susana Narotzky is referring here to research conducted by Jaime Palomera (2014a, 2014b). See also Narotzky (2012).

AT: You conceptualize class struggles not only as class opposition. You also address the multiplicity of working-class values and the struggles between differently situated labouring people, paid and unpaid, who are trying to secure social reproduction and a life worth living.

AP: Well, I think that this multiplicity of forms and values of labour – as well as nested forms of subordination, such as the uneven (and mostly gendered) relations between waged and unwaged work – can be better grasped if we think of them in terms of "continuum" of class experiences and in terms of the highly heterogeneous experience of dispossession in the process of social reproduction (see e. g. Kasmir and Carbonella 2014). As Marx put it, class is defined in relation with capital accumulation – which is itself a social relation. The challenge is to investigate how changes in capital accumulation reconfigure class relations – as well as how different scales and forms of class conflicts trigger reconfigurations in the process of accumulation. In the GRECO team's experience of the dominant framework and narrative of the industrial revolution, class relations were basically thought of in terms of wage relationships within industrial capitalism. But, obviously, that has changed and, somehow, also the way we think about it. And it has changed in many different ways. Not only through financialization, but also through new kinds of platform economies[3]. They produce what one could call "rent economies", which are very different from the kind of accumulation that we have seen in other historical periods. We have to go beyond the capital–wage relation to understand class today, and include, for example, different forms of rent extraction. And actually, this going beyond the wage has been in the academy for a very long time. Just think of Jan Breman's (1996) work on the informal economy and footloose labour in India. He sketches a class relationship that is not determined by the classical wage relationship.

AT: Another important term in your research is the notion of "crisis". As you emphasized repeatedly during the "Anthropology Talks", crisis is not simply an objective description of the world. The notion of the crisis, rather, comprises both politicizing and depoliticizing qualities. Patrícia, you elaborated yesterday on the fact that, at the beginning of the project, you did not conceptualize crisis as something given, but rather the notion functioned as a question to interrogate very different situations, structures and positionalities. And Susana, you added that for many of your interlocutors, crisis is just "more of the same". Could you tell us about your bottom-up approach to crisis, and what it means to you and your interlocutors?

PM: It is important to know that – both prior to and during field research – we did not assume that there *was* such a thing as *a* crisis. Rather we went into the field knowing that, of course, there are several structural and historical patterns of crisis, but we did not want to project upon our informants preconceived explanations and conceptualizations. We wanted to know how people relate to structural, transitory and historical patterns of crises that we had read about in the literature. What meanings do people attribute to them? How do they explain

---

[3] "Platform economy" refers to economic activities which are facilitated via online platforms that work as "digital matchmakers" between providers and clients of specific services such as, for example, Uber and Airbnb.

them? How do they classify and conceptualize the notion of crisis? How do people experience the effects of the crisis and how do they act upon them?

SN: This is absolutely true. There is all this literature on economic "crisis", what it means, how it operates and so on. And you have different scholarly and political accounts of what a crisis is. But, generally, crisis is understood as a breakdown of expectations, whatever these expectations are. Like with the notion of grassroots, we started with this very basic definition of crisis as a breakdown of expectations. But we did not know what the expectations were exactly about, how this breakdown was conceptualized, or even if it was conceptualized as a breakdown at all. As Patrícia was saying, we tried not to project a particular concept of crisis onto the people we were talking with. We wanted to know how people relate to and explain patterns of change that are completely unexpected. How do they act in order to keep things more or less the same, even in times of dramatic change? And in fact, one of the very first things that we found is that in many of our field sites, for the people we were talking to, the crisis was not the 2008 crisis: it was the 1980s. That was very clear to them. The big breakdown was the neoliberal transformation of the industrial capitalist reality, which developed into different patterns of capital accumulation and class relations.

PM: That many people related the actual breakdown back to the 1980s is a crucial point, because in much of the anthropological literature on austerity, the austerity crisis is often taken as a point of departure, slightly detached from what happened before. While in fact, as Susana stressed, the people with whom we interacted put the root of the crisis in a *longue durée*.

AP: I agree. Besides the relevance of the macro-structural breaks we were evoking, there are also many other factors that shape the ways in which people think about a crisis and about how different forms of crises intersect in very much localized senses. In some cases, escaping becomes a solution. For example: emigration. Additionally, in the case where I worked, environmental and social crises are very often thought of as something that is bound up together through the same historical processes. So, in general, there are different (dis)continuities and intersections that give meaning to local crisis experiences, which are, of course, not local, but unfold locally.

AT: *The other declared crisis in Europe, besides the 2008 financial crisis, was most certainly the so-called "refugee" or "migration crisis". In your presentations during the "Anthropology Talks", you mentioned that the people you worked with increasingly left their countries to look for work elsewhere. At the same time, Southern European countries, which are most affected by the financial crisis, are also deeply affected by the arrival of refugees and migrants from the Middle East and Africa. What role does this twofold migration– the emigration from the countries, but also the immigration towards your field sites– play in your work? How would you conceptualize migration in the context of the project "Grassroots Economics"?*

SN: This is something that I was clear about from the start. This is not a project on migration. There are lots of projects on migration, and this project is about something else. We wanted to look at what is happening in medium-sized towns. We started without the preconception that migration was important, or that any other thing was important. What happened then is interesting. One of the researchers from our team, Olga Lafazani, did fieldwork in Piraeus when the "migration crisis" arrived. And there were these hotspots where migrants were "parked". And she immediately became involved. She had already been studying local solidarity groups emerging among the working class in areas of high unemployment of Piraeus. And the people she was working with were very ambivalent towards refugees. It was rather the more middle-class urban people who were pro-refugees and who were the ones organizing charity networks within these neighbourhoods. But some of the local people were also anti-refugees. I thought this was a fantastic chance to look at this! This would have been important for the project because through this kind of ambivalence and conflict, we would have seen issues that relate to the question of resource access at moments when resources are very scarce. But then Olga decided to become a full-time activist in the refugee issue and could not pursue research in our project.

PM: The project was indeed not a project on migration. Yet, what was relevant in my research was a historical Portuguese specificity in terms of emigration. Every time there is a severe economic downturn, historically speaking, in Portugal, emigration has served as a sort of escape, as a possibility of hope. In most of the households I followed, the male partners in particular had been forced to emigrate. I am emphasizing this because it also relates to how people define and explain the crisis. Many times, people would explain the crisis not in terms of austerity policies, but, for instance, by relating their own experience to previous generational emigration patterns. To this extent, it was relevant to think about migration as a further aspect of a notion of crisis which emerges less from the top and more from the bottom.

SN: Exactly. Generally, in migration studies and particularly in the context of western countries, one tends to focus a lot on immigration, and less on emigration. Yet in the Greek context, for example, in Kozani and Chalkida, many young people also emigrate. And in Spain, the younger generation went to the United Kingdom, or elsewhere to look for jobs. In that sense, migration was something that became present not only in the form of migrants arriving at our coasts, but also in the form of emigration of a younger generation of Southern Europeans going north.

AP: In my case, immigration and emigration co-existed. During fieldwork, I volunteered in a Caritas soup kitchen in Brindisi. And there were two kinds of recipients: the ones who went to pick up a meal and headed home, and those who ate their meal in the soup kitchen. The latter were mostly agricultural day labourers, young men from central and western Africa. Most of them lived in what used to be a slaughter house, converted to accommodate around a hundred guys. The volunteers, mostly women, who prepared the food for the day labourers often complained about the fact that their sons and daughters were forced to emigrate north because they could not find suitable jobs in Brindisi. This gives an idea of the coexistence of different labour regimes in such a small area and how different labour mobilities can be intertwined, though shaped by different geographies of power and inequality. This aspect is also revealed in interesting ways by the local memory of migration. The history of Italian capitalism has been strongly shaped by internal mobility along the South–North axis, so that southern self-representations have been strongly shaped by the idea of migration. This was made clear when Brindisi, first among all Italian cities, witnessed a massive inflow of refugees in March 1991, when 25 000 Albanians reached the town's shores. Locally this is remembered as an epic moment of hospitality and generosity, of trying to do good – in the total absence of institutional support. It is interesting how this positive memory is now somehow questioned by often negative attitudes towards refugees today. A quite controversial way of playing with the memory of migration exists, of people's own migration, of their acting positively towards the first migrants that they ever saw, and the often negative, even resistant attitudes towards present immigrants and refugees.

AT: *We would like to tackle some methodological issues. You all do anthropological research "at home". At least since the writing culture debate and the anti-colonial movement in anthropology there has been much critique of othering and exoticization within the discipline. Anthropology is "exotic no more" (MacClancy 2002). Our discipline increasingly engages (or should engage) with the politics and powers of the contemporary world not only in faraway places. You do this kind of politically inclined anthropology very successfully, and you have always done so in your countries of origin. We, as German-speaking anthropologists working in European contexts, note that within German-speaking anthropology, a strong outer European self-image of the discipline still prevails. To exaggerate our case: if you work in and on Europe, you might not always be seen as a "proper anthropologist". Do similar situations of "anthropological (il)legitimacy" exist in Spain, Portugal, Italy or other academic contexts you have worked in? What are your motivations to pursue ethnographic work "at home" or in close-by fields?*

SN: This is not only the case in German-speaking countries, the same thing happens in France and to some extent in the UK too. I don't know about other places, but I can answer for the Spanish context. In Spain, anthropology is a rather young discipline. At the beginning, it was very concerned with the history of the Americas linked to the colonial past – like in all these other places (Germany, France, UK). The few Spanish anthropologists of the 1960s or 1970s usually did fieldwork in Latin America. Peru was a typical field site, because one of the founding scholars of Spanish anthropology did fieldwork there and his students followed him. Mexico also became important because there were relationships with Mexico that went back to the Civil War. There was Ángel Palerm, who was a very important anthropologist working in Mexico. This was one side. And there was also another tradition, initiated by Carmelo Lisón Tolosana, who was inspired by British anthropology and the Pitt-Rivers tradition (e. g. Pitt-Rivers 1971). Julian Pitt-Rivers was actually the one who went to an exotic place, which was Spain, but I think Lisón Tolosana went back to his own hometown (e. g. Lisón Tolosana 1966). And he basically established an anthropology school in Madrid where the students did fieldwork "at home", without giving it much thought. And there is yet another important aspect: when my generation started doing fieldwork, there was no money. We had no grants and thus, we had to go to nearby places and spend as little as possible because it was our own money. I mean, this is something that people today do not realise.

Most of us, at least in Spain, did fieldwork with zero support from the state or the university or anyone. Doing anthropology "at home", then, was not a choice, but just something that you did. And there were other people doing it too because of this Pitt-Rivers tradition in Madrid. So it was not a problem.

AT: Where do you see the heuristic, but maybe also the political potentials, of an anthropology of Europe, and/or of an "anthropology at home"?

SN: Some of the anthropologists who did anthropology at home were very politically engaged: Marxists tied to French and Italian radical intellectual traditions. For them, working at home was also a kind of political engagement. Joan Frigolé for example; and Joan Martínez Alier, who did fieldwork with his then wife Verena Stolcke. They did historical ethnographic work with a clear political objective. And I would say that when I started to think about doing "anthropology at home" as a category – which is something I had never thought about in this way – I was very interested in reading the works of Latin American people, especially Alcida Rita Ramos in Brazil, Myriam Jimeno in Colombia, and other people who had been doing "anthropology at home". For them, anthropology is inescapably political when you do it "at home". They did not perceive themselves as outsiders in relation to the communities they studied; rather, they acknowledged that they were all citizens fighting the same struggles.

AP: This view of the anthropologist as studying strange things in strange places is quite conventional. It is part of the mainstream development of the discipline. And I think it replicates in different ways in more or less all national traditions. In the Italian case, where I was trained, for a long time there was a historical division into an ethnological and an anthropological tradition. The latter always had strong political connotations, as it very much grew out of the heated socio-political climate of the post-World War II period. Many of the anthropologists who shared a Marxist commitment to investigating the profound transformations of the country at the time were influenced by Antonio Gramsci and his emphasis on subaltern groups, that is the theorization of popular cultures in terms of class relations. An outstanding figure in this respect is certainly Ernesto de Martino, a public and committed intellectual, who wrote sophisticated philosophical ethnographies on magic and popular religions (2005; 2015), but who also frequently published in party journals with a wide readership, drafting concepts like "progressive folklore". At the same time, this strong commitment to doing anthropology at home, nonetheless, coexisted with more antiquarian folklorist traditions.

PM: The tradition in Portugal of a so-called anthropology at home – taking into account that most people in Portugal do not call it anthropology at home – is very similar to the Spanish and the Italian cases. Yet, in Portugal there was an important school of biological anthropology. This school was very useful to the authoritarian Estado Novo regime and facilitated the implementation of colonial rule in the Portuguese colonies in Africa. After the Carnation Revolution in 1974, the Community Studies influenced by Robert Redfield became predominant. Scholars who developed what could be called the modern discipline of anthropology in Portugal were very much aligned with the French tradition – the same holds true for sociologists. Speaking about my generation, it is interesting to note that many of those who do fieldwork "at home" were trained in universities outside of Portugal. This complicates the notion of "anthropology at home" inasmuch as it touches upon the question of *how* we carry out our fieldwork and analyses. I am sceptical about the notion of anthropology at home since the expression has a particular history which is linked to specific power relations within our discipline. I also think that no matter where your fieldwork is placed, there are certain research procedures – such as the choice of theories, concepts and methodologies – which are not only important but ultimately determine what the end product of your research will look like. I think it is more useful to reflect upon our use of methodologies, epistemologies and theories than worrying about labelling something as anthropology at home or anthropology abroad.

SN: Patrícia is absolutely right, and we, the GRECO researchers, did not label it anthropology at home. We suddenly discovered that what we were doing was labelled by others as anthropology at home. And I would add that even at home, one is never at home.

AT: What you just evoked connects very well with our last question about anthropological knowledge as transformative politics. In a recent article, you, Susana, wrote that the meanings and practices of securing a livelihood and social reproduction among "ordinary people" contribute not only to explaining the economy, but also to participating in its transformation (Narotzky 2019). Based on your field experiences and your ethnographic findings, we are interested to know: How does this happen and how can anthropological knowledge contribute to transforming the economy, or society, or– more specifically– the policies and models that regulate and shape the world today?

PM: There is one aspect I always liked about the framework Susana designed for the project: examining *grassroots economies* and, thus, people's practices of making a living – including investments to make that life worth living – with the aim of giving value to *grassroots economics* and, thus, the logics and models underpinning people's livelihood pursuits. This has the potential of enabling a strong anthropological critique of the theoretical and political limitations of mainstream orthodox models of the economy. It allows us to understand why they keep failing to improve human welfare and to envision alternative ways of thinking about economic processes and what the economy is. Further, it allows anthropologists to gather relevant empirical evidence and knowledge capable of informing society and the general public about the conditions potentially most suited to promoting and enhancing certain political solutions and transformations.

AT: Did people in your field sites project their own hopes upon your ethnographic work? Did they expect your research to have some impact?

SN: I would say this is a very patronizing way of thinking about how we do fieldwork and anthropology, and how we relate to the people we work with in the field. But I can only speak about my own ethnographic experience, which is with a particular group of people who are very savvy about political action and mobilization and very resistant to discouragement. One is aware that sometimes they use us, but in a different way than we use them for our scholarly products. They decide what they want to do with your work and with the information you provide. For a long time, every time I went to the field site, I had to go to the radio station with them to give an interview, I had to write a piece for their journal, for the local newspaper, and so on. And they were the ones setting the agenda; they were telling me what I should say. And I said: "Well, I will say whatever I want, you know?" [laughs]. But they were very clear about what they wanted my work to be for them. And I think this is fine, and we had great debates and disagreements about the analysis of the political and economic realities we experienced. I think that this is how it should be. Of course, some people are more aware than others that an anthropologist and her work can be useful. Generally, these are the more politicized people, who also are very literate. At least the ones in my field, they read a lot. Even people who did not finish high school, they read all sorts of books and magazines, alternative things, whatever. So, the thing about doing fieldwork at home is – as I have said before – that you are one of them. You are not like the colonial anthropologist going there. Rather, you are a citizen. Maybe you are a more favoured citizen because you have a better job or you are an intellectual or whatever images they decide to pin on you. But you are in the same political context and environment.

AP: I absolutely agree with both Susana and Patrícia on the question of politics. And yet I want to return to the issue of knowledge value and value as such. Because all of us have been talking about valuation struggles and re-valuation projects. This is something we have learned from the people we have been dealing with. We have tried to elaborate on this more in order to recognise what these people are trying to do, which is to give value to aspects of social life that are devalued, or for which value is not recognised. This is also a political statement by people about their lives, about what they aspire to, what they would like their life to be. I think that this is an important point and – at least for me – a necessary connection between knowledge production and political transformation. Otherwise, I would see no reason to produce knowledge if it were only to confirm the *status quo*. If you produce knowledge, you are trying to articulate a critical argument about the state of the present. But that does not mean that you are triggering transformation. To do that, you have to not simply be an anthropologist: it means that political work must be done. And you can do it in many ways, either by joining many others in organizing political action, or by contributing in building political narratives. And I absolutely agree with the fact that we were doing fieldwork in our own countries and thus we often shared similar situations with the people we were interacting with. If we produce knowledge, it is not just because we enjoy producing knowledge, it also makes thinking about our own situations possible.

References

Breman Jan. 1996. *Footlose Labour. Working in India's Informal Economy*. Cambridge: Cambridge University Press.

Carrier James G, Kalb Don (eds.). 2015. *Anthropologies of Class: Power, Practice and Inequality*. Cambridge: Cambridge University Press.

De Martino Ernesto. 2015 [1959]. *Magic: A Theory from the South*. Chicago: HAU Books. 2005 [1961]. *The Land of Remorse: A Study of Southern Italian Tarantism*. London: Free Association Books.

Kasmir Sharryn, Carbonella August (eds.). 2014. *Blood and Fire. Toward a Global Anthropology of Labor*. New York/Oxford: Berghahn Books.

Lisón Tolosana Carmelo. 1966. *Belmonte de los Caballeros. Anthropology and History in an Aragonese Community*. Oxford: Oxford University Press.

MacClancy Jeremy (ed.). 2002. *Exotic No More. Anthropology on the Front Lines*. Chicago: The University of Chicago Press.

Narotzky Susana. 2019. "Austerity lives in Southern Europe: Experience, Knowledge, Evidence and Social facts". *American Anthropologist* 121(1): 187–193.

Narotzky Susana. 2016. "Where Have all the Peasants Gone?" *Annual Review of Anthropology* 45: 301–318.

Narotzky Susana. 2015. "The Payoff of Love and the Traffic of Favours. Reciprocity, Social Capital and the Blurring of Value Realms in Flexible Capitalism", in: Kjaerulff Jens (ed.). *Flexible Capitalism. Exchange and Ambiguity at Work*. New York, p. 173–206. Oxford: Berghahn Books.

Narotzky Susana. 2012. "Europe in Crisis: Grassroots Economies and the Anthropological Turn". *Etnográfica* 16(3): 627–638.

Narotzky Susana, Besnier Niko. 2014. "Crisis, Value, and Hope: Rethinking the Economy. An Introduction to Supplement 9". *Current Anthropology* 55(Supplement 9): 4–16.

Narotzky Susana, Smith Gavin. 2006. *Immediate Struggles: People, Power, and Place in Rural Spain*. Berkeley: University of California Press.

Palomera Jaime. 2014a. "How Did Finance Capital Infiltrate the World of the Urban Poor? Homeownership and Social Fragmentation in a Spanish Neighborhood". *International Journal of Urban and Regional Research* 38(1): 218–235.

Palomera Jaime. 2014b. "Reciprocity and Poverty in the Era of Financialization". *Current Anthropology* 55(S9): 105–115.

Pitt-Rivers Julian Alfred. 1971. *The People of the Sierra*. Chicago: University of Chicago Press.

Acknowledgements

The "Grassroots Economics: Meaning, Project and Practice in the Pursuit of Livelihood" (GRECO) was funded by the European Research Council Advanced Grant (2013–2018).

The interviewers as well as the Institute of Social Anthropology at the University of Bern are sincerely thankful to Susana Narotzky, Patrícia Matos and Antonio Maria Pusceddu for their engagement during the "Anthropology Talks 2019" as well as their thought provoking interview.

DEBATES

PERCEPTION OF THE SEEN AND UNSEEN WORLD

A Conversation with Paul Stoller

Interview: *Michaela Schäuble, University of Bern*

In June 2019, Paul Stoller taught a four-day workshop entitled *Weaving the World: Writing Evocative Ethnographies* at the University of Bern. The technique of "weaving the world", according to Stoller, denotes the seamless linkage of ethnographic description to social analysis. The evocation of space/place, character, and dialogue are strategies that ethnographic writers can use to ensure that readers come to know a place or the people who live in a particular place. During the course of the workshop, Paul Stoller outlined ethnographic writing (and blogging) practices and revealed some of the "tricks of the trade". He encouraged the participants to begin to "weave the world" by writing descriptions of places as well as dialogues and character portraits, and to then combine them into a short ethnographic essay that captured in prose the texture of those elements as they are expressed during an event.

The idea to invite Paul Stoller for a creative writing workshop first occurred to us in the seminar "Anthropologists as Novelists" that I had taught in spring term 2019. In the course we – a group of very engaged MA- and two of my PhD students – read and critically discussed works such as: *Their Eyes Were Watching God* (1937) by Zora Neale Hurston, *Return to Laughter: An Anthropological Novel* (1964) by Eleonore Smith Bowen (aka Laura Bohannan), Michael Jackson's *Barawa, and the Ways Birds Fly in the Sky: An Ethnographic Novel* (1986), *The Jadu House: Intimate Histories of Anglo-India* (2000) by Laura Roychowdhury (aka Laura Baer), *Walter Benjamin's Grave* (2006) by Michael Taussig, Lily King's novel *Euphoria* (2014) and, finally, Paul Stoller's *The Sorcerer's Burden. The Ethnographic Saga of a Global Family* (2016). The course participants enjoyed examining how the diverse non-academic writing styles resonated with and spoke to real-life, existential scenarios and encounters.

This was when the idea arose to continue to read and write together as a group, and to experiment with various writing techniques ourselves. Generous financial support by the *Teach inspired!* scheme of the Faculty of Humanities and the Department of Social Anthropology at the University of Bern enabled us to invite Paul Stoller and he kindly agreed to join us for a week. We opened up our initial seminar group to further participants interested in creative writing and assembled a highly motivated and talented cluster of MA-students, PhD candidates and post-docs; for four whole days, we sat together, wrote, read out what we had written and provided feedback on each other's texts. Paul Stoller managed to create an environment that was characterized by mutual respect, trust and laughter.

Paul Stoller is an anthropologist and novelist who loves to listen and tell stories. He is a professor of Anthropology at West Chester University of Pennsylvania and has been conducting ethnographic research for more than thirty years. In his earlier work on the Songhay in Niger, he focused mainly on aspects related to magic, sorcery and practices of spirit possession. In the course of his fieldwork during these years, he was himself introduced to Songhay sorcery as an apprentice and he keeps writing about his experiences thereof in various formats. From the early 1990s onwards he has also been pursuing studies of West African immigrants in New York City, focusing on cultural dynamics of informal market economies and the politics of immigration. In 1994 he was awarded a prestigious Guggenheim Fellowship and in 2002, the American Anthropological Association (AAA) named him the recipient of the Robert B. Textor Award for Excellence in Anthropology. In 2013, Paul Stoller was awarded the Anders Retzius Gold Medal in recognition of his scientific contributions to anthropology, given once every three years by the King of Sweden. Additionally, for his public scholarship, he received the AAA's 2015 Anthropology in Media of Award.

So far, Stoller's work has resulted in the publication of 15 books, including ethnographies, biographies, memoirs, and a collection of his blog entries as well as three novels. He lectures frequently both in the United States and in Europe and is a regular contributor to newspapers and blogs.

The following conversation with Paul Stoller was conducted after the *Weaving the World* workshop. In my questions, I return to some of the key concepts outlined by Stoller during the workshop, mainly related to the key notion of "storytelling", but I also draw on some of his earlier works. Paul Stoller is often regarded as a predecessor of both sensory and also of the so-called ontological turn in anthropology. In confronting him with these attributions, I am rewarded with a story and a number of fascinating and somewhat surprising assessments regarding the current state of anthropological discourse. I then ask about his experiences with the publishing industry and the differences (or similarities) between academic and more creative or experimental writing styles. The conversation concludes with some private insights into Paul Stoller's own reading and writing practices.

Interview

Michaela Schäuble (MS): Paul, in your many books and texts you always intersperse critical analysis with personal reflection. But your writing is not just radically subjective, it also draws directly from autobiography. I was particularly moved by Stranger in the Village of the Sick *(2004) that you call* A Memoir of Cancer, Sorcery, and Healing. *You write about your diagnosis with lymphoma, the ensuing chemotherapy and how your experiences as an apprentice of Songhay sorcery helped you to navigate the path towards healing. Do you think that all ethnographic writing is, or should be, autobiographical to a certain extent? Or autoethnographic – which term do you prefer?*

Paul Stoller (PS): For me, there is no one way to write ethnography. If you look at the sweep of the books I've been able to write and publish, you'll find a variety of genres – ethnographies, academic essays, memoir, biography and fiction. It is the texture of the ethnographic materials, at least for me, that shapes textual strategy and genre choice. When I've written about sorcery, a very private and powerful subject, my writing has been personal – prose that attempts to connect to the profound existential issues of fidelity and betrayal, illness and health, and life and death. These issues compelled me to write memoirs (*In Sorcery's Shadow*, *Yaya's Story*) as well as fiction (*The Sorcerer's Burden*). Put another way, I don't think that all ethnographic writing is or should be overtly autobiographical. Even so, a person's subjective experience in the world invariably shapes textual construction.

MS: In your text A Remarkable Convergence *(2016) that is published in an online journal volume that I edited, you decided to insert many personal photographs, including a beautiful portrait of your mother. Is your use of personal photos a plea for transparency or authenticity?*

PS: I inserted personal photos, including one of my mother, because that essay, like the book *Yaya's Story* (2014), was intensely personal – a book about health and illness, love and loss, and life and death. The presence of those personal photos underscore, for me at least, the human vulnerability of the writer, especially one who is attempting to write a narrative about illness. The question of transparency or authenticity, though, devolves less from the presence or absence of personal photos, but from the narrative texture of an essay, book or film. Based on depth of story, readers or viewers know – and know rather quickly – if a work is transparent or authentic. If it is, they will usually turn the page or continue to watch. If it isn't, they are likely move on to something else.

MS: What role do memories play in your work? Personal memories but also writing about memories?

PS: Memories play a major role in my work. Much of my memoir writing is memory work – the reconstruction – albeit imperfect – of past events, some of which have been life changing, all of which have shaped in some manner the central narrative that I have attempted to put forward. Sometimes memories resurface suddenly. They may come in dreams or present themselves on a walk in the woods, through wetlands, or along a nearby beach. Sometimes, they come in very private moments that occur during writing "flows" – moments when you are so immersed in the present that you lose track of time. Those memories, which are often quite powerful, take a life of their own, find their voice, and "insist" upon textual inclusion. Writing about memories, then, produces new memories, which can contribute powerfully to a text-in-progress.

MS: You have mentioned several times that one of your mentors is the French filmmaker Jean Rouch who also worked with the Songhay in Niger. Rouch once famously said that when he attended his first spirit possession ritual, he saw a dialogue between human beings and the spirits and he knew that the only way to study this was to make films. What role does filmmaking, or maybe more broadly, picture-taking play in your own ethnographic practice?

PS: I would approach the question a bit more broadly. There are many ways to study spirit possession. As Rouch's oeuvre demonstrates, film is a fabulous way of attempting to understand complex phenomena like spirit possession, but so is a long-term apprenticeship, the personal implication of which can yield sensitive and faithful books and/or films. In my ethnographic practice, image-making includes film, photos, but also word-images. Although I haven't made films and I haven't written books like Ruth Behar's *An Island Called Home* (2007) in which photos shape the ethnographic narrative, my sensitivity to place and to the visual quirks of character stem from a deep appreciation of the image–in film, in photos, but also in words.

MS: Walter Benjamin in A Short History of Photography *(2015) writes that photography makes aware the "optical unconscious". Does such a thing as the "optical unconscious" feature in your work? Or would you extend that to all senses, not just the visual?*

PS: I would extend Benjamin's optical focus to a sensory one. Early during my fieldwork, I had a humbling lesson that involved the sensory unconscious. Still a skeptical doctoral student in the midst of his initial fieldwork in Niger, a healer, a man named Djibo, asked me to assist him. He was to attend to a pious Muslim man who appeared to be dying. The man, who claimed to be a descendant of the Prophet Muhammed – a sharif – had just returned from Niger's major hospital, in Niamey, where physicians told him that his condition was terminal. They sent him home to Mehanna – to die. As a last measure he called upon Djibo's pre-Islamic healing traditions. Maybe they would work? Djibo asked me to assist. We prepared a highly perfumed ablution and asked the man's wife to wash her husband with it. Then Djibo and I set out to find the man's stolen soul, the source, according to Djibo, of the man's potentially fatal condition. Djibo led us to a spot outside the village where women and children would separate millet seeds from their husks, the latter of which would be discarded to form small rounded mounds. Approaching one of these mounds, Djibo dropped to his needs and spread the husks for a few moments. Then he jumped up with great excitement:
– Did you see it?
– See what? I asked.
– Did you hear it?
– Hear what?
– Did you feel it?
– I felt nothing.

Djibo shook his head and provided a rude introduction to the sensory unconscious. "You look but don't see. You listen but you don't hear. You touch but don't feel. Maybe in 20 or 25 years you'll develop the ability to see, hear and feel the world". That moment compelled me to think deeply about how sensoria shape our perception of the seen and unseen world.

MS: Already in 1989 you published The Taste of Ethnographic Things. The Senses in Anthropology *and in 1997* Sensuous Scholarship. *That makes you the forerunner of what today is widely referred to as "sensory ethnography". How do you see your role in this paradigm shift in anthropology? Do you still see embodiment as* the existential ground of culture and self*?*

PS: The body is the repository of our experience-in-the-world. It is reservoir of inconvenient personal and social truth. My rude introduction to the sensory unconscious compelled me to confront my own professional and personal shortcomings. That introduction has shaped my expository orientation to sensuousness in sound, vision, sound, taste and smell – the elements that shape the texture and quality of our social lives. I was an early advocate of sensorial studies, but certainly not the first. The work of Walter Ong and especially Steve Feld's wonderful writing and recordings shaped my own early work on the senses. Since then my approach to the sensory has been to evoke the senses through sensuous description and narrative, an orientation that I continue to propose. Other anthropologists who study sensoria-in-society, most notably David Howes, and Kathryn Geurts, have taken a more comparative and analytical approach.

MS: Storytelling is pivotal in all of your works, no matter which genre. What do you think of films such as Robert Gardner's Forest of Bliss *(1986) or the more recent films that came out of the Sensory Ethnography Lab at Harvard, which do not tell a story as such but intend to immerse the viewer in a different world or evoke an experience for the sake of experiencing?*

PS: I admire the artistry in Gardner's *Forest of Bliss* (1986) as well as the technical mastery and creative scope of the SEL films at Harvard. But as a critic and a viewer, I, like my mentor Jean Rouch, am compelled to ask: "Where is the story?" To backstage the story is to neglect what Jerome Bruner called "the narrative construction of reality". Stories and storytelling are central to construction of identity and to the flow of social relations. They shape the quality of social life. They enable us to connect with one another. If there is no story, what is there?

MS: Your stories feature many non-human actors and entities. I am really curious what your take on the so-called "ontological turn" in anthropology is. It is very obvious in your writing that you take different perceptions of reality for granted. But would you consider these as different ontologies?

PS: Oh boy! That question opens the Pandora's box of theory-making in contemporary anthropology. I've made some strong categorizations of the new – and by now, not so new – anthropological ontologists. I referred to the "ontological turn" as the "ontological turn off".

I have also called anthropological ontology "refried structuralism". In retrospect those reactions are unfair to a group of thoughtful anthropologists who have commendably confronted important philosophical questions. From my vantage, the ontological turn caught fire several years ago and soon faded into relative obscurity. The importance of respecting the sometimes strange ontology of others cannot be underestimated. In that sense many anthropologists – even many of our ancestors – have long considered seriously the ontology of others in which "forests think" and in which scholars experience the sensory unconscious – unseen forces that shape social life. How do we account for the unseen, the imponderables of other worlds, the inexplicable? How do we write about or film that which, in the words of Jean Rouch in *Les maîtres fous* (1955), is "not yet known to us" The anthropological writing on ontology has been dense and unnecessarily obscure – anthropologists trying to think and write like philosophers, which, in the end hasn't worked out so well. The more powerful expressions of ontology in film and text have been embedded in ethnographic works that describe – without expository fanfare – the sensory unconscious. Among many classic examples one can include Marcel Griaule's *Conversations with Ogotemmeli* (1965), and Rouch's *Les maîtres fous* (1955) and *Tourou et Bitti* (1971). There is no small amount on ontology in my works on the Songhay – especially *In Sorcery's Shadow* (Stoller 1987), *Fusion of the Worlds* (Stoller 1989). In all these cases, ontology is evoked through visual or textual narrative. The evocation of ontology has a long history in anthropology and has been a central feature in classic as well as more recent anthropological works.

MS: Your literary repertoire covers so many genres– from classic ethnographies, memoirs, essays, to journalism and blog entries– and you also write fiction. In 2016 your novel The Sorcerer's Burden. The Ethnographic Saga of a Global Family *was published. In this novel you also draw on your experiences and knowledge as an anthropologist. What is the advantage (and disadvantage) of writing fiction as compared to a classic monograph?*

PS: Fiction and ethnography share many characteristics. Some of the greatest works of fiction are deeply ethnographic. Think of the ethnographic detail you find the classic works of Balzac, Dickens, and Dostoyevsky or the more contemporary works of Kundera, Gordimer, and Atwood. All of my fiction is based upon ethnographic research. *Jaguar* (1999) is based upon my work among Nigerien traders in New York City. *Gallery Bundu* (2005) evolved from my ethnographic experience among African art traders – in New York City, Niger and Burkina Faso. *The Sorcerer's Burden* (2016) emerged from my ongoing study of sorcery. Fiction can be liberating. In it the writer can move inside the heads of her or his characters and express an inner dialogue. In fiction there is more space for the expression of emotion, more room for drama. In fiction there are fewer constraints – constraints that the linearity of ethnography imposes. Fiction can powerfully connect readers to the inner dimensions of human experience. The advantages of writing fiction include: (1) greater artistic and stylistic license in the description of place and space, more license to develop character and construct plot; (2) more capacity to connect with non-academic audiences. Many readers of *Jaguar*, for example, have been young African American women who live in large cities, where many of them have encountered West African immigrants. There are disadvantages to writing ethnographic fiction, a term I don't like because it implies that ethnographically contoured fiction is somehow "different" from "real" fiction. By the same token, ethnographic fiction is often not considered "real" anthropology. Fiction about traditional anthropological subjects gets very little play in academic contexts. There have only been a few anthropological reviews of my novels and they certainly do not get cited in the literature. Even so, if the anthropological ideas embedded in fiction circulate widely in the public sphere that eclipses the disappointment of academic dismissal.

MS: What were your experiences with the publishing industry– as opposed to academic publishing?

PS: My experiences with trade publishing have been disappointing. It took me some time to find a publisher for *The Sorcerer's Burden*. I wrote to scores of agents and a few of them took interest in the project. One senior agent liked the manuscript but wouldn't take it on. She referred me to another agent who passed it on to a "hot" junior agent who told me that I had real talent. Citing his discomfort with the "formalities" of West African dialogue, he, too, refused to represent me. Because he liked the project he passed it on to a colleague, who loved the book. But she worked with authors of youth fiction and said that she wouldn't know where to place the work. In contemporary trade publishing it doesn't matter what you've done in the past. What matters is how well will your project do in the present. Will it attract a broad readership and attract film or television producers? Will it make money? I have published with Beacon Press, which is an academically oriented trade publisher. They brought out my memoir: *Stranger in the Village of the Sick* in 2004, but didn't really promote it, which is a shame because that work had the potential to help a broad population of cancer patients and their families. Academic publishers, by contrast, seem to care more for craft and story. Academic publishers also want bestsellers, but not if those works stain the reputation of the house.

MS: *I already mentioned that you also blog, you are on twitter, you have a Facebook account– how important are social media for you? Do you see yourself as a political writer?*

PS: Social media are very important to me. When I blogged for *HuffPost*, I wrote mostly about politics from an anthropological vantage. Having switched to *Psychology Today* (PT), I have changed the focus of my public anthropology from the anthropology of politics to the anthropology of well-being. My PT blog is called: "The Path to Well-Being". In my posts I present non-western takes on health, existential balance, illness and death. In 2015 I published a book (co-written with my brother) called: *Climbing the Mountain: Cancer Exercise and Well-Being*. It was published in Germany and, like many books, this one received very little attention. The work is an anthropologically contoured guide to cancer diagnosis, treatment and remission. To get the message out about the existential contours of the cancer experience, I have been reworking some of the chapters and posting them on the PT platform, which means that thousands of readers are getting access to what could be important information about the socio-cultural parameters of chronic illness and well-being. These days social media platforms are important sites for the conveyance of scholarship, including, of course, anthropological scholarship, to the general public.

MS: In 2019, your very first book In Sorcery's Shadow: A Memoir of Apprenticeship Among the Songhay of Niger *(co-authored with Cheryl Olkes) was translated into German as* Im Schatten der Zauberer (2019). *So far, the translation has been very well received, especially here in Switzerland and there are several positive reviews in daily newspapers.*
  Why do you think the publisher, Piet Meyer Verlag, has chosen this particular book? His target audience is not an academic readership, but a very broad and general audience. Do you think that it is the topic– your apprenticeship as a sorcerer in Niger– or your writing style that mainly sparks interest in readers?

PS: My editors at The University of Chicago Press told me that Piet Meyer had long wanted to publish a German translation of *In Sorcery's Shadow* (1987). He had read *In Sorcery's Shadow* as well as my other works. In the United States, *In Sorcery's Shadow*, which was published more than 30 years ago, is still being widely read and debated. This ongoing appeal may be linked to its subject – sorcery in West Africa. That same appeal could be linked to popularity of "coming of age" tales written in an uncluttered style. But I think a more profound reason for its ongoing appeal devolves from the vulnerabilities of character – the expressed fears and personal imperfections of me and the other characters in the text. Such vulnerability creates a textual connection between the writer and multiple audiences of readers, a connection that leads to edifying conversations and an expanding readership.

MS: My last questions are mainly concerned with your own writing and reading practice and quite personal. When and where do you best like to write? And to read?

PS: I always write at home. I have two lovely studies. One has a wonderful view of Rockford Park, which has an old growth forest where I walk every morning. The other study is in our basement – no view, but a comfortable space filled with photos and ritual objects. Despite these two wonderful spaces, I do most of my writing at the dining room table – a long, rectangular piece of furniture crafted from old wood. I do a good deal of reading at home on a comfortable leather chair in my living room. Depending upon my teaching schedule, I write in the peace and tranquility of mid to late morning or in the quiet of late evening. I try to write every day, but don't always succeed. In my office, which is spacious and offers views of the campus quadrangle and a wonderful magnolia tree, my reading and writing is limited to memos.

MS: Who are your favourite writers? Is there also someone in academia, particularly in anthropology, whose writing you admire? What do you like about it in particular?

PS: It is difficult to pick favorites. In fiction, I really like the playfulness of Italo Calvino, the depth of Milan Kundera, and the craft, skill and daring artistry of Nadine Gordimer. In anthropology I'm a big fan of Ruth Behar, who writes like a dream and tells ethnographic tales that make me think new thoughts and feel new feelings. I also admire the incredible writing of Katie Stewart, who has the rare capacity to produce uncomplicated prose about complicated subjects. I also admire the ever-expanding oeuvre of Michael Jackson, who brings philosophical finesse to ongoing discussion of the human condition.

MS: Are there taboos for you, as in things that you would never write about?

PS: Yes. In writing memoir, I attempt to protect the privacy of those closest to me. In my anthropological work, I will not expose secrets, of which there are many, that I have sworn to keep. In my academic critiques, I try to consider positive as well as negative aspects of a work that is under evaluation or in public review. In my view, every work makes some kind of contribution. Although some academic works merit extensive constructive critique, no work deserves to be trashed. For me, critiques should be used to create more collaboration in the academic community.

MS: Thanks so much for taking the time to engage with the questions!

References

Behar Ruth. 2007. *An Island Called Home: Returning to Jewish Cuba*. New Brunswick, New Jersey, London: Rutgers University Press.

Benjamin Walter. 2015 [1931]. "A Short History of Photography". *On Photography*. London: Reaktion Books (edited and translated by Leslie Esther).

Gardner Robert. 1986. *Forest of Bliss*. 90 min. Documentary Educational Resources.

Griaule Marcel. 1965 [1948]. *Conversations with Ogotemmeli. An Introduction to Dogon Religious Ideas*. London, Oxford, New York: Oxford University Press (translated by Butler Ralph, Richards Audrey I., Hook Beatrice).

Hurston Zora Neale. 2013 [1937]. *Their Eyes Were Watching God*. New York/London/Toronto/Sydney: Harper Perennial.

Jackson Michael. 1986. *Barawa, and the Ways Birds Fly in the Sky: An Ethnographic Novel*. Washington: Smithonian Books.

King Lily. 2014. *Euphoria*. London: Picador.

Rouch Jean. 1971. *Les tambours d'avant: Tourou et Bitti*. 20 min. Meidon: Centre national de la recherche scientifique (CNRS) Images (France).

Rouch Jean. 1955. *Les maîtres fous*. 36 min. Icarus Films, CNRS, Institut français d'Afrique noire.

Roychowdhury Laura. 2000. *The Jadu House: Intimate Histories of Anglo-India*. New York: Doubleday.

Smith Bowen Eleonore. 1964. *Return to Laughter: An Anthropological Novel*. New York, London/Toronto/Sydney/Auckland: Anchor Books.

Stoller Paul, Olkes Cheryl. 2019. *Im Schatten der Zauberer. Als Ethnologe bei den Songhai im Niger*, Bern/Wien: Piet Meyer Verlag (übersetzt von Lutze Kristian).

Stoller Paul, Olkes Cheryl. 1987. *In Sorcery's Shadow: The Sorcerer's Burden. The Ethnographic Saga of a Global Family*. Chicago: University of Chicago Press.

Stoller Paul, Stoller Mitchell. 2015. *Climbing the Mountain: Cancer, Exercise, and Well-Being*. Maidenhead: Meyer & Meyer Sport.

Stoller Paul. Ongoing. "The Path to Well-Being. Non-western approaches to wellness." *Psychology Today blog* https://www.psychologytoday.com/intl/blog/the-path-well-being, accessed January 7, 2020.

Stoller Paul. 2016. *The Sorcerer's Burden. The Ethnographic Saga of a Global Family*. Basingstoke: Palgrave Macmillan.

Stoller Paul. 2016. "A Remarkable Convergence". *AnthroVision, Vaneasa Online Journal* 4.2, "Mining Imagination: Ethnographic Approaches Beyond the Written Word", edited by Michaela Schäuble, https://journals.openedition.org/anthrovision/2332, accessed January 10, 2020.

Stoller Paul. 2014. *Yaya's Story. The Quest For Well-Being In The World*. Chicago: University of Chicago Press.

Stoller Paul. 2005. *Gallery Bundu. A Story About An African Past*. Chicago: University of Chicago Press.

Stoller Paul. 2004. *Stranger in the Village of the Sick*. Boston: Beacon.

Stoller Paul. 1999. *Jaguar. A Story of Africans in America*. Chicago: University of Chicago Press.

Stoller Paul. 1997. *Sensuous Scholarship*. Philadelphia: University of Pennsylvania Press.

Stoller Paul. 1989. *Fusion of the Worlds. An Ethnography of Possession among the Songhay of Niger*. Chicago: University of Chicago Press.

Stoller Paul. 1989. *The Taste of Ethnographic Things. The Senses in Anthropology*. Philadelphia: University of Pennsylvania Press.

Taussig Michael. 2006. *Walter Benjamin's Grave*. Chicago/London: Chicago University Press.

REZENSIONEN

NEAPELS UNTERWELT

Über die Möglichkeit einer Stadt

Ulrich van Loyen 2018. Berlin: Matthes & Seitz Berlin.
ISBN: 978-3-95757-471-8. 456 S.

Jonas Hock, Universität Regensburg

Dass einer ethnographischen Studie so viel Aufmerksamkeit zuteilwird wie van Loyens Buch über *Neapels Unterwelt* (Besprechungen u. a. in der *ZEIT* und *Süddeutschen Zeitung*), verdankt sich wohl dem Faszinosum Neapel. Von Goethe bis Turner, von Saviano bis Ferrante haben sich dichte Bild-Schichten über die Stadt gelegt. Dagegen wirken die Tuffsteinschichten, auf denen sie lagert, noch als das schmalere Stratum, das es auf der Suche nach der «Matrix der Stadt» (Klappentext) zu durchdringen gilt. Ausgangspunkt dieser Suche sind die unter dem Tuffstein liegenden Fontanelle, Neapels bekannteste Katakomben. Dieser unterirdische Friedhof stellt zunächst die *Unterwelt* dar, in welcher der Verfasser dem Totenkult nachgehen möchte. Grundlegend geht es um die «Einbindung des Negativen in das Selbstverständnis der Stadt und ihrer Bewohner» (S. 9). In der Art, wie man sich in Neapel «an Krankheit und Verbrechen, an Drogen und dem Altern» (S. 9) abarbeitet, vermutet van Loyen ein Spezifikum. Dabei bleibt das «Negative» recht unbestimmt; hauptsächlich sieht der Autor es wohl im Tod manifestiert, was das Interesse am Totenkult als besonderer, ritueller Form seiner Einbindung in Leben und Alltag einiger NeapolitanerInnen begründet.

Das Feld konstituiert sich aus vier Teilen: 1. Das Viertel Sanità, das keine administrative Einheit mehr bildet, dessen BewohnerInnen umso mehr aber eine gemeinsame kulturelle und religiöse Geschichte anrufen. 2. Die Unterkirche der Basilika San Pietro ad Aram im Stadtzentrum und 3. die Krypta von San Cosma e Damiano im nördlichen Secondigliano, wo je noch Totenkulte präsent sind. 4. Der Kult der Madonna dell'Arco, dessen Pilgerziel am Fusse des Vesuvs liegt.

In den Fontanelle, am Rande der Sanità, erweist sich der gesuchte Toten- oder *anime*-Kult als historisches Relikt. Nach erzbischöflichen Verbotsbemühungen seit den 1970er-Jahren, der zeitweiligen Schliessung und nunmehr der touristischen Verwertung der Knochensammlungen ist für Devotion nicht mehr viel Raum. Dennoch wird hier der Kontakt zu drei Frauen aus Secondigliano geknüpft. Sie bringen van Loyen zur Krypta von San Cosma e Damiano. Dort liegen die Schädel teils hinter Glas, teils hinter Mauerwerk. Die Kult-Praxis besteht in einer Art Abschreiten der Krypta mit Berührungen, Begrüssungen und Gebeten hier und da oder dem Zurücklassen eines Gedenkbildchens. Den anonymen Toten wird die Ehre erwiesen, wobei magische Absichten eine Rolle spielen und die Frömmigkeit mit konkreter *caritas* engegführt wird, wenn die beteiligten Frauen im Caritas-Zentrum nicht nur für die Seelen im Fegefeuer beten, sondern auch Essen zubereiten und an Bedürftige ausgeben.

In San Pietro ad Aram gestaltet sich der Totenkult anders – hier rücken zwei Protagonistinnen ins Zentrum, Gianna und Lella. Den narrativen Kern des Buches bilden lange Passagen aus dem Feldtagebuch über Lellas Initiation: Eine Freundin hatte sie in die Krypta mitgenommen, um einen Schädel zu adoptieren, woraufhin die Toten sie im Traum kontaktierten. Das Gebet für einen anonymen Toten kann dessen Zeit im Purgatorium verkürzen, andererseits hilft dieser schon einmal bei einem Problem mit einer Geschäftslizenz weiter. Dennoch betont Lella, dass es keine Tauschbeziehung, sondern eine wirkliche Freundschaft sei, im Gegensatz zum potentiell problematischen Verhältnis zu toten Verwandten, da die Beziehung zu den unbekannten Toten unbelastet ist – wodurch sie gerade für Frauen ein Entlastungsmoment von gesellschaftlichen Ansprüchen darstellen kann.

An der Sorge für sich und für andere, die sich in den beschriebenen *anime*-Kulten manifestiert, erkennt van Loyen drei Funktionen: 1. «Plausibilisierung einer Matrix für die Bildung von idealtypischen [...] Verwandtschaftsbeziehungen»; 2. Schaffung «prinzipiell wohlgesinnter Ahnen» sowie 3. eines «Bewusstseins der Zugehörigkeit zu einem Ort» (S. 195). Abschliessend fragt sich der Verfasser, warum ausgerechnet in der Sanità, die von ihren soziologischen Voraussetzungen (etwa sozioökonomische Deklassiertheit und zerrüttete Familienstrukturen) her fruchtbarer Boden für den Totenkult sein müsste, derselbe nurmehr in der Erinnerung existiert – soweit historisiert, dass er bereits touristisiert werden kann. Die Antwort sieht er darin, dass die Funktionsstelle des Kultes, gesellschaftliche Kohäsion durch lokale Verankerung und Konstruktion positiv besetzter Genealogien zu schaffen, hier durch eine «identitätspolitische Mobilisierung» (S. 234) besetzt wird. «Ich-Stärkung und Empowerment» kann dabei über religiöse ebenso wie über politische oder andere Ressourcen erfolgen, in jeweils spezifischen Ausprägungen des (süd)italienischen «Associazionismo sociale» (S. 234): Verschiedene soziale, kulturelle und religiöse Vereine und Initiativen sowie Einzelpersonen setzen sich für ‹ihr› Viertel ein und mobilisieren zu diesem Zwecke die kulturhistorische Einheit sowie Besonderheiten der Sanità, etwa ihre zahlreichen Katakomben.

Beim Madonna dell'Arco-Kult handelt es sich, im Gegensatz zu den informellen *anime*-Kulten, um eine religiöse Form des *associazionismo* (Vereinswesens). In der Sanità sowie in der gesamten Stadt gibt es unzählige Vereine der Madonna dell'Arco, die regelmässig mit Standarten und Blasmusik umherziehen, Heiligenbilder durch akrobatische Fahnentänze ehren und Geld einsammeln. Höhepunkt des Kultes ist am Ostermontag die Prozession zum Heiligtum der Madonna in Sant'Anastasia, die in einer Art ekstatischen Entladung vor dem Bild der Heiligen endet. Der Verfasser deutet diese Devotion – entgegen dem matrifokalen *anime*-Kult und dessen «Kritik an Sozial- und Verwandtschaftsformen» (S. 344) – als über die jeweiligen Vereinspräsidenten patrilinear vermittelten Kult, der die «richtige» Familie zelebriert, indem die *associazioni* Identität und Zusammenhalt stiften, wobei diese Art von *Empowerment* ohne Kritik an den Verhältnissen auskommt.

Mit Totenkult, Madonnenkult und sozialem Engagement, das gleichzeitig identitätspolitischer Einsatz ist, sind Formen der neapolitanischen Arbeit am Negativen herausgearbeitet, die nicht getrennt auftreten, sondern sich überlappen und an den vier Orten unterschiedlich ausgeprägt sind. Diese viergliedrige Topologie bildet auch die Grundstruktur des Bandes, dem leider eine Karte zur Orientierung fehlt. Immer wieder sind ausführliche Passagen aus dem Feldtagebuch eingeflochten, die das Untersuchte greifbar machen. Die Prosa rutscht manchmal aber ins Lyrische und der Feldforscher zieht die Maske des Literaten auf, was den analytischen Gehalt von Passagen wie der folgenden nicht immer leichter verständlich macht: «*Dann wieder stehe ich auf der Brücke über der Sanità*. Es ist Juni, der Sommer sollte erst beginnen, aber man spürt schon die Schwere seines Endes, wenn die Hoffnung des Jahres zerronnen sein wird und man wieder von vorn anfangen muss» (S. 68).

Die Konklusion bietet eine Einordnung in die Geschichte der Süditalienethnographie (die den gesamten Band durchzieht): Die «Entdeckung einer italienischen Binnenexotik» (S. 348) durch Carlo Levi, Ernesto de Martino u. a. in der Mitte des 20. Jahrhunderts wurde politisch gewendet, insofern die Phänomene des Südens als undomestizierte Widerstandskräfte gegen die Nivellierungen der Industriemoderne gesehen wurden. In der Gegenwart ist es die endgültig sich durchsetzende Verwertungsnotwendigkeit, die zur monetarisierbaren «Eventisierung» (S. 349) auch der alten Riten führt: Katakomben und Krypten werden heute mehr von TouristInnen denn von *anime*-Devoten besucht. An dieser Stelle enthüllt sich die Rede von der *Möglichkeit einer Stadt* im Untertitel: Durch die «Überlebensstrategie der Selbstbezüglichkeit» (S. 352), die auf der «Lokalisierung des Universalen» (S. 349) mittels verschiedener Formen der Einbindung des Negativen beruht, werden spezifisch neapolitanische Traditionen nicht zu Spielarten einer neuen, öffnenden Urbanität, sondern lassen die BewohnerInnen in einen selbstbezüglichen, fatalistischen Provinzialismus verstrickt. Eine Anschlussfrage wäre, ob dieses lokale Phänomen nicht sich zu einer globalen Antwort auf Dauerkrisenhaftigkeit entwickelt. Hier wäre Neapel mit der Verdichtung des Phänomens dann Avantgarde. Was kann eine ethnologische Entflechtung dieser Dichte leisten? *"To tell the tale and heal"* heisst es in The Broken Fountain, Thomas Belmontes *urban anthropology*-Klassiker über Neapel (2005 [1979]: xxvi); ein Satz, den van Loyen seinem Band als Motto voranstellt. To heal also? Vielleicht erst einmal: *to tell the tale*, aber nicht als *fabula*, sondern als Erzählskelett, das nie ganz fertiggepuzzelt ist. Insofern wäre ein anderes Zitat von Belmonte nicht unpassend: "No sooner would I discern a pattern in the chaos of shapes confronting me, than the design would rearrange itself into what looked like something else" (*op. cit.*: ix). Das gilt für das Feld, das gilt aber auch für das Buch – eine ethnographische Studie, die ein beständiges *rearranging* auch im Text spiegelt und so, notwendigerweise auf Kosten der Lesbarkeit, eine überzeugende Deutung von mehr als nur *Neapels Unterwelt* vorlegt.

Literaturverzeichnis

Belmonte Thomas. 2005 (1979). The Broken Fountain. Twenty-fifth Anniversary Edition. New York: Columbia University Press.

COMPTES RENDUS

DU GOÛT DE L'AUTRE

Fragments d'un discours cannibale

Mondher Kilani. 2018. Paris: Seuil. ISBN: 978-2-02-134002-0. 384 p.

Alexandre Lecoultre, Université de Fribourg

Des séries produites par Netflix (Duffer et al. 2019) aux films du Sensory Ethnographic Lab de Harvard (Paravel et Castaing-Taylor 2018), le cannibalisme continue de fasciner. L'anthropologue Mondher Kilani, professeur honoraire à l'Université de Lausanne, montre que l'intérêt du cannibalisme ne réside pas dans la véracité d'une pratique, mais dans la manière dont cette notion est utilisée au travers d'une mise en récit qui vise à tenir un discours sur l'autre et sur soi. L'ouvrage retrace les origines du cannibalisme pour mieux déconstruire cette notion, avant de la proposer comme concept d'analyse pour des phénomènes contemporains.

Dans son introduction, il explique que le cannibalisme renvoie à des représentations et des pratiques si diverses, tant par le contexte auquel elles se réfèrent qu'à la position depuis laquelle elles sont énoncées, qu'il est impossible d'en donner une définition ou de définir une pratique constituée. L'auteur rompt alors avec les approches positivistes et privilégie une approche constructiviste. Au fil des quatorze chapitres, l'objectif est de dépasser une définition étroite du cannibalisme (*i. e.* la manducation de l'humain par l'humain) et d'ouvrir « la voie à la dimension productive de la métaphore cannibale : la manducation de la chair humaine comme métaphorisation des relations d'alliance, la hantise de la dévoration comme métaphorisation du pouvoir, la cannibalisme comme métaphorisation de l'ensauvagement, du désordre ou de la bestialité, la cannibalisme comme opérateur de la loi, etc. » (pp. 22–23).

Kilani compare premièrement les pratiques rituelles de différentes sociétés en se basant sur des écrits ethnologiques. Développant la proposition d'un précédent article (Kilani 2009), il rappelle que les faits cannibales ne sont jamais bruts, mais toujours pris dans leur dimension narrative : leur mise en récit dans les écrits scientifiques forme une rhétorique qui vise avant tout à administrer des preuves. Kilani se base également sur les interprétations émiques de ces sociétés pour étayer le constat que le·la cannibale n'exclut pas totalement l'autre, c'est-à-dire le·la cannibalisé·e, de son propre univers ; au contraire cette pratique lui permet de l'inclure dans ses représentations (p. 32). À ce titre, le *pishtaco*, ogre d'un mythe andin préhispanique qui attaque les gens la nuit pour les vider de leur graisse, offre un exemple intéressant : alors qu'il était jadis réinterprété comme métaphore des colons espagnols, il l'est aujourd'hui comme celle des forces économiques internationales.

Par l'analyse d'écrits littéraires, la relation cannibale est ensuite abordée comme « découverte de soi [passant] par l'absorption de l'autre » (p. 56). En lisant les romans de l'époque victorienne, l'auteur décrit finement les relations ambivalentes tissées entre les héros et les sauvages, tour à tour objets de crainte, de répulsion et de désir. Puis vient une dimension complexe où manger l'autre signifie témoigner de sa propre existence (*i. e.* construire son humanité). On retrouve ici la figure du Temps qui dévore ses enfants, commune à plusieurs croyances, qui fait dire à l'auteur que la dimension du cannibalisme est «une fiction modélisante de la culture et de la nature, du domestique et du sauvage, du licite et de l'illicite» (p. 79). Après des passages dédiés au *Petit chaperon rouge,* Kilani revient sur les écrits des surréalistes pour évoquer tout l'imaginaire de la bouche. Une partie est consacrée à des faits divers dont celui qui a eu lieu à Paris dans les années 1960 lorsqu'un jeune Japonais, Issei Sagawa, a tué et mangé son amie hollandaise, Renée Hartevelt. Il rappelle qu'il y a toujours une dimension culturelle dans le repas (cannibale ou pas), soumis à des règles de préparation, et que le cannibalisme «est d'abord une façon de penser les relations sociales avant d'être un acte de manducation» (p. 152).

Deux chapitres examinent les circonstances historiques à l'origine de cas d'anthropophagie, en passant par l'empire zoulou, l'histoire du *Radeau de la Méduse* ou la situation des camps de la mort et des famines organisées par les régimes totalitaires. Ces deux derniers cas sont regardés sous un angle double: celui des masses englouties par la machine insatiable du pouvoir; puis celui de ces mêmes individus que la faim a poussés à des actes anthropophages sur des proches, voire sur eux-mêmes. Dans sa dimension politique, le cannibalisme est à comprendre à la fois comme métaphore d'un pouvoir qui tire ses ressources de la population, et de celle-ci poussée à commettre ces actes pour survivre. Kilani nous met cependant en garde contre des rapprochements hâtifs entre génocide et cannibalisme, car, si le premier travaille à la destruction de la culture par la culture, le second, lorsqu'il est rituel, participe à la construction de celle-ci.

Suite à des volets sur les zoos humains de l'époque coloniale et sur les musées ethnographiques, l'auteur s'intéresse à la greffe d'organes. Pour lui, la personne greffée et le·la cannibale sont face à des questions similaires d'ordre métaphysique et identitaire: «l'ingestion des parties de l'autre constitue à la fois une source de vie pour le vivant et une promesse d'éternité pour le mort dont la matière et l'esprit ne cesseront de circuler» (p. 250). Les liens qu'entretiennent ces deux pratiques *a priori* éloignées permettent de repenser la relation entre individus dans le contexte médical. Par ailleurs, la conception mécaniste de la greffe qui prédomine actuellement n'est pas, selon lui, sans conséquence sur les difficultés psycho- et physiologiques auxquelles font face les personnes greffées, car, en évacuant les charges symboliques, on évacue aussi la possibilité de reconsidérer notre identité.

S'attachant à l'alimentation humaine, Kilani signale que toutes les cultures ne partagent pas la décision de consommer de la chair animale et que cette question est, entre autres, résolue par des rituels. «La perception de l'anthropophagie est une question de degré […]» (p. 272): il s'agit de manger symboliquement ni trop près ni trop loin de nous, raison pour laquelle certaines sociétés excluent par exemple de leur consommation des animaux trop proches (ex. chat), trop semblables (ex. carnivores) ou trop dissemblables (ex. insectes). L'auteur compare ensuite le cannibalisme avec la production industrielle de viande animale, de la naissance des abattoirs à Chicago jusqu'aux cas de crises alimentaires plus récentes. «La relation cannibale [serait] en quelque sorte équivalente à la relation qu'entretenait traditionnellement l'éleveur avec ses bêtes […]» (p. 279), mais celle-ci aurait cessé avec l'élevage industriel.

Poursuivant une critique des systèmes de surveillance sous l'angle du «cannibalisme de l'œil» (p. 285), Kilani part de *1984* de Orwell pour décrire les liens entre utopie, vision, contrôle et pouvoir. Le voyeurisme de masse, la surveillance généralisée, la tentation totalitaire relèvent tous « de la même volonté de contrôle, d'englobement et d'engloutissement des êtres et des institutions » (pp. 285–6), contrairement au cannibalisme « où l'échange réciproque tend à long terme vers l'équilibre entre les parties [...] » (p. 295). Au sujet des transformations du travail, l'auteur évoque les métaphores du cannibalisme et du vampirisme qui sont utilisées pour décrire le système capitaliste (exploitation des forces de travail, concentration des ressources, monopolisation des capitaux, etc.). À cet égard, le zombie est une figure intrigante. Corps utilisé par des forces maléfiques et revenant la nuit pour ôter leur substrat aux humains, « [il] est l'allégorie de l'aliénation et de la désocialisation caractéristique du monde contemporain » (p. 316).

Cet ouvrage est un essai original par la diversité des références qu'il mobilise et par la posture critique qu'il adopte. Il est présenté par une écriture tant flâneuse par la forme qu'érudite dans le contenu, ce qui permet d'intéresser autant le monde académique qu'un public plus large. L'usage métaphorique du cannibalisme permet de comparer des pratiques éloignées dans l'espace et dans le temps. Dès la couverture, le sous-titre *Fragments d'un discours cannibale* suggère une forme d'éclatement entre les chapitres. La personne qui lit se rend compte que plusieurs parties pourraient faire l'objet d'un développement plus long. Le sous-titre souligne aussi la dimension réflexive et métaphorique de ce travail qui « relève lui-même de cette entreprise cannibalique qui consiste à ingérer, digérer et recracher les centaines d'ouvrages de la bibliothèque [...] » (p. 160). Je regrette un peu l'absence d'une grande conclusion qui proposerait une réflexion épistémologique plus étoffée et qui relierait entre eux les acquis fondamentaux de cette recherche.

Références

Kilani Mondher. 2009. « Le cannibale et son témoin ». *Communications* 84 : 45–58.

Paravel Verena, Castaing-Taylor Lucien. 2018. *Caniba.* Harvard: Sensory Ethnographic Lab.

Duffer et al. 2016, 2017, 2019. *Stranger Things.* USA: 21 Laps Entertainment, Netflix.

COMPTES RENDUS
L'ILLÉGALITÉ RÉGULIÈRE

Giada de Coulon. 2019. Lausanne: Antipodes. ISBN: 978-2-88901-131-5, 303 p.

Frédérique Leresche, Université de Genève

L'ouvrage de Giada de Coulon décrit et analyse le quotidien de personnes maintenues dans un système d'aide d'urgence après qu'elles ont été déboutées de l'asile. À partir d'une enquête ethnographique qui s'est déroulée entre 2008 et 2014 dans un foyer d'aide d'urgence en Suisse, l'auteure tente de «comprendre la permanence d'hommes, de femmes et d'enfants au sein de structures pensées comme temporaires et dissuasives par les autorités» (p. 19).

Dans la continuité de ses travaux sur les pratiques étatiques comme modes d'exercice du pouvoir et sur les processus d'exclusion, Giada de Coulon cherche ici à comprendre le quotidien des personnes déboutées de l'asile, mais maintenues dans un système qui, par ailleurs, les exclut. À partir d'observations et d'entretiens semi-structurés auprès des résidant·e·s de la structure d'aide d'urgence, elle donne voix au chapitre à des personnes habituellement exclues des discours publics et dont la parole est délégitimée.

Après une partie introductive qui présente le cadre légal et administratif qui régit les processus d'asile en Suisse, elle développe, en trois chapitres, le concept d'illégalité régulière. L'illégalité se traduit, dans ce cas, par le fait que les personnes déboutées de l'asile sont exclues du droit de travailler ou de bénéficier de l'aide sociale et, par là, écartées de toute possibilité de s'insérer dans la société. Or, cette illégalité est régulière pour trois raisons. D'abord, le quotidien des personnes déboutées de l'asile est rythmé par les convocations dans les administrations étatiques, les horaires des repas, les règlements des foyers. Il y a donc une régularité du temps et une régulation de l'espace (chapitre 1). Ensuite, l'illégalité est régulière, car ces personnes sont en contact constant avec des représentant·e·s de l'autorité. L'illégalité n'est donc pas clandestine. À partir d'une description des règles et de leur opérationnalité dans le quotidien, Giada de Coulon montre d'ailleurs comment les individus négocient, s'accommodent, interprètent leurs réalités quotidiennes et leurs projets futurs dans un désir de normalité (chapitre 2). Finalement c'est le rapport au droit des individus qui permet de saisir que l'illégalité est régulière (chapitre 3). En effet, le fait que les personnes déboutées de l'asile soient maintenues dans un système de contrôle et en relation permanente avec l'autorité, dans une dynamique qui oscille entre assistance et régulation, contribue à former chez elles un sentiment de «régularisabilité», soit l'idée que leur situation puisse se régulariser malgré le fait qu'elles aient été déboutées de l'asile.

Le parti pris de l'auteure est d'opter pour une posture engagée, c'est-à-dire réfléchie et réflexive dans une dynamique critique qui vise aussi à questionner les frontières entre production du savoir et engagement politique. Dans la partie de l'introduction consacrée à la méthode ethnographique, elle décrit ses liens avec les milieux militants et l'importance de la présence de sa mère, militante connue et reconnue dans le milieu de défenses des droits des migrant·e·s. Giada de Coulon semble dès lors très attentive à ne pas reproduire la violence symbolique des catégories construites par l'État, en prenant garde de toujours proposer une vision qui ne soit pas unilatérale et qui permette de montrer toutes les contradictions d'un système. Pour ce faire, elle utilise plusieurs stratégies, qui ont été développées dans certaines perspectives féministes et décoloniales. Par exemple la prise en compte des émotions (p. 69) comme éléments constitutifs la pratique ethnographique. Ou une dynamique d'échange entre la chercheuse et les enquêté·e·s, avec tous les paradoxes que cela suppose, notamment l'idée que la chercheuse serait en position de pouvoir apporter des solutions concrètes à des situations d'exclusion, et à l'inverse la crainte d'être «utilisée» (p. 75) par les personnes qu'elle côtoyait. J'aurais aimé que ces dix pages d'exposé méthodologique soient plus approfondies, voire développées tout au long de l'ouvrage pour montrer en quoi «le souci de ne pas porter préjudice à la population étudiée» (p. 71) pose des questions éthiques et épistémologiques. Par exemple en montrant comment les différentes subjectivités qui la constituent en tant que sujet (le fait qu'elle soit une femme, doctorante, militante, fille de militant, mère, etc.) ont forgé sa compréhension et l'élaboration de son objet d'étude.

L'apport majeur de l'ouvrage de Giada de Coulon concerne le concept de régularisabilité, soit le fait pour un·e requérant·e d'asile débouté·e d'avoir une certaine marge de manœuvre, réelle ou projetée, quant à la régularisation de sa situation. La régularisabilité s'inscrit en écho au concept de déportabilité, déjà existant dans les études sur la migration. La déportabilité permet de décrire le risque d'être possiblement déporté·e pendant les processus d'asile. Pour Giada de Coulon, en Suisse, la déportabilité est surtout symbolique, mais pas réellement ou pas toujours effective, notamment à cause de l'écart entre la loi et son application possible. Quant à la régularisabilité, «là où une possibilité de régularisation existe, des attentes de la part des personnes illégalisées se créent et engendrent donc un comportement correspondant à ces attentes, même si la régulation effective semble parfois illusoire» (p. 266).

Pour développer son analyse, Giada de Coulon s'appuie sur la perspective des *Legal Consciousness Studies*, qui s'intéresse aux rapports des individus au droit, et plus particulièrement à leur conscience du droit. Les recherches qui s'inscrivent dans ce champ d'études diffèrent d'une approche instrumentale du droit – qui considère le droit comme une sphère autonome – pour proposer une approche qui tienne compte de la façon dont le droit est intégré dans la vie sociale, les systèmes de valeur ou encore les institutions sociales. Elles visent donc à rendre compte que les multiples manières de comprendre le droit affectent le rapport au monde des individus. Cette manière de faire permet à Giada de Coulon de montrer qu'«[aux] yeux de certaines personnes illégalisées, les lois, bien que contrevenant dans leur cas à leur liberté individuelle, restaient des éléments importants et valorisés pour assurer un sentiment de protection et de justice» (p. 243). Or se saisir du droit renforce le pouvoir symbolique et performatif du droit. Les changements de procédures, les modifications des règlements de la vie quotidienne, ou encore la fréquence des convocations au service de la population sont autant d'éléments fluctuants qui donnent au droit un caractère incompréhensible et «renforce[nt] sa dimension magique» (p. 246). Mais dans le même temps, c'est cette fluctuation qui crée l'impression d'une certaine marge de manœuvre et renforce l'idée que la structure qui les maintient en Suisse est aussi celle avec laquelle les requérant·e·s d'asile débouté·e·s pourront négocier.

L'ouvrage de Giada de Coulon est une réussite et permet de comprendre le point de vue des personnes qui «ne sont pas en situation irrégulière […] mais sont considérées comme illégales»

(p. 218). Si parfois le déroulement de certains concepts est un peu rapide (dans la discussion sur la définition de l'État ou du pouvoir notamment) ou si j'aurais aimé en savoir en peu plus sur son rapport aux enquêté·e·s, la dimension personnelle de son travail, en explicitant son positionnement par exemple, donne à ses analyses un ancrage très concret et engage une réflexion épistémologique sur les conditions de production du savoir. J'aimerais dès lors poursuivre avec elle les pistes proposées dans sa conclusion, notamment sur «le décloisonnement des catégories imposées par l'État de manière arbitraire, reproduisant des schismes ancestraux et dénués de fondement humaniste» (p. 282), dont nous pourrions questionner l'usage dans la recherche en sciences sociales.

En conclusion, le livre de Giada de Coulon a le grand mérite de s'adresser autant à des personnes spécialisées dans les questions migratoires qu'à un public moins averti, car elle y développe une approche résolument compréhensive pour rendre compte de la façon dont les individus comprennent et se saisissent des règles et du droit à disposition, tout en faisant l'effort de développer par couches successives son raisonnement. Le livre est ainsi construit pour nous amener d'une compréhension du droit des livres au droit en pratique à partir du point de vue des acteurs et des actrices en situation.

BOOK REVIEWS

BEING-HERE

Placemaking in a World of Movement

Annika Lems. 2015. New York: Berghahn Books.
ISBN 978-1-78533-849-6. 252 p.

Ellina Mourtazina, University of Lausanne

Over the past decades, dominant researchers in social science have taken it almost for granted that movement, deterritorialization and placelessness have become a syndrome of the human condition. In her insightfully written ethnography, Annika Lems invites readers to take a step back from this general assumption, and to reconsider the complexity of mobile existences. The author demonstrates that displacement and emplacement are nuanced realities made of multilayered tensions between intimate experiences and larger politico-spatial contexts, between the need for place attachment and the imperatives of movement, and between resilience and resistance. From a phenomenologically inspired approach, the book questions what it really means to create a new existence in a foreign country. Through the life stories and photographs of three middle-aged Somalis who fled their home country to settle in Australia – Halima, Omar and Mohamed – readers discover their ceaseless efforts to build a new sense of home and to give meaning to their *being-here*.

In her work, Annika Lems responds to the emergent call in anthropology for the use of life story methods. The author brilliantly advocates the relevance of the dynamics of storytelling as a point of entry into people's emotional universes. With skilful writing, the author navigates the intermingled flows of temporalities, places, memories and emotions that constitute the protagonists' lives on the move. Moreover, instead of being a silent listener, Annika Lems borrows from her own memories of childhood in the Netherlands, of life in Vienna, and of her fears and hopes as a foreigner in Australia, to actively take part in the process of creating a narrated common ground.

To articulate the self, places and mobile experiences, the author draws inspiration from Edward S. Casey, Gaston Bachelard, and Martin Heidegger. She also refers to later proponents of existential phenomenology such as Michael D. Jackson, Albert Piette and Tim Ingold for whom *place-based* and *persona-based* focus is primordial. Nevertheless, in my opinion, the author avoids the usual criticism directed at phenomenologists, who are said to overlook the experiential and to underestimate the social and historical determinants of life. With fluid writing, Annika Lems intertwines the complex interplay of intimate inner *life-worlds* and the structural historical, political situatedness that constitute Omar's, Halima's and Mohamed's sense of *being-here*. Through their stories and photographs, places do not appear as isolated vacuums, but as contested constructions inscribed within broader political and historical considerations.

The urge to understand mobile existences from the everydayness of being-in-place is present throughout the book. Most chapters of *Being-Here* begin in the realm of intimate atmospheres, such as small coffee shops, living rooms, and Somali malls in Melbourne, where Annika Lems shares words and pictures, laughs and silences, hopes and despairs with her protagonists. Their stories transport us far beyond the immediate locations. The readers are invited into the intimate landscapes of what Ricœur calls "memory places" (2004: 41). Omar, an NGO spokesperson for the Somali community in Melbourne, recalls fond memories of Mogadishu streets, the ever-illuminated skyscrapers of Dubai, overcrowded New Delhi, and of feeling lost at the airport border control upon his first arrival in Australia. For her part, Halima, a mother of four and coordinator of social projects for Somali children, describes the long stony path to the sea she happily walked as a child with her father, or a classroom in Moscow where she was an exchange student and met her husband. Through visual stories, Mohamed, a chairman of the Somali Cultural Association, shares images of the remnants of a demolished church, an abandoned National Somali television studio, and a marketplace in the centre of Mogadishu where everyday life carries on despite conflict, violence and chaos. These places are inscribed in their lives as they create links between the past *there* and *then* in Somalia, and the present *here* and *now* in Australia. In my opinion, it is regrettable that there is an imbalance between the three stories: Mohamed's lifeworld remains elusive, as his photographs seem only to introduce and illustrate the rich depictions of Halima's and Omar's lives.

Through Omar's stories of migration, Annika Lems raises the question of how to piece together lived realities from Melbourne and Somalia, a place destroyed by a series of political violence and the passage of time. By navigating between memories and present realities, Omar expresses that throughout his long journey of displacement through different countries, Somalia became an unfamiliar and lost place. The feeling of losing *his* Somalia created the urge to understand the political and historical events that led to the disintegration of his home country. Making sense of what happened to Somalia, "how a well-respected country could deteriorate into a 'dust-state'" (p. 79) helped him to *make peace* and create bridges between his past life in Somalia and Australia.

Through her encounter with Halima, Annika Lems explores the different facets of what *being-at-home* means, and challenges the conception of home as an enclosed and unmovable space. If the experience of *being-at-home* is deeply attached to place, it does not always need an exact physical location. The importance of intimate emotional connections with family or loved ones often outweighs that of the physical attributes of a place or a landscape. Memories of a place, nostalgia, imagination, and sometimes religious faith and family bonds, are the quintessential elements that constitute the feeling of *being-at-home*. Referring to Hage's work on *existential mobility*, she notes: "In order to feel at home, a place needs to be open enough to perceive opportunities to move forward in one's life" (2005: 119). Besides the need for security, community and familiarity, home also emerges from the sense of possibility and opened opportunity for a "good life" and a "better future".

Omar's and Halima's life trajectories also reveal the dynamics of place-making, considered through the double lens of intimate experiences and larger politico-spatial tactics that regulate individual movement. Places inhabited by Omar and Halima in the course of their lives are not only "experienced on an intimate level" (p. 106) but are also politically inscribed into a broader system of power relations and dynamics of space inclusion and exclusion. The author argues that the Australian context of migration and integration policies, as well as bureaucratic labeling of people as refugees, citizens or migrants, "have profound effects on the ways people experience and identify with place" (p. 108). Nonetheless, despite such a spatial "set of complex ordering principles" (p. 107) that aim to keep people like Omar and Halima from settling down, the quest for home-building drives them to find ways to outwit and constantly challenge those exclusive power dynamics.

To conclude, based on a phenomenological approach, *Being-Here* is a well-executed example of how the analysis of everydayness can inform broader mobile realities in a globalized world. At a moment when narratives of movement are becoming paradigmatic, this book invites readers to look beyond metaphorical explanations that tend, on the one hand, to crystalize representations about mobile individuals and, on the other hand, to deterritorialize their experiences. The author demonstrates that images of migrant and refugees as homeless or helpless do not represent the complexity of lived realities. The stories in this book go beyond the suffering and hardship lens through which "refugee stories" are often narrated. Dynamics of place-making, emotional bonding, social and political resistance also play an important role. By emphasizing the multilayered paradoxes entangled in the process of emplacement and displacement, this ethnography contributes greatly to anthropological understandings of place-making, experiences of migration, and mobility in general.

References

Hage Ghassan. 2005. "A Not so Multi-Sited Ethnography of a Not so Imagined Community". *Anthropological Theory* 5(4): 463–75.

Ricœur Paul. 2004 [2000]. *Memory, History, Forgetting.* Chicago: University of Chicago Press (translated by Blamey Kathleen, Pellauer David).

BOOK REVIEWS

HOMO ITINERANS

La planète des Afghans

Alessandro Monsutti, 2018. Paris: Presses universitaires de France, ISBN: 978-2-13-080123-8, 272 p.

Akbar Nour, University of Bern

"I am from where I go". An old Afghan farmer made this apparently paradoxical statement to the Swiss anthropologist Alessandro Monsutti during his fieldwork in Afghanistan. The author of *Homo itinerans, La planète des Afghans*, is intimate with the country, not only through his various travels in the area since the 1990s, but also thanks to his knowledge of *Dari* (Persian), one of the country's local languages.

Between an evocative travel diary and a fine-grained ethnography, this text provides the reader with a complex and nuanced depiction of various mobility patterns: on the one hand "forced" ones, regarding Afghans fleeing a context of civil violence and insecurity, and on the other hand "voluntary" ones when it comes to international political, military and humanitarian actors. However, Monsutti places the issue of mobility above these dichotomies, in a much broader global polity favouring social inequalities and exclusion.

The central thread of the book revolves around the analysis of these various mobility patterns, defined by the author as "itinerancies". These mobilities depict Afghan "refugees" moving to escape violence, looking for better socio-economic opportunities, multiplying political affiliations to manage unsafe settings and developing coping strategies to fulfil their families' needs. Furthermore, Monsutti considers his own "itinerancies" as an anthropologist, going back and forth to the country. The final "itinerancies" he is also interested in are the mobility patterns of the humanitarian "experts" deployed in Afghanistan, after having been to other war-torn settings such as Congo, Palestine or East Timor. The ethnographer focuses on these "entangled mobilities" (p. 12), the encounter between fighters and humanitarian actors, between 'refugees', villagers and transnational bureaucrats.

Throughout this study, the author attempts to tackle the following questions: How do people flee their war-torn country? What are the different steps of their migration trajectories? How do they get jobs and administrative documents such as passports, identity cards and residence permits while on the move and far from their country? What kind of socio-cultural resources and coping strategies do Afghan refugees use to recreate social links and economic networks that have been shattered by war and exile? (p. 16).

All the chapters are based on ethnographic vignettes where the author portrays the daily life of the different actors he has met during more than two decades of empirical work in Afghanistan. The first ethnographic vignette addresses the perception of the USA military actors after their intervention following the 9/11 attacks. It recalls the encounters of the author with various national and international military and humanitarian actors. These various narratives allow the author to highlight the "post-war reconstruction" dominant narrative of the international community. The author also writes about US embedded anthropologists who since 2001 have been hired by the US army to understand local populations' expectations and needs. These anthropologists involved in military and humanitarian operations tend not to have any critical distance towards their action and lack a reflexive posture (p. 33). The American Anthropological Association denounced their activities, stating that they violated their academic responsibility, jeopardized the security of social scientists and provoked accusations suggesting that they "weaponized" the discipline.

The second chapter concentrates on the micro-politics of the frail Afghan State. It explores the political evolution and power games through the three presidential elections that took place in 2004, 2009 and 2014. Monsutti outlines the discourses held by humanitarian experts, who were convinced that the presidential elections would constitute a "new start for the society and the State" (p. 44). In parallel to these reflections, he is interested in his own reflexivity asking himself what 'to do' with his knowledge of the Afghan refugees and villagers' everyday life experiences regarding this normative vision of political and social change. He examines the paradoxes and contractions of the various political elections and eventually denounces the increasing corruption within the Afghan administration as well as the "perverse effects of the international presence in Afghanistan" (p. 69) in order to highlight the failure of the country's post-war reconstruction and the Afghan local and national political elites' strong hold on the financial resources brought by the international community.

In chapters three, four and five, the author pursues his ethnography of the local actors in the Afghan crisis and puts into perspective his position as both anthropologist and international consultant. Indeed, based on his experience of having, with two other colleagues, trained some Afghans at the Geneva Graduate Institute and in Abu Dhabi, he highlights the tensions and inconstancies between the members of this elite's desire for a State and their concrete experience of daily life state-making, dominated by unachieved actions (p. 79). He argues that even rural development programs that are supposed to regenerate the country's agricultural system have turned into political tools serving the power games of Afghan political elites.

The following three chapters concentrate on the new patterns of forced migration that Afghans have adopted since the 2000s. At the start of the Afghan conflict in 1980, Afghan refugees mainly found security and shelter in Iran and Pakistan. However, in the 2000s, because of the shifting geopolitics of the Middle East, Afghan refugees became less welcomed in the two above-mentioned neighbouring countries. As a result, they had to broaden their mobility patterns by moving to Europe, the USA, Australia and New Zealand. These displacements are not only an answer to the violence and insecurity that people flee but are also strategies of socio-economic diversifications and a way to shape transnational networks and to maintain social links with their home country (p. 161).

Chapter nine explores once again the interwoven "itinerancies" between the researcher and his researcher partners. During a family visit in Friuli in the north-eastern part of Italy, Monsutti met some young Afghans and Pakistani refugees close to a fountain by chance.

This unexpected encounter highlights the intertwined "itinerancies" of the author coming to rest in this village, whereas for the young "refugees" this place embodies a provisional shelter.

If Europe represents a source of hope for a better life for most of these young Afghan refugees, they have to face socio-economic vulnerability, hardship and indifference (p. 184). In describing and analysing their mobility patterns, Monsutti deconstructs the concepts of "refugees" and "migrants" and regards these young Afghans as "witnesses of the world in which we live, a world characterized by growing inequalities, a global landscape of exclusion in which we evolve, but that we pretend not to see" (p. 205). Indeed, they are political actors, who display through their "itinerancies" the social inequalities of the current world order.

In the final chapter, the ethnographer proceeds to a global assessment of both his empirical work and the current political landscape in Afghanistan. In line with postcolonial academic literature, he conceives the country as a "space of contested modernities" (p. 210), where large parts of the population do not necessarily share the way in which their future is imagined by international and relief development institutions. Indeed, the multiple "itinerancies" highlighted in this book simultaneously reflect the power relations of the contemporary world in all its brutality as well as unexpected expressions of its social vitality (p. 211).

This book is a fine example of itinerant anthropology that studies the case of a country disrupted by war and forced displacement where various conceptions of social life and political projects oppose each other. It provides an innovative way of doing ethnography that renews the study of forced migration and displacement. However, the issue of gender is completely absent in *Homo itinerans*. The analysis focuses exclusively on male migration without reflecting this specific pattern of transnational mobility. This is indeed surprising, as women – in Afghanistan and abroad – perform a key role; in the transformation of society, in transnational networks, and in economic strategies developed by Afghan refugees. Despite this blind spot, the book is – based on thorough and detailed ethnography – a great example of an anthropological analysis that connects local and global dynamics and relates them to the study of forced migration and displacement.

COMPTES RENDUS

FAIRE CORPS

Temps, lieux et gens

Monica Aceti, Christophe Jaccoud, Laurent Tissot (dir.) 2018.
Neuchâtel: Alphil-Presses universitaires suisses.
ISBN: 978-2-88930-211-6. 280 p.

Ana Rodriguez, Université de Lausanne

Faire corps part d'une aire géographique donnée, la Suisse, et d'un objet, le corps. Il réunit des chercheur·euse·s issu·e·s de disciplines diverses et le matériel analysé dans les contributions est extrêmement varié. Les directeur·rice·s, Monica Aceti, Christophe Jaccoud et Laurent Tissot, nous disent que les contributions «font corps» dans leur volonté de ne pas s'enfermer dans un pôle réducteur: le corps comme objet de biopolitique, le «tout-structure», ou, à l'inverse, le corps comme réalisation de soi, le «tout-subjectif». Alors que l'ouvrage se divise en quatre parties, quatre actions dont le corps est objet – fabriquer, entretenir, montrer et mobiliser – il fournit surtout, ainsi qu'annoncé en introduction, «des clefs d'intelligibilité à des questions contemporaines» (p. 10). Le corps s'avère donc une entrée plus qu'un objet d'étude et le livre est traversé par des thématiques qui ne sont pas mises en évidence par sa structure. Afin de rendre compte des «questions contemporaines» abordées, j'ai choisi de présenter ici les contributions de l'ouvrage au travers de cinq de ces thématiques.

Si *Faire corps* revendique sa focale sur un espace géographique déterminé, la Suisse, trois de ses contributions montrent les interrelations entre cet espace et d'autres localités. Les historiens Jérôme Gogniat et Philip Rieder partent ainsi de phénomènes ancrés dans le contexte national et montrent les circulations qui les façonnent et participent à la construction de représentations et d'usages du corps. Le premier aborde le rôle des pensionnats dans l'émergence des «sports modernes» à la fin du 19e siècle et documente la place d'enseignants et directeurs d'école formés en Grande-Bretagne dans l'implantation de ces sports en Suisse. De jeunes hommes issus de ces internats créent par la suite des clubs de football dans les villes européennes où ils s'installent, faisant de la Suisse un centre d'où irradie cette pratique au début du 20e siècle. Le deuxième, en s'intéressant au *«Heimweh»*, retrace le développement de cette entité nosologique entre la fin du 17e et celle du 19e siècle. Ce serait du déracinement de soldats suisses, nombreux dans les armées européennes, que naitrait la «Nostalgie des Suisses». Cette maladie atteste d'un lien spécifique à un lieu et d'un sentiment d'appartenance à une communauté. Issue des sciences sociales et politiques, Katharina Pelzelmayer s'intéresse quant à elle, à la prise en charge 24h sur 24 de seniors par des soignantes migrantes. À travers une analyse de discours nourrie par des approches féministes, elle met en évidence trois dimensions qui participent à la construction des sujets «soignantes 24/24»: le désintéressement dans le soin, un travail peu régulé et une migration pendulaire déterminée par les politiques migratoires suisses.

Les corps traités dans l'ouvrage sont aussi objets de disciplinarisation dans trois contributions. Le sociologue Baptiste Blandenier aborde l'histoire des chorales en Suisse par la question du rapport entre les sujets et les institutions auxquelles ils participent. La pratique du chant dans des chœurs, si elle relève apparemment du loisir, demeure éminemment politique par une série de normes et de rapports de pouvoir auxquels les chanteur·euse·s se plient. Issus des sciences de l'éducation, Adrián Cordoba et Benoît Lenzen pensent les pratiques corporelles à l'école publique comme révélatrices de conceptions spécifiques des citoyen·ne·s et de leur rôle en se penchant sur les différentes logiques qui guident l'assujettissement des corps dans les programmes sportifs des institutions scolaires suisses depuis la fin du 19e siècle. Usant d'une entrée originale en sciences du sport et de l'éducation, un corpus de photographies, Philippe Vonnard, Grégory Quin et Quentin Tonnerre abordent finalement la spécialisation du football durant l'entre-deux-guerres, la codification de la mise en scène des corps dans ce sport et la logique politique qui les imprègnent. La professionnalisation de la pratique sportive va de pair avec une homogénéisation de sa mise en scène. Cette tendance est renforcée au début de la Seconde Guerre mondiale par une politisation et une représentation martiale des corps.

Les représentations des corps reflètent des idéologies propres à des époques et peuvent légitimer des hiérarchies ou engendrer des changements sociaux. Illario Rossi, anthropologue, pense le pluralisme thérapeutique comme révélateur de transformations sociales en Suisse. Par celui-ci, le ou la malade devient aujourd'hui un·e gestionnaire du traitement de sa maladie. Cette apparente liberté de choix se transforme néanmoins en normes, devenant contrainte plutôt qu'affranchissement, et reflétant un phénomène plus large : l'injonction contemporaine à l'autodétermination. Une réflexion similaire nourrie la contribution de l'historien Matthias Ruoss sur la corporalité des personnes âgées. Retraçant l'histoire de l'assurance vieillesse, l'auteur met en évidence le processus d'« activation » des personnes âgées qui en découle. L'injonction à une alimentation saine et à des activités physiques responsabilise les retraité·e·s, faisant du vieillissement une question de maîtrise de sa vie plutôt qu'un « destin biologique ». L'historienne Laurence Marti étudie l'évolution de la relation entre corps et travail au cours du 19e siècle. Les images, zoologiques ou mécaniques, attribuées à des corps de métier créent des oppositions entre des caractéristiques qui seraient inhérentes à des classes d'individus. La circulation de représentations de corps malades et malformés de certaines classes va amener à repenser le rapport corps/travail et générer une régulation des conditions de travail à la fin du siècle, principalement celles des femmes et des enfants. Dans une perspective d'histoire de l'art et d'études politiques, Leïla el-Wakil et Rémi Baudouï s'intéressent au corps noueux et viril dans la peinture suisse du 19e siècle, représentation née d'une idylle pastorale helvétique, à une époque de déroute face aux armées napoléoniennes. Il·elle·s pointent les parallèles entre jeux pastoraux, gymnastique et activités militaires dans cette iconographie.

Objets de polémiques et catalyseurs de tension entre différentes compréhensions du social, les corps féminins sont au cœur de deux recherches dans l'ouvrage. En s'appuyant sur une observation participante de la Pole Dance et sur l'analyse des controverses qui entourent celle-ci, Monica Aceti, socio-anthropologue, questionne la relation complexe entre processus d'*empowerment* et auto-objectivation à l'œuvre au sein de la pratique. Les danseuses sont dans une démarche d'auto-affirmation et la *Pole Dance* fait l'objet d'une désexualisation dans les compétitions. Néanmoins, celle-ci est aussi un élément de la capitalisation d'éléments d'une culture féminine. C'est un rapport au corps très différent que l'écrivaine Claudine Gaetzi montre dans trois romans d'Alice Rivaz. Le corps est pensé par les personnages féminins comme une illusion trompeuse, changeante et manipulable, peu lié à leur intériorité. Ces femmes se sentent, de plus, prises dans des normes sociales dont elles ressentent parfois l'injustice, sans pouvoir toutefois y échapper.

Deux contributions font la part belle aux subjectivités corporelles qui se construisent dans la pratique du sport, livrant un récit intimiste de deux trajectoires sportives. Christophe Jaccoud, sociologue du sport, commente les photographies du parcours d'un sportif amateur, son père. La biographie ne relate pas uniquement des choix sportifs successifs et les représentations corporelles qui les soutiennent, mais inscrit ceux-ci dans les changements sociétaux qui prennent place au cours du 20e siècle : de l'émergence d'un rapport sanitaire au sport en Suisse, à la commercialisation du sport et à l'émergence des marques. C'est à travers un abécédaire que Marianne Chapuisat, alpiniste, raconte quant à elle son corps et ses représentations de celui-ci, d'un côté, et les craintes, les images mais aussi les joies qui nourrissent ses expériences sportives, de l'autre. Les différentes entrées rendent compte du croisement de l'expérience corporelle avec des éléments aussi divers que la culture littéraire familiale, les rires partagés dans des vestiaires ou en montagne, et les dimensions techniques de la pratique sportive.

Finalement, *Faire corps* s'avère très informatif sur des thématiques spécifiques et l'ouvrage éclaire la diversité des objets qu'une entrée par le corps permet d'aborder. Si les réflexions épistémologiques proposées en introduction visent très clairement un public académique, pointant notamment les défis soulevés par un objet d'étude au centre de politiques et de discours publics, l'hétérogénéité des perspectives adoptées ne permet pas une réflexion épistémologique ou théorique transversale aux contributions. Celles-ci, prises individuellement, sont d'intérêt académique pour leurs objets respectifs, et l'ouvrage dans son ensemble apporte des éclairages pluriels sur l'histoire et la société suisses pour toute personne curieuse.

BOOK REVIEWS

NO GO WORLD

How fear is redrawing our maps and infecting our politics

*Ruben Andersson. 2019. Oakland, CA: University of California Press.
ISBN 9780520294608. 360 p.*

Kiri Santer, University of Bern

Following his captivating first book *Illegality, Inc.* (2014), Ruben Andersson's new publication *No Go World* does not stray away from his interest in migration control. It broadens the initial focus by looking at circuits of fear that have contributed to producing a global map marked by inaccessible "danger" zones where "threats" – migrants, terrorists, insurgents – have to be intervened upon and contained. It explores the red patches of world maps on travellers' advices sections of western governments, and it looks at the margins of "our" maps and the trend of attributing degrees of risk to particular areas of the globe. Andersson argues that there is a performative power to danger mapping. In producing these maps, the "cartographers of doom" (p. 61) – as he calls them – participate in the exercise of power that is defining the boundaries between the "lands of civilization" and what lies beyond.

The book is divided into two sections, separated by an interlude. The first section examines distance creation and its effects, while the second section introduces the reader to the different "monsters" (p. 254) that populate the margins of the map. *No Go World* is a truly multi-sited ethnography that makes use of a range of diverse methods (interviews, observations, document analysis) and sources (military reports, explorer and journalistic accounts, maps). A significant amount of attention is devoted to the Sahel zone – remote and economically 'unimportant', but that has become central "to our new world disorder" (p. 3). The author maps interventions – from peace keeping operations to border reform and military stabilization missions – across dimensions (air, ground, water, virtual space) and contexts (in Mali but also in Libya and Somalia). A central question guides the reader through these rough and diverse terrains: What is the function of the Map?

The first section opens with a case study on Mali (chapters 1 and 2). In 2012, a military coup put an end to Amadou Toumani Touré's presidency. Separatist groups in the north declared an independent state and jihadist groups were also on the rise. Andersson focuses on the United Nations Multidimensional Integrated Stabilization Mission in Mali (MINUSMA) which has been deployed as an answer to stabilize the country. He describes it as "a peace-keeping mission with no peace to keep, hostage to elusive dangers lurking on the horizon" (p. 33). As the north frontline has become both inaccessible and increasingly perceived as menacing, the mission's western administrators are kept in a five-star hotel in Bamako, reduced to "remote programming" including flash visits, phone calls and skype conference with the few local staff and partners (p. 37). The backdrop to this contemporary situation of disarray is formed by the descriptive snippets of Andersson's first visit to the country in 2001, as a budding anthropologist. Through his narrations of banal encounters, tea-drinking and taxi-riding, he conveys to the reader the sense that these were distinctly different times, when poverty and a destination being off the beaten track did not inevitably rhyme with danger.

In chapter 3, "The Tyranny of Distance", as well as in the interlude he fleshes out what he calls the "vertical politics of intervention" (p. 105). These refer to the increasing control of unwanted populations or dangerous places from above as ground interventions become more dangerous and contentious. Darting to yet another African context of conflict, he takes the African Union Mission in Somalia (AMISOM) as a case in point. He describes officials' contrasting awareness of the death count on the ground according to their position in the strange constellation of EU funding for the mission, Ugandan, Burundian, Kenyan and Ethiopian soldiers on the ground, UN equipment and U. S. training and intelligence. The Swedish Eurocrat from the European External Action Service (EEAS), Borg, blinks blankly back at his interviewer when questioned about the high fatality count. In contrast, Colonel Minyori, a Kenyan colonel in charge of the soldiers his country had contributed to the mission, is blunt when asked about the politics of death distribution in this "peace" mission in Somalia: "We are willing to pay. We pay with blood, you pay us the cash" (p. 108), he says. Andersson concludes that "the boots on the ground were African, the funds in the pot were European, the support chain was run by the UN, the drones in the sky were American" (p. 109). This vignette provides a useful springboard to outline a key argument that runs through the book: these interventions designed to contain and stabilize "danger" contribute to the securitization of the relationship between the rich and the poor on a global scale.

The second part of the book is devoted to the depiction of "creatures" populating these map margins. Andersson outlines monsters, snake merchants, wolves and other reptilian spectres. The "Wolves at our Door" chapter takes the idiom of the infected border (which has been examined elsewhere, see: Harper and Raman 2008, Markel and Stern 2002) to reflect upon the construction of enemies and threats. Through examples ranging from Ellis Island, to current Mexican-American borderlands, and Libya, the author argues that risk-based bordering and fear politics draw on metaphors and logics of epidemiology and infection to portray "unwanted migrants" themselves as contagious. The snake merchant acts as a character to explore the business behind the production and circulation of fear. Fear, he says, serves a useful function for those who gain from continued violence. It is a vicious and lucrative circle: danger motivates investments in everything from sanitization projects to migrant sensitization campaigns (p. 204).

No Go World is a gripping book, which sometimes feels more like a novel than an academic publication. Its story-telling style, as well as the breadth of the author's approach contribute to the book's wide audience appeal. Nonetheless, both these features also have a more critical side to them. The (at-times) dramatic and almost journalistic narrative form Ruben Andersson chooses is not without risk. It often flirts with some of anthropology's disciplinary boundaries which anthropologists themselves are not always so comfortable negotiating. Anthropology has advocated for ethnographies that go beyond description and provide analyses which can account for systemic forces that shape the particular. However, by avoiding delving into one "system-problem" more deeply, unpicking its regularities and irregularities and outlining more specifically its dynamics, Andersson produces the effect of a sort of "unveiling": The system of danger and fear production he describes ends up looking like a kind of armoured and impenetrable machine. Not producing a more fine-grained ethnographic analysis risks weakening anthropology's currency and what makes the discipline's engaged positions so convincing. In other words, the books lacks a more thorough engagement with contemporary debates around what it means and how to conduct fieldwork with elites (for a good example, see: Gilbert 2015 and 2018). Therefore, it risks reinforcing post-critical stances that advocate retreating out of grand categories of analysis such as exploitation, empire and class to more non-normative stances (Gilbert 2018).

However, this book also makes valuable and innovative contributions to anthropology. Firstly, *No Go World* tackles the question of conducting research in difficult to access places, with (powerful) people who often do not want to talk. Andersson's book proves that it is important not to leave them out of our studies, even if exploring the places in which they work and the secrecy involved in their professional worlds might come with analytical limitations. The book is also timely in its form. With its image-filled and colourful use of idioms, Andersson "maps the political power of narration, through the narrative form itself" (p. 262). His critique of global asymmetrical power dynamics and of the post-colonial politics of the production of modern-day danger-zones, inscribes him *de facto* on the side of an engaged anthropology. The combination of this engaged position with the narrative form puts his project squarely in line with what some commentators (see Monbiot 2017) have called for in a 'post-truth' era: not shying away from emotional politics, but rather understanding that the story is important, as is the way in which you tell it.

References

Andersson Ruben. 2014. *Illegality, Inc.* Berkeley/Los Angeles: University of California Press.

Gilbert Paul Robert. 2018. "Class, Complicity, and Capitalist Ambition in Dhaka's Elite Enclaves". *Focaal* 2018(81): 43–57.

Gilbert Paul Robert. 2015. "Trouble in Para-sites: Deference and Influence in the Ethnography of Epistemic Elites". *Anthropology in Action* 22(3): 52–62.

Harper Ian, Raman Parvathi. 2008. "Less than Human? Diaspora, Disease and the Question of Citizenship". *International Migration* 46(5): 3–26.

Markel Howard, Stern Alexandra Minna. 2002. "The Foreignness of Germs: The Persistent Association of Immigrants and Disease in American Society". *The Milbank Quarterly* 80(4): 757–788.

Monbiot George. 2017. *Out of the Wreckage: A New Politics for an Age of Crisis*. London: Verso.

BOOK REVIEWS

UTOPIA AND NEOLIBERALISM

Ethnographies of Rural Spaces

*Hana Horáková, Andrea Boscoboinik, Robin Smith (eds.). 2018.
Berlin: Lit Verlag. ISBN 978-3-643-80315-6. 256 p.*

Ieva Snikersproge, The Graduate Institute of International and Development Studies, Geneva

Utopia and Neoliberalism: Ethnographies of Rural Spaces is a welcomed volume that brings together three conceptual categories – utopia, rurality, and neoliberalism – from various case studies. It sets out to assess the present-day global economic forces and their critiques from the perspective of rural spaces. The volume is the outcome of a panel during the International Society for Ethnology and Folklore's 12th conference in Zagreb in June 2015. The panel's conveners – Hana Horáková, Andrea Boscoboinik, and Montserrat Soronellas – invited its participants to investigate rurality as idealized space under neoliberal transformation. The book, edited by three anthropologists, Hana Horáková, Andrea Boscoboinik and Robin Smith, not only provides anthropological accounts of modern countryside, but creatively complicates the definition of and relationship between utopia, rurality and neoliberalism.

The volume opens with a theoretical chapter written by Hana Horáková. She reminds the reader that the "rural" is not as much a physical space as a social construction. Moreover, it is a social construction that has informed much of Western critical thought. For example, Tönnies' *Gemeinschaft-Gesellschaft* and Durkheim's mechanic-organic solidarity as two distinct ways of making society are based on an analytical opposition between the rural and the urban, the traditional and the modern. This analytical distinction has contributed to a popular idea of a rural idyll, an imagined rural past constructed out of present urban dystopia. In other words, the popular imagery of rural idyll is a utopia that implicitly critiques the ills of modern, predominantly urban lives, which, according to the editors, are shaped by neoliberalism.

Therefore, an investigation of rural idyll and how it encounters actually existing physical space permits us to learn not only about utopia and countryside under neoliberalism, but about neoliberalism itself. Moreover, the volume engages with the countryside and rural idyll from different locales. An analysis of how different countrysides intertwine neoliberalism and utopia promises to see the three concepts anew – that is, not as ready-made analytical tools where rurality forms the radical other to (urban) modernity, but as historically constructed, lived and evolving realities. As put by Horáková, all three concepts are "political," i.e., located on a timeline with past, present and future that contestingly inform a critical assessment of the existing socio-economic order and longing for a better future.

Chapters two to ten are empirical chapters. Each focuses on a different case and theme, deserving attention in its own right. To give an idea of the diversity of contributions, I shall fleetingly summarize the contents. In the order as presented in the book, chapters describe the following phenomena: the contestation of the European Union agricultural policy through definition of "animal welfare" in Sardinia, Italy (Zerilli and Pitzalis), agroecology as a mode of life and production distinct from EU-encouraged organic agriculture in Catalonia, Spain (Soronellas-Masdeu and Casal-Fité), distinction between traditions that can and cannot be turned into sellable heritage goods in the Spanish Pyrenees (del Mármol), lifestyle migration in the Swiss Alps (Cretton), reproductive crisis in the Spanish countryside (Bodoque-Puerta), the impossibility of making ends meet in Istria, Croatia and locals' longing for past times of economic prosperity (Smith), diverging nostalgic narratives of Poreče, Macedonia and the complicated relationship between unspoiled tradition and economic prosperity (Bielenin-Lenczowska), peasantry as a distinct mode of life and its transformations in post-socialist Fundata, Romania (Mihăilescu and Dumineca̅), tourism in Chinese Naxi areas and contradicting perception of money, economic development, and tradition (Bingaman).

The main innovation and contribution of this volume, however, hides in its comparative perspective. The book brings together case studies from old capitalist countries (chapters two to six), post-socialist countries (chapters seven to nine) and a Chinese case of a communist state-led market economy (chapter ten). Case studies on the states that have a different relation to the capitalist modernity add an extra layer of complexity: rural utopia intersects with other utopias and nostalgias that serve to critique the present socio-economic system, blurring any analytical lines between the three concepts. In some cases, utopia is forward-looking; it struggles to construct a particular type of society for the future. In other cases, it is backward-looking, *i. e.*, the present socio-economic system is critiqued through nostalgic discourses. In some instances, utopia demands traditional harmony (usually associated with pre-capitalist society), in others more economic development (usually associated with modernity).

In short, the Western European cases show the rural utopia of authentic life, pristine nature and millennial tradition thriving strong, mainly through heritage goods, tourist services, and lifestyle choices (chapters by Zerilli and Pitzalis, del Mármol, Cretton). This yearning for radical alterity to urban lives that is projected to the countryside – and mainly consumed as an image or experience – however remains utopian. In reality, the countryside has been transformed by the industrialization of agriculture, outmigration and difficulties in making a living (del Mármol, Bodoque-Puerta). To face such hardship, some locals jump on the bandwagon of tourism to diversify livelihood strategies (del Mármol), others try to appropriate the heritage discourse to invest it with their agendas (Zerilli and Pitzalis), and yet others try to resist it by relying on uncompetitive, autonomy-encouraging ways of life (Soronellas-Masdeu and Casal-Fité).

The post-socialist cases show that market liberalization and a lack of clear agricultural strategy at the national level has led to fragile rural livelihoods with unclear perspectives for future development (Smith, Bielenin-Lenczowska, Mihăilescu and Dumineca̅). As in the Western European cases, tourism that fetishizes rurality as the antidote to urban dystopia is an appealing narrative (Bielenin-Lenczowska, Bingaman) and an emerging livelihood strategy (Mihăilescu and Dumineca̅). However, it might propose livelihoods inferior to those of socialist regimes (Smith, Bielenin-Lenczowska) and increase inequalities (Mihăilescu and Duminecă). The implicit comparison with post-socialist cases draws out the ambiguous relationship between utopia and economic development. Increased market integration is not always seen as deplorable neoliberalism; it also inspires nostalgia, a backwards-looking utopia that critiques the present socio-economic order as lacking economic prosperity. The volume, however, could further complicate the post-socialist narrative that demands more economic development, by including cases from post-socialist countries that have achieved a considerable level of economic prosperity (e.g. the Czech Republic) or those who stigmatize their socialist pasts (e.g. the Baltic countries).

The book finishes with an afterword by Andrea Boscoboinik, who compares the different chapters and concludes that various imageries of rurality and utopia are essential in shaping realities. Andrea Boscoboinik emphasizes that neoliberalism and utopia do not mean the same thing in different contexts and can be employed for different ends. She argues that unlike the neoliberal project that promotes the spread of rational *homo œconomicus*, imaginaries, including utopian imaginaries, remain central for guiding action and dealing with challenging lived realities.

In sum, the book proposes a stimulating read and takes up a daring challenge, i.e. to demonstrate how countryside can shed light on transformations of both late capitalism and its critiques through utopian imageries. It powerfully shows that neither utopia, nor neoliberalism or rurality is a singular or dematerialized phenomenon. However, a reader might remain yearning for more analysis and theory-building: how is the shape and evolution of present-day capitalism to be understood from the countryside? How is rurality constructed as a balm to the ills of modernity: as a place, a lifestyle or a different mode of life? What makes different constructions of countryside comparable? Alternatively, how is (or was) rural utopia related to different, non-capitalist modes of living? One might hope that this volume will inspire further research on the intersection of rurality, utopia and late capitalism.

REZENSIONEN

ETHNIZITÄT ALS KAPITAL

Identitätsmanagement tatarischer Jugendlicher in Kazan, Tatarstan

Andrea Friedli. 2018. Wien: Lit Verlag. ISBN 978-3-643-80230-9. 312 S.

Barbara Waldis, HES-SO, University of Applied Sciences and Arts, Western Switzerland

Diese Monografie über urbane Jugendkultur im postsozialistischen Kazan ist spannend, weil sie Lesenden aufzeigt, wie stark das Verständnis von Ethnizität und ihre strategische Nutzung an die lokale Geschichte der verschiedenen Bevölkerungsgruppen und die konkreten Machtverhältnisse gebunden ist. Ausgehend von den Konzepten der Jugend und der Ethnizität legt Andrea Friedli dar, wie junge tatarische Frauen und Männer in Kazan ihre ethnische, linguistische und religiöse Zugehörigkeiten einsetzen um ihren Platz in der politischen und wirtschaftlichen Öffentlichkeit in Tatarstan, einer Republik der russischen Föderation zu behaupten. Die Monografie schafft eine Grundlage für das Verständnis von Diskursen über Jugend und multikulturelle Vielfalt aus der Perspektive einer nationalen Minderheit in einer postsozialistischen Gesellschaft. Diese sind sowohl von einem «ethnokulturellen Verständnis von Nation» als auch von einer «Staatsnation basierend auf einer *civic culture*» (kursiv im Original, S. 16) geprägt. Dabei stellt auch in Tatarstan, mit einer russischen Minderheit, die linguistisch-religiöse Ethnizität der russischen Föderation einen ethno-nationalen Mehrheitsdiskurs dar, die der tatarischen Mehrheitsbevölkerung als offizieller staatlicher Diskurs auferlegt ist. Hinzu kommt, dass die Jugendkultur selbst vom russischen Staat stark kontrolliert wird und die Jugend als «tragender Teil einer neuen Gesellschaft» durch Jugendorganisationen strategisch beeinflusst wird (S. 26).

Die jungen tatarischen Frauen und Männer, deren «Kollektivitäten» und «Repräsentationen im öffentlichen Raum» (S. 35) die Autorin untersucht, gehören zur ersten postsozialistischen Generation. Die jungen Leute inszenieren tatarische Ethnizität in der urbanen Öffentlichkeit situativ und ganz strategisch, deshalb konzentriert sich die Autorin vor allem auf Ethnizität als individuell eingesetztes soziales und symbolisches Kapital. In postsozialistischen Gesellschaften mit einer öffentlichen Kultur des Misstrauens, einem ethno-kulturellen und zivilen Staatsdiskurs, bildet die tatarische Zugehörigkeit der Bevölkerungsmehrheit die Grundlage für Vertrauensnetzwerke, auch wenn tatarische Jugendorganisationen zivile oder kosmopolitische Diskurse vertreten.

Anhand der «nationalen Frage» in Tatarstan illustriert die Autorin, dass jede Anthropologie in postsozialistischen Gesellschaften sich mit dem marxistisch-leninistischen geprägten sozialwissenschaftlichen Erbe auseinandersetzen muss. Denn die deskriptive, sozialistische Ethnografie in Verbindung mit einer theoretisch orientierten Ethnologie und einem ethnonational geprägten sozialistischen Multikulturalismus ist in den gegenwärtigen postsozialistischen, identitätspolitischen Diskursen mit einem «persönlichen sowie eine[m] territorialen Nationsbegriff» präsent (S. 77). Tatarstan ist eine mit Sonderrechten ausgestattete teilautonome Republik (S. 122) in der russischen Föderation. In Tatarstan kreisen die Diskurse zur Nation um (a) staatliche Souveränität, (b) einen pluralistischen, multikulturellen, zivilen Diskurs, und (c) einen ethnonationalen tatarischen Diskurs (S. 100). Der letztere bezieht sich auf den Islam, die territorialen Souveränität, die ethnische Herkunft und die tatarische Sprache (S. 101).

Kazan, an der Wolga und mit einer Million Einwohnenden, ist die Hauptstadt von Tatarstan und die drittgrösste Stadt in Russland. Seit den 1920er-Jahren wanderte die tatarische Bevölkerung massiv nach Kazan ein. Ganz Tatarstan hat heute eine Bevölkerung von ca. 3,8 Millionen, zu 53 % tatarischer Herkunft und 39 % russischer Herkunft. In Kazan interviewte die Autorin viele Jugendliche, nahm an Internetforen teil und verschaffte sich einen Überblick über staatliche und informelle Jugendorganisationen, vom Jugendflügel der Regierungspartei, über Sport- und Theatervereine bis zu religiösen Organisationen. Im Zentrum stand das Verhältnis der Jugendlichen zum Staat, und ihre Netzwerke, bestehend aus Kontakten zu vielen verschiedenen Organisationen (S. 146).

Auf der Basis ihrer Feldforschung (von 2007 bis 2010) zeigt die Autorin auf, dass die symbolische Konstruktion der kollektiven Identität, der ethnokulturellen Zugehörigkeiten und der Grenzziehungsstrategien der tatarischen Jugendlichen im öffentlichen Raum situationsgebunden, überlagert und flexibel sind. Sie beruht aus der Sicht der Jugendlichen wechselweise auf folgenden Elementen: Auf der Geschichte der Vertreibung der Tataren aus den Städten durch die Russen im 16. Jahrhundert, dem Gefühl tatarisch zu sein und so anerkannt zu sein, einem ausgeprägten Sinn für Familie, einer differenzierten Abgrenzung gegen das Russische und den Kommunismus, der Abgrenzung gegen Oberflächlichkeit und dekadente Verwestlichung, sowie auf der moralischen Überlegenheit des Islams.

Das tatarische Identitätsmanagement der jungen Leute besteht in einem Balanceakt der individuellen Positionierungen zwischen institutionalisierten und informellen Zugehörigkeiten. Ethnokulturelle Affiliationen werden eingesetzt, um sich in einem offiziellen, russisch dominierten Kontext, hinsichtlich Bildungs-, Arbeits- und Wohnmöglichkeiten möglichst vorteilhaft zu positionieren (S. 213 ff.). Die Jugendorganisationen sind für sie Orte der Interkulturalität und der ethnonationalen Mobilisierung, struktur- und gemeinschaftsstiftende Orte, und Orte sowohl der Institutionalisierung wie des Widerstandes. Die tatarischen Jugendorganisationen verstehen sich als multikulturell und tolerant (S. 234). Sie erobern den urbanen öffentlichen Raum mit der tatarischen Sprache, den muslimischen Werten und mit der historisch-kulturellen Anerkennung. Dabei nutzen die Jugendlichen in (in-)formellen tatarischen Jugendorganisationen ethnokulturelle Vertrauensnetzwerke, informelle Inszenierungen und Kontakte: «Partizipation in den offiziellen politischen Institutionen wird ganz nach der Logik einer Gesellschaft des öffentlichen Misstrauens von den Jugendlichen als Streben nach Selbstbereicherung und Karriere angesehen» (S. 254). Die Jugendlichen begreifen ihre Zugehörigkeit als Ressource, verwenden diese wechselweise als soziales oder symbolisches Kapital und spielen damit gekonnt in offiziellen Strukturen wie in informellen Kontexten.

Auf politischer und konzeptueller Ebene betreffen die tatarischen Narrative der Abgrenzung zum signifikanten Andern den Kampf gegen die Russifizierung, symbolisiert durch den Kampf des Schneeleoparden als dem «weisen, diskreten und moralischen Tataren» gegen den «(russischen) blutrünstige[n] schwarzen Adler» (S. 262), die Abgrenzung gegen den dekadenten Westen und die Abgrenzung gegen die *«ignoranten ländlichen Tataren»* (erste Klammer und kursiv im Original, S. 263). Die Zugehörigkeiten sind in- und exkludierend, vermischen und überlagern sich. Die tatarischen Jugendlichen wägen ab zwischen patriotischer russländischer Zugehörigkeit, wozu sie aus der Sicht der Moskauer Führung erzogen werden sollten, tatarischer Zugehörigkeit und globalen Jugendtrends, die sie ungeniert lokal uminterpretieren. Da ihnen die staatlich kontrollierten Medien öffentlicher Repräsentation nur begrenzt zur Verfügung stehen, bedienen sich Jugendorganisationen für die Artikulation kollektiver Identität «demiotischer» (S. 273) Kanäle (Theater, Konzerte, Jugendsender, Zeitungen). Die tatarischen Jugendorganisationen vertreten Diskurse der «symbolischen Aufwertung und der politischen Anerkennung» (S. 274). Die tatarischen Jugendlichen verwenden die Organisationen als Plattformen zur «Aushandlung von ethnokulturellen Grenzen» und zur «Einflussnahme» auf «politische Behörden» (S. 278) und benutzen personalisierte ethnokulturelle Netzwerke «als im Wettbewerb mobilisierbare Ressourcen» (S. 279).

Die Monografie beruht auf einem umfangreichen Wissen über sowjetische Geschichte, die postsozialistische russische Föderation und deren Jugendpolitik, sowie der Jugendorganisationen in Tatarstan. Sie zeugt von einer profunden Kenntnis der (post-)sozialistischen anthropologischen Diskurse, die zwischen einer einheimisch-postsozialistischen und externen-westlichen Perspektive unterscheiden, und einer soliden Kenntnis der russischen und tatarischen Sprachen. Obwohl für nicht-russisch oder tatarisch Sprechende ein Glossar fehlt und die Präsentation der verschiedenen Institutionen manchmal sehr dicht und in verschiedene Kapitel verteilt ist, gelingt es der Autorin, die semantischen Felder von Ethnizität, Staat und Nation in Kazan und den tengrianischen Islam in Tatarstan verständlich darzustellen. Der eigenständige Einblick in den aus westlicher Sicht oft nur stereotyp bekannten gesellschaftlichen Kontext regt zum Nachdenken darüber an, wie anthropologische Begrifflichkeiten weltanschaulich geprägt sind, wie Jugendpolitik staatlich instrumentalisiert wird und wie gewandt Jugendliche darin sind, die ihnen zur Verfügung stehenden Ressourcen gewinnbringend einzusetzen.

NACHRUF

HOMMAGE AN BORIS BOLLER 1962–2020

Barbara Waldis

«Wer kennt schon die Zustände, die etwa ein zum Verkauf von Pro-Juventute-Briefmarken oder Wanderkalendern angestellter Schüler durchstehen muss?» So lautet der Schlusssatz in einem der ersten anthropologischen Texte von Boris Boller. Der Artikel «Schwellen und Ängste. Vom Wesen einer Grenze und eines Übergangs» (1990) beginnt bei van Gennep's Übergangsriten und integriert Begriffe wie die Tyrannei der Intimität von Sennett, den Prozess der Zivilisation von Elias und die Analyse zu Nacktheit und Scham von Dürr. Anhand von Darstellungen konkreter Schwellen in Comics – von Dagobert Duck über das «matrimonio infernale» bis hin zu Batman –, anhand auch von Landesgrenzen, ausgehängten Türen in Wohngemeinschaften der 1970er-Jahre oder überwachungstechnischer Attrappen in Warenhäusern, zeigt der Text die Gefahren auf, denen sich Menschen beim Überschreiten von Schwellen drinnen und draussen aussetzen. Ob sich der Autor mit der Vielfalt der satirisch kombinierten Perspektiven einen Ort ‹draussen vor der Tür› schafft, bei dem auch Lesende kaum einen sicheren Halt finden?

Misiones hin und zurück: die Geschichte einer gescheiterten Wanderung aus der Sicht von remigrierten Schweizern aus Misiones in Argentinien (1990) ist der Titel seiner Lizentiatsarbeit. Darin verarbeitet Boris Boller wohl auch ein Stück Familiengeschichte, die einen Onkel und dessen in Brasilien lebende Familie betrifft. In dieser Abschlussarbeit verbindet Boris Ethnologie und Geschichte, seine Studienfächer neben Journalistik. Er thematisiert Migration aus der Perspektive des Scheiterns, was gerade auch nach dem Fall der Berliner Mauer und während einer Periode enthusiastischer Globalisierung einen unerwartet kritischen Standpunkt beobachtenden Reflektierens erlaubte. Wenn Foucault sinngemäss einmal äusserte, die noble Seite des Wissens sei es, dieses gekonnt in Frage zu stellen, so war auch Boris geadelt von einem stets tastenden, vielfältig zweifelndem und trotzdem von Witz beflügeltem Suchen.

Für die sozialanthropologische Diskursanalyse von Medien entwickelte Boris Boller eine breit anerkannte Expertise. Er liebte es seit seiner Zeit als Journalist beim Bund, Leserbriefe zu analysieren. Über dieses Thema sprach er jedoch eher zu später Stunde und in fröhlicher Runde. Seine Dissertation *Drogen und Öffentlichkeit in der Schweiz. Eine sozialanthropologische Analyse der drogenpolitischen Kommunikation der 1990er Jahre* (2005/2007) zeichnet den Wandel der öffentlichen Drogendiskurse empirisch nach. Diese methodische und thematische Expertise hatte er sich durch seine Forschungen bei und mit Jean Widmer erarbeitet. Die 1990er-Jahre, so schien mir, verbrachte Boris vor allem zwischen Zeitungsstapeln in einem Büro am Institut für Journalismus, im Erdgeschoss der Universität Miséricorde in Fribourg. Rund 120 Tageszeitungen aus allen Sprachregionen der Schweiz durchforschte das Forschungsteam mit statistischen Kriterien während Jahren nach Texten über Drogen. Resultate dieses Forschungsprojektes finden sich etwa in dem von Jean Widmer, Renata Coray und Boris Boller herausgegebenen Band *Drogen im Spannungsfeld der Öffentlichkeit: Logik der Medien und Institutionen* (1997).

Am Institut für Journalismus führte Boris Boller danach Medienanalysen auch für verschiedene andere Auftraggeber durch. So war er Mitglied der Bergier-Kommission, zeichnete mit Kurt Imhof und Patrick Ettinger verantwortlich für den Bericht «Flüchtlinge als Thema der öffentlichen politischen Kommunikation in der Schweiz 1938–1947» (1999/2001). Es folgten Studien zum Thema «Organisierte Kriminalität in der Schweiz» (2002) mit Josef Estermann und Rahel Zschokke und zum Thema «Kontrolldispositive der Geldwäscherei. Analysenschwerpunkte des Schweizer Dispositivs und erste Vergleiche mit dem kanadischen Dispositiv» (2006) mit Nicolas Queloz und Fabrice Haag.

Im Laufe der Jahre übernahm Boris Boller Lehraufträge, Mandate an Fachhochschulen der Pflege, der Sozialen Arbeit und der Pädagogischen Hochschule Bern. Unter anderem wurde er so, zusammen mit Kathrin Oester und Elke-Nicole Kappus, Herausgeber von *Écoles et contextes transnationaux: exigences pour la recherche et l'enseignement,* eines des Themenhefte der Schweizerischen Zeitschrift für Bildungswissenschaft (2007).

Während mehr als zehn Jahren engagierte er sich sehr aktiv in der Redaktionskommission von TSANTSA. Alle schätzten die belesene Kompetenz von Boris, sein stets verlässliches Engagement, seine offene und konziliante Art und seinen schrägen Humor. Er war verantwortlich für die Rubrik der Bildessays. 2010 gab er zusammen mit Sibylle Bihr das Schwerpunktdossier «Anthropologie und Journalismus» heraus.

Boris war ein Studienkollege von mir. Wir lernten uns zu Beginn der 1980er-Jahre in den Freitagsvorlesungen der Ethnologie kennen, in den (Pro-)Seminaren mit Hugo Huber, Hans-Peter von Aarburg und Kathrin Oester, später in jenen mit Christian Giordano. Beide gehörten wir zu den Studierendengruppen, die im Onsernonetal Feldforschungserfahrungen sammelten (1984) und in Coimbra (Portugal) an der zweiten EASA-Konferenz (1991) teilnahmen.

Während seiner Studienzeit in Fribourg wohnte Boris in Bern, es war auch dort aufgewachsen und sprach Berndeutsch. Sein Geburtsort jedoch liege im Thurgau, erwähnte er gelegentlich, mokierte sich dann aber gleichzeitig wieder über den dortigen Dialekt. Das Pendeln über die deutsch-französische Sprachgrenze hinweg sollte er beibehalten. Fragen der Zwei- und Mehrsprachigkeit thematisierte er auch in den Kolumnen, die er zwischen 2006 und 2016 für die *Freiburger Nachrichten* mit mehr als nur einen kleinen Prise Ironie schrieb. Mit einem kaum merklich nach oben gezogenen rechten Mundwinkel ergründete er als Gastkolumnist auch andere Untiefen des politischen Alltags elegant und vergnügt.

Boris ist am 4. März ganz plötzlich an den Folgen eines Hirnschlages gestorben. Die Nachricht habe ich erst einen Monat später erhalten, sie geht mir immer noch sehr nahe. Seine Angehörigen haben über die Todesanzeige eine für Boris wunderbar passende Strophe eines Gedichtes von Baudelaire gesetzt, das Gainsbourg einst gesungen hat:

«Comme un navire qui s'éveille / Au vent du matin / Mon âme rêveuse s'appareille / Pour un ciel lointain».

DÉBATS
EN QUÊTE D'ÉTHIQUE

Dispositions légales et enjeux empiriques pour l'anthropologie[1]

*Julie Perrin, Nolwenn Bühler, Marc-Antoine Berthod, Jérémie Forney,
Sabine Kradolfer, Laurence Ossipow*

Résumé

Ce document est la traduction de l'article « Searching for Ethics: Legal requirements and empirical issues for anthropology » (voir Perrin et al. 2018). Il analyse les nouvelles dispositions légales qui impactent les pratiques de recherche qualitative et contribuent à l'institutionnalisation de l'éthique de la recherche en Suisse. Après avoir contextualisé l'émergence de nouvelles formes de régulation de la recherche, il montre comment leurs présupposés épistémologiques affectent l'anthropologie. Il explore ensuite les enjeux liés à l'articulation entre éthique procédurale et éthique processuelle. Enfin, il examine les différentes postures qui pourraient être adoptées par les anthropologues et en sociales qualitatives.[1]

Mots-clés: *éthique de la recherche, législation, consentement éclairé, commissions d'éthique, épistémologie*

Au cours de la dernière décennie, l'encadrement des rapports sociaux entre les sujets des recherches scientifiques et les chercheur·euse·s s'est fortement renforcé. Ce changement tient autant à l'accroissement de l'intervention de l'État dans la protection de la dignité, de la personnalité et de la santé des participant·e·s à la recherche qu'à l'établissement et à l'internationalisation de nouveaux standards scientifiques, soutenus par les institutions publiques chargées d'encourager la recherche. Au cœur de ces processus se trouve la volonté de veiller au respect de «bonnes pratiques de recherche» par la mise en place de procédures administratives formalisant les relations entre participant·e·s et chercheur·euse·s.

Or, force est de constater que *l'éthique procédurale* (Felices-Luna 2016) – à savoir les démarches administratives ancrées dans des dispositions légales et visant à protéger en amont les sujets d'une recherche par l'application de protocoles éthiques standardisés – diffère de

---

[1] Ce texte est la traduction française de "Searching for Ethics: Legal requirements and empirical issues for anthropology" (Perrin et al. 2018). La bibliographie complète se trouve à la fin de la traduction allemande de l'article. Le début du texte a été légèrement révisé. Il s'adresse à toutes les personnes, chercheur·euse·s, enseignant·e·s et étudiant·e·s engagé·e·s dans une démarche ethnologique, pour lesquelles le contexte juridique en Suisse est pertinent. Nous remercions chaleureusement toutes les personnes, qui ont accepté de partager des informations avec nous, pour leurs réflexions stimulantes quant à l'évolution récente des cadres juridiques relatifs à l'éthique de la recherche. Ce texte a également bénéficié des précieux commentaires de Claudine Burton-Jeangros, professeure de sociologie et membre de la Commission universitaire d'éthique de la recherche de l'Université de Genève (UNIGE), et Anne Lavanchy, professeure d'anthropologie à la Haute École de travail social de Genève (HETS). Nous les remercions vivement pour leurs lectures attentives d'une version précédente de cet article. Les limites du présent texte n'en demeurent pas moins de notre responsabilité.

l'*éthique processuelle* propre aux sciences sociales qualitatives. Par *éthique processuelle,* nous désignons les démarches qui font référence à une compréhension englobante, relationnelle et située de l'éthique de la recherche et qui adaptent leurs principes aux particularités de chaque terrain[2]. En effet, la littérature anthropologique s'accorde sur le fait que tout système de normes morales comporte, dans la pratique, des contradictions et des dilemmes et que, par conséquent, l'éthique implique «un ajustement des choix moraux selon les contextes, les circonstances» (Massé 2016), c'est-à-dire un arbitrage entre différents ordres normatifs et «un point d'équilibre à atteindre entre les diverses parties concernées» (Felices-Luna 2016: 18).

Actualisant et approfondissant un travail collectif mené depuis près de dix ans par les membres du GRED (voir préambule), ce texte poursuit un double objectif. Il souhaite informer les anthropologues des modifications récentes de la législation suisse en matière d'éthique de la recherche, tout en rendant compte des réorganisations et des orientations que pourraient prendre certaines dispositions dans un proche avenir. Les anthropologues n'ayant pas participé à ces débats politiques, ce texte vise, en outre, à promouvoir le dialogue autour de l'éthique de la recherche, au sein de notre discipline et avec d'autres disciplines. Notre analyse des diverses lois régulant la recherche met, en effet, en évidence le fait que la formalisation des relations entre participant·e·s et chercheur·euse·s à travers un dispositif de «consentement préalable, libre et éclairé» tend à devenir une exigence généralisée. Cette tendance questionne non seulement les conditions de production du savoir anthropologique (en particulier l'accès au financement, au terrain et à la publication dans des revues scientifiques), mais également la prise en compte des présupposés épistémologiques et méthodologiques propres à l'anthropologie – comme à d'autres sciences qualitatives – dans les débats publics relatifs au(x) rôle(s) de la science dans la société.

Fondé sur l'analyse de textes législatifs et de débats parlementaires, enrichis par différents entretiens informels menés avec des membres de la SSE, du personnel des administrations fédérale et cantonales et avec des collègues d'autres disciplines, ce texte se compose de deux parties. La première expose les jalons qui ont contribué au développement de l'*éthique procédurale* (section «De l'émergence de nouvelles sensibilités éthiques à leur institutionnalisation»), avant d'analyser les changements qu'apporte l'inscription de l'article 118b «Recherche sur l'être humain» dans la Constitution fédérale (section «Incertitudes quant au champ d'application de la nouvelle LRH»), ainsi que la réorganisation des commissions cantonales d'éthique et les réponses d'actrices et acteurs institutionnel·le·s qui en découlent (section «Réorganisation des commissions cantonales d'éthique et réponses institutionnelles»). Enfin, décrivant les enjeux relatifs à l'actuelle révision totale de la Loi fédérale sur la protection des données (LPD) et à celle, achevée, de la Loi fédérale sur l'encouragement de la recherche et de l'innovation (LERI), elle interroge la manière dont le consentement est en train de devenir une question centrale, à

---

[2] Depuis les années 1990, la littérature anthropologique sur l'éthique s'est considérablement enrichie, et avec elle les définitions de l'éthique. Nous retiendrons ici celle proposée par Raymond Massé: «L'éthique [est] le lieu d'un questionnement sur le bien-fondé de[s] normes, voire d'un arbitrage effectué par les individus et les collectivités entre les normes proposées par la multiplicité de morales (religieuses, institutionnelles, de sens commun) auxquelles ils sont exposés. [...] Elle suppose chez l'individu, une conscience des alternatives, une mise à distance critique pouvant conduire à la dissidence ou à l'acceptation éclairée. En ce sens, elle repose sur la liberté d'analyse et de jugement» (Massé 2016).

l'intersection du droit, de l'éthique et de l'épistémologie (section «Alignement sur les normes européennes et institutionnalisation de normes contraignantes: les révisions de la LPD et de la LERI»). La seconde partie est consacrée, quant à elle, à l'analyse de la tension existant entre *éthique procédurale* et *éthique processuelle*. Elle souligne, d'une part, comment les débats anthropologiques ont participé à la prise en compte, dans l'analyse des données, des relations de pouvoir entre les participant·e·s et les chercheur·euse·s (section «Les relations de terrain, des relations de pouvoir?»), et expose, d'autre part, les conditions d'une science dite éthique du point de vue de notre discipline (section «Une science éthique, une science bonne?»). Enfin, observant l'absence de participation des anthropologues aux débats politiques sur les nouvelles exigences légales, elle discute de trois positionnements possibles face à la formalisation des relations entre participant·e·s et chercheur·euse·s prescrite par certaines dispositions légales à travers le recours à un dispositif de «consentement préalable, libre et éclairé» (section «Entre moralisme, pragmatisme et dialogue: postures et alternatives»).

Pluralité et transformation des ordres normatifs
De l'émergence de nouvelles sensibilités éthiques à leur institutionnalisation

Depuis la fin de la Seconde Guerre mondiale et à la suite de divers scandales révélés sur la scène publique, la recherche scientifique a fait l'objet d'une série d'interventions menées par les associations professionnelles, les universités et les États[3]. Témoignant d'un aiguisement progressif des sensibilités à l'éthique de la recherche, des voix se sont élevées tant à l'intérieur qu'à l'extérieur des milieux académiques pour dénoncer des pratiques scientifiques considérées comme n'étant pas «justes», «intègres» ou «bonnes», voire «nuisibles» et «dangereuses». Elles ont ainsi donné naissance aux codes éthiques d'associations professionnelles et autres chartes universitaires, visant à réguler les pratiques de leurs membres par l'adoption de principes directeurs.

Dans les années 1990, le développement de régimes d'*accountability* et d'audit a également participé à renforcer l'encadrement de la recherche en demandant aux chercheur·euse·s, d'une part, de rendre compte de leurs pratiques de manière transparente et de ne pas faire prendre de

---

[3] En 1947, la révélation des essais cliniques menés sur des personnes déportées par des médecins nazis dans des camps de concentration constitue l'un des premiers scandales qui mèneront à l'élaboration du Code de Nuremberg en 1947. Conduite entre 1930 et 1972, l'expérience Tuskegee a suivi près de 400 hommes afro-américains atteints de syphilis en les tenant, avec la complicité de leurs médecins, à l'écart du traitement par la pénicilline découverte en 1947. Cette expérience fait partie d'une série de scandales médicaux aux États-Unis qui nourriront, en 1964, la rédaction de la Déclaration d'Helsinki par l'Association médicale mondiale, puis du Rapport Belmont en 1978 par l'administration américaine (voir par exemple Lederman 2006a). Tous ces textes stipulent que l'intérêt des sujets doit primer sur l'intérêt de la société. À noter que, à notre connaissance, la révélation des expérimentations menées sur des prisonniers et des prisonnières au sein de l'unité militaire de recherche bactériologique de l'Armée impériale japonaise entre 1932 et 1945 ne semble pas avoir joué un rôle particulier dans l'élaboration de codes. Dans notre profession, le recours à des anthropologues par l'administration américaine lors de la guerre du Vietnam a été condamné par l'American Anthropological Association et il a donné une impulsion à la mise en œuvre d'un premier code éthique au sein de cette association en 1971. La mise en place de ce code n'a néanmoins pas mis fin aux débats (voir par exemple Assayag 2008).

risques aux institutions qui les hébergent d'autre part (Boden et al. 2009; Jacob et Riles 2007; Lederman 2006a; Amit 2000; Strathern 2000). Parmi les mesures adoptées, il convient de relever l'importance de la création des commissions d'éthique ou *Institutional Review Boards* (IRB) qui se sont développées dans le monde anglo-saxon et qui se sont étendues par la suite à d'autres contextes nationaux. Ces commissions sont en charge d'apprécier, sur dossier, les projets de recherche avant qu'ils ne démarrent, ceci dans le but de protéger les participant·e·s ainsi que les institutions de recherche et de financement, et de vérifier que les principes éthiques sont respectés.

Daniel Cefaï et Paul Costey (2009) relèvent que les principes posés par les comités d'éthique sont dans l'ensemble analogues à ceux qui étaient déjà contenus dans le Code de Nuremberg : (1) le respect des personnes comme des sujets autonomes, en particulier celui des personnes dites vulnérables qui ont droit à une protection accrue (les personnes mineures et les personnes fragilisées en raison de leur position sociale défavorisée, des stigmatisations dont elles font l'objet, de leur statut de minorité ou de leur handicap) ; (2) la bienfaisance à l'égard des participant·e·s à la recherche qui implique de ne pas mener de recherches qui pourraient causer du tort à ces personnes sans apporter des résultats intéressants pour l'ensemble des communautés considérées ; (3) la justice qui nécessite de bien sélectionner les sujets d'enquête afin de ne pas prétériter des groupes qui pourraient bénéficier de la recherche. Suivant ces principes, les comités d'éthiques s'assurent du fait que la protection apportée aux sujets d'enquête est suffisante (en demandant notamment l'anonymat et la confidentialité des données) mais aussi que l'intérêt de la recherche (en considérant ses objectifs, son déroulement et ses méthodes) est établi.

Si les protocoles à suivre semblent s'appliquer sans difficultés aux approches hypothético-déductives, impliquant un questionnement stabilisé, une temporalité déterminée et un échantillon prédéfini de participant·e·s (Lederman 2007, cité par Fassin 2008 : 132), il n'en va pas de même pour la démarche anthropologique. En effet, celle-ci construit ses questionnements au fur et à mesure de l'enquête et généralise ses résultats par rapport à des corpus de données construits de façon itérative. Comme l'ont observé de nombreuses et nombreux auteur·e·s (Plankey-Videla 2012 ; Murphy et Dingwall 2007 ; Shannon 2007 ; Hammersley 2006 ; Wax 1980), l'exigence du « consentement éclairé », qui est au cœur de l'*éthique procédurale* des comités d'éthique, est problématique quand une telle démarche de recherche est adoptée.

Il peut, certes, être aisé de concevoir que l'exigence du « consentement éclairé » puisse s'appliquer sans trop de difficultés à la conduite d'entretiens semi-directifs. La planification d'échantillons prédéfinis n'est toutefois pas toujours possible, puisque les anthropologues savent rarement à l'avance qui seront leurs interlocuteurs et interlocutrices (Dequirez et Hersant 2013). De surcroît, l'exigence de la signature d'un formulaire de consentement peut entraîner de la méfiance de la part des personnes interviewées, alors même que le travail ethnographique repose sur l'établissement d'une relation de confiance, parfois construite patiemment au fil du temps. Soulignons que les protocoles relatifs aux projets de recherche soumis aux comités d'éthique ne tiennent pas compte des situations d'entretiens informels – qui peuvent s'apparenter à de simples « conversations » (Olivier de Sardan 1995) – lors desquelles les anthropologues parviennent à comprendre de nombreuses données produites au fil des observations. Par conséquent, l'exigence d'un consentement éclairé systématique est difficile à respecter dans les recherches menées par observation participante, même quand le rôle de l'anthropologue est clairement connu et qu'il a été négocié à l'avance dans les institutions ou les lieux d'enquête. Comme le souligne Rena Lederman, cette difficulté tient à deux éléments: à l'informalité de certaines situations de terrain, à savoir «les moments non délimités de la pratique ethnographique lorsque «recherche» et «vie quotidienne» sont inextricable» (2006a: 477, trad.); et à l'observation participante, dont la particularité est de «placer le contrôle contextuel dans les mains des participant·e·s à la recherche» (*op.cit.*: 479, trad.). De plus, demander systématiquement la signature d'un formulaire de consentement lors de chaque situation d'observation est irréalisable et perturberait les interactions en cours et le travail en train de se faire.

Ces quelques éléments d'ordre méthodologique expliquent en partie la relation complexe, parfois même de résistance, que les anthropologues entretiennent avec l'institutionnalisation de l'*éthique procédurale*. Ceux-ci/celles-ci témoignent, en effet, d'une certaine prudence à l'égard d'un formalisme contraignant qui pourrait, en certaines circonstances, se faire au détriment non seulement des personnes à respecter, mais aussi de la qualité de la recherche (Hammersley 2009). Afin de comprendre la tension générée par des compréhensions différentes des modalités et des implications du consentement éclairé, il convient de rappeler la prise de conscience relative à la dimension politique de la relation entre les anthropologues et les sociétés étudiées qui a secoué la discipline, tout particulièrement dans les années 1970. Une exigence de réflexivité s'est depuis lors développée (Blondet et Lantin Mallet 2017), invitant les chercheur·euse·s à analyser et à interpréter leur présence sur le terrain dans la construction des savoirs, dépassant ainsi largement la seule question du consentement éclairé telle qu'elle est pratiquée dans les sciences biomédicales (Hoeyer et al. 2005). Comme nous le verrons, la prise en compte de la dimension politique de la recherche a conduit les anthropologues à développer une *éthique processuelle*. Une telle éthique tend à se caractériser par le dialogue, la réciprocité et un rapport de confiance à entretenir, qui fonde souvent la relation avec les participant·e·s à la recherche[4]. Cette approche de l'éthique est partagée par d'autres disciplines des sciences sociales qualitatives (voir par exemple Burton-Jeangros 2017; Ritterbusch 2012). Cependant, l'*éthique processuelle* ne peut aujourd'hui se développer indépendamment du contexte juridico-légal qui, au-delà des seules commissions d'éthique, tend à préciser et à renforcer les dispositions s'appliquant à toute démarche de recherche. Dans ce qui suit, nous explorerons l'élargissement de l'intervention de l'État dans les pratiques de recherche à travers la création ou la révision de trois lois fédérales: la Loi fédérale relative à la recherche sur l'être humain (LRH); la Loi fédérale sur la protection des données (LPD); et la Loi fédérale sur l'encouragement de la recherche et de l'innovation (LERI).

---

[4] Comme le démontre Martina Avanza (2008) à partir de sa recherche sur un mouvement xénophobe, toute relation d'enquête anthropologique ne se caractérise pas par l'empathie et la confiance mutuelle. Son analyse met en évidence deux éléments: d'une part, que la mise en pratique de principes éthiques consiste pour les chercheur·euse·s en un arbitrage qui implique souvent la prise en compte des intérêts d'actrices et acteurs sociaux ne participant pas à la recherche (dans son cas, les individus étant la cible de discours et d'actions xénophobes); et, d'autre part, que l'analyse critique et réflexive des relations d'enquête avec les participant·e·s à la recherche sert de garde-fou minimum à une prise en compte réflexive des enjeux liés à la présence du ou de la chercheur·euse sur le terrain (à ce sujet, voir Bouillon et al. 2005).

DÉBATS

Incertitudes quant au champ d'application de la nouvelle LRH

La Suisse offre un exemple intéressant du mouvement de régulation croissante de la recherche par l'établissement de protocoles éthiques standardisés dans la mesure où le renforcement de son encadrement légal est récent. En effet, la protection des droits des personnes qui participent à des recherches a longtemps été ignorée. Dès la première loi relative au financement des universités en 1968, ce sont la transmission des savoirs aux jeunes générations et la collaboration entre chercheur·euse·s qui sont établies dans le premier article comme relevant des « bonnes pratiques scientifiques » (Assemblée fédérale 1968 : 10). Avec la création d'une base légale pour l'attribution de subventions aux institutions chargées d'encourager la recherche en 1983, ces « bonnes pratiques scientifiques » sont complétées par l'inclusion de nouveaux principes (art. 2 et 3) : le respect de la liberté de l'enseignement et de la recherche ; le respect de la diversité des opinions et des méthodes scientifiques ; l'encouragement de la relève scientifique et le maintien de la qualité du potentiel de recherche ; la coopération scientifique internationale (Assemblée fédérale 1983 : 1087-1088). Ainsi, les « bonnes pratiques scientifiques » énoncées dans la LERI de 1983 visent avant tout à prévenir la mobilisation des subventions fédérales à des fins commerciales (art. 7), l'impossibilité d'accès du public aux résultats de recherche (art. 28) et l'absence de portée scientifique et générale des recherches (art. 29).

La volonté politique de changer la Constitution fédérale afin d'y inclure un article sur la « Recherche sur l'être humain » constitue un tournant dans l'orientation de l'encadrement légal de l'éthique scientifique[5]. Accepté en votation populaire le 7 mars 2010, l'article constitutionnel 118b « Recherche sur l'être humain » a posé les conditions légales pour la création de la nouvelle LRH. Faisant suite à un scandale relatif à des pratiques cliniques illégales[6] en Suisse et motivé par les transformations de la recherche biomédicale fondée sur les données – génomiques, cliniques, de santé – son objectif est de « protéger la dignité, la personnalité et la santé de l'être humain dans le cadre de la recherche » (Art. 1). Corollairement, cette loi entend aménager des conditions favorables à la recherche, en garantir la qualité et en assurer la transparence. Il faut noter qu'elle ne s'applique pas à une discipline académique donnée, mais au domaine de la santé dans lequel se déploient les activités de recherche, aux questions de recherche envisagées et aux méthodes mises en œuvre.

---

[5] Notons que le cadre juridique suisse de l'éthique scientifique a également été modifié en 2006, après l'acceptation par vote populaire d'un nouvel article constitutionnel concernant l'aide financière aux universités. Il a introduit les processus d'accréditation et d'assurance qualité (Conseil fédéral 2009).

[6] Connu comme l'affaire VanTX, pendant plusieurs années, une société suisse de recherche et de développement a recruté des volontaires, principalement en Estonie, pour participer à des essais cliniques à Bâle. Les participant·e·s à la recherche n'ont pas reçu l'information adéquate, le formulaire de consentement n'a pas été traduit dans leur langue maternelle ni dans une langue qu'ils et elles comprenaient suffisamment bien. Les essais cliniques ont été planifiés sur une très courte période et les participant·e·s ont été renvoyé·e·s dans leur pays immédiatement après, sans suivi médical. De plus, l'opération s'est déroulée sans en informer les autorités estoniennes, ce qui était contraire à la législation de ce pays. Au printemps 1999, le scandale éclate, attirant l'attention sur l'absence de réglementation sur les essais cliniques en Suisse. Il est frappant de constater que le rôle de cette affaire dans la création de la LRH n'a pas été reconnu dans les discussions entre chercheur·euse·s en sciences sociales (Perrin 2017).

L'un des défis de la LRH tient à l'interprétation de son champ d'application, compte tenu de sa définition ouverte du domaine de la santé. Durant les étapes consultatives de l'élaboration de la LRH, à laquelle la SSE a activement participé, le Fonds national suisse de la recherche scientifique (FNS) a, certes, salué l'initiative de fixer un tel cadre légal, mais avait déjà pointé certaines faiblesses contenues dans les premières versions du texte. Dans un communiqué de presse du 31 mai 2006, il souligne notamment que la formulation du champ d'application «recherche dans le domaine de la santé» est trop ambiguë et en critique les potentielles conséquences: «Outre la recherche médico-biologique, elle [cette formulation] pourrait ainsi englober l'ensemble de la recherche empirique en sciences sociales et comportementales. Le FNS est au contraire de l'avis que la loi devrait se limiter aux seuls domaines où la recherche scientifique peut avoir une influence effective sur la santé des personnes impliquées» (FNS 2006: 1).

Dans le texte finalement adopté, la formulation a été modifiée pour tenir compte de ces réserves. Le champ d'application est désormais défini comme suit dans l'article 2, alinéa 1: «La présente loi s'applique à la recherche sur les maladies humaines et sur la structure et le fonctionnement du corps humain pratiquée: sur des personnes; sur des personnes décédées; sur des embryons et des fœtus; sur du matériel biologique; sur des données personnelles liées à la santé» (Assemblée fédérale 2011: 1). Si la formulation devient plus précise, elle ne lève toutefois pas complètement l'ambiguïté concernant bon nombre de projets de recherche en sciences sociales qualitatives[7] qui collectent des informations personnelles – souvent de manière indirecte – liées à la santé.

Un éthicien de l'Office fédéral de la santé publique (OFSP), chargé de la communication sur la réglementation de la recherche humaine, contacté dans le cadre de cette recherche, remarque à ce sujet que: «En sciences sociales, seuls les projets qui croisent des données liées à la santé avec des données qui comportent des biomarqueurs (matériel biologique ou génétique) comme des résultats de laboratoire, entrent dans le champ d'application de la loi» (notes d'entretien). Selon un autre interlocuteur, membre d'une commission cantonale d'éthique, des données relatives à la santé peuvent être collectées dans divers projets de recherche de type ethnographique, mais seuls les projets qui ont véritablement pour but de produire des connaissances dans un domaine médical ou de santé entrent dans le champ d'application de la loi. Selon le membre d'une autre commission, c'est l'accès aux dossiers médicaux comme matériel de recherche qui constituerait un critère déterminant, même si la majorité des décisions restent prises au cas par cas. Ceci met en lumière à la fois le manque de clarté qui entoure l'application concrète de la loi quand il s'agit de projets ethnographiques et la marge d'interprétation qui est laissée aux commissions cantonales éthiques. Le champ d'application de la LRH reste donc encore partiellement indéterminé, et cela, malgré des tentatives de clarification effectuées par l'OFSP en 2013 et par Swissethics en 2014 et 2015.

---

[7] À noter, d'une part, que les chercheur·euse·s en sciences sociales quantitatives se posent également des questions sur les modalités adéquates d'évaluation de leurs projets et, d'autre part, que les projets à méthodologie mixte posent encore d'autres questions.

Des initiatives ont, en effet, été prises à différents niveaux pour contrer ces incertitudes[8]. En 2015, l'Académie suisse des sciences médicales (ASSM) a publié un guide pratique, révisé et modifié, pour tenir compte de la LRH. Le guide, qui est reconnu par *Swissethics* comme outil de travail, passe en revue les principaux enjeux relatifs à la LRH et explicite les «bonnes pratiques» à adopter. Il souligne l'importance de ne pas adopter une lecture littérale de la législation : «[...] une remise en question critique et continuelle des standards établis de l'éthique de la recherche est indispensable, non seulement au sein de la communauté scientifique, mais aussi du public» (ASSM 2015 : 18). Ce guide reconnaît que la délimitation du champ d'application de la loi n'est pas aisée et qu'elle se fait au cas par cas. L'un des points évoqués touche à ce qui entre, ou non, dans la catégorie «recherche» à l'instar des «projets d'assurance-qualité». En cas de doute, le guide recommande de consulter une commission cantonale d'éthique pour obtenir des conseils[9].

Ces incertitudes génèrent des insatisfactions auprès des chercheur·euse·s ; à cet égard, des révisions de la loi sont d'ores et déjà attendues à l'horizon 2019–2020. L'une des questions centrales qu'il conviendra alors de trancher sera de déterminer s'il vaut mieux clarifier le périmètre d'application de la LRH ou généraliser les procédures éthiques à tout projet de recherche et ce, indépendamment du domaine étudié et des disciplines. Dans l'intervalle, chaque actrice et acteur – institutionnel·le et individuel·le – interprète, au mieux, le cadre législatif en fonction de la position qu'elle ou il occupe dans la chaîne de la production scientifique, depuis les bailleurs et bailleresses de fonds jusqu'aux chercheur·euse·s.

Le FNS laisse ainsi le soin aux personnes qui déposent un projet de recherche en vue d'une demande de financement de déterminer si leur projet a besoin d'une évaluation éthique, puisque ce sont les chercheur·euse·s qui doivent indiquer dans une case à cocher si leur projet correspond à une «recherche impliquant des êtres humains». Si les requérant·e·s ne cochent pas cette case, il n'est pas du ressort du FNS de vérifier la conformité de la recherche avec la LRH. Ils ou elles doivent donc se renseigner par leurs propres moyens – ou avec l'appui de l'institution qui les emploient – pour décider si leur projet est susceptible d'entrer dans le champ d'application de la LRH et, par voie de conséquence, d'adapter leurs projets aux procédures définies par les commissions cantonales d'éthique.

Réorganisation des commissions cantonales d'éthique et réponses institutionnelles

Suite à l'entrée en vigueur de la LRH, les commissions cantonales d'éthiques, qui s'étaient souvent développées au sein des hôpitaux universitaires, ont été amenées à se réorganiser en termes

---

[8] À noter que ces initiatives sont principalement menées par des représentant·e·s des sciences médicales, comme le montre bien le modèle de «consentement général» élaboré par l'ASSM et Swissethics qui est actuellement dans une deuxième phase de consultation (ASSM 2016). À certaines conditions, la LRH permet en effet d'établir un «consentement général», par lequel les participant·e·s peuvent accepter l'utilisation de leurs données et échantillons dans le cadre de projets de recherche ultérieurs.

[9] Depuis le 1er janvier 2016, la soumission de projets de recherche aux commissions cantonales d'éthique doit passer par le portail internet BASEC (Business Administration System for Ethics Committees). Le formulaire de soumission permet aux chercheur·euse·s de clarifier si un projet requiert ou non les compétences d'une commission cantonale d'éthique.

de région, de taille et de composition. Les Commissions cantonales et régionales d'éthique de la recherche sur l'être humain (CER) ont ainsi été mises en place avec l'objectif d'optimiser les ressources à disposition et le traitement des demandes plus ou moins nombreuses selon les cantons.

Les membres qui composent ces commissions ont généralement une formation en sciences biomédicales ou en droit. À titre d'exemple, la commission d'éthique genevoise est composée, au moment où nous rédigeons cet article, de 38 personnes, dont seules huit ne sont pas membres du corps médical ou paramédical[10]. Par ailleurs, et bien que cette commission soit la première en Suisse à inclure une représentante des patient·e·s, elle ne comprend aucune personne représentant les sciences sociales qualitatives. Cette sous-représentation significative révèle non seulement que les chercheur·euse·s utilisant les méthodes qualitatives ne considèrent pas que de telles commissions d'éthique, focalisées avant tout sur la recherche biomédicale, sont pertinentes dans leurs cas; mais aussi qu'ils·elles ont une compréhension différente des questions éthiques, comme nous le verrons plus loin.

Des tentatives d'ajustement apparaissent aux demandes institutionnalisées de garantie éthique des agences de financement et des revues scientifiques, ainsi qu'aux incertitudes quant au périmètre d'application de la LRH. Certaines universités ont ainsi pris les devants, en mettant en place leurs propres instances de régulation des enjeux éthiques. Malgré l'hétérogénéité des pratiques institutionnelles, une tendance générale se dégage : il s'agit de renforcer les dispositifs liés à l'éthique de la recherche en tenant compte du cadre légal de la LRH.

Les institutions prennent désormais plus clairement position au travers de stratégies variables, pouvant inclure l'exigence de régulation par des commissions éthiques internes auxquelles le recours est obligatoire (y compris pour les travaux d'étudiant·e·s) ou laissé à l'appréciation des équipes de recherche (Burton-Jeangros 2017). Certaines Hautes Écoles optent pour une non-régulation de cette question et ne fournissent aucune indication générale par rapport à l'éthique de la recherche; d'autres privilégient une réflexion sur l'intégrité académique en ciblant les problématiques de la fraude ou du plagiat.

En ce qui concerne les exigences formelles de la LRH, aucune de ces initiatives ne peut se substituer aux commissions cantonales d'éthique. Cependant, elles sont intrinsèquement liées au dispositif légal et opèrent, le cas échéant, comme un pivot entre bailleurs et bailleresses de fonds – le FNS mais bien souvent aussi des fondations privées – les institutions chargées de l'administration des projets et la communauté scientifique. Illustrant ce rôle d'intermédiaire, la commission d'éthique de la recherche mise en place à l'Université de Neuchâtel se présente comme un relais entre la communauté scientifique et la commission cantonale. Elle propose notamment son aide dans l'évaluation des enjeux éthiques permettant de déterminer s'il est nécessaire (ou non) de soumettre une requête à la commission cantonale, tout en tenant compte des préoccupations des chercheur·euse·s. Elle promeut aussi la formation à l'éthique de la recherche pour tout·e chercheur·euse.

---

[10] Il s'agit de deux avocats, un juriste, une consultante de la défense des patient·e·s, une pasteure, un aumônier, un associé transfert technique et compétences et une biostatisticienne.

Alignement sur les normes européennes et institutionnalisation de normes contraignantes : les révisions de la LPD et de la LERI

Si la LRH a amené l'éthique de la recherche sur le devant de la scène des discussions en sciences sociales qualitatives[11] et contribue à son institutionnalisation, les implications liées à la révision totale de la LPD sont restées dans l'ombre. Pourtant, les difficultés rapportées au GRED par des chercheur·euse·s, membres de la SSE, font état de blocages quant à la conduite de projets de recherche, non pas au nom de la LRH, mais de la LPD. En quoi consiste cette loi et quelles sont ses implications pour les anthropologues? La LPD vise à protéger les individus et les entreprises ou associations dotées de personnalité juridique d'atteintes à la personnalité – touchant à la vie privée, la réputation et la solvabilité, ou ouvrant des possibilités de surveillance – résultant du traitement de données personnelles. Le souci de la protection des données dans une société marquée par le développement des technologies de l'information et de la communication se manifeste au travers d'une première motion parlementaire en 1991 qui sera suivie, en 1997, du dépôt de deux initiatives demandant le développement d'une loi fédérale sur la protection des données (Conseil fédéral 1988 : 434). Finalement adoptée en 1992, cette loi vise avant tout à faire la part entre les besoins de l'économie et de l'industrie d'un côté, et la protection de la personnalité de l'autre. La recherche médicale y tient une place prépondérante, en raison des questions spécifiques que pose la levée du secret médical à des fins de recherche. Considérant cette dernière comme un bien public, la LPD autorise le traitement de données médicales personnelles à des fins de recherche sous condition de consentement éclairé (*op. cit.* : 529–530).

Les autres types de recherche sont également concernés par la régulation du traitement des données, mais de manière marginale. Les messages accompagnant la création de la loi et sa révision actuelle (*op. cit.*; Conseil fédéral 2017) prennent en compte les spécificités de la recherche en sciences sociales, classée dans la même catégorie que la planification et la statistique, en raison de ses finalités. La loi reconnaît l'intérêt public de la recherche. Ainsi les résultats des recherches peuvent être publiés de façon anonymisée, c'est-à-dire de sorte que l'identification des participant·e·s ne soit pas possible. Cependant, la LPD crée une catégorie spéciale de données, les «données personnelles sensibles», qui sont soumises à un régime juridique particulier en raison du risque accru d'atteinte à la personnalité. Selon l'article 4, lettre c de l'actuel projet de loi, cette catégorie inclut les données : «sur les opinions ou les activités religieuses, philosophiques, politiques ou syndicales»; «sur la santé, sur la sphère intime ou sur l'origine raciale ou ethnique»; «sur les données génétiques»; «les données biométriques identifiant une personne physique de façon unique»; «sur des poursuites ou sanctions pénales et administratives»; «sur des mesures d'aide sociale» (Assemblée fédérale 2017: 6816–6817). Se voulant exhaustive, elle soumet le traitement de ces données au consentement qui se doit d'être explicite, libre et informé, faisant de ce dernier une étape incontournable de la recherche, indépendamment des disciplines concernées.

L'ampleur actuelle de la digitalisation des données – ou *big data* –, ainsi que les politiques d'*open access* (Leonelli et al. 2017; Wyatt 2017; Coll 2016; Banister 2007) promues par les ins-

---

[11] Voir par exemple : Société suisse de sociologie (2007), Berthod et al. (2010), Burton-Jeangros (2017), FORS (2017).

tances de financement, sont au cœur de la révision totale de la LPD de 2017. Elles alimentent ainsi les discussions autour de la protection des données et du consentement. Contrairement au contexte suisse dans lequel un tel processus n'est à ce jour pas observable, la judiciarisation de l'éthique de la recherche touche certains pays tels que les États-Unis, le Canada[12] ou la France (Atlani-Duault et Dufoix 2014). La facilité avec laquelle les résultats de recherche circulent au-delà des milieux de la recherche, ainsi que la fréquente impossibilité de les anonymiser totalement, du moins pour les personnes concernées, participent à l'émergence de procès attaquant des chercheur·euse·s pour diffamation suite à la publication de résultats de recherche (Avanza 2011; Laurens et Neyrat 2010)[13]. Ces procès montrent comment certain·e·s participant·e·s doté·e·s d'un capital socio-économique suffisant peuvent menacer la diffusion des résultats de la recherche.

Notre analyse de la LERI révèle que sa récente révision totale tient compte de l'évolution des standards internationaux. Depuis 2012, la nouvelle LERI inclut en effet dans son champ de compétence le respect des principes d'«intégrité scientifique» et de «bonnes pratiques scientifiques», jusque-là absents des révisions partielles: «Les institutions chargées d'encourager la recherche veillent à ce que les recherches qu'elles soutiennent soient menées selon les règles de l'intégrité scientifique et de bonnes pratiques scientifiques» (Assemblée fédérale 2012, art. 12, al. 1.). Ce faisant, l'alinéa 1 de l'article 12 «définit le principe du respect des bonnes pratiques comme une norme générale» (Conseil fédéral 2011: 8141) et participe à l'intégration de nouveaux standards scientifiques en Suisse.

Le libre accès des données de recherche – *open data* – afin de valider la reproductibilité des résultats est devenu un principe international de «bonnes pratiques scientifiques» (comme c'est le cas, par exemple, pour le programme de recherche européen Horizon 2020). L'obligation de rédiger un *Data Management Plan* (DMP) pour tout projet de recherche déposé au FNS depuis octobre 2017 impose une nouvelle contrainte administrative aux chercheur·euse·s. Visant à accroître la comparabilité et l'interopérabilité des données de recherche, ainsi que la validité des résultats scientifiques, cette nouvelle demande institutionnelle a aussi pour effet de mettre en lumière les enjeux liés à la protection des données. Les répercussions financières et temporelles liées à ces nouvelles exigences constituent l'un de ces enjeux. Comme le rapporte la chercheuse canadienne Felices-Luna (2016), un changement du lieu de stockage des données, non anticipé au moment de la demande d'approbation éthique, l'a forcée à resoumettre un protocole à la commission au prix d'une lourde charge administrative. Un autre enjeu est le défi que comporte l'anonymisation des données qualitatives en vue de leur partage. Aucun procès n'est pour le moment répertorié en Suisse. En raison de cette absence, l'étendue précise du champ d'application de la LPD en ce qui concerne le traitement des données de recherche qualitative reste relativement incertaine. Cependant, comme nous l'a dit un chercheur travaillant dans

---

[12] En 2016, dans le cadre d'un procès contre une entreprise, la Cour supérieure a émis une ordonnance obligeant une professeure affiliée à l'Université du Québec à Montréal (UQAM) à révéler les noms des personnes ayant participé à l'étude qu'elle a menée dans le cadre de son doctorat en communication. Cette affaire a donné lieu à une mobilisation de la communauté scientifique pour défendre la confidentialité des données produites (Gravel 2016; Kondro 2016).

[13] Sur la question des enjeux entourant la confidentialité et l'anonymisation, voir par exemple Lancaster (2017); Saunders et al. (2015); Baez (2002).

l'archivage des données en sciences sociales, il s'agit de faire en sorte que les données soient sécurisées au maximum en prévention d'éventuels recours juridiques. Ceci a notamment pour conséquence de faire du consentement explicite et écrit un prérequis obligatoire au traitement et à l'archivage des données, y compris pour l'usage secondaire des données.

L'accroissement des contraintes administratives liées à la gestion des données (*data management*) met en lumière la tension entre *éthique procédurale* et *éthique processuelle*. Le requis d'un consentement explicite et écrit pour tout projet de recherche en constitue un bon exemple. En effet, cette exigence institutionnelle tend à réduire la question de l'éthique à une notion de protection juridique (Jacob 2007), alors que les anthropologues défendent l'idée selon laquelle l'éthique de la recherche dépasse largement la question du consentement (Berthod et al. 2010). La révision de la LPD a pour but d'intégrer les nouveaux standards européens, introduits par la *General Data Protection Regulation* (GDPR) entrée en vigueur le 25 mai 2018. En raison de l'importance des enjeux, il nous semble nécessaire de réfléchir à cette tension et aux différentes manières d'y répondre.

Entre éthiques *procédurale* et *processuelle*, des pratiques de recherche en tension

Cette deuxième partie explore les effets de la tension entre *éthique procédurale* et *éthique processuelle* sur le positionnement et les pratiques de recherche des anthropologues. La distinction entre ces deux compréhensions de l'éthique se manifeste dans les réponses différentes apportées aux scandales qui ont marqué l'histoire des sciences biomédicales d'un côté et celle de l'anthropologie, de l'autre. Si les premières ont focalisé leur attention sur le droit des individus à la protection et sur le consentement éclairé, la seconde a plutôt inscrit le souci éthique dans une politisation des relations de recherche et le développement de démarches réflexives, situées et relationnelles (Ellis 2007; Ferdinand et al. 2007; Hoeyer et al. 2005). Afin de comprendre la spécificité de l'éthique de la recherche telle qu'elle s'est développée en anthropologie, il est nécessaire de se pencher sur son émergence.

Les relations de terrain, des relations de pouvoir?

En anthropologie, une réflexion de fond sur les droits et la protection des participant·e·s à la recherche émerge dans les années 1970 en lien avec les recompositions géopolitiques résultant des processus de décolonisation. Ces reformulations ont radicalement changé l'objet de recherche traditionnel de l'anthropologie – des sociétés à petite échelle considérées comme «autres» – et ont ainsi fourni l'occasion d'une révision critique de l'histoire de la discipline et des connaissances produites jusque-là. Dans un climat général de mouvements sociaux, tant les conditions de production du savoir que ses usages sont revisés à la lumière des relations de pouvoir complexes entre colonisatrices et colonisateurs d'une part, et colonisé·e·s d'autre part, amenant au cœur de la réflexion anthropologique un questionnement sur les rapports entre savoir et pouvoir (Clifford et Marcus 1986).

Dans ce contexte, on assiste à une politisation de la responsabilité morale des chercheur·euse·s et au développement de réponses épistémologiques et méthodologiques plutôt que procédurales. La réflexivité devient constitutive de la démarche anthropologique, dans la mesure où l'analyse des relations aux participant·e·s à la recherche et aux situations sociales propres aux travaux des anthropologues s'inscrit désormais comme une partie intégrante de la démarche et ce, de l'accès au terrain jusqu'à la publication des résultats. En cherchant à développer davantage de symétrie entre chercheur·euse·s et participant·e·s, des démarches d'anthropologie dialogique ou polyphonique (Crapanzano 1977 ; Dwyer 1977) sont également développées afin de donner plus de poids et de visibilité aux voix et aux avis des personnes étudiées. Si ces tentatives ont été critiquées comme représentant une réduction politique des rapports entre participant·e·s et chercheur·euse·s à une simple question d'écriture (Muller 2004 ; Rabinow 1985), elles ont contribué au développement de recherches de type participatif et collaboratif (Boser 2007). De telles démarches soumettent les questionnements des chercheur·euse·s aux participant·e·s à la recherche, en leur rendant des comptes régulièrement et en discutant des résultats, tout en laissant les chercheur·euse·s libres de leurs analyses et interprétations (sur les processus de restitution des résultats, voir notamment Olivier de Sardan 2014 ; Ossipow 2014).

L'approche politisée et relationnelle de l'éthique développée par les anthropologues les a amené·e·s à inscrire la question du consentement éclairé dans un contexte de recherche plus large. Ceci se justifie à leurs yeux par la crainte de réduire cette conscience politique réflexive en focalisant les enjeux éthiques sur la procédure de consentement éclairé qui se verrait vidé de son contenu pour devenir une simple procédure administrative, servant avant tout à protéger légalement les institutions et les chercheur·euse·s. Elle ne prendrait alors pas en compte la complexité des multiples enjeux éthiques auxquels sont confrontés les anthropologues dans la conduite de leurs recherches de terrain. Comme le souligne Lederman (2006b), ces enjeux éthiques se caractérisent par la prise en compte d'une multiplicité d'actrices et d'acteurs aux compréhensions variées de ce qui est « bien » ou « juste ». Les propos de Raymond Massé résument bien cette conception anthropologique de la relation entre pouvoir et éthique :

Le champ de l'éthique est [...] concerné par les mécanismes individuels et collectifs d'arbitrage et de règlement des conflits moraux. Or, dans toute société, ces processus d'arbitrage s'inscrivent dans les rapports de pouvoir existant entre les divers groupes d'intérêt qui participent à la discussion. L'éthique est donc le lieu d'une analyse comparée des modèles de résolution de conflits moraux de même que des rapports de pouvoirs économiques, politiques ou religieux qui influent sur la reproduction (ou la marginalisation) de certaines des valeurs morales. Elle reconnaît que le consentement et le consensus moral sont souvent forcés et qu'ils découlent d'usages sociopolitiques de normes morales. (Massé 2016)

Ainsi, contrairement à l'*éthique procédurale*, l'*éthique processuelle* promue par les anthropologues défend l'idée selon laquelle ni les protocoles éthiques, ni les principes déontologiques ne règlent les questions éthiques et morales qui se posent au cours de la recherche. En adéquation avec le caractère inductif et processuel de la démarche de recherche, ces questions surgissent au cours de la recherche, amenant les chercheur·euse·s à les prendre en considération dès leur survenue et à les résoudre notamment par le dialogue avec les participant·e·s et les collègues concerné·e·s (Berthod et al. 2010). La volonté de défendre une *éthique processuelle* se retrouve dans les principes déontologiques non contraignants promus par les associations anthropologiques, telles que l'*American Anthropological Association* (1971, voir Fassin 2008) ou la SSE. Ceux-ci reposent avant tout sur le respect des personnes étudiées, notamment en matière d'anonymat et de confidentialité. Plutôt que de promouvoir une *éthique procédurale* ou de recourir à l'évaluation de comités d'éthique, ces principes déontologiques ont eu tendance à s'appuyer sur la « bonne réputation » des institutions impliquées dans la recherche, telles que les universités et les institutions de financement, ainsi que sur la sanction par les pairs et les participant.e.s à la recherche.

Une science éthique, une science bonne ?

Quels sont les effets des tensions épistémologiques, méthodologiques et politiques entre *éthique procédurale* et *éthique processuelle* sur l'identité de la discipline et les pratiques de recherche ? Ces dernières années, l'intérêt pour l'éthique et la morale en anthropologie s'est renouvelé, au point que certain·e·s auteur·e·s (Throop 2016; Fassin 2014 ; Caplan 2003) parlent d'un « tournant éthique » (*ethical turn*)[14]. Si les relations de pouvoir ont servi de fondement aux analyses critiques développées en anthropologie, elles ont aussi atteint certaines limites explicatives, qui s'expriment en partie par ce tournant (Keane 2016). Cependant, ces interrogations de fond sur la place de l'éthique et de la morale en anthropologie et sur la posture des chercheur·euse·s – quand elles·ils prennent l'éthique ou la morale comme objet d'étude – restent très éloignées des questions et démarches administratives concrètes auxquelles les anthropologues se soumettent quand leurs projets de recherche se voient assignés à l'évaluation d'une commission d'éthique.

En effet, contrairement au développement d'une *éthique processuelle* caractérisant l'anthropologie, la régulation de l'éthique de la recherche institue plutôt une *éthique procédurale* d'inspiration biomédicale. Dans le monde biomédical, depuis les années 1990, l'éthique de la recherche s'est institutionnalisée, notamment en raison de l'ampleur des enjeux éthiques et sociaux soulevés par la recherche sur le génome humain. Si, au départ, la vision qui prédomine est celle d'une science « bonne », désintéressée et objective, qui est à distinguer des possibles dérives et abus liés à ses usages sociaux (Kerr et al. 1997), on assiste progressivement à une intégration du souci éthique au cœur même des activités de recherche. L'éthique contribue ainsi à l'établissement de distinctions entre « bonne » et « mauvaise » science en lien avec les standards éthiques plus ou moins élevés que les recherches mettent en pratique (Wainwright et al. 2006). En résultent à la fois une intériorisation par les chercheur·euse·s du souci éthique et une délé-

---

[14] A l'échelle internationale, on constate une multiplication des publications portant sur les dilemmes éthiques posés aux anthropologues et les solutions qu'elles et ils leur ont apportées, par exemple : le blog *Problematorio* (https://problematorio.wordpress.com/blog/, consulté le 27 septembre 2019), les Series Field Notes : Ethics de la *Society for Cultural Anthropology* (https://culanth.org/fieldsights/series/ethics, consulté le 27 septembre 2019), l'ouvrage à venir *Case Studies in Social Science Research Ethics* (http://methods.sagepub.com/writeethicscase, consulté le 27 septembre 2019), le Forum : Qualitative Social Research (http://www.qualitative-research.net/index.php/fqs/browseSearch/identifyTypes/view?identifyType=Debate%3A%20Ethics, consulté le 27 septembre 2019), sans oublier les *Discussions de cas éthiques dans la recherche ethnologique* publiées par le GRED et mentionnées.

gation aux autorités régulatrices qui fait reposer le poids de la responsabilité éthique sur des instances externes, permettant d'en décharger les chercheur·euse·s.

Dans ce contexte, où l'adhésion à l'*éthique procédurale* est utilisée pour distinguer les « bonnes » pratiques de recherche, les anthropologues se retrouvent dans une position inconfortable. La table ronde que le GRED a organisée lors de la conférence annuelle de la SSE en 2016 (voir note 5) en fournit un bon exemple. Suite aux critiques formulées par les anthropologues à l'encontre du formalisme qui guide l'institutionnalisation de l'éthique de la recherche, la discussion a vu émerger deux problèmes. Le premier concerne la perception de la discipline par les non anthropologues. Ces dernier·ère·s sont amené·e·s à considérer que l'« exceptionnalisme méthodologique » défendu par les anthropologues tend à nier les risques encourus par les personnes participant à leurs recherches. Le second problème concerne le blocage du dialogue interdisciplinaire. En effet, les anthropologues peuvent adopter une posture défensive et à montrer que l'*éthique processuelle* qu'ils·elles défendent répond à des standards éthiques plus élevés que l'*éthique procédurale* des commissions. Or, plutôt que de favoriser une compréhension approfondie des deux types d'éthique, cette posture tend plutôt à rigidifier les positions des un·e·s et des autres, en présentant les pratiques de recherche des anthropologues comme pouvant se passer de toute forme de régulation externe.

L'un des défis auxquels sont actuellement confronté·e·s les anthropologues consiste dès lors à légitimer la critique de l'*éthique procédurale* et une certaine forme de résistance à l'évaluation par des tiers qui en résulte, tout en attestant de la nature éthique de leurs pratiques de recherche. En effet, si la focalisation sur le dispositif de consentement formel défendue par les commissions cantonales d'éthique de type biomédical est considérée comme problématique, le souci de la protection des participant·e·s à la recherche est entièrement partagé par les anthropologues. Comment fonder une éthique commune qui place en son cœur la volonté de protection des individus tout en reconnaissant que les moyens pour y arriver puissent diverger ? En effet, la notion de protection s'inscrit dans une vision de la recherche où les participant·e·s consentent à prendre des risques au nom de l'avancée de la science, mais doivent en contrepartie être protégé·e·s par des instances tierces – les autorités éthiques régulatrices – qui vérifieront que les principes éthiques sont respectés en pesant les intérêts entre bénéfices de la recherche et risques encourus par les individus. Cette vision considère les participant·e·s à la recherche comme des personnes vulnérables dont les intérêts doivent être protégés contre l'enthousiasme des chercheur·euse·s ; elle définit l'activité de recherche comme *a priori* dangereuse (Felices-Luna 2016).

Or, il arrive que les anthropologues étudient des groupes de personnes qui ont plus de prestige et de pouvoir qu'elles/eux-mêmes. Si ces personnes-là doivent également être protégées, le risque demeure qu'elles dictent les résultats de l'enquête et qu'elles étouffent toute la portée critique d'une démarche anthropologique qui visant avant tout à questionner le sens commun, à déplacer le regard et à créer des liens inattendus entre les données, en suscitant de la réflexion, plutôt qu'en apportant des réponses (Boden et al. 2009). De plus, il est impossible de prévoir à l'avance dans quelle mesure les résultats d'une enquête seront susceptibles de nuire à tel ou tel groupe d'actrices et d'acteurs, tant les usages politiques de la recherche prennent parfois des formes surprenantes (Bamu et al. 2016 ; Hoeyer et al. 2005).

L'enjeu ici porte finalement sur la reconnaissance de la légitimité de l'approche ethnographique, une fois ses particularités explicitées. De quelle marge de manœuvre face à l'institutionnalisation et la bureaucratisation de l'éthique de la recherche disposent les chercheur·euse·s et représentant·e·s de la discipline anthropologique ? Quelles sont les possibilités de positionnement et d'action face à cette évolution des processus de légitimation et de contrôle de la recherche ? Afin de réfléchir à ces questions, nous présentons et discutons ci-dessous trois postures possibles que les anthropologues peuvent adopter, en nous posant la question des risques et des enjeux liés à chacune d'elles.

Entre moralisme, pragmatisme et dialogue : postures et alternatives

La première posture, que nous qualifions de moraliste, est la plus radicale. Elle consiste à contester l'autorité des commissions d'éthique car les critères qu'elles appliquent ne sont pas adaptés à la recherche ethnographique et leur efficacité réelle pour protéger les participant·e·s à la recherche est remise en question. Il s'agit d'un refus de se livrer à un exercice perçu comme un dispositif aux effets indésirables sur la recherche elle-même, et notamment à une contractualisation d'un rapport d'enquête originellement construit sur l'idée d'un engagement ethnographique. L'objectif concret d'une telle posture serait sans doute de convaincre, le plus largement possible, de la particularité des approches ethnographiques et d'obtenir au final un traitement différencié sur le plan de l'éthique. Cependant, le principal risque lié à un tel positionnement est d'atténuer la légitimité scientifique des pratiques de recherche, en donnant l'impression que la discipline rejette la validité des questionnements éthiques eux-mêmes ou, plus modérément, qu'elle refuse de déléguer à une instance externe la validation de l'éthique de la recherche. En effet, si la notion d'engagement ethnographique parle peut-être aux anthropologues et à leurs plus proches collègues, il est moins sûr qu'elle convainque un plus large public, d'autant plus que cette posture implique que l'anthropologue soit la seule personne à pouvoir juger de l'éthique de son propre engagement.

Une deuxième posture consiste à jouer avec le système en place, sans s'y engager plus que nécessaire. Elle s'inspire d'un pragmatisme ethnographique qui a montré depuis longtemps les limites des institutions et des règles visant à cadrer les pratiques des individus, ces derniers utilisant leur marge de manœuvre pour inventer des détours et bricoler des stratégies d'évitement. L'idée des effets contreproductifs du dispositif institutionnel reste bien présente ici, mais la réponse est différente. Entre remise en cause et acceptation pragmatique, elle implique de se soumettre aux nouvelles procédures et de jouer le jeu institutionnel, sans forcément adhérer aux principes qui le sous-tendent. Le pari qui est fait ici est de maintenir les spécificités et les libertés de la discipline anthropologique tout en s'adaptant aux nouvelles contraintes de l'*éthique procédurale*. Nous voyons deux risques principaux inhérents à une telle posture. Le premier consisterait à réduire implicitement la question de l'éthique à cette forme de « détour procédurier ». L'anthropologue ne risque-t-elle/il pas de considérer que la question de l'éthique se réduit finalement à cette participation et à ce traitement superficiel ? Deuxièmement, tout cadre administratif et langagier a une dimension performative. Se plier à des standards éthiques conçus pour d'autres approches méthodologiques et épistémologiques comporte le risque de transformer la recherche ethnographique, tant dans ses thématiques – évitement des sujets sensibles – que dans ses méthodes – par exemple en privilégiant des entretiens formels plutôt que l'observation participante. Si cette option est, de fait, majoritairement adoptée aujourd'hui en raison de la multiplication des demandes formelles de l'éthique, les risques qu'elle entraîne ne nous semblent pas souhaitables.

Enfin, la troisième posture que nous souhaitons envisager ici est celle d'une participation au dialogue autour de l'éthique de la recherche et d'un engagement dans son institutionnalisation. Elle repose sur l'espoir d'une ouverture des commissions d'éthique à l'*éthique processuelle* et d'une progression dans la qualité du traitement des questions éthiques aux cas spécifiques des recherches ethnographiques. Promue par différent·e·s chercheur·euse·s (voir par exemple Lederman 2006c), une telle posture implique de faire sienne l'idée qu'une action est nécessaire en matière de réglementation et de gouvernance de l'éthique de la recherche, que cela soit pour des raisons sociétales ou d'éthique plus fondamentale. Portant un regard critique mais ouvert sur le fonctionnement actuel des institutions en charge de l'éthique de la recherche, cette position vise à s'engager dans le débat afin d'améliorer le traitement institutionnel de l'éthique de la recherche. Le principal risque de la participation se trouve alors dans l'éventuelle rigidification des positions et le renforcement des incompréhensions mutuelles. Le risque de l'échec d'un engagement aurait pour conséquence de perdre le pari de l'amélioration institutionnelle, tout en ayant contribué à saper les bases d'une résistance plus globale au processus de bureaucratisation de l'éthique.

Reste à discuter plus concrètement des modalités possibles de cette participation. Nous voyons ici deux options principales. Il est possible de promouvoir l'intégration d'anthropologues et d'autres chercheur·euse·s en sciences sociales adoptant des démarches qualitatives au sein des commissions d'éthique existantes. Cela implique d'accepter, dans une certaine mesure, leur mode de fonctionnement et de mettre activement en dialogue représentant·e·s d'une *éthique procédurale* et d'une *éthique processuelle*. Ce choix viserait à faire évoluer les institutions en interne par le renforcement de leurs compétences spécifiques en matière de sciences sociales qualitatives qui soient mobilisables en cas de besoin, tout en conservant le caractère transversal et généraliste de ces commissions.

L'alternative serait la création de commissions spécifiques à des disciplines ou des groupes de disciplines, comme une commission d'éthique pour les sciences sociales. Ceci sous-entend de considérer que l'instrument « commission » est adapté aux besoins des chercheur·euse·s en termes d'éthique de la recherche et d'accepter le formalisme qu'il implique, même s'il est possible d'en élargir les objectifs et le rôle, afin qu'il soit davantage tourné vers les besoins des chercheur·euse·s. Un argument plaidant en faveur de la création de commissions disciplinaires est celui de la compétence des expert·e·s pour évaluer des projets de recherche dans leurs particularités méthodologiques, épistémologiques et éthiques. Plutôt que de voir des projets défendant une *éthique processuelle* évalués à l'aune des critères d'une *éthique procédurale*, il s'agirait de développer des formes d'évaluation adaptées aux spécificités de notre discipline. On peut aussi supposer qu'une commission composée de spécialistes de la discipline sera plus à même d'identifier des tentatives d'évitement ou de contournement de critères éthiques au sein d'un projet.

L'une des questions fondamentales que poserait la création d'une commission spécifique à un champ disciplinaire est celle de la transversalité des critères éthiques. Quoi qu'il en soit, la constitution de commissions spécifiques aux sciences sociales qualitatives présenterait l'avantage de développer de nouvelles approches formelles, d'ajuster des critères d'évaluation et d'intégrer davantage de complexité. Cela permettrait en d'autres termes de favoriser l'articulation et l'intégration de l'*éthique procédurale* et *processuelle*. De telles commissions pourraient être organisées par universités ou au sein des sociétés professionnelles telles que la SSE. Afin d'éviter la multiplication d'initiatives isolées, il semble important de ne pas perdre de vue les besoins de communication et de coordination qui peuvent en découler. Pour pourvoir débattre de la mise en place de telles commissions et des modalités de leur fonctionnement, il serait primordial d'ouvrir la discussion non seulement au sein de la communauté des anthropologues, mais plus largement auprès des chercheur·euse·s en sciences sociales qualitatives.

Finalement, en raison de l'importance des questions éthiques auxquelles se trouvent confronté·e·s les étudiant·e·s et les chercheur·euse·s dans la conduite de leurs étude de terrains, il nous semble crucial de promouvoir le dialogue autour de l'éthique de la recherche en créant différents espaces qui lui seraient dédiés, ainsi que de soutenir la formation interdisciplinaire à l'éthique de la recherche, qui reste encore très peu représentée dans les milieux universitaires.

Conclusion

En arrière fond des débats sur la régulation et le contrôle de l'éthique de la recherche, il est important de rappeler la différence fondamentale existant entre les deux approches éthiques précédemment mises en avant. La première se concentre sur les participant·e·s et leur protection. Elle est au fondement de l'élaboration des commissions d'éthique et du principe du consentement éclairé. Elle prend sa source dans les grands scandales qui ont entaché l'histoire de la recherche médicale du 20e siècle. La seconde approche porte davantage son attention sur les implications sociales et politiques des activités de recherche. En réponse aux scandales liés aux usages des sciences sociales dans des projets étatiques (post)coloniaux, l'anthropologie et les sciences sociales qualitatives reconnaissent la dimension politique et située du savoir scientifique et privilégient la seconde approche. À ces deux formes d'éthique correspondent deux définitions distinctes de la nature des problèmes qui pourraient résulter de la participation (ou non) à une recherche. La première approche formule la question en termes individualistes et d'impacts directs, notamment concernant l'intégrité physique ou psychologique de la personne. La seconde intègre les phénomènes de domination collective et de critique sociale; elle s'interroge sur le lien entre pratiques de recherche et (re)production du social.

Ces deux approches de l'éthique peuvent se compléter. Toujours est-il qu'accentuer l'une ou l'autre produit des positionnements éthiques profondément différents. Les procédures formelles de régulation de l'éthique de la recherche tendent à évacuer les aspects éthiques liés à la critique sociale. En rappelant la dimension critique et réflexive de l'éthique, nous voyons un rôle fondamental que les sciences sociales ont à jouer dans la régulation de l'éthique de la recherche. Au lieu de se concentrer sur l'adéquation ou non d'outils tels que les commissions d'éthique ou le dispositif de consentement éclairé avec les méthodes ethnographiques, il est nécessaire de réfléchir à de nouveaux moyens, complémentaires, qui permettent d'interroger les conséquences sociétales de la recherche.

DEBATTEN

AUF DER SUCHE NACH ETHIK

Gesetzliche Bestimmungen und empirische Fragestellungen für die Anthropologie[1]

*Julie Perrin, Nolwenn Bühler, Marc-Antoine Berthod, Jérémie Forney,
Sabine Kradolfer, Laurence Ossipow*

Zusammenfassung

Dieses Dokument ist die Übersetzung des Artikels "Searching for Ethics: Legal requirements and empirical issues for anthropology" (Perrin et al. 2018). Es analysiert die neuen gesetzlichen Bestimmungen, die sich auf qualitative Forschungspraktiken auswirken und zur Institutionalisierung der Forschungsethik in den Sozial- und Geisteswissenschaften in der Schweiz beitragen. Der Beitrag zeichnet die Entstehung neuer Formen der Forschungsregulierung nach und zeigt, wie ihre erkenntnistheoretischen Vorannahmen die Sozialanthropologie herausfordern. Der zweite Teil diskutiert das Verhältnis von *Verfahrensethik* und *Prozessethik*. Schliesslich diskutieren die Autor·innen die Möglichkeiten, wie Sozialanthropolog·innen und andere qualitativ arbeitenden Sozialwissenschafter·innen sich dazu positionieren könnten.

Schlagwörter: *Forschungsethik, Recht, informierte Einwilligung, Ethikkommission, Epistemologie*

Das letzte Jahrzehnt hat einen deutlichen Zuwachs an Regulierungen bezüglich der sozialen Beziehungen zwischen Forschenden und Forschungsteilnehmenden mit sich gebracht. Dieser ausgedehnte Geltungsbereich spiegelt sowohl verstärkte staatliche Intervention für den Schutz der Würde, der Privatsphäre und der Gesundheit der Forschungsteilnehmenden wider, als auch die zunehmende transnationale Etablierung neuer wissenschaftlicher Standards, welche

---

[1] Dieser Text ist die deutsche Übersetzung von «Searching for Ethics: Legal requirements and empirical issues for anthropology» (Perrin et al. 2018). Er richtet sich an alle ethnografisch arbeitenden Forscher·innen, Dozent·innen und Student·innen, für die der rechtliche Kontext in der Schweiz relevant ist. Die Einleitung der Übersetzung wurde leicht überarbeitet. Wir sind allen, die sich bereit erklärt haben, Informationen mit uns zu teilen, dankbar für ihre Überlegungen über die jüngsten Entwicklungen des Rechtsrahmen im Bereich der Forschungsethik. Dieser Artikel profitierte auch von den wertvollen Kommentaren von Claudine Burton-Jeangros, Professorin für Soziologie und Mitglied des Ethikrates der Universität Genf (Commission universitaire d'éthique de la recherche), und von Anne Lavanchy, Professorin für Anthropologie an der Fachhochschule für Sozialarbeit in Genf. Wir danken ihnen herzlich für die sorgfältige Lektüre einer früheren Version. Wir danken auch herzlich Thomas Vetter (Institut für Anthropologie, Universität Neuchâtel) und der Koordinatorin der AED Wiebke Wiesigel (Institut für Anthropologie, Universität Neuchâtel) für das präzise und hilfreiche Lektorat der deutschen Übersetzung. Wir bleiben dennoch voll verantwortlich für den gesamten Inhalt dieses Artikels. Übersetzung: Gerhild Perl, mit finanzieller Unterstützung der HES-SO Fachhochschule Westschweiz.

von öffentlichen Forschungsförderungsstellen unterstützt werden. Diesen Prozessen liegt der kollektive Wille zugrunde, die Einhaltung der «guten Forschungspraxis» durch die Einführung von administrativen Verfahren zu gewährleisten, welche die Beziehungen zwischen Forschenden und Forschungsteilnehmenden formalisieren.

Es ist wichtig anzumerken, dass die *Verfahrensethik* (Felices-Luna 2016) – d. h. Verwaltungshandlungen, die auf gesetzlichen Bestimmungen beruhen und darauf abzielen, Forschungsteilnehmende im Voraus durch standardisierte ethische Protokolle zu schützen – nicht mit der in den qualitativen Sozialwissenschaften angewandten *Prozessethik* übereinstimmt. Unter *Prozessethik* verstehen wir Ansätze, denen ein umfassendes, relationales und positionelles Verständnis von Forschungsethik innewohnt und deren Prinzipien sich an die Besonderheiten der einzelnen Forschungssituationen anpassen.[2] In der Anthropologie besteht Konsens darüber, dass jedes System moralischer Normen in der Praxis Widersprüche und Dilemmata beinhaltet und dass folglich Ethik – und somit das Aushandeln von unterschiedlichen normativen Ordnungen – «eine Anpassung der moralischen Entscheidungen an Kontexte und Umstände» (Massé 2016, Übers.) bedarf. Diese Aushandlungen verfolgen das Ziel «ein Gleichgewicht zwischen den verschiedenen involvierten Parteien zu erreichen» (Felices-Luna 2016: 18, Übers.).

Dieser Artikel aktualisiert und vertieft die kollaborative Arbeit, welche die Arbeitsgruppe Ethik und Deontologie (AED) der Schweizerischen Ethnologischen Gesellschaft (SEG) im Laufe von fast zehn Jahren geleistet hat (siehe Kontextualisierung der AED am Ende des Textes). Dabei werden zwei Ziele verfolgt. Einerseits sollen Sozialwissenschaftler·innen, die mit qualitativen Methoden arbeiten, über die jüngsten Änderungen der schweizerischen Gesetzgebung zur Forschungsethik informiert werden, wobei bisherige Umstrukturierungen ebenso berücksichtigt werden, wie die Richtungen, welche die Regelungen in naher Zukunft einschlagen könnten. Angesichts der Tatsache, dass Anthropolog·innen bislang nicht an den aktuellen politischen Debatten über die neuen gesetzlichen Regelungen teilgenommen haben, soll andererseits der intra- und interdisziplinäre Dialog über Forschungsethik gefördert werden. Unsere Analyse der verschiedenen Gesetze, welche die Forschung regulieren, zeigt, dass die Formalisierung der Beziehung zwischen Teilnehmenden und Forschenden durch die «freiwillige, vorherige, informierte Einwilligungserklärung» zunehmend zu einer allgemeinen Bedingung wird. Dieser Trend birgt nicht nur Unsicherheiten bezüglich der zukünftigen Bedingungen für die anthropologische Wissensproduktion (insbesondere Zugänge zu Fördermitteln, Forschungsfeldern und Veröffentlichungen in wissenschaftlichen Zeitschriften), sondern wirft auch die Frage auf, ob die epistemologischen und methodologischen Annahmen der Anthropologie und anderer qualitativer Wissenschaften in der öffentlichen Debatte

---

[2] Seit den 1990er-Jahren ist der Korpus der anthropologischen Literatur und damit die Definitionen von Ethik wesentlich reichhaltiger geworden. In diesem Artikel verwenden wir die von Raymond Massé vorgeschlagene Definition: «Ethik [bietet] einen Raum um in Frage zu stellen, ob Normen gut begründet sind, oder sogar für eine Schlichtung durch Individuen und Gruppen zwischen den verschiedenen Normen, die durch die Vielfalt der moralischen Systeme (religiöse, institutionelle, gemeinschaftliche usw.), denen sie ausgesetzt sind, angeboten werden. Es wird davon ausgegangen, dass der Einzelne die Alternativen kennt und die kritische Distanz hat, die für eine abweichende oder informierte Annahme notwendig ist. In diesem Sinne basiert sie auf der Freiheit, zu analysieren und ein Urteil zu fällen» (Massé 2016, Übers.).

über Forschungspolitik und über die Rolle(n) der Wissenschaft in der Gesellschaft berücksichtigt werden.

Dieser Artikel beruht auf der Analyse von Gesetzestexten und Parlamentsdebatten, ergänzt durch eine Reihe von informellen Interviews mit Mitgliedern der SEG, Mitarbeitenden der schweizerischen Bundes- und Kantonsverwaltungen sowie Kolleg·innen aus anderen Fachbereichen. Im ersten Teil skizzieren wir zentrale Entwicklungen, die zum Entstehen einer *Verfahrensethik* beigetragen haben. Anschliessend analysieren wir zum einen die Veränderungen, die durch die Aufnahme von Artikel 118b «Forschung am Menschen» in die Bundesverfassung der Schweizerischen Eidgenossenschaft initiiert wurden. Zum anderen diskutieren wir die Umstrukturierung der kantonalen Ethikkommissionen und die daraus resultierenden Reaktionen der institutionellen Akteur·innen. Abschliessend beschreiben wir die laufende Totalrevision des Bundesgesetzes über den Datenschutz (DSG) und die abgeschlossene Revision des Bundesgesetzes über die Förderung der Forschung und der Innovation (FIFG). Dabei zeigen wir, wie die Einwilligungserklärung zu einer zentralen Frage an der Schnittstelle von Recht, Ethik und Epistemologie wird. Im zweiten Teil des Artikels konzentrieren wir uns auf das Spannungsverhältnis zwischen *Verfahrens-* und *Prozessethik*. Wir zeigen zunächst, wie die anthropologische Debatte dazu beigetragen hat, die Machtverhältnisse zwischen Teilnehmenden und Forschenden in die Analyse miteinzubeziehen, und legen anschliessend die Bedingungen für die wissenschaftliche Erkenntnisgewinnung dar, die aus der Sicht unserer Disziplin als ethisch gelten. Ausgehend von der Tatsache, dass Anthropolog·innen bislang nicht zu den politischen Debatten über die neuen rechtlichen Bedingungen beigetragen haben, gehen wir auf drei mögliche Haltungen ein, die als Antworten auf die durch bestimmte Rechtsvorschriften geforderte Formalisierung der Beziehungen zwischen Teilnehmenden und Forschenden in Form einer «freiwilligen, vorherigen und informierten Einwilligungserklärung» eingenommen werden könnten.

Pluralität und Veränderungen normativer Ordnungen
Von der Entstehung neuer ethischer Sensibilitäten zu deren Institutionalisierung

Seit dem Ende des Zweiten Weltkriegs, und nach der öffentlichen Aufdeckung diverser Skandale, ist die wissenschaftliche Forschung zum Gegenstand einer Reihe von Interventionen geworden, die von Berufsverbänden, Universitäten und Staaten geleitet wurden.[3] Eine inten-

---

[3] Die Enthüllung der Experimente von NS-Ärzten an Menschen in Konzentrationslagern war einer der ersten Skandale, der 1947 zur Entwicklung des Nürnberger Kodex führte. Das Tuskegee-Experiment, das zwischen 1930 und 1972 durchgeführt wurde, untersuchte fast 400 afroamerikanische Männer, die an Syphilis litten, und denen die Behandlung mit Penicillin verwehrt wurde. Dies wurde 1947 aufgedeckt. Beteiligte Ärzte waren dabei mitschuldig. Dieses Experiment war eines von mehreren medizinischen Skandalen in den Vereinigten Staaten, die 1964 zur Ausarbeitung der Helsinki-Deklaration durch die Weltärztevereinigung und später zum Belmont-Bericht der US-Regierung 1978 beitrugen (siehe z. B. Lederman 2006a). Alle diese Dokumente besagen, dass die Interessen des Subjekts Vorrang vor den Interessen der Gesellschaft haben sollten. Es sei darauf hingewiesen, dass nach unserem Kenntnisstand die Aufdeckung von Experimenten an Gefangenen in der militärisch-bakteriologischen Forschungseinheit der Kaiserlich-Japanischen Armee

sivierte Sensibilität für Forschungsethik äusserte sich in Stimmen innerhalb und ausserhalb des akademischen Umfelds. Wissenschaftliche Praktiken wurden als «unfair», «unehrlich» oder «schlecht» bezeichnet, oder sogar als «schädlich» und «gefährlich» angeprangert. Dies führte zur Einführung von Ethikkodizes der Berufsverbände und anderer Hochschulsatzungen, die darauf abzielten, die Praktiken ihrer Mitglieder durch die Einführung von Leitprinzipien zu regulieren.

In den 1990er Jahren trug die zunehmende Entwicklung von Rechenschaftspflicht und Kontrollregimen weiter dazu bei, diese Regulierung der Forschung zu verstärken. Forschende wurden dazu verpflichtet sowohl eine transparente Darstellung ihrer Praktiken vorzulegen, als auch Risiken zu vermeiden, die von den Institutionen getragen werden müssten, denen sie angehörten (Amit 2000, Strathern 2000, Lederman 2006a, Jacob und Riles 2007, Boden et al. 2009). Unter den verschiedenen getroffenen Massnahmen ist es wichtig, die Bedeutung der *Institutional Review Boards (IRB)* hervorzuheben, welche zunächst im englischsprachigen Raum entwickelt und später auf andere Länder ausgedehnt wurden. Diese Ausschüsse sind für die Bewertung schriftlicher Forschungsanträge vor Projektbeginn zuständig, mit dem Ziel die Teilnehmenden sowie die Förder- und Forschungseinrichtungen zu schützen, indem die Einhaltung ethischer Grundsätze geprüft wird.

Daniel Cefaï und Paul Costey (2009) stellen interessanterweise fest, dass die von den IRBs festgelegten Grundsätze im Wesentlichen denen des Nürnberger Kodex ähnlich sind: (1) Achtung der Individuen als autonome Akteur·innen, insbesondere derjenigen, die als gefährdet gelten und ein Recht auf verstärkten Schutz haben (Minderjährige und Menschen in einer verletzlichen Position aufgrund sozialer Benachteiligung, Stigmatisierung, geistiger Unzurechnungsfähigkeit oder Behinderung); (2) Sorge um die Forschungsteilnehmenden, was bedeutet, dass keine Forschung durchgeführt werden sollte, wenn sie den involvierten Individuen Schaden zufügen könnte und keine Ergebnisse zum Nutzen aller betreffenden Gemeinschaften liefert; (3) Gerechtigkeit, die verlangt, dass die Forschungsteilnehmenden so ausgewählt werden, dass keine Gruppe, die eigentlich von der Forschung profitieren könnte, benachteiligt wird. Im Einklang mit diesen Grundsätzen stellen die IRBs sicher, dass der Schutz der Forschungsteilnehmenden ausreichend garantiert ist (insbesondere Anonymität und Schutz personenbezogener Daten) und dass der Wert der Forschung gewährleistet ist (unter Berücksichtigung der Ziele, Methoden und Verfahrensweisen).

Während die Anwendung der zu befolgenden Protokolle für hypothetisch-deduktive Ansätze mit festgelegten Fragen, definiertem Zeitplan und einer vorbestimmten Auswahl von Teilnehmenden einfach erscheint (Lederman 2007, zitiert in Fassin 2008: 132), ist dies für die anthropologische Forschung weitaus heikler, da sich hier die Fragen im Laufe der Forschung weiterentwickeln und die Ergebnisse anhand begrenzter Datensätze generalisiert werden. Wie von vielen Anthropolog·innen (Wax 1980, Hammersley 2006, Murphy und Dingwall 2007, Shannon 2007, Plankey-Videla 2012) festgestellt wurde, ist die Forderung nach einer «infor-

---

zwischen 1932 und 1945 offenbar keine besondere Rolle bei der Entwicklung dieser Kodizes gespielt hat. Im Falle der Anthropologie wurde der Einsatz von Anthropologen durch die US-Regierung während des Vietnamkriegs von der American Anthropological Association verurteilt und gab Anstoss zur Einführung des ersten Ethikkodex, der 1971 von der Vereinigung verabschiedet wurde. Die Einführung des Kodex hat die Debatte jedoch nicht beendet (siehe z.B. Assayag 2008).

mierten Einwilligung», die im Mittelpunkt der *Verfahrensethik* der IRBs steht, in vielerlei Hinsicht problematisch.

Es kann sicherlich akzeptiert werden, dass die Forderung nach «informierter Einwilligung» ohne allzu grosse Schwierigkeiten auf die Durchführung von semi-strukturierten Interviews angewendet werden kann. Die Organisation von vorher festgelegten Samples ist jedoch nicht ohne weiteres möglich, da Anthropolog·innen nicht immer im Voraus wissen, mit wem sie Interviews durchführen werden (Dequirez und Hersant 2013). Darüber hinaus kann die Forderung nach der Unterzeichnung einer Einwilligungserklärung Misstrauen bei den Interviewpartner·innen wecken. Schliesslich ist die Entwicklung eines Vertrauensverhältnisses, das manchmal geduldig im Laufe der Zeit hergestellt wird, von grundlegender Bedeutung für die Arbeit der Ethnograph·innen. Es sei auch darauf hingewiesen, dass die vom IRB vorgelegten Forschungsprotokolle informelle Interviewsituationen nicht berücksichtigen. Jedoch sind es oft die informellen «Gespräche» (Olivier de Sardan 1995, Übers.), die während der Beobachtungen geführt werden, durch die Anthropolog·innen zu einer Vielzahl ihrer Daten kommen. Die Einhaltung der geforderten systematischen informierten Einwilligung ist daher in der Forschung, die auf teilnehmender Beobachtung basiert, schwierig, selbst wenn die Rolle der Anthropolog·innen klar verstanden wird und im Voraus mit den untersuchten Institutionen und Gruppen ausgehandelt wurde. Wie Rena Lederman betont, hat diese Problematik zwei Dimensionen: zum einen die Informalität einiger Feldforschungssituationen, sprich «die unverkennbaren Momente der ethnographischen Praxis, in denen ‹Forschung› und ‹Alltag› untrennbar miteinander verbunden sind» (2006a: 477, Übers.); und zum anderen die teilnehmende Beobachtung, deren Besonderheit darin besteht, «kontextuelle Kontrolle in die Hände der Forschungsteilnehmenden» (*op.cit.*: 479, Übers.) zu legen. Darüber hinaus ist es kaum vorstellbar, bei jeder Beobachtung nach einer Unterschrift der Einwilligungserklärung zu fragen – selbst dann, wenn man das Risiko der dadurch entstehenden Störung von Beziehungen und dem Arbeitsprozess ausser Acht lässt.

Diese methodologischen Fragen erklären zu einem gewissen Grad die komplexe Beziehung, die manchmal auf Widerstand beruht, zwischen Anthropolog·innen und der Institutionalisierung der *Verfahrensethik*. Anthropolog·innen weisen auf die Notwendigkeit einer gewissen Vorsicht bei formalen Einschränkungen hin, da deren Anwendung unter Umständen nicht nur der Qualität der Forschung, sondern auch den Forschungsteilnehmenden schaden könnte (Hammersley 2009). Spannungen, die durch unterschiedliche methodische Auffassungen über die Verwendung und Folgen der informierten Einwilligung entstehen, rufen in Erinnerung wie in den 1970er-Jahren ein zunehmendes Bewusstsein für die politische Dimension der Beziehung zwischen Anthropolog·innen und den von ihnen untersuchten Gesellschaften entstand. Seitdem wurde eine Reflexionsgrundlage entwickelt (Blondet und Lantin Mallet 2017), die die Forschenden auffordert, ihre Präsenz im Feld als Teil der Wissenskonstruktion zu analysieren und interpretieren. Damit wird deutlich über die einfache Frage der informierten Einwilligung hinausgegangen, wie sie in den biomedizinischen Wissenschaften praktiziert wird (Hoeyer et al. 2005). Wie wir sehen werden, hat dieses Bewusstsein für die politische Dimension der Forschung Anthropologen·innen dazu veranlasst, eine *Prozessethik* zu entwickeln. Eine solche Ethik ist in der Regel gekennzeichnet durch Dialog, Reziprozität und Wahrung des Vertrauens und bildet oft die Grundlage für die Beziehung zu den Forschungsteilnehmenden.[4] Dieser ethische Ansatz wird von anderen qualitativen Sozialwissenschaften geteilt (siehe z. B. Ritterbusch 2012, Burton-Jeangros 2017). Die *Prozessethik* kann sich jedoch nicht mehr unabhängig vom rechtlichen Kontext entwickeln, der nicht nur über die IRBs hinausgeht, sondern tendenziell die Anforderungen an jegliche Forschungsinitiativen spezifischer und straffer gestaltet. Um zu veranschaulichen, wie sich die staatliche Intervention in der Forschungspraxis niederschlägt, untersuchen wir im Folgenden die Einführung bzw. Überarbeitung von drei Bundesgesetzen: das Bundesgesetz über die Forschung am Menschen (Humanforschungsgesetz, HFG); das Bundesgesetz über den Datenschutz (DSG) und das Bundesgesetz über die Förderung der Forschung und der Innovation (FIFG).

Unsicherheit über den Geltungsbereich des neuen HFG

Die Schweiz ist ein interessantes Beispiel für die Entwicklung einer zunehmenden Regulierung der Forschung durch die Etablierung standardisierter ethischer Protokolle, da in jüngster Zeit eine Verschärfung des Rechtsrahmens stattgefunden hat. Viele Jahre lang fehlte in den Gesetzen der Schutz der Forschungsteilnehmenden. Als das erste Gesetz über die Finanzierung der Universitäten 1968 erlassen wurde, waren es der Wissenstransfer an die jüngere Generation und die Zusammenarbeit zwischen Forschenden, die im ersten Artikel als «gute wissenschaftliche Praxis» identifiziert wurden (Bundesversammlung 1968: 10). Mit der Schaffung einer Rechtsgrundlage für die Vergabe von Mitteln an Forschungseinrichtungen im Jahr 1983 wurden neue Grundsätze in das Konzept der «guten wissenschaftlichen Praxis» aufgenommen (Art. 2 und 3): Achtung der Freiheit von Lehre und Forschung; Achtung der Vielfalt von Meinungen und wissenschaftlichen Methoden; Förderung der neuen Generation von Wissenschaftler·innen und Erhaltung der Qualität des Forschungspotenzials; und internationale wissenschaftliche Zusammenarbeit (Bundesversammlung 1983: 1062-1063). Ebenso zielen die 1983 im Forschungsgesetz festgelegten «guten wissenschaftlichen Praktiken» in erster Linie darauf ab, die Verwendung von Subventionen des Bundes für kommerzielle Zwecke zu verhindern (Art. 7), die Forschungsergebnisse der Öffentlichkeit zugänglich zu machen (Art. 28) und zu garantieren, dass die Forschung von wissenschaftlichem und allgemeinem Wert ist (Art. 29).

Mit der politischen Bereitschaft, die Schweizer Bundesverfassung durch die Aufnahme eines Artikels über die «Forschung am Menschen» zu ändern, kam es zu einem deutlichen Richtungswechsel im rechtlichen Rahmen der Wissenschaftsethik[5]. Der Verfassungsartikel

---

[4] Wie Martina Avanza (2008) mit ihrer Forschung über eine fremdenfeindliche Bewegung zeigt, ist nicht jede Beziehung in der anthropologischen Forschung von Empathie und gegenseitigem Vertrauen geprägt. In ihrer Analyse hebt sie zwei Aspekte hervor: Die Umsetzung ethischer Prinzipien in der Praxis besteht für die Forschende in einer Schlichtung, bei der oft die Interessen von sozialen Akteure·innen berücksichtigt werden, die nicht an der Forschung beteiligt sind (in ihrem Fall die Personen, die Zielscheibe fremdenfeindlicher Reden und Handlungen waren). Eine kritische und durchdachte Analyse der untersuchten Beziehung zu den Forschungsteilnehmenden erfordert ein Mindestmass an Sicherheit, um zu gewährleisten, dass die Fragen im Zusammenhang mit der Anwesenheit der Forschenden in diesem Bereich berücksichtigt werden (zu diesem Thema siehe Bouillon et al. 2005).

[5] Es ist zu beachten, dass der schweizerische Rechtsrahmen für Wissenschaftsethik im Jahr 2006 ebenfalls

118b wurde am 7. März 2010 in einem Referendum verabschiedet und bildete die Rechtsgrundlage für die Schaffung des neuen HFG. Dieser Richtungswechsel folgte einem Skandal um illegale klinische Praktiken[6] in der Schweiz und war motiviert durch radikale Veränderungen in der biomedizinischen Forschung, die auf der grossen Menge und Verfügbarkeit von personenbezogenen Daten in digitaler Form – genomisch, klinisch und gesundheitlich – basieren. Ziel des Gesetzes ist es, «Würde, Persönlichkeit und Gesundheit des Menschen in der Forschung schützen» (Art. 1). Das Gesetz strebt ausserdem an förderliche Bedingungen für die Forschung zu schaffen, Qualität zu garantieren und Transparenz zu gewährleisten. Es sei darauf hingewiesen, dass das Gesetz nicht für jede akademische Disziplin gilt, sondern für Forschungsaktivitäten im Gesundheitsbereich einschliesslich anvisierter Forschungsfragen und angewandter Methoden.

Die Auslegung des HFG ist angesichts der offenen Definition des Gesundheitsbereichs, auf den das Gesetz angewendet wird, von zentraler Wichtigkeit. In den durchgeführten Beratungen während der Entwicklung des HFG, zu denen die SEG einen aktiven Beitrag geleistet hat, begrüsste der Schweizerische Nationalfonds zur Förderung der wissenschaftlichen Forschung (SNF, FNS auf Französisch) zwar den Vorschlag zur Schaffung eines solchen Rechtsrahmens, wies aber auf eine Reihe von Schwachstellen in den ersten Gesetzentwürfen hin. In einer Pressemitteilung vom 31. Mai 2006, wurde insbesondere die nicht eindeutige Definition des Geltungsbereiches «Forschung im Gesundheitsbereich» betont und auf mögliche nachteilige Folgen hingewiesen: «Neben medizinisch-biologischer Forschung, könnte es [diese Beschreibung] alle empirische Forschung in den Sozial- und Verhaltenswissenschaften beinhalten. Der SNF ist der Ansicht, dass das Gesetz stattdessen auf diejenigen Bereiche beschränkt werden sollte, in denen wissenschaftliche Forschung einen tatsächlichen Einfluss auf die Gesundheit der involvierten Personen haben könnte» (FNS 2006: 1, Übers.).

In dem schliesslich angenommenen Rechtsakt wurde die Definition geändert, um diesen Vorbehalten Rechnung zu tragen. Der Geltungsbereich wird nun im ersten Absatz von Artikel 2 wie folgt definiert: «Dieses Gesetz gilt für die Forschung zu Krankheiten des Menschen sowie zu Aufbau und Funktion des menschlichen Körpers, die durchgeführt wird: mit Personen; an verstorbenen Personen; an Embryonen und Föten; mit biologischem Material; mit gesundheitsbezogenen Personendaten» (Bundesversammlung 2011: 2). Die Definition ist zwar präziser geworden, bleibt aber im Hinblick auf viele Forschungsprojekte in den qualitativen

---

geändert wurde, nachdem ein neuer Verfassungsartikel über die finanzielle Unterstützung der Universitäten durch das Volk angenommen wurde. Es wurden Akkreditierungs- und Qualitätssicherungsverfahren eingeführt (Bundesrat 2009).

[6] Bekannt als die VanTX-Affäre. Über mehrere Jahre rekrutierte ein Schweizer Forschungs- und Entwicklungsunternehmen Freiwillige, hauptsächlich aus Estland, für die Teilnahme an klinischen Studien in Basel. Die Studienteilnehmenden erhielten keine ausreichenden Informationen, ausserdem wurde die Einwilligungserklärung nicht in ihre Muttersprache oder in eine andere Sprache übersetzt, die sie gut genug verstanden hätten. Die klinischen Studien waren sehr kurzfristig geplant und die Teilnehmenden wurden sofort danach ohne medizinische Betreuung nach Hause geschickt. Darüber hinaus wurden die Tätigkeiten ohne Mitteilung an die estnischen Behörden durchgeführt, was nach estnischem Recht rechtswidrig ist. Im Frühjahr 1999 brach der Skandal aus und machte auf die fehlende staatliche Regulierung der klinischen Studien in der Schweiz aufmerksam. Auffallend ist, dass die Rolle dieser Affäre bei der Schaffung des HFG in den Diskussionen der sozialwissenschaftlichen Forschenden rund um das neue HFG keine Notiz fand (Perrin 2017).

Sozialwissenschaften ambivalent[7], in denen oft indirekt personenbezogene Informationen zum Thema Gesundheit gesammelt werden.

Ein Ethiker des Schweizer Bundesamtes für Gesundheit (BAG), der für die Kommunikation über die Regulierung der Forschung am Menschen zuständig ist und den wir kontaktierten, sagte zu diesem Punkt: «Für die Sozialwissenschaften fallen nur solche Projekte in den Geltungsbereich des Gesetzes, bei denen gesundheitsbezogene Daten mit Daten wie Biomarkern (biologisches oder genetisches Material), sowie zum Beispiel Labortestergebnissen, in Zusammenhang gebracht werden» (Interviewnotizen, Übers.). Laut einem Mitglied einer kantonalen Ethikkommission können zwar gesundheitsbezogene Daten in ethnographischen Forschungsprojekten erhoben werden, aber nur jene Projekte, die tatsächlich das Ziel haben, Wissen in einem medizinischen oder gesundheitlichen Bereich zu generieren, fallen in den Geltungsbereich des Gesetzes. Dem Mitglied einer anderen kantonalen Ethikkommission zufolge ist der Zugang zu medizinischen Akten als Forschungsmaterial ein entscheidendes Kriterium, selbst wenn die meisten Entscheidungen von Fall zu Fall getroffen werden. Dies zeigt sowohl die Unklarheit über die praktische Anwendung des Gesetzes in Bezug auf ethnographische Projekte, als auch den Interpretationsspielraum der den kantonalen Ethikkommissionen überlassen wird. Der Umfang des HFG bleibt somit trotz Klärungsversuchen des BAGs im Jahr 2013 und der Swissethics[8] in den Jahren 2014 und 2015 teilweise undefiniert.

Auf verschiedenen Ebenen wurden Initiativen ergriffen, um diese Unsicherheiten[9] zu beheben. Im Jahr 2015 veröffentlichte die Schweizerische Akademie der Medizinischen Wissenschaften (SAMW) einen Praxisleitfaden, der unter Berücksichtigung des HFG überarbeitet und ergänzt wurde. Der Leitfaden, der von Swissethics als nützliches Instrument anerkannt ist, gibt einen Überblick über die wichtigsten Fragen bezüglich des HFG und legt die «guten Praktiken» dar, die befolgt werden sollten. Er betont, dass es wichtig ist, eine zu wörtliche Auslegung der Rechtsvorschriften zu vermeiden: «[...] die etablierten Standards der Forschungsethik innerhalb der Wissenschaftsgemeinschaft, aber auch in der Öffentlichkeit ständig kritisch zu hinterfragen» (SAMW 2015: 18). Der Leitfaden erkennt an, dass die Definition des Geltungsbereichs des Gesetzes offen für Interpretationen ist und dass es je nach Einzelfall angewendet werden sollte. Einer der aufgeworfenen Punkte ist die Frage, was «Forschung» nach dem Modell von «Qualitätssicherungsprojekten» ist und was nicht. In Zweifelsfällen empfiehlt der Leitfaden, dass Ratschläge von kantonalen Ethikkommissionen eingeholt werden sollten[10].

---

[7] Es sei darauf hingewiesen, dass Forschende in den quantitativen Sozialwissenschaften auch Fragen nach geeigneten Evaluierungsmethoden für ihre Projekte haben und dass Projekte, die einem Mixed-Methods-Ansatz folgen, noch einen zusätzlichen Fragenkomplex aufwerfen.
[8] Swissethics ist ein gemeinnütziger Verein, der 2011 gegründet wurde. «Zweck des Vereins ist die Sicherstellung der Koordination unter den kantonalen Ethikkommissionen in der Schweiz mit dem Ziel, eine einheitliche Anwendung der bundesrechtlichen Bestimmungen zur Humanforschung zu erreichen und den Informations- und Meinungsaustausch zu pflegen» (Swissethics 2018, Art. 2.1).
[9] Es sei darauf hingewiesen, dass diese Initiativen hauptsächlich von Vertreter·innen der Medizinwissenschaften durchgeführt werden, wie das von SAMW und Swissethics entwickelte Modell der «allgemeinen Zustimmung», das sich derzeit in einer zweiten Konsultationsrunde (SAMW 2016) befindet, deutlich zeigt. Unter bestimmten Bedingungen erlaubt das HFG die Erstellung einer «allgemeinen Zustimmung», durch welche die Teilnehmenden die Verwendung ihrer Daten und Proben in späteren Forschungsprojekten akzeptieren können.
[10] Die Einreichung von Forschungsprojekten bei den kantonalen Ethikkommissionen erfolgt seit dem 1. Januar

Diese Unsicherheiten sorgen für Unzufriedenheit bei den Forschenden, und es werden bereits in den Jahren 2019–2020 Gesetzesänderungen bzw. -ergänzungen erwartet. Eine der zentralen Fragen, die gelöst werden sollte, ist, ob der Geltungsbereich des HFG geklärt werden muss oder ob ethische Verfahren auf alle Forschungsprojekte ausgedehnt werden sollen, unabhängig von der Studienrichtung und Disziplin. In der Zwischenzeit tun alle Beteiligten, sowohl Institutionen als auch Einzelpersonen, ihr Bestes, um den rechtlichen Rahmen angemessen zu interpretieren, entsprechend ihrer Position in der «Lieferkette» der wissenschaftlichen Forschung, von Geldgebern bis zu Forscherinnen.

Damit überlässt der SNF es den Antragstellenden von Forschungsgesuchen, zu entscheiden, ob ihr Projekt eine ethische Beurteilung erfordert. Es sind daher die Forschenden, die das Kästchen ankreuzen müssen, welches angibt, ob es sich bei dem Projekt um eine «Forschung am Menschen» handelt oder nicht. Wenn die Gesuchstellenden dieses Kästchen nicht ankreuzen, liegt es auch nicht im Aufgabenbereich des SNF zu prüfen, ob die Forschung mit dem HFG übereinstimmt. Die Forschenden müssen daher ihre eigenen Ressourcen – oder die Unterstützung der Institution, für die sie arbeiten – nutzen, um zu entscheiden, ob ihre Projekte unter das HFG fallen, und sie gegebenenfalls an die von der jeweiligen kantonalen Ethikkommission festgelegten Verfahren anpassen.

Umstrukturierung von kantonalen Ethikkommissionen und institutionelle Reaktionen

Nach Inkrafttreten des HFG wurden die kantonalen Ethikkommissionen, die oft in Universitätskliniken entwickelt wurden, bezüglich Region, Grösse und Mitgliedschaft umstrukturiert mit dem Zweck ihre Tätigkeiten zu rationalisieren. Mit dem Ziel, die verfügbaren Ressourcen zu optimieren und die je nach Kanton unterschiedlich vielen Bewertungsgesuche zu koordinieren, wurden kantonale und regionale Ethikausschüsse für die Forschung am Menschen eingesetzt.

Die Kommissionsmitglieder haben in der Regel einen Hintergrund in den biomedizinischen Wissenschaften oder im Recht. So hatte beispielsweise die Genfer Ethikkommission zum Zeitpunkt der Ausarbeitung dieses Artikels 38 Mitglieder, von denen nur acht Personen keinen medizinischen oder paramedizinischen Beruf ausübten[11]. Obwohl dieser Ausschuss als erster in der ganzen Schweiz eine Anwaltschaft für Patient·innenrechte eingerichtet hat, vertritt keines seiner Mitglieder die qualitativen Sozialwissenschaften. Diese deutliche Unterrepräsentation zeigt nicht nur, dass Forschende, die qualitative Methoden anwenden, Ethikkommissionen, die sich vor allem auf die biomedizinische Forschung konzentrieren, als irrelevant beurteilen, sondern auch, dass sie ein anderes Verständnis von ethischen Fragen haben, wie wir weiter unten diskutieren werden.

2016 über das Internetportal BASEC (Business Administration System for Ethics Committees). Das Einreichformular gibt den Forschenden Aufschluss darüber, ob das eingereichte Projekt von einer kantonalen Ethikkommission überprüft werden muss.

[11] Es gibt zwei Anwälte, einen Rechtsexperten, eine Vertreterin für Patient·innenrechte, zwei Theologen, einen technischen und fachlichen Transferassistenten und eine Biostatistikerin.

Als Antwort auf die Institutionalisierung der *Verfahrensethik*, die Forderung von Geldgebern und wissenschaftlichen Zeitschriften nach ethischen Garantien und die Unsicherheit über den Geltungsbereich des HFG, wurden in jüngster Zeit mehrere Anpassungsversuche vorgeschlagen. Einige Universitäten haben Initiative ergriffen und ihre eigenen Gremien gegründet, um ethische Fragen intern zu regeln. Obwohl es grosse Unterschiede in den institutionellen Praktiken gibt, zeichnet sich eine allgemeine Tendenz ab: die Stärkung der Verfahren in Bezug auf die Forschungsethik unter Berücksichtigung des rechtlichen Rahmens der HFG.

Die Institutionen nehmen nun durch unterschiedliche Strategien durchsetzungsfähigere Positionen ein: von der Regulierungspflicht durch die IRBs, auf die (auch bei studentischen Arbeiten) zurückgegriffen werden muss, bis hin zur Überlassung der Bewertung an Forschungsteams (Burton-Jeangros 2017). Einige Hochschulen entscheiden sich für eine Nicht-Regulierung dieser Frage und geben keine allgemeinen Hinweise zur Forschungsethik. Andere wiederum fördern ein Nachdenken über die akademische Integrität und befassen sich vor allem mit Fragen von Betrug und Plagiaten.

Im Hinblick auf die formalen Anforderungen an die Forschung innerhalb des HFG kann keine dieser Initiativen die kantonalen Ethikkommissionen ersetzen. Sie sind jedoch untrennbar mit den gesetzlichen Anforderungen verbunden und fungieren gegebenenfalls als Schnittstelle zwischen den Geldgebern – dem SNF oder oftmals privaten Stiftungen –, den Universitäten, kantonalen Ethikkommissionen und Forschenden. Als Beispiel für solch eine Vermittlerrolle ist die Universität Neuchâtel nennenswert, die eine Kommission zur Ethikprüfung institutionalisiert hat, welche sich als Anlaufstelle zwischen Forschenden und dem kantonalen Ethikausschuss präsentiert. Sie unterstützt insbesondere die Beurteilung ethischer Fragen, die es ermöglicht, darüber zu entscheiden, ob es notwendig ist, einen Antrag an den kantonalen Ausschuss zu stellen (oder nicht) unter Berücksichtigung der Anliegen der Forschenden. Sie fördert auch die Weiterbildung von Forschenden in Fragen der Forschungsethik.

Angleichung an europäische Standards und Institutionalisierung restriktiver Normen: die Revisionen des DSG und des FIFG

Während das HFG das Thema Forschungsethik in den qualitativen Sozialwissenschaften[12] in den Vordergrund der Debatte gestellt und zu dessen Institutionalisierung beigetragen hat, sind die Folgen der Totalrevision des DSG unklar geblieben. Die Schwierigkeiten, die der AED von Forschenden, die Mitglieder der SEG sind, gemeldet wurden, deuten jedoch auf Hindernisse bei der Durchführung von Forschungsprojekten hin, die nicht aus dem HFG, sondern aus dem DSG resultieren. Was ist das für ein Gesetz und was bedeutet es für Anthropolog·innen? Ziel des DSG ist es, natürliche und juristische Personen (Unternehmen und Verbände) vor nachteiligen Auswirkungen – wie der Beeinträchtigung der Privatsphäre, Reputation oder Kreditwürdigkeit sowie vor möglicher Überwachung – infolge der Verarbeitung personenbezogener Daten zu schützen. Das Anliegen, die Daten in einer Gesellschaft zu schützen, die durch wach-

---

[12] Siehe z. B.: Schweizerische Gesellschaft für Soziologie (2007), Berthod et al. (2010), Burton-Jeangros (2017), FORS (2017).

sende Möglichkeiten der Informations- und Kommunikationstechnologien gekennzeichnet ist, wurde bereits 1971 in einem ersten parlamentarischen Antrag zum Ausdruck gebracht. Im Jahr 1977 folgten zwei parlamentarische Initiativen, die die Entwicklung eines Bundesgesetzes über den Datenschutz forderten (Bundesrat 1988: 426). Das DSG wurde schliesslich 1992 verabschiedet. Es zielt in erster Linie darauf ab, ein Gleichgewicht zwischen den Bedürfnissen von Wirtschaft und Industrie auf der einen Seite und dem Schutz des Individuums auf der anderen Seite herzustellen. Da die Aufhebung der ärztlichen Schweigepflicht für Forschungszwecke spezifische Fragen aufwirft, stellt die medizinische Forschung einen sehr wesentlichen Gegenstand des Gesetzes dar. In Anbetracht der Tatsache, dass es sich um ein öffentliches Gut handelt, genehmigt das DSG die Verarbeitung personenbezogener medizinischer Daten für Forschungszwecke vorbehaltlich der informierten Einwilligung (*op. cit.*: 524–525).

Andere Forschungsaktivitäten sind ebenfalls, wenn auch in geringem Masse, von der Regulierung der Datenverarbeitung betroffen. Die Botschaften, die dem ursprünglichen Gesetz und dessen aktueller Überarbeitung beiliegen (*op. cit.*, Bundesrat 2017), berücksichtigen die Besonderheiten der Forschung. Diese wird in dieselbe Kategorie wie Planung und Statistik eingestuft, da ihre Ziele nicht direkt mit den Forschungssubjekten in Beziehung stehen. Das Gesetz erkennt zwar an, dass Forschung im öffentlichen Interesse liegt, verlangt aber, dass die verarbeiteten Daten anonymisiert werden. Forschungsergebnisse können daher veröffentlicht werden, vorausgesetzt, sie sind anonymisiert und es somit nicht möglich ist, Forschungsteilnehmende zu identifizieren. Das DSG schafft jedoch eine Kategorie von Daten, genannt «besonders schützenswerte Personendaten», die aufgrund des erhöhten Schadensrisikos für Einzelpersonen einer speziellen rechtlichen Regulierung unterliegen. Nach Artikel 4 Absatz c des aktuellen Gesetzentwurfs umfasst diese Kategorie Daten «über religiöse, weltanschauliche, politische oder gewerkschaftliche Ansichten oder Tätigkeiten»; «über die Gesundheit, die Intimsphäre oder die Zugehörigkeit zu einer Rasse oder Ethnie»; «genetische Daten»; «biometrische Daten, die eine natürliche Person eindeutig identifizieren»; «Daten über verwaltungs- und strafrechtliche Verfolgungen oder Sanktionen»; und «Daten über Massnahmen der sozialen Hilfe» (Bundesversammlung 2017: 7207–7208). Mit dem Ziel der Vollständigkeit unterwirft dieser Gesetzesentwurf die Verarbeitung solcher Daten einer Einwilligung, die explizit, frei und informiert sein sollte, was dazu führt, dass dieses Vorgehen zu einem wesentlichen Bestandteil der Forschung in allen Disziplinen wird.

Das derzeitige Ausmass der Digitalisierung von Daten oder *Big Data* sowie die von den Fördereinrichtungen begünstigten Open-Access-Richtlinien (Banister 2007, Coll 2016, Leonelli et al. 2017, Wyatt 2017) stehen im Mittelpunkt der laufenden Totalrevision des DSG. Sie fliessen somit in die Diskussionen rund um Datenschutz und Einwilligung ein. Obwohl das Phänomen im schweizerischen Kontext noch nicht zu beobachten ist, ist die Forschungsethik in einer Reihe von Ländern, darunter die Vereinigten Staaten, Kanada[13] und Frankreich, Gegenstand von Rechtsstreitigkeiten geworden (Atlani-Duault und Dufoix 2014). Die Leichtigkeit, mit der sich Forschungsergebnisse ausserhalb der Forschungslandschaft verbreiten,

---

[13] Im Jahr 2016 wurde in einem Verfahren gegen ein Unternehmen eine Professorin an der Universität Quebec in Montreal vom Obersten Gericht angewiesen, die Namen von Personen offen zu legen, die an ihrer Promotionsforschung in den Kommunikationswissenschaften teilgenommen hatten. Diese Affäre veranlasste die

sowie die Tatsache, dass es häufig unmöglich ist, sie für die betreffende Personengruppe vollständig zu anonymisieren, tragen dazu bei, dass nach der Veröffentlichung von Forschungsergebnissen Verfahren gegen Forschende wegen Verleumdung eingeleitet werden (Laurens und Neyrat 2010, Avanza 2011).[14] Diese Verfahren zeigen, wie bestimmte Teilnehmende, die über ausreichende sozioökonomische Ressourcen verfügen, die Verbreitung von Forschungsergebnissen behindern können.

Unsere Analyse des FIFG zeigt, dass bei der jüngsten Totalrevision Änderungen der internationalen Standards berücksichtigt wurden. Seit 2012 enthält das neue FIFG Bestimmungen zur Einhaltung der Grundsätze der «wissenschaftlichen Integrität» und der «guten wissenschaftlichen Praxis», die bei früheren Teilrevisionen nicht berücksichtigt wurden: «Die Forschungsförderungsinstitutionen achten darauf, dass bei der von ihnen geförderten Forschung die Regeln der wissenschaftlichen Integrität und der guten wissenschaftlichen Praxis eingehalten werden» (Bundesversammlung 2012, art. 12.1). In diesem Sinne definiert der erste Absatz des Artikels 12 «den Grundsatz [der wissenschaftlichen Integrität und guten wissenschaftlichen Praxis] als allgemeine Norm» (Bundesrat 2011: 8880) und trägt zur Integration neuer wissenschaftlicher Standards in der Schweiz bei.

Der freie Zugang zu Forschungsdaten – *Open Data* – zur Validierung der Reproduzierbarkeit von Ergebnissen ist zu einem internationalen Prinzip der «guten wissenschaftlichen Praxis» geworden (dies ist beispielsweise der Fall im europäischen Forschungsprogramm Horizont 2020). Mit der Verpflichtung, für alle seit Oktober 2017 beim SNF eingereichten Forschungsgesuche einen Data Management Plan (DMP) beizulegen, entsteht ein neuer Verwaltungsaufwand für die Forschenden. Ziel ist es zwar, die Vergleichbarkeit und gegenseitige Nutzbarkeit von Forschungsdaten und die Validität wissenschaftlicher Erkenntnisse zu erhöhen, aber diese neue institutionelle Anforderung rückt auch Probleme bezüglich des Datenschutzes in den Mittelpunkt. Eines der Probleme ist die Auswirkung dieser neuen Anforderungen auf finanzielle und zeitliche Ressourcen. Wie die kanadische Forscherin Felices-Luna (2016) zeigt, zwang eine zum Zeitpunkt des Antrags auf ethische Zulassung nicht zu erwartende Änderung des Ortes der Datenspeicherung sie dazu, der Kommission ein Forschungsprotokoll erneut vorzulegen, was mit hohen Verwaltungskosten verbunden war. Ein weiteres Problem ist die Herausforderung der Datenanonymisierung im Dienste des Datenaustausches. In der Schweiz gibt es derzeit kein registriertes Verfahren und in Ermangelung dessen bleibt der genaue Umfang des DSG bei der Verarbeitung von Daten aus der qualitativen Forschung ungewiss. Wie ein Forscher, der über die Archivierung von sozialwissenschaftlichen Daten arbeitet, uns jedoch erzählte, werden die Daten in der Praxis so gut wie möglich geschützt, um zukünftige Ansprüche vor Gericht zu verhindern. Eine wesentliche Konsequenz davon ist, dass die ausdrückliche schriftliche Einwilligung zu einer zwingenden Voraussetzung für die Datenverarbeitung und –archivierung wird, einschliesslich der Weiterverwendung von Daten.

Die zunehmende administrative Beschränkung bezüglich der Datenverwaltung verdeutlicht das Spannungsverhältnis zwischen *Verfahrens-* und *Prozessethik*. Ein gutes Beispiel dafür

---

wissenschaftliche Gemeinschaft, sich für die Wahrung der Vertraulichkeit der in der Forschung gewonnenen Daten einzusetzen (Gravel 2016, Kondro 2016).

[14] Zur Frage der Themen Vertraulichkeit und Anonymisierung siehe z.B: Baez (2002), Saunders et al. (2015), Lancaster (2017).

ist die Forderung nach einer schriftlichen Einwilligungserklärung für jedes Forschungsprojekt. Diese institutionelle Anforderung tendiert dazu, die Frage der Ethik auf ein Konzept des Rechtsschutzes zu reduzieren (Jacob 2007). Anthropolog·innen jedoch vertreten die Ansicht, dass Fragen der Forschungsethik weit über die Verwaltung der Einwilligungserklärung hinausgehen (Berthod et al. 2010). Die Revision des DSG verfolgt das Ziel, die neuen europäischen Normen zu integrieren, die durch die Datenschutz-Grundverordnung (DSGVO) eingeführt wurden und am 25. Mai 2018 in Kraft getreten sind. Angesichts der Wichtigkeit der genannten Themen erachten wir es für notwendig, über diese Spannung sowie über verschiedene Reaktionsmöglichkeiten zu reflektieren.

Zwischen *Verfahrens-* und *Prozessethik:* Spannungen in der Forschungspraxis

In diesem zweiten Teil des Artikels werden die Spannungen zwischen *Verfahrens-* und *Prozessethik* in Bezug auf die Positionierung und Praxis der anthropologischen Forschung untersucht. Der Unterschied zwischen diesen beiden ethischen Auffassungen zeigt sich in den unterschiedlichen Reaktionen auf die Skandale, welche die Geschichte der biomedizinischen Wissenschaften auf der einen Seite und der Anthropologie auf der anderen Seite geprägt haben. Während die Ersteren ihre Aufmerksamkeit auf das Recht des Einzelnen auf Schutz und informierte Einwilligung lenkten, haben die Letzteren ihre ethischen Bedenken eher als Teil einer Politisierung der Forschung und der Entwicklung reflektierender, situierter und relationaler Ansätze positioniert (Hoeyer et al. 2005, Ellis 2007, Ferdinand et al. 2007). Um die spezifische Beschaffenheit der Forschungsethik, wie sie in der Anthropologie entwickelt wurde, zu verstehen, ist es notwendig, die Art und Weise zu untersuchen, wie sie entstanden ist.

Feldbeziehungen, Machtbeziehungen?

In Verbindung mit geopolitischen Reformulierungen im Zuge der Entkolonialisierungsprozesse kamen in den 1970er Jahren grundlegende Überlegungen über die Rechte und den Schutz von Forschungsteilnehmenden auf. Diese Reformulierungen führten zu einer radikalen Veränderung des traditionellen Forschungsobjekts der Anthropologie – kleine Gesellschaften, die als «anders» gelten – und ermöglichten eine kritische Auseinandersetzung mit der Geschichte der Disziplin und dem bis dahin erzeugten Wissen. In einem allgemeinen Klima des sozialen Wandels wurden die Bedingungen, unter denen Wissen produziert und genutzt wird, im Licht der komplexen Machtverhältnisse zwischen Kolonisierenden und Kolonisierten überdacht, was zu einer Reflexion über das Verhältnis von Wissen und Macht in der Disziplin führte (Clifford und Marcus 1986).

In diesem Rahmen kam es zu einer Politisierung der moralischen Verantwortung der Forschenden und der Entwicklung von epistemologischen und methodischen, und nicht verfahrenstechnischen, Antworten. Reflexivität wurde zu einem wesentlichen Bestandteil der Anthropologie, insofern als die Analyse der Beziehungen zu den Forschungsteilnehmenden und zu sozialen Situationen integraler Bestandteil der Forschung wurde, vom Feldzugang bis zur Veröffentlichung der Ergebnisse. Um eine symmetrischere Beziehung zwischen Forschenden und Teilnehmenden zu entwickeln, wurden auch dialogische und polyphone Ansätze entwickelt (Crapanzano 1977, Dwyer 1977), um den Stimmen und Visionen der Forschungsteilnehmenden mehr Gewicht und Sichtbarkeit zu geben. Obwohl kritisiert als eine Form des politischen Reduktionismus, bei dem die Beziehungen zwischen Forschenden und Teilnehmenden auf die Frage des Schreibens beschränkt blieb (Rabinow 1985, Muller 2004), trugen diese Versuche zur Entwicklung von partizipativen und kollaborativen Forschungsmodellen bei (Boser 2007). Bei solchen Ansätzen teilen die Forschenden die Fragen mit den Teilnehmenden, indem sie ihnen regelmässig Berichte zur Verfügung stellen und gemeinsam die Ergebnisse diskutieren. Dabei bleibt den Forschenden die Freiheit der Analyse und Interpretation (zu den Prozessen der Rückführung der Ergebnisse siehe insbesondere Olivier de Sardan 2014, Ossipow 2014). Dieser von Anthropolog·innen entwickelte politische und relationale ethische Ansatz hat dazu geführt, dass die Frage nach informierter Einwilligung in einen breiteren Forschungskontext gestellt wurde. Dies wurde damit begründet, das Anthropolog·innen befürchten, dass das reflexive und politische Bewusstsein verringert werden könnte, wenn ethische Fragen ausschliesslich auf das Verfahren informierter Einwilligung reduziert werden. Die Gefahr liegt darin, dass ethische Fragen zu einem simplen Verwaltungsverfahren verkommen und dadurch inhaltsleer werden. Denn solche Verfahren würden in erster Linie dazu dienen, den Institutionen und Forschenden Rechtsschutz zu bieten, ohne die Komplexität der vielfältigen ethischen Aspekte zu berücksichtigen, mit denen Anthropolog·innen bei der Durchführung von Feldforschungen konfrontiert sind. Wie von Lederman (2006b) betont, sind diese Themen dadurch gekennzeichnet, dass eine Vielzahl von Interessengruppen mit unterschiedlichen Verständnissen von «gut» und «fair» aufeinandertreffen. Raymond Massé gibt einen hilfreichen Überblick über die anthropologische Konzeption des Verhältnisses von Macht und Ethik:

Der Bereich der Ethik beschäftigt sich mit individuellen und kollektiven Mechanismen zur Aushandlung und Lösung von moralischen Konflikten. Diese Aushandlungsprozesse spiegeln die in jeder Gesellschaft bestehenden Machtverhältnisse wider, die zwischen den verschiedenen Interessengruppen existieren, die an der Diskussion teilnehmen. Die Ethik ist daher ein Raum für die vergleichende Analyse von Modellen zur Lösung moralischer Konflikte und wirtschaftlicher, politischer und religiöser Machtverhältnisse, die die Reproduktion (oder Marginalisierung) bestimmter moralischer Werte beeinflussen. Sie erkennt an, dass Zustimmung und moralischer Konsens oft erzwungen werden und dass diese auf gesellschaftspolitische Verwendungen von moralischen Normen zurückzuführen sind. (Massé 2016, Übers.)

Im Gegensatz zur *Verfahrensethik* hält die von Anthropolog·innen geförderte *Prozessethik* daher an der Vorstellung fest, dass weder ethische Protokolle noch deontologische Prinzipien Regeln für die ethischen und moralischen Fragen enthalten, die sich im Laufe der Forschung ergeben, einschliesslich der Feldforschung, Datenanalyse sowie dem Verfassen und Verbreiten von Ergebnissen. Im Einklang mit dem induktiven und prozessualen Charakter des Forschungsansatzes liegt es in der Verantwortung der Forschenden, forschungsethische Fragen im Verlauf der Forschung zu berücksichtigen und zu lösen, und zwar im Dialog mit den jeweiligen Teilnehmenden und Kolleg·innen (Berthod et al. 2010). Der Wille zur Unterstützung der *Prozessethik* spiegelt sich in den nicht-restriktiven ethischen Prinzipien wider, die von anthropologischen Vereinigungen wie der American Anthropological Association (1971, siehe Fassin 2008) und der SEG gefördert werden. Diese Prinzipien gründen in erster Linie auf der Achtung der Personen, welche die Studiensubjekte sind, insbesondere in Bezug auf Anonymität und Vertraulichkeit. Anstatt die *Verfahrensethik* zu fördern oder sich auf die Bewertung durch die IRBs zu verlassen, stützen sich diese Prinzipien eher auf die «Reputation» der an der Forschung beteiligten Institutionen, wie Universitäten und Förderstellen, sowie auf die Zustimmung von Kolleg·innen und Forschungsteilnehmenden.

Ethische Wissenschaft, gute Wissenschaft?

Welche Auswirkungen haben die epistemologischen, methodologischen und politischen Spannungen zwischen *Verfahrens-* und *Prozessethik* auf die Identität der Disziplin und die Forschungspraxis? In den letzten Jahren ist das Interesse an Ethik und Moral in der Anthropologie wieder gewachsen, so dass einige Autor·innen auch von einem «ethical turn» sprechen (Caplan 2003, Fassin 2014, Throop 2016).[15] Obwohl Machtverhältnisse die Grundlage für die kritische Analyse in der Anthropologie bilden, haben sie auch gewisse Erklärungsgrenzen erreicht, die teilweise zu dieser ethischen Wende führten (Keane 2016). Die grundlegenden Fragen nach dem Ort von Ethik und Moral in der Anthropologie sowie der Haltung der Forschenden bei der Untersuchung von ethischen und moralischen Themen sind jedoch sehr weit entfernt von den praktischen Fragen und administrativen Handlungen, mit denen Anthropolog·innen konfrontiert sind, wenn ihre Forschungsanträge einer Ethikkommission zur Beurteilung vorgelegt werden.

Im Gegensatz zur Entwicklung der *Prozessethik,* die die Anthropologie charakterisiert, setzt die Regulierung der Forschungsethik auf eine von den biomedizinischen Wissenschaften inspirierte *Verfahrensethik*. In der biomedizinischen Welt hat sich die Forschungsethik seit den 1990er-Jahren, vor allem aufgrund der Bedeutung der ethischen und sozialen Fragen, die die Forschung am menschlichen Genom aufwirft, institutionalisiert. Da der Ausgangspunkt die Vision einer «guten», uneigennützigen und objektiven Wissenschaft ist, die sich abgrenzen lässt von den Missbräuchen im Zusammenhang mit möglichen sozialen Nutzungen (Kerr et al. 1997), ist die Integration ethischer Belange in die Forschungsaktivitäten zu einem zentralen Thema geworden. Die Ethik trägt damit dazu bei, Unterscheidungen zwischen «guter» und «schlechter» Wissenschaft zu treffen, die sich auf die in der Praxis angewandten höheren oder

---

[15] Auf internationaler Ebene beobachten wir einen Boom von Publikationen über die ethischen Zwickmühlen der Anthropolog·innen und die von ihnen gefundenen Lösungen. Unter diesen sind zu nennen der *Problematorio blog* (https://problematorio.wordpress.com/blog, Zugriff am 27. September 2019); die *Field Notes: Ethics series* im Journal Cultural Anthropology (https://culanth.org/fieldsights/215-field-notes-ethics, accessed September 27, 2019); die *Case Studies in Social Science Research Ethics* (http://methods.sagepub.com/writeethicscase, accessed September 27, 2019), das *Qualitative Social Research Forum* (http://www.qualitative-research.net/index.php/fqs/browseSearch/identifyTypes/view?identifyType=Debate%3A%20Ethics, accessed September 27, 2019); und die *Ethischen Diskussionen in ethnologischer Forschung* veröffentlicht von der AED (siehe Fussnote 17).

niedrigeren ethischen Standards beziehen (Wainwright *et al.* 2006). Als Folge verinnerlichen Forschende gleichzeitig ethische Bedenken und delegieren sie an die Regulierungsbehörden, was bedeutet, dass das Gewicht der ethischen Verantwortung auf externe Stellen gelegt wird und von den Forschenden selbst ausgeklammert werden kann.

In diesem Kontext, wo die Einhaltung der *Verfahrensethik* zur Unterscheidung von «guter» und unethischer Forschungspraxis dient, befinden sich Anthropolog·innen in einer unbequemen Situation. Die von der AED während der SEG-Jahreskonferenz 2016 organisierte Diskussionsrunde liefert ein anschauliches Beispiel dafür. Nach der Kritik am Formalismus, der die Institutionalisierung der Forschungsethik bestimmt, traten zwei kritische Fragen auf. Die erste betrifft die Wahrnehmung der Disziplin von Nicht-Anthropolog·innen, die der Ansicht sein könnten, dass der von Anthropolog·innen verteidigte «methodische Exzeptionalismus» dazu tendiert, die Risiken, die für Forschungsteilnehmende entstehen können, zu leugnen.

Die zweite Frage betrifft die Behinderungen für den interdisziplinären Dialog. Anthropolog·innen neigen dazu, eine defensive Haltung einzunehmen und aufzuzeigen, dass die von ihnen befürwortete *Prozessethik* höhere ethische Standards beinhaltet als die *Verfahrensethik* der Ethikkommissionen. Anstatt ein tieferes Verständnis der beiden Formen der Ethik zu fördern, tendiert diese Haltung eher dazu, den Dogmatismus der Positionen auf beiden Seiten zu verstärken, indem die Forschungspraktiken der Anthropolog·innen so dargestellt werden, als ob sie auf jegliche Form von externer Regulierung verzichten könnten.

Eine der aktuellen Herausforderungen für Anthropolog·innen besteht daher darin, die Kritik an der *Verfahrensethik* und den daraus resultierenden Widerstand gegen die Bewertung durch Dritte zu legitimieren und gleichzeitig den ethischen Charakter ihrer Forschungspraxis zu bekräftigen. Obwohl der Fokus auf Massnahmen der formalen Einwilligung der kantonalen Ethikkommissionen mit Blick auf das biomedizinische Modell als problematisch erachtet wird, teilen Anthropolog·innen das Anliegen, die Forschungsteilnehmenden zu schützen. Die Frage ist nun, wie man eine einheitliche Ethik entwickeln kann, in der der individuelle Schutz zentral ist, aber gleichzeitig anerkannt wird, dass die Mittel zur Erreichung dieses Ziels voneinander abweichen können. Das Konzept des Schutzes entspringt eigentlich einer Forschungsvision, in der die Teilnehmenden zustimmen, im Namen des wissenschaftlichen Fortschritts Risiken einzugehen und im Gegenzug von Dritten – nämlich den ethischen Regulierungsbehörden – geschützt werden sollten, durch die Überprüfung der Einhaltung ethischer Grundsätze und durch Abwägung des Forschungsnutzen und der Forschungsrisiken für die Teilnehmenden. Diese Vision betrachtet die Forschungsteilnehmenden als gefährdete Menschen, deren Interessen vor der Euphorie der Forschenden geschützt werden müssen, und definiert folglich die Forschungstätigkeit als a priori gefährlich (Felices-Luna 2016).

Es kommt jedoch vor, dass Anthropolog·innen Gruppen von Menschen untersuchen, die mehr Prestige und Macht haben als die Forschenden selbst. Wenn nach dieser Logik auch solche Menschen geschützt werden müssen, besteht die Gefahr, dass die Forschungsergebnisse diktiert werden und somit der kritische Wert des anthropologischen Ansatzes untergraben wird. Die Ziele dieses Ansatzes liegen jedoch in der Hinterfragung dessen, was als gesunder Menschenverstand verstanden wird, sowie in der Entwicklung eines neuen Blicks auf alte Themen, der es vermag unerwartete Zusammenhänge zwischen Daten herzustellen, die eher zur Reflexion anregen, anstatt Fragen zu beantworten (Boden et al. 2009). Darüber hinaus ist es unmöglich, im Voraus zu wissen, inwieweit Forschungsergebnisse bestimmten Interessengruppen Schaden zufügen könnten, da die Nutzung der Forschung manchmal überraschende Formen annimmt (Hoeyer et al. 2005, Bamu et al. 2016).

Das Problem an dieser Stelle liegt letztendlich in der Anerkennung der Legitimität des ethnographischen Ansatzes, nachdem dessen Besonderheiten erklärt wurden. Welcher Handlungsspielraum steht Forscher·innen und Vertreter·innen der Anthropologie zur Verfügung angesichts der Institutionalisierung und Bürokratisierung der Forschungsethik? Welche Positionierungs- und Handlungsoptionen gibt es im Zuge dieser Entwicklungen in den Prozessen der Legitimation und Kontrolle der Forschung? Um diese Fragen zu erörtern, werden wir drei mögliche Haltungen vorstellen und diskutieren, die Anthropolog·innen einnehmen können. Dabei werden wir auch die Risiken und Probleme, die mit den jeweiligen Haltungen verknüpft sind, skizzieren.

Moralismus, Pragmatismus und Dialog: Haltungen und Alternativen

Die erste Haltung, die wir als moralisch bezeichnen, ist die radikalste. Sie besteht darin, die Autorität der Ethikkommissionen in Frage zu stellen, insofern, dass die von ihnen angewandten Kriterien für die ethnographische Forschung als nicht geeignet beurteilt werden und ihre tatsächliche Wirksamkeit zum Schutz der Forschungsteilnehmenden in Zweifel gezogen wird. Diese Haltung gründet in der Weigerung, an etwas teilzunehmen, das als unerwünschte Auswirkungen auf die Forschung selbst angesehen wird. Insbesondere geht es hierbei um die Kritik an einer Kontraktualisierung von Forschungsbeziehungen, die ursprünglich auf der Grundlage des ethnographischen Unterfangens konzipiert wurden. Das konkrete Ziel dieser Haltung ist es, möglichst viele Menschen von der Besonderheit und Verschiedenartigkeit ethnographischer Ansätze zu überzeugen und letztlich einen differenzierten Umgang in Bezug auf die Ethik zu erwirken. Das Hauptrisiko einer solchen Positionierung besteht jedoch darin, dass sie die wissenschaftliche Legitimität der Forschungspraktiken untergraben könnte, weil sie den Eindruck erweckt, dass die Disziplin die Gültigkeit ethischer Fragen selbst ablehnt. Oder, weniger radikal, dass sie es ablehnt, die Validierung der Forschungsethik an eine externe Stelle zu delegieren. Das Problem hierbei ist, dass das Konzept des anthropologischen Vorhabens zwar für Anthropolog·innen und ihre engsten Kolleg·innen von Bedeutung ist, es aber unklar bleibt, inwiefern es eine breitere Öffentlichkeit überzeugt, zumal diese Haltung impliziert, dass die Anthropologin die einzige Person ist, die die Ethik ihres eigenen Engagements beurteilen kann.

Eine zweite Haltung würde darin bestehen, innerhalb des Systems zu arbeiten, ohne sich mehr als erforderlich mit ihm zu befassen. Sie ist inspiriert vom ethnographischen Pragmatismus, der seit langem die begrenzten Möglichkeiten von Institutionen und Regeln zur Einschränkung individueller Praktiken aufzeigt, indem er darauf hinweist, dass Forschende Handlungsspielräume schaffen und Strategien zur Vermeidung von Hindernissen entwickeln. Das Konzept der unerwünschten Auswirkungen der institutionellen Forderungen ist in dieser Haltung zwar vorhanden, aber die Reaktion darauf ist anders. Zwischen Herausforderung und pragmatischer Akzeptanz liegend, bedeutet dies, sich den neuen Verfahren zu unterwerfen und das institutionelle Spiel mitzuspielen, ohne sich notwendigerweise den ihnen zugrundeliegenden Prinzipien anzuschliessen. Hier besteht die Herausforderung darin, die spezifischen Merkmale und Freiheiten der Anthropologie zu erhalten und sich gleichzeitig an die neuen Rahmenbedingungen der *Verfahrensethik* anzupassen. Wir sehen zwei Risiken in einer solchen Haltung. Das erste wäre eine implizite Reduzierung der Frage der Ethik auf eine Form des «Verfahrensumwegs». Besteht hier nicht die Gefahr, dass Anthropolog·innen akzeptieren, dass die Frage der Ethik zu einer oberflächlichen Beteiligung und Behandlung verkommt? Zweitens hat jeder administrative und sprachliche Rahmen eine performative Dimension. Die Hinwendung zu ethischen Standards, die für andere methodologische und epistemologische Ansätze entwickelt wurden, birgt das Risiko, dass sich die ethnographische Forschung sowohl in ihren Zielen als auch in ihren Methoden radikal verändert, wie etwa durch die Vermeidung sensibler Themen und durch die Förderung formaler Interviews anstelle von teilnehmender Beobachtung. Obwohl diese Haltung inzwischen als Reaktion auf die zunehmenden formalen ethischen Anforderungen weit verbreitet ist, halten wir die damit verbundenen Risiken für problematisch.

In der dritten und letzten Haltung, die wir hier darlegen wollen, geht es um die Teilnahme am Dialog rund um Forschungsethik und das Engagement für deren Institutionalisierung. Sie gründet auf der Hoffnung, dass Ethikkommissionen offener für die *Prozessethik* werden und die Handhabung ethischer Fragen im spezifischen Fall der ethnographischen Forschung verbessert wird. Eine solche Haltung wird von einer Reihe von Forschenden vorangetrieben (siehe z. B. Lederman 2006c). Es geht um die Akzeptanz der Idee, dass bei der Regulierung und Steuerung der Forschungsethik Handlungsbedarf besteht, sei es aus gesellschaftlichen oder aus grundlegenderen ethischen Gründen. Diese Position bringt eine kritische, aber offene Haltung gegenüber der derzeitigen Arbeitsweise der für Forschungsethik zuständigen Institutionen mit sich und zielt darauf ab, sich an der Debatte zu beteiligen, um die institutionelle Herangehensweise an die Forschungsethik zu verbessern. Das Hauptrisiko der Beteiligung liegt in der Gefahr straffere Positionen zu schaffen sowie in der potentiellen Zuspitzung von gegenseitigen Missverständnissen. Das Risiko eines gescheiterten Engagements bestünde darin, die Chance auf institutionelle Verbesserung zu verlieren, während es gleichzeitig dazu beiträgt, die Grundlage für einen umfassenderen Widerstand gegen den Prozess der Bürokratisierung der Ethik zu untergraben.

Die möglichen Wege einer solchen Beteiligung müssen noch näher diskutiert werden. Wir sehen hier zwei Hauptalternativen. Es wäre möglich, die Einbeziehung von Anthropolog·innen und anderen Sozialwissenschaftler·innen, die qualitativen Forschungsmethoden anwenden, in bestehenden Ethikkommissionen zu fördern. Dafür müssen ihrer Arbeitsmethoden akzeptiert und ein Dialog zwischen Vertreter·innen der *Verfahrens-* und *Prozessethik* eingeleitet werden. Diese Alternative würde darauf abzielen, die Institutionen von innen heraus zu reformieren, indem deren Kenntnisse und Fähigkeiten in Bezug auf qualitative Sozialwissenschaften gestärkt würden. Diese könnten bei Bedarf mobilisiert werden, während gleichzeitig der bereichsübergreifende und generalistische Charakter der Ausschüsse erhalten bliebe.

Die zweite Alternative wäre die Einrichtung von fachspezifischen Ausschüssen, wie beispielsweise einer Ethikkommission für die Sozialwissenschaften. Das würde voraussetzen, einen «Ausschuss» als geeignetes Instrument für die Bedürfnisse der Forschenden in Bezug auf die Forschungsethik und den damit verbundenen Formalitäten anzusehen, auch wenn es möglich wäre, seine Ziele und Aufgaben so zu erweitern, dass er stärker auf die Bedürfnisse der Forschenden eingehen würde. Ein Argument für die Bildung von fachspezifischen Ausschüssen ist die Kompetenz der Expert·innen, Forschungsanträge hinsichtlich ihrer methodologischen, epistemologischen und ethischen Besonderheiten zu beurteilen. Anstatt Projekte zur Förderung der *Prozessethik* im Lichte verfahrensethischer Kriterien zu bewerten, würde dies bedeuten, Formen der Evaluierung zu entwickeln, die an die spezifischen Merkmale unserer Disziplin angepasst wären. Es könnte auch sein, dass eine Kommission, die sich aus Expert·innen der Disziplin zusammensetzt, besser in der Lage wäre, Versuche zu erkennen, sich innerhalb eines Projekts ethischen Kriterien zu entziehen oder diese zu umgehen.

Eine der grundlegenden Fragen, die sich bei der Einsetzung eines fachspezifischen Ausschusses stellen würden, ist die nach dem übergreifenden Inhalt von ethischen Kriterien. Dennoch hätte die Bildung von Ausschüssen für die qualitativen Sozialwissenschaften den Vorteil, neue formale Ansätze zu entwickeln, Bewertungskriterien anzupassen und eine größere Komplexität einzubeziehen. Mit anderen Worten, es würde die Artikulation und Integration von *Verfahrens-* und *Prozessethik* fördern. Solche Ausschüsse könnten innerhalb der Universitäten oder auf der Ebene von Berufsverbänden wie der SEG organisiert werden. Um die Vermehrung isolierter Initiativen zu vermeiden, erscheint es wichtig, die daraus resultierenden Kommunikations- und Koordinationsbedürfnisse nicht aus den Augen zu verlieren. Es wäre unerlässlich, eine Diskussion über die Einrichtung solcher Ausschüsse und ihrer Arbeitsweise einzuleiten, nicht nur innerhalb der anthropologischen Gemeinschaft, sondern auch im weiteren Feld der qualitativen Sozialwissenschaften.

Angesichts der Bedeutung der ethischen Fragen, mit denen Studierende und Forschende bei der Durchführung ihrer Feldforschungen konfrontiert sind, halten wir es schliesslich für zentral, den Dialog über Forschungsethik zu fördern. Dies kann umgesetzt werden, indem einerseits Räume für den Dialog geschaffen werden und andererseits die interdisziplinäre Ausbildung in Forschungsethik gefördert wird, die an den Universitäten nach wie vor unterrepräsentiert ist.

Schlussfolgerung

Als Hintergrund für die Debatte über die Regulierung und Kontrolle der Forschungsethik ist es sinnvoll, in Erinnerung zu rufen, dass es einen grundlegenden Unterschied zwischen zwei Ansätzen zur Frage der Ethik gibt. Der erste konzentriert sich auf die Forschungsteilnehmenden und ihren Schutz. Er bildet die Grundlage für die Entwicklung von Ethikkommissionen und dem Prinzip der informierten Einwilligung. Wie wir gesehen haben, liegt sein Ursprung in den grossen Skandalen, die die Geschichte der medizinischen Forschung im 20. Jahrhundert getrübt haben. Der zweite Ansatz hingegen lenkt die Aufmerksamkeit auf die sozialen und politischen Implikationen der Forschungsaktivitäten in einem weiteren Sinne. Als Reaktion auf Skandale im Zusammenhang mit der Nutzung der Sozialwissenschaften in (post)kolonialen und hegemonialen Staatsprojekten, erkennen die Anthropologie und andere qualitative

Sozialwissenschaften die politische und situierte Dimension wissenschaftlicher Erkenntnisse an und favorisieren daher den zweiten Ansatz. Diese beiden ethischen Ansätze spiegeln sich in zwei verschiedenen Definitionen der Probleme wider, die sich aus der Beteiligung (oder Nichtbeteiligung) an der Forschung ergeben können. Vereinfacht ausgedrückt, formuliert der erste Ansatz die Frage hinsichtlich der Individuen und der direkten Auswirkungen, insbesondere in Bezug auf die physische oder psychische Sicherheit des Einzelnen. Der zweite Ansatz hingegen integriert die Phänomene der kollektiven Vorherrschaft und der Sozialkritik und stellt sich Fragen nach dem Verhältnis von Forschungspraktiken und sozialer (Re)Produktion.

Diese beiden ethischen Ansätze können sich gegenseitig ergänzen. Dennoch führt die Betonung des einen oder des anderen zu einer völlig anderen ethischen Positionierung. Wenn dieser Unterschied zwischen den Repräsentationssystemen der Ethik nicht definiert ist, wird die Diskussion untergraben was zu gegenseitigem Missverständnis führt. Der grundlegende Punkt ist daher, dass formale Verfahren zur Regulierung der Forschungsethik tendenziell keinen Raum für ethische Ansätze der Sozialkritik zulassen. Unter Bezugnahme auf die kritische und reflektierende Dimension der Ethik sehen wir eine entscheidende Rolle für die Sozialwissenschaften bei der Regulierung der Forschungsethik. Anstatt sich darauf zu konzentrieren, ob Instrumente wie Ethikkommissionen oder Einwilligungserklärungen für ethnographische Methoden geeignet sind oder nicht, müssen wir über neue und ergänzende Instrumente nachdenken, die nach den gesellschaftlichen Folgen der Forschung fragen.

Références / Literaturverzeichnis

Académie suisse des sciences médicales (ASSM). 2016. «Consentement général: un modèle uniforme pour faciliter la recherche sur tout le territoire suisse». *Bulletin de l'ASSM* 3. https://www.samw.ch/fr/Publications/Bulletins-ASSM/Bulletins-archives.html, consulté le 27 septembre 2019.

Académie suisse des sciences médicales (ASSM). 2015. *Recherche avec l'être humain– Guide pratique. 2ᵉ édition, révisée et adaptée à la Loi relative à la recherche sur l'être humain*. Berne: Académie suisse des sciences médicales.

Amit Vered. 2000. "The University as Panopticon. Moral Claims and Attacks on Academic Freedom", in: Strathern Marilyn (dir.), *Audit Cultures: Anthropological Studies and Accountability, Ethics and the Academy*, p. 215–235. London: Routledge.

Assayag Jackie. 2008. «L'anthropologie en guerre. Les anthropologues sont-ils tous des espions?». *L'Homme* 187–188: 135–167.

Assemblée fédérale. 2017. «Projet de Loi fédérale sur la révision totale de la loi fédérale sur la protection des données et sur la modification d'autres lois fédérales (État le 14 novembre 2017)». *Feuille fédérale* 45: 6803–6884.

Assemblée fédérale. 2012. *Loi fédérale sur l'encouragement de la recherche et de l'innovation (LERI) du 14 décembre 2012 (État le 1ᵉʳ mars 2017)*. https://www.admin.ch/opc/fr/classified-compilation/20091419/201703010000/420.1.pdf, consulté le 27 septembre 2019.

Assemblée fédérale. 2011. *Loi fédérale relative à la recherche sur l'être humain (LRH) du 30 septembre 2011 (État le 1ᵉʳ janvier 2014)*. https://www.admin.ch/opc/fr/classified-compilation/20061313/index.html, consulté le 27 septembre 2019.

Assemblée fédérale. 1983. «Loi fédérale sur la recherche (LR) du 7 octobre 1983». *Feuille fédérale* 3 (41): 1087–1096.

Assemblée fédérale. 1968. «Loi fédérale sur l'aide aux universités (Du 28 juin 1968)». *Feuille fédérale* 2 (27) 10–21.

Atlani-Duault Laëtitia, Dufoix Stéphane.

2014. «Les sciences sociales saisies par la justice». *Socio*. http://socio.revues.org/617, consulté le 27 septembre 2019.

Avanza Martina. 2011. «L'enquête en procès. Droit et pratique des sciences sociales». *La Vie des idées*. http://www.laviedesidees.fr/L-enquete-en-proces.html, consulté le 27 septembre 2019.

Avanza Martina. 2008. «Comment faire de l'ethnographie quand on n'aime pas ses ‹indigènes› ? Une enquête au sein d'un mouvement xénophobe», in : Fassin Didier, Bensa Alban (dir.). *Les politiques de l'enquête. Épreuves ethnographiques*, p. 41–58. Paris : La Découverte.

Baez Benjamin. 2002. "Confidentiality in Qualitative Research: Reflections on Secrets, Power and Agency". *Qualitative Research* 2 (1): 35–58.

Bamu Beryl, De Schauwer Elisabeth, Van Hove Geert. 2016. "I can't say I wasn't anticipating it, but I didn't see it coming in this magnitude: A Qualitative Fieldwork Experience in the North West Region of Cameroon". *The Qualitative Report* 21(3): 571–583.

Banister Savilla. 2007. "Ethical issues and qualitative methods in the 21st century: How can digital technologies be embraced in the research community?". *Journal of Ethnographic & Qualitative Research* 1 (1): 1–10.

Berthod Marc-Antoine, Forney Jérémie, Kradolfer Sabine, Neuhaus Juliane, Ossipow Laurence, Papadaniel Yannis, Perrin Julie. 2010. «Une charte éthique pour les ethnologues? Projet de prise de position de la Société suisse d'ethnologie/Eine Ethik-Charta für die Ethnologie? Projekt einer Stellungnahme der Schweizerischen Ethnologischen Gesellschaft». *Tsantsa* 15: 148–65.

Blondet Marieke, Lantin Mallet Mickaële (dir.). 2017. *Anthropologies réflexives. Modes de connaissance et formes d'expérience*. Lyon : Presses universitaires de Lyon.

Boden Rebecca, Epstein Debbie, Latimer Joanna. 2009. "Accounting for Ethos or Programmes for Conduct? The Brave New World of Research Ethics Committees". The Sociological Review 57 (4): 727–749.

Boser Susan. 2007. "Power, Ethics and the IRB. Dissonance Over Human Participant Review of Participatory Research". *Qualitative Inquiry* 13 (8): 1060–1074.

Bouillon Florence, Fresia Marion, Tallio Virginie (dir.). 2005. *Terrains sensibles: expériences actuelles de l'anthropologie*. Paris : Centre d'études africaines, École des hautes études en sciences sociales (EHESS).

Bundesrat. 2017. «Botschaft zum Bundesgesetz über die Totalrevision des Bundesgesetzes über den Datenschutz und die Änderung weiterer Erlasse zum Datenschutz vom 15. September 2017». *Bundesblatt* 2017 17.059.

Bundesrat. 2011. «Botschaft zur Totalrevision des Forschungs- und Innovationsförderungsgesetzes vom 9. November 2011». *Bundesblatt* 2011 11.069.

Bundesrat. 2009. «Botschaft zum Bundesgesetz über die Förderung der Hochschulen und die Koordination im schweizerischen Hochschulbereich (HFKG) vom 29. Mai 2009». *Bundesblatt* 2009 09.057.

Bundesrat. 1988. «Botschaft zum Bundesgesetz über den Datenschutz (DSG) vom 23. März 1988». *Bundesblatt* 2 (18): 413–534.

Bundesversammlung. 2017. *Entwurf des Bundesgesetzes über die Totalrevision des Bundesgesetzes über den Datenschutz und die Änderung weiterer Erlasse zum Datenschutz (Stand vom 15. September 2017)*. https://www.admin.ch/opc/de/federal-gazette/2017/7193.pdf, Zugriff am 16. November 2019.

Bundesversammlung. 2012. *Bundesgesetz über die Förderung der Forschung und der Innovation (FIFG) vom 14. Dezember 2012 (Stand am 1. Januar 2018)*. https://www.admin.ch/opc/de/classified-compilation/20091419/index.html, Zugriff am 8. Dezember 2017.

Bundesversammlung. 2011. *Bundesgesetz über die Forschung am Menschen (Humanforschungsgesetz, HFG) vom 30. September 2011 (Stand am 1. Januar 2014)*. https://www.admin.ch/opc/de/classified-compilation/20061313/index.html, Zugriff am 8. Dezember 2017.

Bundesversammlung. 1983. «Bundesgesetz über die Forschung (Forschungsgesetz [FG]) vom

7. Oktober 1983». *Bundesblatt* 3 (41): 1062–1071.
1968. «Bundesgesetz über die Hochschulförderung (Vom 28. Juni 1968)». *Bundesblatt* 2 (27): 10–21.
Burton-Jeangros Claudine (dir.). 2017. «L'éthique (en) pratique: la recherche en sciences sociales». *Sociograph– Sociological Research Studies* 34. http://www.unige.ch/sciences-societe/socio/fr/publications/dernierespublications/sociograph-34-sociological-research-studies/, consulté le 27 septembre 2019.
Caplan Pat. 2003. "Introduction: Anthropology and ethics", in: Caplan Pat (dir.), *The Ethics of Anthropology. Debates and Dilemmas*, p. 1–33. London: Routledge.
Cefaï Daniel, Costey Paul. 2009. «Codifier l'engagement ethnographique? Remarques sur le consentement éclairé, les codes d'éthique et les comités d'éthique». *La Vie des idées*. http://www.laviedesidees.fr/Codifier-l-engagement.html, consulté le 27 septembre 2019.
Clifford James, Marcus George E. (eds.). 1986. *Writing Culture: The Poetics and Politics of Ethnography*. Berkeley: University of California Press.
Coll Sami. 2016. «'Big data, Big Problems?' Enjeux éthiques et sociaux du «'big data'», in: Epiney Astrid, Nüesch Daniela (Hrsg/dir.), *Big Data und Datenschutzrecht / Big Data et droit de la protection des données*, p. 23–33. Zürich: Schulthess Verlag.
Conseil fédéral. 2017. *Message concernant la loi fédérale sur la révision totale de la loi fédérale sur la protection des données et sur la modification d'autres lois fédérales du 15 septembre 2017*. FF 2017 17.059.
2011. *Message relatif à la révision totale de la loi sur l'encouragement de la recherche et de l'innovation du 9 novembre 2011*. FF 2011 8089.
Conseil fédéral. 2009. *Message relatif à la loi fédérale sur l'aide aux hautes écoles et la coordination dans le domaine suisse des hautes écoles (LAHE) du 29 mai 2009*. FF 2009 4067.
Conseil fédéral. 1988. «Message concernant la loi fédérale sur la protection des données (LPD) du 23 mars 1988». *Feuille fédérale* 2 (18): 421–539.
Crapanzano Vincent. 1977. "On the Writing of Ethnography". *Dialectical Anthropology* 2(1): 69–73.

Dequirez Gaelle, Hersant Jeanne. 2013. "The Virtues of Improvisation: Ethnography without an Ethics Protocol". *Current Sociology* 61(5-6): 646–660.
Dwyer Kevin. 1977. "On the Dialogic of Field Work". *Dialectical Anthropology* 2(2): 143–151.
Ellis Carolyn. 2007. "Telling Secrets, Revealing Lives: Relational Ethics in Research with Intimate Others". *Qualitative Inquiry* 13(1): 3–29.
Fassin Didier. 2014. "The Ethical Turn in Anthropology: Promises and Uncertainties". *Hau: Journal of Ethnographic Theory* 4(1): 429–435.
Fassin Didier. 2008. «L'éthique, au-delà de la règle : Réflexions autour d'une enquête ethnographique sur les pratiques de soins en Afrique du Sud». *Sociétés contemporaines* 71(3) : 117–135.
Felices-Luna Maritza. 2016. «Attention au chercheur! L'éthique sous la menace de la recherche, la science sous l'emprise des comités d'éthique en recherche». *Déviance et Société* 40(1): 3–23.
Ferdinand Jason, Pearson Geoff, Rowe Mike, Worthington Frank. 2007. "A Different Kind of Ethics". *Ethnography* 8(4): 519–543.
Fonds national suisse de la recherche scientifique (FNS). 2006. *Prise de position du FNS dans le cadre de la procédure de consultation : Le FNS demande une revue fondamentale du projet de loi relative à la recherche sur l'être humain.* Communiqué de presse du 31 mai 2006. www.snf.ch/SiteCollectionDocuments/por_phi_the_pm060531_f.pdf, consulté le 27 septembre 2019.
FORS. 2017. *6ème Festival Suisse des méthodes qualitatives– Éthique et recherche qualitative en sciences sociales*. https://agenda.unil.ch/display/1500356828733, consulté le 27 septembre 2019.
Gravel Pauline. 2016. «Divulguer ses sources, un manquement à l'éthique. La communauté défend une universitaire forcée de révéler des informations confidentielles». *Le Devoir*. http://www.ledevoir.com/societe/science-et-technologie/483785/recherche-divulguer-ses-sources-un-manquement-a-l-ethique, consulté le 27 septembre 2019.
Hammersley Martyn. 2009. «Against the Ethicists. On the Evils of Ethical Regulation».

International Journal of Social Research Methodology 12(3): 211–225.

Hammersley Martyn. 2006. "Are Ethical Committees Ethical?". *Qualitative Researcher* 2: 4–8.

Hoeyer Klaus, Dahlager Lisa, Lynöe Niels. 2005. "Conflicting notions of research ethics: The mutually challenging traditions of social scientists and medical researchers". *Social Science & Medicine* 61: 1741–1749.

Jacob Marie-Andrée. 2007. "Form-Made Persons: Consent Forms as Consent's Blind Spot". *Political and Legal Anthropology Review* 30(2): 249–268.

Jacob Marie-Andrée, Riles Annelise. 2007. "The New Bureaucracies of Virtue. Introduction". *Political and Legal Anthropology Review* 30(2): 181–191.

Keane Webb. 2016. "A Reader's Guide to the Anthropology of Ethics and Morality – Part II". *Somatosphere*. http://somatosphere.net/2016/10/ethics-and-morality-part-2.html, consulté le 27 septembre 2019.

Kerr Anne, Cunningham-Burley Sarah, Amos Amanda. 1997. "The New Genetics: Professional's Discursive Boundaries". *The Sociological Review* 45(2): 279–303.

Kondro Wayne. 2016. "Canadian Researcher in Legal Battle to Keep her Interviews Confidential". *Science*. http://www.sciencemag.org/news/2016/11/canadian-researcher-legal-battle-keep-her-interviews-confidential, acessed Septembre 27, 2019.

Lancaster Kari. 2017. "Confidentiality, Anonymity and Power Relations in Elite Interviewing: Conducting Qualitative Policy Research in a Politicised Domain". *International Journal of Social Research Methodology* 20(1): 93–103.

Laurens Sylvain, Neyrat Frédéric. 2010. «Le chercheur saisi par le droit: l'enquête et les sciences sociales en procès?», in: Laurens Sylvain, Neyrat Frédéric (dir.), *Enquêter: de quel droit? Menaces sur l'enquête en sciences sociales*, p. 9–36. Broissieux: Éditions du Croquant.

Lederman Rena. 2007. "Comparative 'Research': A Modest Proposal concerning the Object of Ethics Regulation". *Political and Legal Anthropology Review* 30(2): 305–327.

Lederman Rena. 2006a. "Anxious Borders between Work and Life in a Time of Bureaucratic Ethics Regulation". *American Ethnologist* 33(4): 477–481.

Lederman Rena. 2006b. "The Ethical Is Political". *American Ethnologist* 33(4): 545–548.

Lederman Rena. 2006c. "IRB Consent Form Dilemmas and the Importance of Local Knowledge". *Anthropology News* 47 (5): 22–2.

Leonelli Sabina, Rappert Brian, Davies Gail. 2017. "Data Shadows: Knowledge, Openness, and Absence". *Science, Technology, & Human Values* 42(2): 191–202.

Massé Raymond. 2016. «Éthique». *Anthropen.org*. Paris: Éditions des archives contemporaines. https://www.anthropen.org/definition/imprimable/173/456/1, consulté le 27 septembre 2019.

Muller Jean-Claude. 2004. «Du monologue au dialogue ou de l'ambiguïté d'écrire des deux mains». *Anthropologie et Sociétés* 28(3): 147–163.

Murphy Elizabeth, Dingwall Robert. 2007. "Informed Consent, Anticipatory Regulation and Ethnographic Practice". *Social Science & Medicine* 65(11): 2223–2234.

Olivier de Sardan Jean-Pierre. 2014. «Des restitutions: pour quoi faire?», in: Schurmans Marie-Noëlle, Dayer Caroline, Charmillot Maryvonne (dir.), *La restitution des savoirs: un impensé des sciences sociales?*, p. 37–51. Paris: L'Harmattan.

Olivier de Sardan Jean-Pierre. 1995. «La politique du terrain». *Enquête* 1. http://journals.openedition.org/enquete/263, consulté le 27 septembre 2019.

Ossipow Laurence. 2014. «La restitution: contre-don, contre-enquête, contre-chant», in: Schurmans Marie-Noëlle, Dayer Caroline, Charmillot Maryvonne (dir.), *La restitution des savoirs: un impensé des sciences sociales?*, p. 153–170. Paris: L'Harmattan.

Perrin Julie, Bühler Nolwenn, Berthod Marc-Antoine, Forney Jérémie, Kradolfer Sabine, Ossipow Laurence. 2018. "Searching for Ethics. Legal Requirements and Empirical

Issues for Anthropology". *Tsantsa* 23: 138–153.

Perrin Julie. 2017. "Emerging sensibilities towards ethics". Oral presentation at the CUSO Graduate School in Anthropology on Ethics and Anthropological Research, October 5, 2017.

Plankey-Videla Nancy. 2012. "Informed consent as process: Problematizing informed consent in organizational ethnographies". *Qualitative Sociology* 35(1): 1–21.

Rabinow Paul. 1985. "Discourse and Power: On the Limits of Ethnographic Texts". *Dialectical Anthropology* 10(1-2): 1–13.

Ritterbusch Amy. 2012. "Bridging Guidelines and Practice: Toward a Grounded Care Ethics in Youth Participatory Action Research". *The Professional Geographer* 64(1): 16–24.

Saunders Benjamin, Kitzinger Jenny, Kitzinger Celia. 2015. "Anonymising Interview Data: Challenges and Compromise in Practice". *Qualitative Research* 15(5): 616–632.

Schweizerische Akademie der Medizinischen Wissenschaften (SAMW). 2016. «Generalkonsent: Eine einheitliche Vorlage soll schweizweite Forschung erleichtern». *SAMW Bulletin* 3. https://www.samw.ch/de/Publikationen/Bulletin/Bulletin-Archiv.html, letzter Zugriff 8. Dezember 2017.

Schweizerische Akademie der Medizinischen Wissenschaften (SAMW). 2015. *Forschung mit Menschen: Ein Leitfaden für die Praxis. 2. überarbeitete und ans Humanforschungsgesetz angepasste Auflage*. Bern: Schweizerische Akademie der Medizinischen Wissenschaften.

Schweizerische Ethnologische Gesellschaft (SEG). 2011. *Eine Ethik-Charta für die Ethnologie? Stellungnahme der Schweizerischen Ethnologischen Gesellschaft*. https://sagw.ch/seg/kommissionen/wissenschaftskommission-seg/arbeitsgruppe-ethik-und-deontologie-aed/, letzter Zugriff 8. Dezember 2017.

Schweizerische Gesellschaft für Soziologie (SGS). 2007. «Ethik in der soziologischen Praxis». *Bulletin der Schweizerischev Gesellschaft für Soziologie* 32. https:// www.sgs-sss.ch/wp-content/uploads/2016/04/Bulletin_132.pdf, letzter Zugriff 8. Dezember 2017.

Shannon Jennifer. 2007. "Informed Consent: Documenting the Intersection of Bureaucratic Regulation and Ethnographic Practice". *Political and Legal Anthropology Review* 30(2): 229–248.

Société suisse d'ethnologie (SSE). 2011. *Une charte éthique pour les ethnologues? Prise de position de la SSE*. http://www.seg-sse.ch/pdf/GRED_Prise_de_position_de_la_SSE.pdf, consulté le 27 septembre 2019.

Société suisse de sociologie (SSS). 2007. «Éthique de la pratique sociologique». *Bulletin de la Société suisse de sociologie* 32. https://www.sgs-sss.ch/wp-content/uploads/2016/04/Bulletin_132.pdf, consulté le 27 septembre 2019.

Strathern Marilyn. 2000. "New Accountabilities: Anthropological Studies in Audit, Ethics and the Academy", in: Strathern Marilyn (ed.), *Audit cultures: Anthropological Studies in Accountability, Ethics and the Academy*, p. 1–18. London: Routledge.

Swissethics. 2018. *Statut de l'Association Swissethics (État au 27. 03. 2018)*. https://www.swissethics.ch/fr/ueber, consulté le 27 septembre 2019.

Swissethics. 2018. *Statuten des Vereins Swissethics (Stand am 27. 03. 2018)*. https://www.swissethics.ch/ueber, Zugriff am 30. Oktober 2019.

Throop C. Jason. 2016. "A Reader's Guide to the Anthropology of Ethics and Morality – Part I". *Somatosphere*. http://somatosphere.net/2016/09/part-i.html, consulté le 27 septembre 2019.

Wainwright Steven P., Williams Clare, Michael Mike, Farsides Bobbie, Alan Cribb Alan. 2006. "Ethical Boundary-work in the Embryonic Stem Cell Laboratory". *Sociology of Health & Illness* 28(6): 732–748.

Wax Murray L. 1980. "Paradoxes of ‹Consent› to the Practice of Fieldwork". *Social Problems* 27(3): 272–283.

Wyatt Sally. 2017. "Making Policies for Open Data: Experiencing the Technological Imperative in the Policy World". *Science, Technology, & Human Values* 42(2): 320–324.

Auteur·e·s/Autor·innen

Julie Perrin (Institut d'ethnologie, UniNE), **Nolwenn Bühler** (Interface Sciences-Société, UniL ; MAPS, UniNE), **Marc-Antoine Berthod** (HES-SO, HETSL, Lausanne), **Jérémie Forney** (Institut d'ethnologie, UniNE), **Sabine Kradolfer** (PRN LIVES, UniL), **Laurence Ossipow** (HES-SO, HETS, Genève).
julie.perrin@gmx.ch et *nolwenn.buhler@unine.ch*

Groupe de réflexion éthique et déontologique (GRED)

Le Groupe de réflexion éthique et déontologique (GRED) de la Société suisse d'ethnologie (SSE) a été créé en 2008 en réponse aux débats entourant un nouvel article de la Constitution fédérale suisse visant à clarifier le cadre juridique de «la recherche sur l'être humain». Le GRED examine les effets possibles du cadre juridique nouvellement créé sur les pratiques de recherche anthropologiques. Le groupe a édité et publié plusieurs *Discussions de cas éthiques dans la recherche ethnologique*, qui analysent et commentent les expériences concrètes de chercheur·euse·s, et sont disponible sous format électronique sur la page web de la SSE[16].

Arbeitsgruppe Ethik und Deontologie (AED)

Die Arbeitsgruppe Ethik und Deontologie (AED) der Schweizerischen Ethnologischen Gesellschaft (SEG) wurde 2008 gegründet als Reaktion auf die Debatten um einen neuen Artikel der Schweizerischen Bundesverfassung, der den Rechtsrahmen für die «Forschung am Menschen» klären soll.
Die Gruppe hat mehrere *Ethische Diskussionen in ethnologischer Forschung* veröffentlicht, welche die sozialanthropologischer Forschungspraxis analysieren und kommentieren . Die Fallstudien sind auf der Website der SEG pbliziert.[17]

---

[16] https://sagw.ch/fr/seg/commissions/commission-scientifique-sse/groupe-de-reflexion-ethique-et-deontologique-gred/ (consulté le 15 juin 2020).

[17] https://sagw.ch/seg/kommissionen/wissenschaftskommission-seg/arbeitsgruppe-ethik-und-deontologie-aed/ (letzter Zugriff 15. Juni 2020).